中华经典名著

全本全注全译丛书

盐铁论

陈桐生◎译注

中華書局

图书在版编目(CIP)数据

盐铁论/陈桐生译注. —北京:中华书局,2015.4
(2023.3 重印)
(中华经典名著全本全注全译丛书)
ISBN 978-7-101-10751-7

Ⅰ.盐… Ⅱ.陈… Ⅲ.①财政-中国-西汉时代②《盐铁论》
-注释③《盐铁论》-译文 Ⅳ.F092.2

中国版本图书馆 CIP 数据核字(2015)第 035756 号

书　　名	盐铁论
译 注 者	陈桐生
丛 书 名	中华经典名著全本全注全译丛书
责任编辑	舒　琴
责任印制	陈丽娜
出版发行	中华书局 (北京市丰台区太平桥西里 38 号　100073) http://www.zhbc.com.cn E-mail:zhbc@zhbc.com.cn
印　　刷	北京盛通印刷股份有限公司
版　　次	2015 年 4 月第 1 版 2023 年 3 月第 12 次印刷
规　　格	开本/880×1230 毫米　1/32 印张 18⅝　字数 340 千字
印　　数	73001-83000 册
国际书号	ISBN 978-7-101-10751-7
定　　价	40.00 元

目　录

卷六

卷七

卷八

前　言

汉昭帝始元六年(前 81),汉朝主政的大司马大将军霍光接受谏大夫杜延年的建议,召开了一次盐铁会议。会上以文学、贤良为一方,以御史大夫桑弘羊为另一方,就是否罢盐铁问题展开了激烈的辩论。汉宣帝时期,桓宽根据盐铁会议记录进行整理,形成《盐铁论》这部名著。班固在《汉书》中对盐铁会议以及《盐铁论》成书过程有简要的记载。《汉书·昭帝纪》载:"六年……二月,诏有司问郡国所举贤良、文学民所疾苦。议罢盐铁榷酤。"同年又载:"秋七月,罢榷酤官。"《汉书·公孙刘田王杨蔡陈郑传》论赞说:"所谓盐铁议者,起始元中,征文学、贤良问以治乱,皆对愿罢郡国盐铁酒榷均输,务本抑末,毋与天下争利,然后教化可兴。御史大夫弘羊以为此乃所以安边境,制四夷,国家大业,不可废也。当时相诘难,颇有其议文。至宣帝时,汝南桓宽次公,治《公羊春秋》,举为郎,至庐江太守丞,博通善属文,推衍盐铁之议,增广条目,极其论难,著数万言,亦欲以究治乱,成一家之法焉。"据《四库全书总目提要》,桓宽之所以将这本书取名为《盐铁论》,是因为朝廷仅仅接受文学、贤良的部分建议而废除酒类专卖,仍然继续保留盐铁官营和均输平准政策,"故宽作是书,惟以盐铁为名,盖惜其义不尽行也"。

这次盐铁会议是在汉武帝长期内外经营之后召开的。汉武帝在长达半个多世纪的统治生涯中,充分施展他的雄才大略,内兴功利,外伐四夷。这些政治军事大手笔需要耗费巨大的财力物力。为了弥补空虚的国库,汉武帝实施了一系列新的经济政策:元狩四年(前119),汉武帝采纳东郭咸阳、孔仅的建议,实施盐铁官营。同年汉武帝下诏初算缗钱,对商人征收财产税。元狩五年(前118),朝廷下令铸造五铢钱。元鼎元年(前115),汉武帝接受桑弘羊的建议,试行均输、平准。所谓均输,是在郡国设置均输官,负责收取各地民众向朝廷进贡的土特产品,再拿到附近价高的地方出售,将钱交给中央。所谓平准,是中央设置平准官,用价低买进、价高卖出的方法平抑物价。元封元年(前110),在全国推行均输、平准之法。元鼎三年(前113),汉武帝下令告缗,罚没偷漏税商人的财产。天汉三年(前98),汉朝推行酒榷令,国家实行酒类专卖。这些经济政策的实施,一方面有效地充实了汉家国库,有力地支持了汉武帝的内外经营,另一方面也重创了当时的工商业者。《史记·平准书》载:"于是商贾中家以上大率破,民偷甘食好衣,不事畜藏之产业,而县官有盐铁缗钱之故,用益饶矣。"汉武帝晚年对自己的内外经营颇有醒悟,征和四年(前89),汉武帝下《轮台诏》,表达了追悔之意:"当今务在禁苛暴,止擅赋,力本农,修马复令,以补缺,毋乏武备而已。郡国二千石各上进畜马方略补边状,与计对……朕即位以来,所为狂悖,使天下愁苦,不可追悔。自今事有伤害百姓、糜费天下者,悉罢之。"这个诏书精神,被汉昭帝时期执政大臣霍光忠实地执行,《汉书·昭帝纪》赞曰:"承孝武奢侈余敝师旅之后,海内虚耗,户口减半,(霍)光知时务之要,轻徭薄赋,与民休息。至始元、元凤之间,匈奴和亲,百姓充实。举贤良、文学,议盐铁而罢榷酤,尊号曰'昭',不亦宜乎!"霍光本人虽然没有出席这次会议,但他的基本思想倾向是明确的。

是否罢盐铁酒榷均输平准,是盐铁会议的中心议题。文学、贤良坚决主张罢盐铁官营,他们的主要理由是:(1)盐铁官营、酒类专卖、均输、平准、算缗、告缗、铸五铢钱等经济举措与民争利,朝廷应该还利于民;(2)官府制作的铁器规格统一,质次价高,不适农用,铁官经常不在盐铁商店上班，民众不能及时买到铁器，贻误农时，有些民众不得不用木器耕种，吃无盐的淡食，器用不便严重地影响农业生产，造成田地荒芜，民众生活贫困；(3)均输、平准政策在实施过程中，产生了官吏强征贱买、因垄断而导致物价飞涨、奸商囤积居奇等弊端，结果是贫者愈贫，富者愈富，并未带来朝廷所期待的均衡劳逸、方便贡输的好处；(4)盐铁官营支持了汉家外伐四夷的征战，而长期战争影响了民众的基本生活，内地民众苦于兵役和徭役，边境民众则苦于戍守防御，实在看不到盐铁官营给民众带来什么福利；(5)礼义是立国的根基，而权势财利是为政的残贼，不推崇仁义就无法教化民众，不大力务农就无法使国家富强。

桑弘羊等人坚持盐铁官营的理由是：(1)盐铁官营是朝廷为解决征讨匈奴费用而采取的经济政策，如果废除，就会导致边境军费不足，不利于完成汉武帝未竟的外伐四夷大业；(2)盐铁私营为诸侯反叛提供了经济基础，促进了豪强势力膨胀和邪恶势力聚集，造成不法奸商垄断市场，形成“一家害百家”的恶果，因此不能放任盐铁私营；(3)官府资金充足，器具完备，铁器规格和价格统一，盐铁官营无论对国家还是对私人都有利；(4)中国古代有“名山大泽不以封”的传统，汉家实施盐铁官营政策完全符合古代的传统做法；(5)实施均输、平准，是为了“平万物而便百姓”，是出于富国足民的目的；(6)战国秦汉之际儒生方士用五行配五方，这说明均衡有无、流通万物是天地之道；(7)盐铁官营等经济政策对内极大地开辟了山林川泽的财利，使各种货物越来越丰富，朝廷经费充足，民众生活不再困乏，农业根本和工商末业共同获利，上上下下都很富足，对外则可以通过贸易获取外国的资财，削弱敌国的经济实力。

由于盐铁官营等经济政策是由外伐四夷特别是征讨匈奴所引发，因此在后武帝时代，汉家如何在新的形势下制定对待匈奴的政策，也是双方辩论的一个重要论题。桑弘羊指出，中国在东、西、南三方边陲已经消除边患，只有北方匈奴尚未归附，因此汉家要完成武帝的未竟事业，猛追穷寇，继续征讨匈奴，以短痛换取汉家的长治久安，不能让伐胡事业半途而废。他认为中国天子是全天下人的父母，而匈奴却没有向汉天子臣服，这是汉家所不能容忍的。如果不从事征伐和军备，就难以平息暴力侵害，将黎民百姓推向敌人。文学、贤良则痛陈连年征伐给人民带来的深重灾难，认为连年伐胡导致士死民疲，使人民无法过上正常的生活，造成老母在家中垂泣、征人在前线怨恨、怨女在闺中叹息的后果，希望汉家能够休战，与民休息。文学、贤良指出，匈奴住在沙漠之中，过着茹毛饮血的野兽般生活，中国没有必要用礼义去要求匈奴，尤其没有必要牺牲无数将士的生命，去占领匈奴所居的不毛之地。文学、贤良高举孔子修文德以来远的旗帜，主张朝廷放弃武力，运用文教德化的方法来感化远方异族，与匈奴和亲，用道德感化的力量使匈奴主动前来归附汉家。

除了辩论盐铁官营、酒类专卖、均输、平准、算缗、告缗、铸五铢钱等经济政策以及伐胡论题之外，与会双方还就一系列论题展开论战，诸如对商鞅、邹衍、李斯、晁错、颜异、狄山、主父偃等人的评价，如何看待儒学价值、贫富原因、孝养父母、汉代奢侈风气、官员贪腐、真假儒生、国家安全等问题，天子诸侯的园池是存是废，当世要务是什么，要不要开拓边疆，要不要遵守先王之道，什么样的人才是贤人，究竟是以德治国还是以刑治国，朝廷应该坚持王道还是霸道，导致水旱自然灾害的原因是什么，等等。在所有这些论题上，辩论双方都针锋相对，提出截然不同的思想主张。

如何评价这两派完全不同的学术观点？从汉代至今，不少学者都采取一边倒的立场，他们或者站在文学、贤良一边痛斥桑弘羊，或者支持桑弘羊而嘲笑文学、贤良的迂执。本书认为，评价盐铁会议的双方观点，是一个非常复杂的问题，不能持单一的尺度进行衡量，而应该从多角度多层面予以考察。

从学术渊源来看,文学、贤良都是当时的儒生经师,他们熟读五经,思想完全来自先秦以来儒家阐述的经学;而桑弘羊虽然也引用儒家经典,但他更多地杂取法家、纵横家、兵家、阴阳家等百家之说。汉代被学者称为经学昌明时代,自汉武帝推行罢黜百家独尊儒术的思想政策之后,汉家以儒家阐述的五经作为国家的意识形态。我们从《盐铁论》中看到,身为御史大夫的桑弘羊以及丞相史、御史居然会在朝廷学术会议之上抨击儒学,嘲笑孔子,贬低王道,宣扬百家思想,而桑弘羊这位杂取百家之说的朝廷重臣,居然会深得汉武帝的信任。这说明即使是在汉武帝尊儒之后,汉家官方学术思想并不是一刀切,君主往往会出于朝政的需要而进行调整,台面上所说和台下所行并非完全一致。或许汉宣帝所说的"汉家霸王道杂之"更符合汉家官方思想的实际。

从现实政治需求来看,汉家实施盐铁官营等经济政策是由于国家财政紧张,国家财政紧张的原因是汉家内兴功利外伐四夷,特别是征讨匈奴。汉武帝外伐四夷,既有解除边境威胁的现实需要,也有扩张欲望的驱使。汉武帝即位初期,汉家周边存在西南夷、南越、闽越、东越、朝鲜等几十个少数民族政权,这些蛮夷邦国虽然对汉家边境会有一些骚扰,但总体上来说他们势力分散,不构成对汉家的军事威胁。但按照中国传统的思想学说,四封之内,莫非王土,食土之毛,莫非王臣。凡是日月所照之处,都应该是中国天子的臣民。就是根据这一思想,汉武帝调兵遣将,将东、西、南方向的蛮夷邦国直接纳入中国版图。北方的匈奴属于另一种情形,他们在汉初崛起,号称控弦之士三十万,构成汉家长期以来最大的外在威胁。讨伐匈奴并非穷兵黩武,而是为了保卫中国边境的需要。对于像匈奴这样不懂礼义的少数民族,运用所谓修文德以来远的方式来诱使他们归附,在汉武帝时代是完全不可能的,只能以强大的军事力量将它们打败。从这个意义上说,汉武帝讨伐匈奴,有他的正义性与合理性。而要打仗,就不能没有钱。汉家国库的钱用光了,就是在这种形势之下,汉家采取了官营盐铁、置酒榷、均输、平准、算缗、告缗、铸五铢钱等一系列经济政策，这些举措有效地充实了汉家国库，保证了战争所需的费用。在汉武帝制定经济政策过程中，桑弘羊发挥了重要作用，应该说他是一个对中国历史有功的人物。文学、贤良不加区别地一味否定汉武帝外伐四夷，显然是不适合的。

从形势变化的角度来看，西汉武、昭之际形势变化甚大。西汉前期，汉家军事实力不及匈奴，因此对匈奴采取委曲求全的和亲政策，连匈奴单于写信侮辱吕太后，汉家都被迫强忍了。汉武帝即位之后，凭借文景时期积累的雄厚经济实力，发动了长达四十多年的征讨匈奴的战役，基本奠定了汉胜匈奴败的战略格局。但是，长期的对外征战，极大地损伤了汉家自身的元气，到汉武帝末年，已经达到“海内虚耗，户口减半”的程度。连汉武帝本人晚年也对连年征伐产生深刻的反省。到了汉昭帝时期，汉家迫切的政治需求是与民休息，医治长期战争给中国人民带来的创伤。此时匈奴虽然未能向汉家臣服，但已经实力大损，不再构成汉家的军事威胁。在此情况之下，汉家继续发动伐胡战争，显然不是明智的策略。如果说在当年匈奴威胁汉家形势下，桑弘羊此前支持汉武帝伐胡，是正确的举动，那么在汉家虚耗、匈奴不再构成威胁的情况下，桑弘羊继续倡导伐胡，这就是非常错误的了。好在当时汉家主政的霍光深谙形势变化，采取与民休息政策，才使汉家逐渐恢复元气。从这个意义上说，文学、贤良在昭帝时期主张罢盐铁、停止伐胡，有着充分的理由。

从文学、贤良的言论来看，他们的特点是富于理想主义和批判精神。大约从孔子开始，中国知识分子即以捍卫王道文化传统为己任，他们认为，治国的正确思想不在统治者手中，而在自己的手里，因此他们站在王道理论高度，对现实政治进行批判，力求以王道文化传统来矫正现实政治的弊端。这是孔子树立的中国知识分子的优良传统。《盐铁论》中的文学、贤良所继承的就是这一优良传统，他们要用理想主义光辉来照亮现实，用王道文化传统批判现实政治。他们诵法先王，推崇教化，强调农本，鄙弃末利，伸张王道，贬黜霸功，“辩难侃侃，无少假借，不降其志，不馁其气”（《张之象刻本〈盐铁论〉自序》）。虽然他们或有迂腐的因素，但他们的理想主义和批判精神是值得肯定的。这是中国文化传统中一笔宝贵的精神财富。特别需要强调的是，有不少文学、贤良来自民间，他们亲眼目睹了盐铁官营、讨伐匈奴等举措给底层人民带来的深重灾难，而这些恰恰是身居庙堂之上的桑弘羊等人了解甚少的。

在盐铁会议上，辩论双方都表现出知无不言、言无不尽的良好风范。文学、贤良面对丞相、御史大夫这些朝廷重臣，不是察言观色，不是见风使舵，没有为现实政治作缘饰，也没有丝毫退缩和畏惧，而是仗义执言，指陈弊政，不假辞色，痛快淋漓，他们身上保留了战国处士议政的遗风，体现了中国知识分子难能可贵的气节和风骨。当然，汉家允许士人议政，最高统治者汉昭帝和霍光给文学、贤良以有限的支持，也是文学、贤良敢于放言畅论的一个重要因素。桑弘羊等人虽然位高权重，但他们在盐铁会议上并不占上风。值得注意的是丞相田千秋、御史大夫桑弘羊等炙手可热的权贵虽然被文学、贤良痛批，但他们并没有惩罚这批文人，也没有用权势钳制文学、贤良的言论，而是以平等的姿态去和他们讲道理，在面对批评时也只是“默然”或“怫然”而已。文学、贤良激烈批评朝政，并没有给他们带来类似于秦王朝焚书坑儒的灭顶之灾，反而受到朝廷“列大夫”的封爵。

《盐铁论》作者桓宽的思想立场，完全站在文学、贤良一边。《盐铁论》某些篇章的名称完全是从文学、贤良的思想立场拟定的，例如，《力耕》是坚持农业根本而反对朝廷发展官营工商业，《非鞅》是对商鞅变法的批判，《刺权》是对权贵的讥刺，《刺复》是对大夫言论的讥刺回复，《刺议》是对丞相史之议的讽刺，等等。书中不时出现对大夫、丞相史、御史的负面描写，例如，“大夫不说，作色，不应也”（《相刺》），“丞相史默然不对”（《刺议》），“大夫视文学，悒悒不言也”（《国疾》），“大夫勃然作色，默而不应”(《救匮》),“大夫默然不对”(《备胡》),“公卿愀然,寂若无人”(《取下》),“大夫俯仰未应对”(《刑德》),“御史默然不对”(《诏圣》),“大夫抚然内惭,四据而不言。当此之时,顺风承意之士如编,口张而不歙,舌举而不下,暗然而怀重负而见责”(《大论》)。这些文字显然是将桑弘羊等人视为反面角色。在全书最后的《杂论》中,桓宽假借“客曰”,热烈赞扬文学、贤良“智者赞其虑,仁者明其施,勇者见其断,辩者陈其辞”的风采,表彰他们“言王道,矫当世,复诸正,务在乎反本”的卓越精神,称颂他们“奋由路之意,推史鱼之节,发愤懑,刺讥公卿,介然直而不挠,可谓不畏强御矣”。而对桑弘羊,桓宽则批评他“摄卿相之位,不引准绳,以道化下,放于利末,不师始古”,“处非其位,行非其道,果陨其性,以及厥宗”,几乎是用审判的口吻。对于圆滑世故、明哲保身的当朝丞相田千秋,桓宽借用孔子的“彼哉!彼哉”,说明其人实在不足称道。而对于“阿意苟合,以说其上”的丞相史和御史,桓宽直斥他们是“斗筲之人,道谀之徒”,认为他们根本不值一谈。

《盐铁论》的行文方式,用王充《论衡·案书》的说法,就是“两刃相割,利害乃知;二论相订,是非乃见”,将论辩双方观点列举出来,从对话中自然见出是非。《盐铁论》文字受到当时刚刚萌芽的骈偶文风的影响,不少句子需要从骈句互文见义的角度来理解。其文章风格既不像贾谊、太史公文章那样充满情感和气势,也不像汉代奏疏文章那样醇厚遒劲,而是寓讽激于沉壮之中,体现出独特的散文风格。

《盐铁论》文字衍脱讹误之处甚多,经过卢文弨、张敦仁、洪颐煊、孙诒让、俞樾、王先谦、黄侃、陈遵默、杨树达、郭沫若、王利器、徐复等前贤时修的校勘整理,虽然基本通顺可读,但不能确保这些校勘删改百分之百正确。本书文字以王利器《盐铁论校注》(中华书局新编诸子集成本)为底本,参校清张敦仁覆刻涂本、《四部丛刊》本及其他版本。注译过程中对前贤时修的研究成果多有吸取,对王利器《盐铁论校注》一书借鉴尤多,凡此都尽量随文注明。由于个人学力不够,虽然力求准确地进行注译，但本书仍可能存在诸多不尽人意处，在此盼望读者批评指正。

陈桐生

2014年12月26日

卷　一

本议第一

【题解】

本篇题为“本议”，记载盐铁会议所讨论的基本议题——盐铁官营、酒类专卖和均输、平准政策，在全书中属于纲领性的篇章。辩论双方都旗帜鲜明地提出各自的观点以及基本论据。文学认为，盐铁官营、酒类专卖、均输、平准等经济举措与民争利，导致社会风气败坏，希望朝廷废除这些经济政策。大夫指出，盐铁官营是朝廷为解决征讨匈奴费用而采取的经济政策，如果废除，就会导致边境军费不足。而实施均输、平准，则是为了“平万物而便百姓”。文学对此提出反驳，认为朝廷应该运用文教和德化的方法来感化远方异族，而不能诉诸武力。朝廷的均输平准政策在实施过程中，产生了官吏强征贱买、因垄断而导致物价飞涨、奸商囤积居奇等弊端，并未带来均衡劳逸、方便贡输的好处。从本篇中可以看出论辩双方的基本观点。

惟始元六年①，有诏书使丞相、御史与所举贤良、文学语②。问民间所疾苦。

【注释】

①惟:发语词。始元六年:公元前81年。始元,汉昭帝刘弗陵年号,公元前86年—前81年。

②诏书:皇帝发布的文告。丞相:当时丞相是田千秋。御史:此处指御史大夫桑弘羊。御史大夫之职为秦置,位次于丞相,掌管弹劾纠察及图籍秘书。汉代御史大夫相当于皇帝秘书长,履行副丞相职务,负责监察。丞相、御史大夫、太尉在西汉合称三公。贤良:汉代选拔官吏的科目之一。《汉书·董仲舒传》:"武帝即位,举贤良、文学之士前后百数。"《汉书·东方朔传》:"武帝初即位,征天下举方正贤良、文学材力之士,待以不次之位。"贤良被举荐到朝廷之后,还只是后备官员,履行"直言极谏"责任,略似后代的拾遗、补阙,待到皇帝策问之后,才授以实职。文学:也是汉代选拔人才的科目之一,指精通文献经典的人。

【译文】

汉昭帝始元六年,皇帝颁布诏书,命丞相田千秋、御史大夫桑弘羊与朝廷所察举的贤良、文学进行讨论,询问民间疾苦。

文学对曰:"窃闻治人之道①,防淫佚之原②,广道德之端③,抑末利而开仁义④,毋示以利,然后教化可兴,而风俗可移也。今郡国有盐铁、酒榷、均输⑤,与民争利。散敦厚之朴⑥,成贪鄙之化⑦。是以百姓就本者寡⑧,趋末者众⑨。夫文繁则质衰⑩,末盛则本亏⑪。末修则民淫⑫,本修则民悫⑬。民悫则财用足,民侈则饥寒生。愿罢盐铁、酒榷、均输⑭,所以进本退末⑮,广利农业,便也⑯。"

【注释】

①窃闻：私下听说。这是古人发表议论时的自谦之词。

②淫佚：放荡。佚，通“逸”。原：同“源”。

③广：推广。端：开端，源头。

④抑末利：抑制利益。儒家以道德仁义为重，视工商利益为末事。开：开辟，拓展。

⑤郡国：秦朝废除分封制而实行郡县制，汉代郡县制与分封制并行，故有各郡县和诸侯国。盐铁：元狩四年（前119），汉朝实行盐铁官营。酒榷（què）：天汉三年（前98），汉朝实行酒业官营，禁止私人经营。均输：元鼎二年（前115），汉朝实行均输法，在全国各地设置均输官，掌管物资的收购和运输，调剂有无，平抑物价，防止私商牟取暴利。盐铁官营、酒类专卖、均输，都是汉武帝为解决财政困难而采取的经济政策。

⑥散：分散，破坏。敦厚：敦朴忠厚。朴：本质天性。

⑦贪鄙：贪婪卑鄙。化：风尚，风习。

⑧就本：指从事农业根本，与工商末业相对。中国古代以农立国，故视农业为根本。

⑨趋末：追逐工商末利。

⑩文繁：形式繁华。质衰：内在本质衰败。

⑪末盛：追逐工商末利风气盛行。本亏：农业根本受到损害。

⑫末修：工商末利得到加强。民淫：民风奢侈。

⑬本修：农业得到加强。民悫（què）：民风诚实。

⑭罢：废除。

⑮进本退末：推进农业根本，抑退工商末业。

⑯便：适当。

【译文】

文学说：“我私下听说治民的方法，在于防堵骄奢淫逸的源头，拓广道德的端绪，抑制工商末利，开辟仁义之途，不要以利益示民，这样道德教化才可以兴盛，风俗才可以移易。如今各郡和诸侯国都有盐铁官营、酒类专卖和均输官署，与老百姓争利益。这样做会破坏老百姓敦朴忠厚的自然天性，形成贪婪卑鄙的风气。所以老百姓从事农业根本的人少，追逐工商末利的人多。形式繁华就会导致内在本质衰败，逐利风气盛行就会使农业根本受到损害。工商末利得到加强就会带来民风奢侈，农业得到加强就会使民风变得诚实。民风诚实就会财用丰足，民风奢侈就会产生饥寒。希望废除盐铁官营、酒类专卖和均输官署，这是用来推进农业根本、抑退工商末利的方法，对于推广发展农业，是适当的。”

大夫曰①：“匈奴背叛不臣②，数为寇暴于边鄙③，备之则劳中国之士④，不备则侵盗不止。先帝哀边人之久患⑤，苦为虏所系获也⑥，故修障塞⑦，饬烽燧⑧，屯戍以备之⑨。边用度不足，故兴盐铁⑩，设酒榷，置均输，蕃货长财⑪，以佐助边费。今议者欲罢之，内空府库之藏⑫，外乏执备之用⑬，使备塞乘城之士饥寒于边⑭，将何以赡之⑮？罢之，不便也。”

【注释】

①大夫：指御史大夫桑弘羊，以下“大夫”均指桑弘羊。

②匈奴：北方少数民族，长期构成汉家外患。不臣：不愿向汉家臣服。

③数：屡次。寇暴：侵犯。边鄙：边境。

④备：防备。中国：中央之国，本指中原地区，此处指汉朝统治区域。

⑤先帝：指汉武帝刘彻。哀：怜悯。边人：边境民众。久患：长期遭

受匈奴侵扰祸患。

⑥虏:对匈奴蔑称。系获:俘虏。

⑦修障塞:修筑边境屏障要塞。障,边塞城堡。塞,边境险要之处。

⑧饬:修整。烽燧(suì):烽烟燧火。

⑨屯戍:屯田戍守。汉代实行屯田制,让士兵在驻兵地区开垦荒地,士卒无事种田,有事打仗,所获产品用作军队给养。

⑩兴盐铁:兴办盐铁官营。

⑪蓄货:增加货物。长(zhǎng)财:增长财用。

⑫府库:指国库。

⑬执备:守备。

⑭备塞:守备边塞。乘城:登城防守。乘,登。

⑮赡:供给。

【译文】

大夫说:"匈奴背叛汉家,不愿臣服,屡次侵犯边境。如果防备匈奴入侵,就会劳苦中国将士;如果不加防备,匈奴就会侵犯不止。已故武帝同情边境民众长期遭受匈奴祸患,苦于边民被匈奴所俘虏,因此修筑边境屏障要塞,修整烽烟燧火,派将士在边疆屯田戍守来防备匈奴。边防用度不足,因而才兴办盐铁官营,设立酒类专卖,设置均输官署,以此增加财货,增长财富,补助边防费用。现在文学想废除盐铁官营、酒类专卖和均输官署,这样对内会导致国库空虚,对外造成守备用度缺乏,使那些守卫边塞、登城防守将士挨饥受寒,朝廷拿什么来供给边防将士呢?废除盐铁官营,是不妥当的。"

文学曰:"孔子曰:'有国有家者,不患贫而患不均,不患寡而患不安。'①故天子不言多少,诸侯不言利害,大夫不言得丧②。畜仁义以风之③,广德行以怀之④。是以近者亲附而远者悦服。故善克者不战⑤，善战者不师⑥，善师者不阵⑦。修之于庙堂⑧，而折冲还师⑨。王者行仁政，无敌于天下，恶用费哉？”

【注释】

①有国有家者，不患贫而患不均，不患寡而患不安：见于《论语·季氏》。国，诸侯国。家，卿大夫采邑。贫，指人民财用缺乏。寡，指人口因逃亡而稀少。

②天子不言多少，诸侯不言利害，大夫不言得丧：见于《荀子·大略》。天子不谈论财富多少，诸侯不谈论利和害，大夫不谈论得和失。

③畜：通“蓄”，蓄积，培养。风：教化。

④广：推广。怀：安抚。

⑤善克：善于取胜。不战：不用战斗。《春秋穀梁传·庄公八年》：“善为国者不师，善师者不陈，善陈者不战，善战者不死，善死者不亡。”

⑥不师：不用军队。

⑦善师：善于用兵。不阵：不用阵法。

⑧修：修明政治。庙堂：本指宗庙，古代军事大事多在君主宗庙中议定，此处指朝廷。《吕氏春秋·召类》：“孔子闻之曰：‘夫修之于庙堂之上，而折冲乎千里之外者，其司城子罕之谓乎？’”

⑨折冲：使敌人的战车折回去。冲，战车。还师：迫使敌人退兵。

【译文】

文学说：“孔子说过：‘有国的诸侯和有采邑的卿大夫，不怕民众财用不足而怕财富不平均，不怕国家人口少而怕不安定。’因此天子不谈论财富多与少，诸侯不谈论利与害，大夫不谈论得与失。培养仁义来进行教化，推广德行来进行安抚。所以近处的民众亲近归附，远方的民众心悦诚服。因此善于取胜的人不必战斗，善于战斗的人不需要军队，善于用兵的人不用阵法。在朝廷修明政治，就使敌人返车退兵。圣王推行仁政，天下无敌，哪里用得着军费呢？”

大夫曰：“匈奴桀黠①，擅恣入塞②，犯厉中国③，杀伐郡县、朔方都尉④，甚悖逆不轨⑤，宜诛讨之日久矣。陛下垂大惠⑥，哀元元之未赡⑦，不忍暴士大夫于原野⑧。纵难被坚执锐⑨，有北面复匈奴之志⑩，又欲罢盐铁、均输，扰边用⑪，损武略，无忧边之心，于其义未便也⑫。”

【注释】

①桀黠（xiá）：凶暴狡猾。

②擅恣：任意，肆意。入塞：进入中国边塞之内。

③犯厉：侵犯，侵害。

④杀伐：危害。朔方：汉武帝所立郡名。郡治在今内蒙古鄂尔多斯市西北。都尉：武官。

⑤悖逆：叛逆。不轨：不法。

⑥陛下：指汉昭帝刘弗陵。垂：施予，赐给。

⑦元元：老百姓。赡：富足。

⑧暴：暴露。

⑨纵难：既不能。难，原作“然”，据杨树达说校改。被坚执锐：身穿坚固铠甲，手执锐利武器。

⑩复：报复，反击。

⑪扰边用：损害边防费用。扰，原作“忧”，据王利器说校改。

⑫义：道义。

【译文】

大夫说:"匈奴凶暴狡猾,恣意入侵中国边塞,侵犯中国,杀害郡县、朔方都尉,行为十分叛逆,图谋不轨,早就应该对匈奴进行诛讨了。当今皇上施予大恩大惠,怜悯老百姓不够富足,不忍心让士大夫暴尸原野。你们这些读书人既然不能身被坚甲,手执锐利的武器,没有北面报复匈奴的壮志,又想废除盐铁官营和均输官署,扰乱边防费用,损害军事战略,没有担忧边防之心,这在道义上是不妥当的。"

文学曰:"古者,贵以德而贱用兵。孔子曰:'远人不服,则修文德以来之。既来之,则安之。'[①]今废道德而任兵革[②],兴师而伐之,屯戍而备之,暴兵露师[③],以支久长[④],转输粮食无已[⑤],使边境之士饥寒于外,百姓劳苦于内。立盐铁,始张利官以给之[⑥],非长策也[⑦]。故以罢之为便也。"

【注释】

①远人不服,则修文德以来之。既来之,则安之:见于《论语·季氏》。文德,文教德化。来,指自动前来归附。安,安抚。

②任兵革:使用武力。兵,兵器。革,铠甲。

③暴兵露师:将军队暴露在边塞原野。

④支:支撑。久长:长期征战。

⑤转输:从陆路运输。无已:没有休止。

⑥张利官:设置牟利官吏,指汉朝的盐官、铁官、均输官、平准官等。张,张设。

⑦长策:长久之策。

【译文】

文学曰:"古时候,重视以德服人,轻视用武力征服。孔子说:'远方民众如果不归服，那么就应该修治文教德化，使远方民众自动前来归附。对已经来朝归附的，那就要安抚他们。'如今废除道德感化而使用武力，发动军队进行讨伐，屯田戍守而加以防备，使军队暴露在边塞原野，以此支撑长期征战，向前线运输粮食无休无止，在外导致边境将士挨饥受寒，在内使百姓勤劳受苦。兴办盐铁官营，设置均输等牟利官吏来供给军费，这不是长久之策。因此还是以废除盐铁官营为妥。"

大夫曰："古之立国家者，开本末之途①，通有无之用②，市朝以一其求③，致士民④，聚万货⑤，农商工师各得所欲⑥，交易而退⑦。《易》曰：'通其变，使民不倦。'⑧故工不出⑨，则农用乏⑩；商不出，则宝货绝。农用乏，则谷不殖⑪；宝货绝，则财用匮⑫。故盐铁、均输，所以通委财而调缓急⑬。罢之，不便也。"

【注释】

①开本末之途：开辟农业之本和工商之末的途径。

②通有无之用：互通物产的有无。

③市朝：集市。一其求：统一调剂社会需求。

④致士民：招致士人和平民。

⑤聚万货：聚集各种货物。

⑥农：农民。商：商人。工：工匠。师：军队。

⑦交易而退：互相交换之后各自回家。

⑧通其变，使民不倦：见于《周易·系辞下》。通其变，会通变化。倦，厌倦。

⑨出：生产。

⑩乏：原作"乖"，据卢文弨说校改。

⑪殖：繁殖，增产。

⑫匮（kuì）：匮乏。

⑬通委财：交流积压的货物。委，积压。调缓急：调剂急需。

【译文】

大夫说："古代建立国家，开辟农业之本和工商之末的途径，互通物产的有无，设立集市，统一调剂民众各种需求，招致士人和平民，聚集各种货物，农夫、商贾、工匠、军人各得所求，互相交换之后各自回家。《周易·系辞下》说：'会通变化，使民众不会厌倦。'因而工匠不生产，就会导致农用器具缺乏；商人不开店，就会导致货物断绝。农用器具缺乏，粮食就不能增产；货物断绝，财用就会匮乏。因此，盐铁官营、均输官署，是用来沟通交流积压的货物、调剂缓急的手段。废除它们，这是不妥当的。"

文学曰："夫导民以德[①]，则民归厚[②]；示民以利，则民俗薄。俗薄则背义而趋利，趋利则百姓交于道而接于市[③]。老子曰：'贫国若有余。'[④]非多财也，嗜欲众而民躁也[⑤]。是以王者崇本退末[⑥]，以礼义防民欲，实菽粟货财[⑦]。市商不通无用之物[⑧]，工不作无用之器。故商所以通郁滞[⑨]，工所以备器械，非治国之本务也。"

【注释】

①导：引导。

②归厚：归于纯厚。

③交于道而接于市：在道路、集市上交接。

④贫国若有余：今本《老子》中没有此语。若有余，似乎财富有余。

⑤嗜欲众：欲望众多。民躁：民众浮躁。

⑥崇本退末：即重农抑商。

⑦实菽粟货财：充实粮食和货物。菽，豆类总称。粟，谷类总称。

⑧通：贩卖。

⑨通郁滞：交流积压的货物。

【译文】

文学说："以道德引导民众，那么民风就会归于淳厚；以利益诱导民众，民俗就会浇薄。民俗浇薄，民众就会违背道义而追逐利益；如果以追逐利益为目标，那么老百姓就会在道路、集市上交接。老子说：'贫穷的国家似乎财富有余。'其实并不是贫穷国家拥有很多财富，而是民众欲望众多，民众浮躁。所以，圣王重农抑商，用礼义来节制民众欲望，充实粮食与货物。在集市上，商人不贩卖无用的商品，工匠不制作无用的器具。因此，商人可以交流积压的货物，工匠可以准备器械，但工商不是治国的根本要务。"

大夫曰："管子云：'国有沃野之饶而民不足于食者，器械不备也。有山海之货而民不足于财者，商工不备也。'①陇、蜀之丹漆旄羽②，荆、扬之皮革骨象③，江南之楠梓竹箭④，燕、齐之鱼盐旃裘⑤，兖、豫之漆丝絺纻⑥，养生送终之具也，待商而通，待工而成。故圣人作为舟楫之用⑦，以通川谷，服牛驾马⑧，以达陵陆⑨；致远穷深⑩，所以交庶物而便百姓⑪。是以先帝建铁官以赡农用，开均输以足民财；盐铁、均输，万民所载仰而取给者⑫，罢之，不便也。"

【注释】

①国有沃野之饶而民不足于食者，器械不备也。有山海之货而民不足于财者，商工不备也：今本《管子》中没有此语。管子，齐国

颍上(今安徽颍上)人,春秋前期齐国国相,杰出政治家,辅佐齐桓公称霸。今本《管子》中收集了一些管仲言论,但不是管仲本人之作。

②陇:汉代陇西郡,在今甘肃一带。蜀:汉代蜀郡,在今四川一带。丹:朱砂。漆:油漆。旄(máo):牦牛尾。羽:鸟羽。

③荆:荆州,在今湖北一带。扬:扬州,在今安徽、江苏一带。皮:兽皮。骨:兽骨。象:象牙。

④枏(nán):同"楠",楠树,一种珍贵木材。梓(zǐ):梓树。箭:箭竹,可作箭杆。

⑤燕:先秦诸侯国名,在今河北北部一带。齐:先秦诸侯国名,在今山东北部一带。旃(zhān):通"毡",毡子。裘:皮袄。

⑥兖(yǎn):兖州,上古九州之一,在今山东西南部和河南东部。豫:豫州,上古九州之一,在今河南一带。絺(chī):细葛布。纻(zhù):纻麻织成的布。

⑦楫(jí):船桨。

⑧服:驾。

⑨陵:丘陵。陆:平地,平原。

⑩致远:到达远方。穷深:穷尽深处。

⑪交庶物:交换各种货物。

⑫载仰:依赖。取给:取得给养。

【译文】

大夫说:"管子说过:'国家有肥沃原野的丰饶,而民众却不能吃饱,原因是农具器械不完备。国家有山林河海的货物,而民众却没有钱财,原因是商业和工匠不完备。'陇西郡、蜀郡的朱砂、油漆、旄牛尾、鸟羽,荆州、扬州的皮革、兽骨、象牙,江南的楠木、梓木、竹子、箭竹,燕、齐的鱼、盐、毛毡、皮袄,兖州、豫州的油漆、丝绸、细葛布、纻麻布,这些都是养育生者、葬送死者的必需品,要依靠商人来搞活流通,依靠工匠制成器具。因此上古圣人制作了舟船、船桨,通行于大川河谷,驾驭牛马,到达丘陵平原;到达远方,穷尽深处,用来交换各种货物,从而便利百姓。所以,已故武帝设立盐铁官员,以便满足农业生产之用,开创均输来满足民众对财物的需求。盐铁官营和均输政策,为万民所依赖,是民众取得给养的来源。废除它们,是不妥当的。"

文学曰:"国有沃野之饶而民不足于食者,工商盛而本业荒也①;有山海之货而民不足于财者,不务民用而淫巧众也②。故川源不能实漏卮③,山海不能赡溪壑④。是以盘庚萃居⑤,舜藏黄金⑥,高帝禁商贾不得仕宦⑦,所以遏贪鄙之俗,而醇至诚之风也⑧。排困市井⑨,防塞利门⑩,而民犹为非也,况上之为利乎?《传》曰:'诸侯好利则大夫鄙,大夫鄙则士贪,士贪则庶人盗。'⑪是开利孔为民罪梯也⑫。"

【注释】

①本业荒:农业荒废。

②淫巧众:过于精巧的奢侈品太多。

③川源:大河的水源。漏卮(zhī):漏酒杯。

④赡溪壑:填不满溪谷沟壑。

⑤盘庚萃(cuì)居:盘庚聚众而居。盘庚,第二十代商王,由奄迁殷。

⑥舜藏黄金:《淮南子·泰族训》:"故舜深藏黄金于嶄岩之山,所以塞贪鄙之心也。"舜,上古五帝之一。

⑦高帝禁商贾不得仕宦:《史记·平准书》:"天下已平,高祖乃令贾人不得衣丝乘车,重租税以困辱之。孝惠、高后时,为天下初定,复弛商贾之律,然市井之子孙,亦不得仕宦为吏。"高帝,汉高祖刘邦。

⑧醇：淳化。

⑨排困：排斥，抑制。市井：本指市场，这里指商人。

⑩防塞利门：堵塞求利的门路。

⑪诸侯好利则大夫鄙，大夫鄙则士贪，士贪则庶人盗：《说苑·贵德》："故天子好利则诸侯贪，诸侯贪则大夫鄙，大夫鄙则庶人盗。"传，解释经典的书。鄙，贪鄙。庶人，老百姓。

⑫开利孔：打开求利洞口。为民罪梯：为民众设置犯罪的阶梯。

【译文】

文学说："国家有肥沃原野的丰饶而民众却吃不饱的原因，是工商业兴盛而农业荒废；国家有山林河海的货物而民众却钱财不足的原因，是不追求民众实用，过于精巧的奢侈品太多。因此大河装不满漏酒杯，山海货物填不满溪谷沟壑。因而商王盘庚聚民而居，帝舜深藏黄金，高祖皇帝禁止商人做官，都是用来遏止贪婪卑鄙风俗，培养最为诚实的民风。排斥市井商贾，堵塞利益之门，而民众尚且为非作歹，何况在上位的官员亲身牟利呢？传记说：'如果诸侯爱好利益，那么大夫就会贪鄙；如果大夫贪鄙，那么士人就会贪婪；如果士人贪婪，那么庶人就会偷盗。'这是打开求利洞口，为民众设置犯罪的阶梯。"

大夫曰："往者，郡国诸侯各以其方物贡输①，往来烦杂，物多苦恶②，或不偿其费③。故郡国置输官以相给运④，而便远方之贡，故曰均输。开委府于京师⑤，以笼货物⑥。贱即买，贵则卖。是以县官不失实⑦，商贾无所贸利⑧，故曰平准⑨。平准则民不失职⑩，均输则民齐劳逸⑪。故平准、均输，所以平万物而便百姓⑫，非开利孔而为民罪梯者也。"

【注释】

①方物：地方特产。贡输：进贡运输到京师。

②苦恶:质量低劣。

③不偿其费:不够支付运输费用。

④置输官:设置均输官员。相给运:相互供给运送。

⑤委府:储积物资的仓库。

⑥笼:统一由国家掌管。

⑦县官:朝廷,官府。实:实物。

⑧贸利:牟取暴利。

⑨平准:平衡物价。汉代实施平准政策,朝廷设置平准官,货物市价低了就买进,市价太高就抛出存货以降低市价,商人不得牟取暴利。

⑩失职:失业,失所。

⑪齐劳逸:均衡劳逸。

⑫平万物:平抑各种物价。

【译文】

大夫说:“以前,各郡和诸侯国诸侯都以其地方特产向中央王朝进贡运输,你往我来,十分麻烦杂乱,货物大多质量低劣,有些货物价值甚至不够支付运输费用。因此各郡和诸侯国设置运输官员,以便相互供给运送,而有利于远方的进贡,因此叫做‘均输’。在首都开设仓库,以便于统一掌管天下货物。物价便宜就买进,物价昂贵就卖出。所以朝廷掌管实物,商贾无法从中牟取暴利,因此叫做‘平准’。推行平准政策,民众就不会失职;实施均输,民众就会均衡劳逸。因此推行平准、均输政策,是用来平抑各种货物价格而便利百姓,并不是打开求利洞口,为民众设置犯罪的阶梯。”

文学曰:“古者之赋税于民也[①],因其所工[②],不求所拙[③]。农人纳其获[④],女工效其功[⑤]。今释其所有,责其所无。百姓贱卖货物,以便上求[⑥]。间者[⑦],郡国或令民作布絮[8]，吏恣留难[9]，与之为市[10]。吏之所入[11]，非独齐、阿之缣[12]，蜀、汉之布也[13]，亦民间之所为耳[14]。行奸卖平[15]，农民重苦[16]，女工再税[17]，未见输之均也。县官猥发[18]，阖门擅市[19]，则万物并收[20]。万物并收，则物腾跃[21]。腾跃，则商贾侔利[22]。自市[23]，则吏容奸[24]。豪吏富商积货储物以待其急[25]，轻贾奸吏收贱以取贵[26]，未见准之平也。盖古之均输[27]，所以齐劳逸而便贡输，非以为利而贾万物也[28]。"

【注释】

①赋税：征税。

②因：依据。工：工巧，擅长。

③拙：不擅长。

④获：农产品。

⑤女工：妇女。效：呈现。功：纺织品或手工制品。

⑥便：满足。上求：官府需求。

⑦间者：近来。

⑧布：布匹。絮：棉絮。

⑨恣留难：任意刁难。

⑩与之为市：与他们做交易。

⑪入：征收。

⑫阿：今山东东阿。原作"陶"，据洪颐煊说校改。齐、阿是盛产丝绸之地。缣(jiān)：细绢。

⑬汉：今陕西汉中一带地区。布：麻布。

⑭民间之所为：指民间生产的其他产品。

⑮行奸：用欺诈的手段。卖平：低价收购。

⑯重(chóng)苦：遭受双重痛苦。贱卖自家的货物，以满足官府需

求，这是一重痛苦；官府低价收购，这是二重痛苦。

⑰再税：再次纳税。

⑱猥发：乱发号令。

⑲阖（hé）门擅市：关闭城门，垄断市场。

⑳万物并收：各种货物都收购。

㉑腾跃：飞涨。

㉒侔：谋取。

㉓自市：官吏自己经商。

㉔容奸：包容奸商。

㉕吏：原作“而”，据王利器说校改。急：指市场缺货。

㉖轻贾：不法商人。奸吏：狡猾官吏。

㉗古之均输：均输是西汉经济政策，古代没有均输。

㉘贾：倒卖。

【译文】

文学说：“古时候向民众征税，是根据他们所擅长生产的产品进行征收，不强征他们所不擅长生产的产品。农民交纳农产品，妇女交纳纺织品或手工制品。如今官府不去征收他们擅长生产的产品，却强征他们所没有的产品。为此老百姓只好贱卖自家的货物，以满足官府需求。近来，有的郡和诸侯国命令民众制作布匹棉絮，官吏肆意刁难，与他们做交易。官吏所征收的产品，不仅有齐、阿的细绢，蜀、汉的麻布，也包括民间所生产的其他产品。官吏用欺诈的手段低价买进民众产品，农民遭受双重痛苦，女工再次交税，我们没有看到官府运输带来什么平均的好处。官府乱发号令，关闭城门，垄断市场，各种货物都要收购。各种货物都收购，就导致物价飞涨。物价飞涨，就使商人牟取暴利。官吏自己经营，就会使官吏包容奸商。豪强富商囤积居奇，等待货物缺乏，不法商人和狡猾官吏低价收购，高价卖出，我们也没有看到什么物价平衡的好处。古代的均输，是用来均衡劳逸，方便进贡运输，并不是为牟利而倒卖各种货物。”

力耕第二

【题解】

本篇讨论农耕在国家治理中的重要性。大夫强调“贤圣治家非一宝，富国非一道”，“富国何必用本农，足民何必井田也”，国家经营盐铁、酒类以及实施均输、平准，都是出于富国足民的目的。这些经济政策对内可以加强中央对诸侯的控制，对外可以通过贸易获取外国的资财，削弱敌国的经济实力。文学认为农业生产是立国之本，那些从国外换来的珍奇异物既不实用，又价格昂贵，实在是得不偿失。文学的结论是：“理民之道，在于节用尚本，分土井田而已。”双方对农业地位的认识可谓泾渭分明。

大夫曰：“王者塞天财①，禁关市②，执准守时③，以轻重御民④。丰年岁登⑤，则储积以备乏绝；凶年恶岁，则行币物⑥；流有余而调不足也⑦。昔禹水汤旱⑧，百姓匮乏，或相假以接衣食⑨。禹以历山之金⑩，汤以庄山之铜⑪，铸币以赎其民⑫，而天下称仁。往者财用不足，战士或不得禄⑬，而山东被灾⑭，齐、赵大饥，赖均输之畜⑮，仓廪之积⑯，战士以奉⑰，饥民以赈⑱。故均输之物，府库之财，非所以贾万民而专奉兵师之用⑲，亦所以赈困乏而备水旱之灾也。”

【注释】

①塞：掌控。天财：自然资源。

②禁：严格管理。关：关卡。市：市场。

③执：掌握。准：物价标准。守时：把握贸易时机。

④轻重：以行政力量和经济手段调控物资的供求和价格水平。轻，指物价低落。重，指物价上涨。御：统治，管理。

⑤登：五谷成熟。

⑥行币物：发行货币和财物。

⑦流：调配。调：调剂。

⑧禹水：尧舜时期遭到水灾，舜命大禹治水。汤旱：传说商汤时期有七年大旱。

⑨假：借贷。接：接济。

⑩禹以历山之金：《管子·山权数》说，商汤有七年之旱，夏禹有五年之水，民众卖儿卖女，汤以庄山之金铸币，禹以历山之金铸币，替民众赎回被卖的儿女。历山，传说中的历山之处甚多，未详所在。

⑪庄山：地点不详。庄，原作“严”，据王启源说校改。

⑫赎：原作“赠”，据杨树达、王利器说校改。

⑬禄：军队粮饷。

⑭山东：指函谷关、崤山以东。被灾：遭受水灾，指公元前120、前119年发生的水灾。

⑮畜：通“蓄”。

⑯仓廪(lǐn)：仓库。

⑰奉：供给。

⑱赈：赈济。

⑲贾万民：与老百姓做买卖赚钱。兵师：军队。

【译文】

大夫说：“君王掌控自然资源，严格管理关卡市场，掌握物价标准，把握贸易时机，调控物资的供求和价格水平来管理民众。在丰收的年岁，朝廷储备积聚物资来防备饥荒；在灾荒的年岁，就发行货币和财物；

这样做是为了调配有余、补给不足。从前夏禹遭受水灾，商汤遭受旱灾，老百姓陷入贫困，有的人依靠借贷来接济衣食。于是夏禹用历山的金，商汤用庄山的铜，铸成钱币来赎回民众因饥荒而卖掉的儿女，天下称颂夏禹、商汤为仁君。早先国家财用不足，有些战士得不到粮饷，崤山以东又遭受水灾，齐、赵一带发生大饥荒，朝廷就是依赖均输收集的物资，仓库的蓄积，才使战士得到给养，饥民得到赈济。因此均输的物资，官府仓库中的钱财，并不只是单纯与老百姓做交易赚钱来提供军队的费用，也是用来赈济贫困、防备水旱灾害的手段。”

文学曰：“古者，十一而税①，泽梁以时入而无禁②，黎民咸被南亩而不失其务③。故三年耕而余一年之蓄，九年耕有三年之蓄④。此禹、汤所以备水旱而安百姓也。草莱不辟⑤，田畴不治⑥，虽擅山海之财⑦，通百末之利⑧，犹不能赡也⑨。是以古者尚力务本而种树繁⑩，躬耕趣时而衣食足⑪，虽累凶年而人不病也⑫。故衣食者民之本，稼穑者民之务也⑬。二者修，则国富而民安也。《诗》云‘百室盈止，妇子宁止’也⑭。”

【注释】

①十一而税：征收民众收获的十分之一作为赋税。

②泽：湖泊、沼泽。梁：水坝。以时：按照季节。

③黎民：老百姓。被：覆盖，引申为“到”。南亩：田地。不失其务：不荒废农务。

④故三年耕而余一年之蓄，九年耕有三年之蓄：《礼记·王制》：“三年耕必有一年之食，九年耕必有三年之食。”

⑤草莱：杂草，此处指杂草丛生的荒地。辟：开垦。

⑥田畴(chóu):田地,农田。治:修治。

⑦擅:占有,垄断。

⑧通:交流,交易。百末:指各种商业。末,原作“味”,据卢文弨、王利器说校改。

⑨赡:丰足。

⑩尚力务本:鼓励努力耕种,致力于农业生产。种树繁:种植繁多。

⑪躬耕:亲身耕作。趣时:抓紧农时。趣,通“趋”。

⑫累:连年。病:指遭受饥荒。

⑬稼:种植。穑(sè):收割。

⑭百室盈止,妇子宁止:见于《诗经·周颂·良耜》。百室,百家。盈,满。宁,安宁。止,语尾助词。

【译文】

文学说:“古时候,国家征收十分之一的赋税,民众可以按照季节进入湖泊水坝捕捞而官府不会禁止,老百姓都到田地劳动而不误农时。因此民众三年耕作可以积余一年的粮食,九年耕作可以有三年的积蓄。这就是夏禹、商汤用来防备水旱而安定老百姓的方法。如果荒地得不到开垦,田地得不到整治,即使垄断了山林河海的资财,交流各种工商利益,民众仍然不能富足。所以古代鼓励努力从事农业生产,种植繁多,亲身耕作,抓紧农时,丰衣足食,即使遇上连年灾荒,民众也不至于陷入贫困。因此衣食是民众生存根本,种植和收割是民众的主要事务。这两方面做好了,就会国富民安。《诗经·周颂·良耜》说:‘家家粮食满仓,妻子儿女安宁。’”

大夫曰:“贤圣治家非一宝①,富国非一道。昔管仲以权谲霸②,而纪氏以强本亡③。使治家养生必于农④,则舜不甄陶而伊尹不为庖⑤。故善为国者,天下之下我高⑥,天下之轻我重[7]。以末易其本[8]，以虚易其实[9]。今山泽之财，均输之藏，所以御轻重而役诸侯也[10]。汝、汉之金[11]，纤微之贡[12]，所以诱外国而钓胡、羌之宝也[13]。夫中国一端之缦[14]，得匈奴累金之物[15]，而损敌国之用[16]。是以骡驴馲驼[17]，衔尾入塞[18]，驒騱骠马[19]，尽为我畜，鼲鼦狐貉[20]，采旃文罽[21]，充于内府[22]，而璧玉珊瑚琉璃[23]，咸为国之宝。是则外国之物内流，而利不外泄也。异物内流则国用饶，利不外泄则民用给矣[24]。《诗》曰：'百室盈止，妇子宁止。'"

【注释】

①宝：法宝。原作"室"，据王利器说校改。

②权谲(jué)：权术欺诈。孔子说，齐桓公正而不谲，此处大夫说管仲以权术欺诈帮助齐桓公称霸，观点与孔子不同。

③纪氏以强本亡：此句原作"范氏以强大亡"，据张敦仁说校改。纪，西周诸侯国，在今山东寿光东南，春秋时被齐国灭亡。强本，加强农业生产。《管子·轻重乙》："昔者，纪氏之国强本节用者，其五谷丰满而不能理也，四流而归于天下。若是，则纪氏其强本节用，适足以使其民谷尽而不能理，为天下虏。是以其国亡而无所处。"此说为大夫所本。

④必于农：一定要务农才行。

⑤甄陶：用土烧制陶器。甄，制作陶器的转轮。《史记·五帝本纪》："舜耕历山，渔雷泽，陶河滨。"相传舜发迹以前，曾经烧过陶器。伊尹：商汤的大臣。《史记·殷本纪》："伊尹名阿衡。阿衡欲干汤而无由，乃为有莘氏媵臣，负鼎俎，以滋味说汤。"为庖：当厨师。

⑥天下之下我高：天下人视之为下，我却视之为高。

⑦天下之轻我重：天下人视之为轻，我却视之为重。

⑧末：工商业。易：替代。本：农业。

⑨易：原作“荡”，据张敦仁说校改。

⑩御轻重而役诸侯：通过调控物资的供求和价格来役使诸侯。

⑪汝：汝水，在今河南境内。汉：汉水，在今陕西南部和湖北境内。

⑫纤微：指精细的丝织品。贡：贡品。

⑬钓：引诱。胡：指匈奴。羌：西羌，西部少数民族。

⑭端：古代度量单位，二丈（或六丈）为一端。缦（màn）：无花纹的丝织品。

⑮累金：很多黄金，指价值贵重。

⑯损敌国之用：损耗敌国财用。

⑰驼（tuō）驼：即骆驼。

⑱衔尾：形容一头接一头。入塞：进入中国边塞。

⑲驒騱（tuóxí）：野马。騵（yuán）马：赤毛白腹的马。

⑳鼲（hún）：黄鼠，又称拱鼠、礼鼠。鼦：同“貂”。狢（hé）：哺乳动物，外貌像狐狸，昼伏夜出。

㉑采旃：彩色的毡子。旃，通“毡”。文罽（jì）：有花纹的毯子。

㉒内府：皇宫仓库。

㉓璧玉：中间有孔的平圆形玉器。珊瑚：热带海中珊瑚虫分泌的石灰质骨骼聚集而成的东西，形如树枝，质地细腻，柔和，富有韧性，多为红色，也有白色或黑色的，属于高档玉石，古人作为珍玩。琉璃：用矿石烧制的有色半透明的宝石。

㉔给：充足。

【译文】

大夫说：“贤君圣主治理国家并非只有一种法宝，使国家富裕也并非只有一条道路。从前管仲以权术欺诈辅佐齐桓公称霸，而纪国因为加强农业而导致亡国。假使治理国家养活民众一定要务农才行，那么舜就不会从事制陶，伊尹也不会去做厨师。因此，善于治国的人，天下人视之为下，我却视之为高；天下视之为轻，我却视之为重。以工商业替代农业，用虚来代替实。如今山林河泽的资财，均输所储存的货物，都是通过调控物资供求和价格来役使诸侯的。汝水和汉水的黄金，精细的丝织贡品，是用来赚取外国和匈奴、西羌钱财的宝物。中国一段没有花纹的丝织品，可以换取匈奴价值很多黄金的物资，且能够损耗敌国的财用。所以外国的骡、驴、骆驼，一头接着一头进入中国边塞，野马和赤毛白腹的马，都成为我国的牲畜，鼠皮、貂皮、狐貉，彩色的毡子，有花纹的毛毯充满皇宫的仓库，璧玉、珊瑚、琉璃，都成为我国的宝物。这样，外国货物不断内流进入中国，而中国财利不会向国外流泄。外国异物内流就会使国家财用丰饶，财利不外泄就会使民用充足。《诗经·周颂·良耜》说：'家家粮食满仓，妻子儿女安宁。'"

文学曰："古者，商通物而不豫[①]，工致牢而不伪[②]。故君子耕稼田鱼[③]，其实一也。商则长诈[④]，工则饰骂[⑤]，内怀窥窬而心不怍[⑥]，是以薄夫欺而敦夫薄[⑦]。昔桀女乐充宫室[⑧]，文绣衣裳[⑨]，故伊尹高逝游薄[⑩]，而女乐终废其国。今骡驴之用，不中牛马之功[⑪]，鼲鼦旃罽，不益锦绨之实[⑫]。美玉珊瑚出于昆山[⑬]，珠玑犀象出于桂林[⑭]，此距汉万有余里。计耕桑之功，资财之费，是一物而售百倍其价也，一揖而中万钟之粟也[⑮]。夫上好珍怪[⑯]，则淫服下流[⑰]，贵远方之物，则货财外充[⑱]。是以王者不珍无用以节其民，不爱奇货以富其国。故理民之道，在于节用尚本，分土井田而已[⑲]。"

【注释】

①豫：欺诈。

②牢：结实。伪：假。

③田：同"畋"，打猎。鱼：同"渔"，捕鱼。

④长诈：长于欺诈。

⑤饰骂：饰巧。王绍兰说，骂，当为"鬕(mà)"，意为巧。饰巧，即作假。

⑥内怀窥窬(yú)：内心窥测时机牟利。窬，门旁小洞。怍(zuò)：惭愧。

⑦薄夫：刻薄的人。敦夫：敦厚的人。

⑧桀：夏朝末代昏君，后被商汤推翻。女乐：歌女。

⑨衣裳：衣裙。

⑩高逝：远走高飞。薄：通"亳"，商汤都城，在今河南商丘。

⑪不中：比不上，不相当。

⑫锦绨(tí)：华丽丝绸。

⑬昆山：昆仑山。

⑭玑(jī)：不圆的珠子。桂林：秦汉设置桂林郡，在今广西壮族自治区。按，珠、玑、犀、象并不是桂林出产。由于桂林是东南亚各国由陆路进入中国的通道，所以文学误以为桂林是珠、玑、犀、象的出产地。

⑮一揖：一捧东西。揖，通"挹"。中：相当于。钟：古代量器，一钟合六十四斗。

⑯珍怪：珍奇怪物。

⑰淫服：奇装异服。下流：下层社会。

⑱外充：国内钱财充实外国。

⑲井田：西周土地制度，将土地划分为许多方块，形似"井"字形，故称井田。中央为公田，旁边八块为私田。老百姓耕完中央的公田，才能耕种自己的私田。

【译文】

文学说："古时候，商人流通货物而不欺诈，工匠致力于器物结实而不造假。因此君子无论是耕稼还是打猎捕鱼，都是一样诚实。商人长于欺诈，工匠弄虚作假，内心窥伺时机牟利而不惭愧，所以刻薄的人更为欺诈，而敦厚的人变为刻薄。从前夏桀宫室中充满歌女，她们穿着绣花衣裙，因此伊尹远走高飞，投奔亳地的商汤，夏朝终于断送在歌女手中。如今骡驴的用处，比不上牛马的功效，鼠皮、貂皮、毡子、毛毯，比不上华丽丝绸实用。美玉、珊瑚出于昆仑山，珠玑、犀牛角、象牙出于桂林郡，从桂林到长安有一万多里。计算耕种采桑的功效，再算一下采集远方珍奇异物的费用，就可以知道一件珍奇异物的价格高出原来的百倍，一捧珍奇之物相当于万钟粮食。在上位的人喜好珍奇怪物，下层社会就会追求奇装异服，重视远方珍奇之物，就会使国家钱财充实外国的国库。所以君王不应该珍视无用之物，以此引导民众节俭；不应该喜爱珍奇货物，以此使国家富裕。因此统治民众的方法，在于节约财用，重视农业根本，分封土地，实施古代的井田制而已。”

大夫曰：“自京师东西南北①，历山川②，经郡国，诸殷富大都③，无非街衢五通④，商贾之所凑⑤，万物之所殖者⑥。故圣人因天时⑦，智者因地财⑧，上士取诸人⑨，中士劳其形⑩。长沮、桀溺⑪，无百金之积，跖跻之徒⑫，无猗顿之富⑬，宛、周、齐、鲁⑭，商遍天下。故乃商贾之富⑮，或累万金，追利乘羡之所致也⑯。富国何必用本农，足民何必井田也？”

【注释】

①京师：长安，在今陕西西安。

②历：经过。

③殷富：殷实富裕。大都：大都市。

④街衢(qú)五通：街道四通八达。

⑤凑：会集。

⑥殖：增殖。

⑦因：顺应。天时：自然界的变化。

⑧地财：各地物产。

⑨上士：上等智力的人，指聪明人。取诸人：依靠别人劳动发财致富。

⑩中士：中等智力的人。劳其形：依靠自己劳动取得财富。

⑪长沮、桀溺：孔子在周游列国过程中遇到的两个躬耕隐士，事见《论语·微子》。

⑫跖蹻：指普通劳动者。跖，柳下跖。蹻，庄蹻。他们是传说中的两个大盗。一说，跖，穿。蹻，草鞋。

⑬猗顿：春秋鲁国人，在猗氏县（今山西安泽东南）经营煮盐及畜牧致富，事见《史记·货殖列传》。

⑭宛：西汉县名，在今河南南阳。周：东周都城，在今河南洛阳。齐：都城在今山东临淄。鲁：西周诸侯国，都城在今山东曲阜。宛、周、齐、鲁，是汉代四大都市。

⑮商：原作“万”，据卢文弨说校改。

⑯乘羡：谋取盈余。羡，盈余。

【译文】

大夫说：“从首都长安到东西南北，经过高山大川，通过各个郡和诸侯国，各个殷实富裕的大都市，没有不是街道四通八达，商贾云集，万物增殖的地方。因此圣人顺应天时变化，智者善于利用当地特产，聪明人依靠别人劳动发财致富，中等智力的人依靠自己劳动取得财富。长沮、桀溺当隐士，没有百金积蓄；盗跖庄蹻之徒，也不像猗顿那样富有；宛、周、齐、鲁，四大商都的商人遍布天下。因此商贾如此富有，有的人甚至积累万金，这是追求利润、积累盈余所带来的。使国家富有，何必一定要用农业？使民众丰衣足食，何必一定要实施井田制？”

文学曰："洪水滔天，而有禹之绩；河水泛滥，而有宣房之功[①]。商纣暴虐[②]，而有孟津之谋[③]；天下烦扰，而有乘羡之富。夫上古至治，民朴而贵本，安愉而寡求。当此之时，道路罕行，市朝生草[④]。故耕不强者无以充虚，织不强者无以掩形[⑤]。虽有凑会之要[⑥]，陶、宛之术[⑦]，无所施其巧。自古及今，不施而得报，不劳而有功者，未之有也。"

【注释】

①宣房之功：汉武帝时期，黄河在瓠子口（在今河南濮阳西南）决口。元封二年（前109），汉武帝亲临现场，指挥军民堵塞决口。事后在坝上筑宣房宫。事见《史记·河渠书》。

②商纣：商纣王，商朝末代昏君，被周武王推翻。

③孟津之谋：周武王九年，武王与天下八百诸侯在孟津会盟，誓师伐纣。孟津，渡口名，在今河南孟县西南河阳渡。

④市朝：古代官吏办公之处。

⑤掩形：遮蔽形体。

⑥凑会之要：人群聚集的要地。

⑦陶：陶朱公范蠡。范蠡在灭吴后改行经商，成为富翁，居陶地，自称朱公，后人称他陶朱公。宛：宛孔氏，战国商人，以冶铁经商致富。事见《史记·货殖列传》。宛，原作"室"，据孙诒让说校改。

【译文】

文学说："洪水滔天，才有大禹治水的功绩；黄河水泛滥，才有武帝宣房的功勋。商纣王残暴酷虐，才有周武王与诸侯誓师孟津的谋略；天下烦混扰乱，才有积累盈余的富裕。上古时期是治国的最高境界，民风淳朴，重视农业根本，民众安乐愉快，寡欲少求。那个时候，道路上少有行人，市朝生出杂草。因此耕种不努力的人吃不饱肚子，纺织不努力的人没有办法遮蔽形体。即使有人群聚集的商业要地,有陶朱公、宛孔氏的经营策略,也没有地方施展技巧。从古到今,不施恩而得到报答,不劳动而有功劳,不曾有过。"

通有第三

【题解】

汉家实行均输政策的宗旨,是通过国家行政力量统管全国物资,用来调剂有无,实现物资的有效配置。本篇围绕货物要不要流通、要不要调剂有无的问题展开辩论。大夫认为货物流通有利于财富增殖,他从五行配五方的角度,说明均衡有无、流通万物是天地之道,进而又征引孔子关于俭不中礼的言论,说明一味节俭并不是正确的方法。文学则恪守以农为本的信念,主张"王者禁溢利,节漏费。溢利禁则反本,漏费节则民用给"。大夫强调的是货物流通带来的利益,而文学则更多地看到了工商业活动所带来的奢靡风气;前者否定力耕,显然对农业之本不利;而后者反对货物流通,则显然有闭关锁国之嫌。

大夫曰:"燕之涿、蓟①,赵之邯郸②,魏之温、轵③,韩之荥阳④,齐之临淄⑤,楚之宛、陈⑥,郑之阳翟⑦,三川之二周⑧,富冠海内,皆为天下名都,非有助之耕其野而田其地者也⑨,居五诸之冲,跨街衢之路也⑩。故物丰者民衍⑪,宅近市者家富。富在术数⑫,不在劳身;利在势居⑬,不在力耕也。"

【注释】

①燕:西周诸侯国,辖地在今北京、天津一带。涿:地名,原燕国都市,在今河北涿州。蓟:春秋战国燕国首都,在今北京大兴西南。

②赵：战国诸侯国，辖地在今河北南部、河南北部、山西中部和陕西东北隅。邯郸：地名，战国赵国首都，在今河北邯郸。

③魏：战国诸侯国，辖地在今河南北部、山西西南部。温：地名，在今河南温县。轵（zhǐ）：地名，在今河南济源。

④韩：战国诸侯国，辖地在今陕西东部、河南西北部。荥（xíng）阳：地名，原韩国都市，在今河南荥阳。

⑤齐：西周诸侯国，辖地在今山东北部、河南西南部。临淄：齐国都城，在今山东临淄。

⑥楚：西周诸侯国，全盛期的楚国辖地主要在湖北、湖南及豫、皖、江、浙部分地区。宛：地名，在今河南南阳。陈：本为西周诸侯国，后被楚所灭，治所在今河南淮阳。宛、陈，原作“宛丘”，据王先谦说校改。

⑦郑：西周诸侯国，在今河南中部一带。阳翟（dí）：地名，在今河南禹州。

⑧三川：伊水、洛水、黄河。二周：指战国时期的西周和东周，治所分别在河南洛阳西和巩县。

⑨田：用做动词，种植。

⑩居五诸之冲，跨街衢（qú）之路也：原作“居五诸侯之衢，跨街冲之路也”，据陈遵默、王利器说校改。五诸，即五都，汉代五都指洛阳、邯郸、临淄、宛城、成都。冲，交通要道。衢，四通八达的道路。

⑪民衍：民众富裕。

⑫术数：筹划。

⑬势居：地势优越。

【译文】

大夫说：“燕地的涿和蓟，赵地的邯郸，魏地的温和轵，韩地的荥阳，齐地的临淄，楚地的宛和陈，郑地的阳翟，伊水、洛水、黄河流域的东周西周，富裕冠于海内，都是天下有名都市，它们并不是借助于耕种田地而致富，而是居于五大都市的要道，处于交通枢纽之上。因此物产丰富的地方民众富有，住宅靠近都市的家庭富裕。致富在于筹划，不在于亲身劳动；获利在于地势优越，不在于努力耕作。”

文学曰：“荆、扬南有桂林之饶①，内有江、湖之利，左陵阳之金②，右蜀、汉之材③，伐木而树谷④，燔莱而播粟⑤，火耕而水耨⑥，地广而饶财；然民鮆窳偷生⑦，好衣甘食，虽白屋草庐⑧，歌讴鼓琴，日给月单⑨，朝歌暮戚⑩。赵、中山带大河⑪，纂四通神衢⑫，当天下之蹊⑬，商贾错于路⑭，诸侯交于道；然民淫好末，侈靡而不务本⑮，田畴不修⑯，男女矜饰⑰，家无斗筲⑱，鸣琴在室。是以楚、赵之民，均贫而寡富。宋、卫、韩、梁⑲，好本稼穑，编户齐民⑳，无不家衍人给㉑。故利在自惜㉒，不在势居街衢；富在俭力趣时㉓，不在岁司羽鸠也㉔。”

【注释】

①扬：原作“阳”，据王利器说校改。

②陵阳：在今安徽铜陵一带。金：黄铜。

③蜀：指西汉时的蜀郡，在今四川北部。汉：汉中郡，在今陕西南部和湖北西北部。

④树谷：种植庄稼。

⑤燔(fán)莱：焚烧荒草。播粟：播种庄稼。

⑥火耕：古代开荒种地，先放火烧尽柴草，而后耕作播种。水耨(nòu)：古代一种除草方法，放水将草沤烂。

⑦然民：原作“然后”，据王利器说校改。鮆窳(jì yǔ)：懒惰。

⑧白屋草庐：白茅草屋。

⑨日给月单：过得了一天，过不了一个月，即月光族。给，丰足。单，通“殚”，尽。

⑩朝歌暮戚：早上唱歌，晚上忧愁。

⑪中山：汉中山国，在今河北定县。带大河：以黄河为带，即靠近黄河。

⑫纂(zuàn)四通神衢：汇合四通八达的要冲。纂，汇合，连接。

⑬蹊(xī)：道路。

⑭错：交叉来往。

⑮侈靡：奢侈浪费。

⑯田畴：田地。修：整治。

⑰矜饰：讲究修饰打扮。

⑱家无斗筲(shāo)：家中连一斗或一筲的粮食都没有。筲，古代盛饭或装粮食的竹器。

⑲宋：西周诸侯国，在今河南商丘以东至江苏铜山县以西一带。卫：西周诸侯国，今河南濮阳一带。梁：春秋时期和汉代均有梁国。春秋梁国故址在今陕西韩城，后被秦国所灭。汉代梁国辖地包括今河南商丘和安徽北部地区、山东西南部分地区。战国魏国亦称梁。此处应指汉代梁国。

⑳编户：编入户口册内的人。齐民：平民。

㉑衍：富裕。

㉒自惜：自我珍惜。

㉓趣：通“趋”。

㉔岁司：管理农时。羽鸠：周时征收羽、鸠两种赋税的官吏名，此处指聚敛。

【译文】

文学说：“荆州、扬州南有桂林的丰饶，内有长江、湖泊的利益，左边有铜陵的黄铜，右边有蜀、汉的木材，砍伐树木，种植庄稼，焚烧草木，播种五谷，以火耕地，以水耨草，土地广阔，财富丰饶。但民众懒惰偷生，喜欢鲜衣美食，即使住在在白茅草屋里，也要歌唱弹琴，过得了一天，过不了一个月，早上唱歌，晚上忧愁。赵地和中山靠近黄河，汇合四通八达的要冲，是天下人必经之路，商贾在路上交叉往来，诸侯交接于道路。然而民众过分喜欢经商，奢侈浪费，不愿务农，田地不整治，男女讲究修饰打扮，家中即使没有一斗一筲余粮，仍然在家弹琴作乐。所以楚地、赵地民众，大都贫穷而少有富人。宋、卫、韩、梁四地，爱好农耕，凡编入户籍的平民，无不是家家富裕，人人丰足。因此获利在于自我珍惜，不在于地处街道要冲；致富在于节俭，努力按时耕种，不在于每年派官吏从事于羽鸠赋税的征收。”

大夫曰：“五行①：东方木②，而丹、章有金铜之山③；南方火，而交趾有大海之川④；西方金，而蜀、陇有名材之林；北方水，而幽都有积沙之地⑤。此天地所以均有无而通万物也⑥。今吴、越之竹⑦，隋、唐之材⑧，不可胜用，而曹、卫、梁、宋⑨，采棺转尸⑩；江、湖之鱼，莱、黄之鲐⑪，不可胜食，而邹、鲁、周、韩⑫，藜藿蔬食⑬。天地之利无不赡⑭，而山海之货无不富也；然百姓匮乏，财用不足，多寡不调，而天下财不散也⑮。”

【注释】

①五行：金、木、水、火、土。

②东方木：战国秦汉五行家将五行与东南西北中相配一东方木，西方金，南方火，北方水，中央土。

③丹：丹阳郡，在今江苏、安徽长江以南地区。章：章山，在今江西南城县东北。

④交趾：汉郡名，在今广东、广西、越南北部地区。大海之川：即南海。

⑤幽都：幽州，在今河北北部、山东半岛及辽宁等地。积沙之地：指沙漠。

⑥均：平均。通：流通。

⑦吴：西周诸侯国，在今长江下游一带。越：夏商周古国，在今浙江一带。

⑧隋：通“随”，春秋诸侯国，在今湖北随州南。唐：春秋诸侯国，在今河南唐河。一说，在今湖北唐城。

⑨曹：西周诸侯国，在今山东曹县。卫：西周诸侯国，在今河南滑县。梁：春秋诸侯国，在今陕西韩城。宋：西周诸侯国，在今河南东部和山东、江苏、安徽部分地区。

⑩采棺：用柞木制作的简陋棺材。转尸：抛弃尸体。

⑪莱：西周诸侯国，在今山东龙口东南。黄：在今山东黄县。鲐(tái)：一种海鱼。

⑫邹：西周诸侯国，在今山东邹县。鲁：周公封国，今山东西南。周：夏商古国，今陕西岐山县。

⑬藜：一种野菜。藿(huò)：豆叶。

⑭赡：丰足，丰富。

⑮散：疏散。

【译文】

大夫说：“按照金、木、水、火、土五行：东方属木，而丹阳、章山却有金铜矿山；南方属火，而交趾郡却有浩瀚的南海；西方属金，而蜀郡、陇西郡却有名贵木材树林；北方属水，而幽州却有沙漠。这些都是天地用来平均有无而流通万物的。如今吴地、越地的竹子，随地、唐地的木材，多得用不完，而曹地、卫地、梁地、宋地，却用柞木做简陋棺材，有的甚至抛弃尸体；长江、湖泊的鱼类，莱地、黄地的鲐鱼，多得吃不完，而邹地、鲁地、周地、韩地，却以藜藿野菜和蔬菜为食。天地的财利无不丰足，山林河海的货物无不丰富；然而老百姓生活匮乏，财用不足，这是财物多少的分布不均匀，天下财物没有疏散的缘故。”

文学曰：“古者，采椽不斫①，茅茨不翦②，衣布褐③，饭土硎④，铸金为钽⑤，埏埴为器⑥，工不造奇巧⑦，世不宝不可衣食之物⑧，各安其居，乐其俗，甘其食，便其器。是以远方之物不交，而昆山之玉不至。今世俗坏而竞于淫靡⑨，女极纤微⑩，工极技巧⑪，雕素朴而尚珍怪⑫，钻山石而求金银⑬，没深渊求珠玑⑭，设机陷求犀象⑮，张网罗求翡翠⑯，求蛮、貉之物以眩中国⑰，徙邛、筰之货⑱，致之东海⑲，交万里之财，旷日费功⑳，无益于用。是以褐夫匹妇㉑，劳罢力屈㉒，而衣食不足也。故王者禁溢利㉓，节漏费㉔。溢利禁则反本，漏费节则民用给。是以生无乏资，死无转尸也。”

【注释】

①采：同“棌”，栎木。椽(chuán)：屋上承接瓦的木条。斫(zhuó)：砍削，雕饰。

②茅：茅草。原作“屋”，据王利器说校改。茨：用茅草盖屋顶。翦：同“剪”，修剪整齐。

③褐：粗布短衣。

④饭：用做动词，吃饭。土硎(xíng)：土做的饮食器具，即陶碗。

⑤金：金属，指铜铁。钽：同“锄”。

⑥埏埴(shān zhí)为器：糅合泥土来制作饮食器具。埏埴，糅合泥土。

⑦奇巧：奇异怪巧。

⑧宝：此处用作动词，以……为宝。

⑨淫靡：奢侈浪费。

⑩女极纤微：妇女手工制品要求极其精细。

⑪工极技巧：工匠制品要求极其奇巧。

⑫雕素朴：雕琢素朴的东西。尚珍怪：崇尚珍奇怪物。

⑬钻山石：开山凿石，指采掘金属矿产。

⑭没深渊：潜入深水。

⑮设机陷：设置捕捉动物的机关陷阱。犀：犀牛。象：大象。

⑯翡翠：一种珍贵的鸟，羽毛可做装饰品。

⑰蛮：南蛮，指南方少数民族。貉（mò）：同“貊”，指东北少数民族。眩（xuàn）：迷乱。

⑱邛（qióng）：古代西南少数民族国名，在今四川西昌东南。筰（zuó）：古代西南少数民族，在今四川汉源县东南。

⑲东海：泛指东部靠海地区。

⑳旷日：耽误时日。

㉑褐夫：穿粗布衣的丈夫，此指普通平民。褐，原作“揭”，据王利器说校改。

㉒罢：同“疲”。力屈：力竭。

㉓溢利：暴利。

㉔漏费：不必要的费用。

【译文】

文学说：“古时候，栎木椽子不用砍削，茅草盖屋不用修剪，穿的是粗布衣，吃饭用的是陶碗，把铜铁铸成锄头，糅合泥土成为器具，工匠不制造奇异怪巧的制品，世人不以不能吃穿的东西为宝，人人都安心住在自己居住的地方，喜欢当地风俗，甜美地吃着自己的食物，习惯使用自己的器具。所以远方的货物不去交易，昆仑山的宝玉也运不到。如今世俗败坏，竞相奢侈浪费，妇女手工制品要求极其精细，工匠制品要求极其奇巧，雕琢素朴的东西，崇尚珍奇怪物，开山凿石来寻找金银，潜入深水来寻求珠玑，设置机关陷阱来捕捉犀牛大象，张设网罗来猎捕翡翠，寻求边远蛮荒地区的宝物来迷乱中国，转运邛、筰的货物，到达东边沿海地区，交流万里之外的财物，耽误时日，耗费功效，无益于实用。所以平民夫妇，忙得精疲力竭，却衣食不足。因此君王禁止暴利，节约不必要的费用。暴利被禁止就会返回农业根本，不必要的费用被节约下来，就会民用充足。所以活着的时候不乏资财，死后也不会被抛尸荒野。”

大夫曰：“古者，宫室有度[①]，舆服以庸[②]；采椽茅茨，非先生之制也[③]。君子节奢刺俭，俭则固[④]。昔孙叔敖相楚[⑤]，妻不衣帛[⑥]，马不秣粟[⑦]。孔子曰：‘不可，大俭极下。’[⑧]此《蟋蟀》所为作也[⑨]。《管子》曰[⑩]：‘不饰宫室，则材木不可胜用，不充庖厨[⑪]，则禽兽不损其寿。无末利[⑫]，则本业无所出，无黼黻[⑬]，则女工不施[⑭]。’故工商梓匠[⑮]，邦国之用，器械之备也。自古有之，非独于此。弦高贩牛于周[⑯]，五羖赁车入秦[⑰]，公输子以规矩[⑱]，欧冶以镕铸[⑲]。《语》曰：‘百工居肆，以致其事。’[⑳]农商交易，以利本末。山居泽处，蓬蒿垅埆[㉑]，财物流通，有以均之[㉒]。是以多者不独衍[㉓]，少者不独馑[㉔]。若各居其处，食其食，则是橘柚不鬻，朐卤之盐不出[㉕]，旃罽不市，而吴、唐之材不用也。”

【注释】

①度：等级制度。

②舆：车马。服：衣冠服饰。庸：功劳。

③先生：疑为“先王”，因“生”与“王”形近而误。

④固：粗陋。

⑤孙叔敖：春秋时期楚庄王贤相。

⑥衣帛：穿丝帛衣服。

⑦秣粟：喂粮食。秣，喂马。

⑧不可，大俭极下：未见出处。大，同“太”。极下，接近下级，指体现不了等级差别。

⑨《蟋蟀》：《诗经·唐风》中的作品。《毛诗序》：“《蟋蟀》，刺晋僖公也。俭不中礼，故作是诗以闵之，欲其及时以礼自虞乐也。”

⑩《管子》曰：今本《管子》中没有所引这一节文字。

⑪充：充实。庖厨：厨房。

⑫末利：指工商业。末，原作“味”，据王先谦说校改。

⑬黼黻（fǔ fú）：古代绘绣的具有华美花纹的礼服。

⑭不施：无所施展技巧。

⑮梓匠：木匠。

⑯弦高：春秋时期郑国商人。贩：原作“饭”，据洪颐煊说校改。周：指洛阳。公元前627年，弦高到周地贩牛，路过滑地，遇到前来偷袭的秦军，便一面以郑君使者名义，用十二头牛犒赏秦军，一面派人报告郑君。秦军以为郑国已有防备，只好退兵。

⑰五羖（gǔ）：指百里奚。羖，黑色的公羊。赁（lìn）车：租车。《史记·秦本纪》载：“五年，晋献公灭虞、虢，虏虞君与其大夫百里傒，以璧马赂于虞故也。既虏百里傒，以为秦穆公夫人媵于秦。百里傒亡秦走宛，楚鄙人执之。穆公闻百里傒贤，欲重赎之。恐楚人不与，乃使人谓楚曰：‘吾媵臣百里傒在焉，请以五羖羊皮赎之。’楚人遂许与之。当是时，百里傒年已七十余。穆公释其囚，与语国事。谢曰：‘臣亡国之臣，何足问！’穆公曰：‘虞君不用子，故亡，非子罪也。’固问，语三日，穆公大说，授之国政，号曰五羖大夫。”

⑱公输子：鲁班，战国初年鲁国能工巧匠。规：圆规。矩：量方的曲尺。

⑲欧冶：即欧冶子，春秋末期越国人，善于铸剑。

⑳百工居肆，以致其事：见于《论语·子张》。百工，各种手工艺匠人。肆，手工作坊。

㉑蓬蒿：野草。垅埆（qiāo què）：土地贫瘠。

㉒均之：均衡。

㉓衍：富裕。

㉔馑（jǐn）：同“堇”，缺乏。

㉕朐（qú）：秦县，在今江苏连云港西南。卤：盐卤。一说，卤为汉县，属安定郡，在今甘肃或宁夏回族自治区境内。

【译文】

大夫说：“古时候，宫室有等级制度，车马衣服按照功劳大小而定；栎木椽子和茅草盖屋，并不是先王的制度。君子节制奢侈讥刺俭朴，因为俭朴就会粗陋。从前孙叔敖为楚国令尹，妻子不穿丝帛衣服，马不喂粮。孔子说：‘不可以这样做，太俭朴就与下级分不出等级。’这就是《诗经·唐风·蟋蟀》创作的原因啊。《管子》说：‘不修饰宫室，材木就用不完，不充实厨房，禽兽就不会减少寿命。如果没有工商业，那么农业就无从发展，没有黼黻礼服，那么女工就不能施展技艺。’因此工商木匠，都是对国家有用的人，他们能够提供器械设备。自古以来就有工商匠人，并不是今天才有的。弦高到东周贩牛，五羖大夫百里奚曾受雇租车到秦国经商，公输班凭借圆规曲尺而成为能工巧匠，欧冶子凭借镕铸技术而成为铸剑高手。《论语·子张》说：‘各种工匠居住在作坊，尽力完成他们的工作。’农业与商业交易，有利于农业和工商业的发展。有些人住在山里，或处于湖畔，野草丛生，土地贫瘠，更应该加强财物流通，想办法均衡特产。所以特产多的地方不独自富裕，特产少的地方不独自贫乏。如果各自居住在自己那个地方，吃那个地方的食物，那么有些盛产橘柚的地方就卖不出去，朐县的盐也运不出，毡子地毯都不能上市，吴地、唐地的竹子和木材就没有用了。”

文学曰：“孟子云：‘不违农时，谷不可胜食。蚕麻以时，布帛不可胜衣也。斧斤以时，材木不可胜用。田渔以时，鱼肉不可胜食。’① 若则饰宫室②，增台榭③，梓匠斫巨为小，以圆为方，上成云气④，下成山林，则材木不足用也。男子去本为末，雕文刻镂，以象禽兽，穷物究变⑤，则谷不足食也。妇女饰微治细⑥，以成文章⑦，极伎尽巧⑧，则丝布不足衣也。庖宰烹杀胎卵⑨，煎炙齐和⑩，穷极五味⑪，则鱼肉不足食也。当今世，非患禽兽不损⑫，材木不胜⑬，患僭侈之无穷也⑭；非患无旃罽橘柚，患无狭庐糠糟也⑮。”

【注释】

①不违农时，谷不可胜食。蚕麻以时，布帛不可胜衣也。斧斤以时，材木不可胜用。田渔以时，鱼肉不可胜食：见于《孟子·梁惠王上》。按，“以时”之下原有“入”字，据王利器说校删。

②若则：如果。

③台榭（xiè）：亭台上的房屋。

④云气：指宫室台榭上雕刻的云彩花纹。

⑤穷物究变：雕刻时穷尽事物变化。

⑥饰微治细：刺绣精细。

⑦文章：花纹。

⑧伎：通“技”。

⑨胎卵：兽胎蛋卵。

⑩炙：烧烤。齐和：以五味调和。齐，同“剂”。

⑪五味：酸、苦、甘、辛、咸。

⑫损：减少寿命。

⑬不胜：用不尽。

⑭僭（jiàn）侈：僭越奢侈。

⑮狭庐：狭小的茅屋。

【译文】

文学说："孟子说过：'不违农时，谷子就吃不完。蚕麻按时养织，粗布丝帛就穿不完。斧斤按时节进山砍伐，材木就用不完。按照时节打猎捕鱼，鱼肉就吃不完。'如果无休无止地修饰宫室，增建亭台楼榭，木匠把大木料砍成小木料，把圆木砍为方木，上面雕刻云气，下面雕刻山林，那么材木就不够用。男子弃农经商，雕刻镂画，描摹禽兽，穷尽事物变化，那么谷子就不够吃。妇女刺绣精细，构成花纹，极尽技巧，那么丝帛粗布就不够穿。厨师烹杀兽胎蛋卵，煎烤调和，穷尽酸、苦、甘、辛、咸五味，那么鱼肉就不够吃。当今之世，不怕禽兽不减少，材木用不完，而是怕僭越、奢侈之风无穷无尽；不怕没有毡子、毛毯、橘子、柚子，而是怕没有狭小的茅屋和糠糟。"

错币第四

【题解】

本篇讨论钱币铸造权问题。汉文帝曾经放任民间铸钱，这为藩国诸侯创造了雄厚的经济实力，同时也为奸诈不法之徒提供了聚集的条件。汉武帝将铸钱权收归国家，但在新币发行过程中也出现了一些弊病。大夫站在朝廷立场上，坚持由国家统一铸造钱币，认为这是强干弱枝、平息奸伪、均衡贫富的必要手段。文学则认为应该允许民间铸钱，保持货币多样化，反对朝廷与民争利。

大夫曰："交币通施[①]，民事不及[②]，物有所并也[③]。计本量委[④]，民有饥者，谷有所藏也[⑤]。智者有百人之功，愚者有不更本之事[⑥]。人君不调[⑦]，民有相妨之富也[⑧]。此其所以或储百年之余，或不厌糟糠也[⑨]。民大富[⑩]，则不可以禄使也[⑪]；大强，则不可以罚威也。非散聚均利者不齐[⑫]。故人主积其食[⑬]，守其用[⑭]，制其有余[⑮]，调其不足[⑯]，禁溢羡[⑰]，厄利涂，然后百姓可家给人足也。"

【注释】

①交币：流通钱币。通施：交换有无。

②民事不及：民众衣食生活费用供给不够。

③并：兼并，囤积垄断。

④计本：计算农业收入。量委：计量支出。委，支出。一说，委，指积累总数。

⑤谷有所藏：谷子被人囤积了。藏，囤积。

⑥愚者有不更本之事："愚者"下原无"有"字，据王利器说校补。不更本，不够本。更，偿。

⑦调：调整。

⑧相妨：互相侵害。

⑨厌：同"餍"，饱足。

⑩大：同"太"。下文"大强"之"大"意同。

⑪以禄使：以俸禄役使。禄，俸禄。

⑫散聚：分散聚积的财富。均利：均衡独占的利益。不齐：指贫富悬殊。

⑬积其食：储备粮食。

⑭守其用：掌管财用。

⑮制其有余：限制有余。

⑯调其不足：调剂不足。

⑰禁溢羡：禁止拥有过多的财富。溢羡，羡余，超出的盈余。

⑱厄(è)利涂：堵塞牟取暴利的途径。厄，同“阸”。涂，同“途”。

【译文】

大夫说：“流通钱币，交换有无，民众衣食生活费用供给不够，这是因为货物被垄断了。计算农业收入，再量入为出，而民众还有忍饥挨饿的，这是因为粮食被人囤积了。一个智慧的人收入可以抵一百个人的劳动收入，愚蠢的人却连本钱都赚不回。君主如果不加以调整，民间就会产生侵犯他人利益的富户。这就是为什么有的人储存的粮食一百年也吃不完，有的人连糟糠都吃不饱。民众太富有，就不可以用俸禄支使他；民众太强势，就不可以用刑罚来威慑他。如果不去分散聚积的财富，均衡独占的利益，就会贫富悬殊。因此君主储备粮食，掌管财用，限制有余，调剂不足，禁止拥有过多的财富，堵塞牟取暴利的途径，这样老百姓可以做到家给人足。”

文学曰：“古者，贵德而贱利，重义而轻财。三王之时①，迭盛迭衰②。衰则扶之，倾则定之③。是以夏忠、殷敬、周文④，庠序之教⑤，恭让之礼，粲然可得而观也⑥。及其后，礼义弛崩，风俗灭息，故自食禄之君子，违于义而竞于财，大小相吞，激转相倾⑦。此所以或储百年之余，或无以充虚蔽形也。古之仕者不穑，田者不渔，抱关击柝⑧，皆有常秩⑨，不得兼利尽物⑩。如此，则愚智同功，不相倾也。《诗》云：‘彼有遗秉，此有滞穗，伊寡妇之利。’⑪言不尽物也。”

【注释】

①三王:夏禹、商汤、周文王。

②迭盛迭衰:指德义交替盛衰。迭,交替。

③倾:倾覆。

④夏忠、殷敬、周文:这是董仲舒对夏、商、周三代行政风格的概括。忠,忠厚。敬,敬鬼神。文,礼乐典章。

⑤庠(xiáng)序:古代学校的名称,殷曰序,周曰庠。

⑥粲然:鲜明的样子。

⑦激转相倾:激烈地互相倾轧。

⑧抱关:守关的人。击柝(tuò):打更的人。

⑨常秩:固定的俸禄。

⑩兼利:兼有职务以外的收入。尽物:将利益一网打尽。

⑪彼有遗秉,此有滞穗,伊寡妇之利:见于《诗经·小雅·大田》。遗秉,漏掉的一把庄稼。滞穗,丢下的谷穗。

【译文】

文学说:"古时候,重道德而贱利益,重大义而轻财富。夏禹、商汤、周文王三王的时代,道德大义交替盛衰。衰落了就扶一把,倾覆了就安定它。所以夏朝行政风格是忠厚,殷朝行政风格是敬鬼神,周朝行政风格是礼文繁缛,学校的教化,恭让的礼节,鲜明灿烂,现在还能从文献中看到。到了后来,礼义松弛崩坏,良风善俗熄灭,因而那些领取国家俸禄的君子,违背礼义,争夺财富,以大吞小,激烈地互相倾轧。这就是为什么有人储备了百年粮食,而有的人食不果腹衣不遮体。古代当官的人不种植收割,打猎的人不会捕鱼,守关的人,打更的人,都有固定的俸禄,不得兼有职务以外的收入,不得将利益一网打尽。这样,愚蠢的人和智慧的人都会同样有收获,不会互相倾轧。《诗经·小雅·大田》说:'那里有漏掉的一把庄稼,这里有丢下的谷穗,它们属于寡妇的利益。'这几句诗说的就是不将利益一网打尽啊。"

大夫曰："汤、文继衰①，汉兴乘弊②。一质一文③，非苟易常也④。俗弊更法⑤，非务变古也⑥，亦所以救失扶衰也。故教与俗改，弊与世易⑦。夏后以玄贝⑧，周人以紫石⑨，后世或金钱刀布⑩。物极而衰，终始之运也。故山泽无征⑪，则君臣同利；刀币无禁⑫，则奸贞并行⑬。夫臣富则相侈⑭，下专利则相倾也。"

【注释】

①汤：商汤。文：周文王，继衰：继承夏桀、殷纣王衰世。

②兴：兴盛，兴起。乘弊：乘秦王朝弊政。

③质：质朴。文：文采。

④苟：随意，随便。易常：改变传统法度。

⑤俗弊更法：风俗变坏就要改变法度。更法，原作"家法"，据王利器说校改。

⑥非务变古：不是一定要改变古代传统。

⑦弊：通"币"，货币。

⑧夏后：夏后氏，指夏朝。玄贝：黑色贝，为夏朝货币。

⑨紫石：紫色贝壳，为周朝货币。

⑩刀布：古代两种钱币。刀，钱币形状像刀。布，钱币形状像铲子。

⑪山泽无征：山林川泽不征收赋税。

⑫刀币无禁：刀币不禁止私人铸造。

⑬奸贞：真假货币。奸，假币。贞，通"正"，指真币。

⑭相侈：竞相奢侈。

⑮专利：操纵财利。

【译文】

大夫说："商汤、周文王继承夏桀、殷纣王衰世，汉朝乘秦朝弊政之机而发迹兴盛。行政风格有的质朴，有的富于文采，并不是随意改变传统法度。风俗变坏就要改变法度，并不是一定要改变古代传统，而是要拯救失误扶持衰世。因此教化与风俗一起改变，货币与时世一起变易。夏朝的钱币是黑色贝壳，周人的钱币是紫色贝壳，后代则用金钱刀布做货币。事物发展到极点就会变衰，这是事物由始到终的运动。因此山林川泽不征赋税，就会导致君主与臣民同等利益；刀币不禁止私人铸造，就会使真假货币并行于市。臣民富裕就会竞相奢侈，私人操纵财利就会互相倾轧。”

文学曰：“古者，市朝而无刀币①，各以其所有易所无②，抱布贸丝而已③。后世即有龟贝金钱④，交施之也⑤。币数变而民滋伪⑥。夫救伪以质⑦，防失以礼⑧。汤、文继衰，革法易化⑨，而殷、周道兴。汉初乘弊，而不改易，畜利变币⑩，欲以反本⑪，是犹以煎止燔⑫，以火止沸也⑬。上好礼则民闇饰⑭，上好货则下死利也。”

【注释】

①市朝：市场。

②各以其所有易所无：“无”上原无“所”字，据王利器说校补。

③抱布贸丝：见于《诗经·卫风·氓》。抱布，手拿布帛。贸，交换。丝，蚕丝。

④龟：龟甲。贝：贝壳。金钱：铜钱。按，商周以龟壳、贝壳做货币，秦朝改用黄金和铜做货币。

⑤交施：交错使用。

⑥币数变而民滋伪：钱币屡次改变，民众越来越虚伪。

⑦救伪以质：以质朴补救作伪。

⑧防失以礼：以礼义防止过失。

⑨革法：改革法度。易化：改变教化。

⑩畜利：积蓄财利。畜，通“蓄”。变币：改变货币。

⑪反：同“返”，返回。

⑫以煎止燔：用煎熬去防止烧烤。

⑬以火止沸：用烧火去防止水的沸腾。

⑭闇饰：懂得用礼修饰自己的行为。闇，通“谙”，明白。

【译文】

文学说：“古时候，有集市而不用钱币，各人以其所有去交换所无，拿布帛去交换蚕丝而已。后世即有龟甲、贝壳和铜钱，几种货币交替使用。钱币屡次变化，民众因此越来越虚伪。要以质朴去补救虚伪，用礼义防止过失。商汤、周文王继承夏桀、殷纣王衰世，改革法度，改变教化，使殷、周王道兴盛。汉初乘秦朝弊政机会，而不去改变法度和教化，反而积蓄财利，改变货币，却想着要返回农业根本，这如同用煎熬去防止烧烤，用烧火去防止水的沸腾一样。在上位的人爱好礼义，那么民众就知道用礼义节制自己的行为；在上位的人爱好财货，那么下民就会冒死去追求财利。”

大夫曰：“文帝之时①，纵民得铸钱、冶铁、煮盐②。吴王擅鄣海泽③，邓通专西山④。山东奸猾⑤，咸聚吴国，秦、雍、汉、蜀因邓氏⑥。吴、邓钱布天下，故有铸钱之禁⑦。禁御之法立而奸伪息⑧，奸伪息则民不期于妄得，而各务其职，不反本何为？故统一⑨，则民不二也⑩；币由上⑪，则下不疑也。”

【注释】

①文帝：汉文帝刘恒，西汉第三位皇帝。

②纵民得铸钱：汉文帝乾元五年（前175），除盗铸钱令，允许私人铸钱。

③吴王：刘邦的侄子刘濞，被封为吴王。擅鄣海泽：擅自圈占沿海湖泽。鄣，同“障”。

④邓通：蜀郡南安（今四川乐山）人，受到汉文帝宠幸，汉文帝将四川严道铜山赐给他，邓通私人铸钱致富。专：独占。西山：即严道铜山。

⑤奸猾：奸诈狡猾的人，指豪强、罪犯和游民。

⑥秦：秦地，在今陕西、甘肃一带。雍：雍州，在今陕西北部、甘肃西北大半部与内蒙古自治区额济纳一带。汉：汉中郡，今陕西汉中。因：依附。

⑦铸钱之禁：汉景帝中元四年（前144），朝廷颁布“定铸钱伪黄金弃世律”，但没有完全禁止私人铸钱。汉武帝元狩四年，朝廷下令“盗铸诸金钱罪皆死”，严禁私人铸钱，但郡国还能铸钱。汉武帝元鼎五年（前112），禁止郡国铸钱。至此，铸币权才完全收归中央。

⑧禁御：管制。

⑨统一：指国家统一铸钱。

⑩不二：不生二心。

⑪由上：指由国家统一发行。

【译文】

大夫说：“汉文帝时期，放任民众铸造钱币、冶炼铁器、煮制食盐。吴王刘濞擅自垄断沿海湖泽，文帝宠臣邓通垄断西山铜器。崤山以东奸诈狡猾的人，都聚集到吴国，秦地、雍地、汉中、蜀郡的奸民都依附邓通。吴王、邓通钱币遍行天下，因此朝廷才有铸钱的禁令。管制法规一旦确立，奸诈作伪之风就平息下来；奸诈作伪之风平息，民众就不期望非法所得，而去各自从事他们的本行，这样，他们不返回农业根本又做什么？因此国家统一铸钱，民众就不会产生二心；货币由国家发行，下民就不会产生疑问。”

文学曰：“往古，币众财通而民乐[1]。其后，稍去旧币，更行白金龟龙[2]，民多巧新币[3]。币数易而民益疑。于是废天下诸钱，而专命水衡三官作[4]。吏匠侵利[5]，或不中式[6]，故有薄厚轻重。农人不习[7]，物类比之[8]，信故疑新[9]，不知奸贞[10]。商贾以美贸恶[11]，以半易倍[12]。买则失实[13]，卖则失理[14]，其疑或滋益甚[15]。夫铸伪金钱以有法[16]，而钱之善恶无增损于故[17]。择钱则物稽滞[18]，而用人尤被其苦[19]。《春秋》曰：‘算不及蛮、夷则不行。’[20]故王者外不鄣海泽以便民用[21]，内不禁刀币以通民施[22]。”

【注释】

①币众：货币多样。财通：财物流通。

②更：变更。行：发行。白金龟龙：汉武帝时的钱币。白金，银和锡。龟龙，指钱上的花纹，有龙文、马文、龟文三种，其中龙文价值最高。元狩四年（前 119），汉朝发行用银和锡合金铸造的“白金”货币。

③巧新币：巧用铅铁伪造新币。

④水衡：水衡都尉，汉代官名，主管上林苑，兼管铸钱。三官：指水衡都尉下属的均输官、钟官令、辨铜令。三官设置是在汉武帝元鼎二年（前 115）。

⑤吏：主管铸钱官吏。匠：铸钱工匠。原作“近”，据孙诒让说校改。侵利：从中牟利。

⑥不中式：不符合规格。

⑦习：习惯。

⑧物类比之：拿熟悉的钱币来比较。

⑨信故疑新：相信旧币，怀疑新币。

⑩奸贞：真假。贞，原作“真”，据王利器说校改。

⑪以美贸恶：用质量好的钱币换取质量差的钱币。

⑫以半易倍：用半数真钱换取成倍的假钱。

⑬买则失实：要买进就要损失实利。

⑭卖则失理：要卖出就怕失去常理。

⑮或：通“惑”。

⑯以：通“已”。

⑰钱之善恶无增损于故：货币有好有坏的现象和过去一样。故，原作“政”，据孙诒让说校改。

⑱择钱则物稽滞：选择真钱会影响货物的流通。稽滞，积压。

⑲用人：用钱的人。

⑳算不及蛮、夷则不行：不见于《春秋》文献。意为谋划赶不上蛮夷就不要实行。

㉑外：朝廷之外。

㉒内：朝廷之内决策。

【译文】

文学说：“往古时候，货币多样，财物流通，民生安乐。到了后来，渐渐去掉旧钱币，另发行银锡龟龙钱币，不少民众巧妙使用新币。钱币屡次改变，民众越发怀疑。朝廷于是下令废除此前天下各种钱币，命令水衡都尉属下均输官、钟官、辨铜令三官统一铸钱。主管铸钱官吏和铸钱工匠从中牟利，有些钱币不合规格，因此铸出来的钱有薄厚轻重之分。农夫不习惯新币，拿熟悉的旧钱币来与新币比较，相信旧币，怀疑新币，不知真假。商贾用质量好的钱币换取质量差的钱币，用半数真钱换取成倍的假钱。要买进就要损失实利，要卖出就怕失去常理，心中的疑惑越来越大。对铸造伪币虽然已经有了国法，但货币有好有坏的现象和过去一样。选择真钱会导致货物的积压，用钱的人尤其痛苦。《春秋》说：‘谋划赶不上蛮夷就不要实行。’因此君王者对外不垄断河海川泽以有利于老百姓的使用，对内不禁止铸钱以便沟通民间的交易。”

禁耕第五

【题解】

本篇题为“禁耕”，意谓盐铁官营极大地伤害了农耕。大夫认为，盐铁私营为诸侯反叛提供了经济基础，促进了豪强势力膨胀，造成不法奸商垄断市场，形成“一家害百家”的恶果，因此不能放任盐铁私营。文学指出盐铁官营对农耕造成诸多不便：“县官笼而一之，则铁器失其宜，而农民失其便。器用不便，则农夫罢于野而草莱不辟。草莱不辟，则民困乏。”文学来自民间，他们反映的盐铁官营的负面影响，是高居庙堂之上的大夫所不知道的。

大夫曰：“家人有宝器①，尚函匣而藏之②，况人主之山海乎？夫权利之处③，必在深山穷泽之中，非豪民不能通其利④。异时⑤，盐铁未笼⑥，布衣有朐邴⑦，人君有吴王，皆盐铁初议也⑧。吴王专山泽之饶⑨，薄赋其民⑩，赈赡穷乏⑪，以成私威。私威积而逆节之心作⑫。夫不蚤绝其源而忧其末⑬，若决吕梁⑭，沛然⑮，其所伤必多矣。太公曰⑯：‘一家害百家，百家害诸侯，诸侯害天下，王法禁之。’今放民于权利⑰，罢盐铁以资暴强⑱，遂其贪心⑲，众邪群聚，私门成党，则强御日以不制⑳，而并兼之徒奸形成也㉑。”

【注释】

①家人:居家之人,泛指民众。

②尚:尚且。函匣:指箱、笼、柜、厨之类。

③权利:权势与财利,此处指盐铁之类的财富。

④豪民:豪强富商。通其利:指开采盐铁。

⑤异时:过去。

⑥笼:收归国家统管。

⑦布衣:平民。朐邴(qú bǐng):又作曹邴氏,以经营冶铁成为富商。他是朐地(在今山东菏泽)人,故又称朐邴。

⑧盐铁初议:盐铁官营的最初话题。

⑨专:垄断。

⑩薄赋:减少赋税。

⑪赈赡穷乏:赈济穷人。乏,原作"小",据王利器说校改。

⑫逆节:叛逆行为。

⑬蚤:通"早"。源:指经济来源。末:后果。

⑭吕梁:山名,一说在今山西西部,一说在今江苏徐州。

⑮沛然:水势浩大的样子。

⑯太公:姜太公,姜姓,其先居吕,为吕氏,名望,字尚。有姜太公、姜尚、吕尚、吕望、太公望等称呼。太公辅佐周文王、周武王灭商。

⑰放民于权利:放任民众经营盐铁。

⑱罢盐铁:废除盐铁官营。资:帮助。暴强:暴徒豪强。

⑲遂:满足,成全。

⑳强御:豪强。

㉑并兼之徒:割据势力。奸形成:作奸局面形成。

【译文】

大夫说:"平民有宝贵器物,尚且放进箱、笼、柜、厨里面收藏,何况君主的山林河海呢？出产盐铁的地方，一定是在深山穷泽之中，不是豪强富商就不能开采盐铁。过去，盐铁尚未收归国有，布衣平民中有朐邴，君主中有吴王刘濞，他们都是最初引起盐铁官营的话题。吴王刘濞垄断山林川泽的丰饶特产，减少对老百姓的赋税，赈济穷人，成就私人的威信。私人威信积累了，叛逆心思就产生了。如果不早日断绝他的经济来源而忧患他的反叛后果，就如同挖开吕梁的决口，水势浩大，所伤害的民众一定很多。姜太公说：‘一家伤害百家，百家伤害诸侯，诸侯伤害天下，这些都是王法所禁止的。’现在如果放任民众私自经营盐铁，废除盐铁官营来帮助豪强，满足他们的贪心，众多邪恶之徒群聚一起，豪强私门结成党羽，那么对豪强就日益难以控制，割据势力作奸局面也就形成了。”

文学曰：“民人藏于家①，诸侯藏于国，天子藏于海内。故民人以垣墙为藏闭②，天子以四海为匣匮③。天子适诸侯④，升自阼阶⑤，诸侯纳管键⑥，执策而听命⑦，示莫为主也⑧。是以王者不畜聚⑨，下藏于民，远浮利⑩，务民之义⑪；义礼立，则民化上⑫。若是，虽汤、武生存于世⑬，无所容其虑⑭。工商之事，欧冶之任，何奸之能成？三桓专鲁⑮，六卿分晋⑯，不以盐铁。故权利深者，不在山海，在朝廷；一家害百家，在萧墙⑰，而不在朐邴也。”

【注释】

①民人藏于家：平民把财富藏在家里。下面“诸侯”“天子”句意相同。

②垣墙：院墙。

③匣匮：橱柜。

④适：到，指到诸侯国巡视。

⑤阼(zuò)阶：大堂前东面的台阶。《礼记·曲礼上》："主人就东阶，客就西阶。"古代宾主相见，宾客立于西阶，主人立于东阶。但天子到诸侯国站在东阶上，表示天子是那里的主人。

⑥管键：城门钥匙。

⑦策：策书，指写有自己姓名官职的简策。

⑧莫为主：不敢以主人自居。

⑨畜聚：聚积财富。畜，通"蓄"。

⑩远浮利：远离工商浮末财利。

⑪务民之义：用礼义去教化民众。

⑫化上：化于上，被上面教化。

⑬汤：商汤。武：周武王。

⑭无所容其虑：用不着忧虑。

⑮三桓：春秋时期鲁国大夫孟孙氏、叔孙氏、季孙氏。他们都是鲁桓公的后裔，故世称"三桓"。专鲁：掌握鲁国政权。

⑯六卿：春秋时期，晋国大夫范氏、中行氏、智氏、韩氏、赵氏、魏氏，世为晋卿，执掌晋国政权，故世称六卿。

⑰萧墙："萧"是"肃"的假借字。萧墙，面对国君宫门的小墙，被称为"塞门"或"屏"。古代君臣相见之礼，到了塞门之前而更加肃敬，因此叫做"肃墙"。见于《论语·季氏》："吾恐季氏之忧，不在颛臾，而在萧墙之内也。"

【译文】

文学说："平民把财富藏在家里，诸侯把财富藏在封国，天子把财富藏在海内。因此平民以院墙作为箱笼，天子以四海作为橱柜。天子驾临诸侯国，从大堂前东阶登堂，诸侯交纳城门钥匙，手执写有自己姓名和官职的策书而听命天子，表示不敢以主人自居。所以君王不聚积财富，而是藏富于民，远离工商浮末财利，用礼义去教化民众。礼义确立了，民众就会被在上位的人所教化。如果能够做到这样，即使商汤、周武王还活在世上，也用不着忧虑。工商业的事务，像欧冶子那样铸铜炼铁，又有什么奸邪能形成呢？孟孙氏、叔孙氏、季孙氏三桓在鲁国专权，范氏、中行氏、智氏、韩氏、赵氏、魏氏六卿分掌晋国大权，并不是因为他们掌管了盐铁。因此权势财利深藏的地方，不在山林河海，而是在朝廷；一家害百家，是在萧墙内部，而不是在平民朐邴。”

大夫曰："山海有禁而民不倾①；贵贱有平而民不疑②。县官设衡立准③，人从所欲，虽使五尺童子适市，莫之能欺⑤。今罢去之，则豪民擅其用而专其利⑥。决市闾巷⑦，高下在口吻⑧，贵贱无常⑨，端坐而民豪⑩，是以养强抑弱而藏于跖也⑪。强养弱抑，则齐民消⑫；若众秽之盛而害五谷⑬。一家害百家，不在朐邴，如何也？"

【注释】

①倾：互相倾轧。

②贵贱：指货物价格高低。平：公平。

③县官：朝廷，官府。设衡立准：设立衡量器具，规定公平标准。

④人从所欲：人人都称心如意。

⑤虽使五尺童子适市，莫之能欺：见于《孟子·滕文公上》："虽使五尺之童适市，莫之或欺。"西汉的五尺，相当现在的三尺五寸。适，到。

⑥擅、专：都是指垄断。

⑦决市闾巷：决定市场物价高低的人在里弄。闾巷，里弄。这里指民间的豪民。

⑧高下在口吻：物价高低由他们口头决定。

⑨贵贱无常：物价高低没有标准。

⑩端坐而民豪：端坐在家里而成为富豪。

⑪养强：培养豪强。抑弱：抑制弱小平民。藏于跖：将财物藏于盗跖手里。

⑫齐民消：平民受到损害。

⑬莠：杂草。

【译文】

大夫说："山林河海有了不得私自开发的禁令，平民就不会互相倾轧；物价贵贱有了公平标准，民众就不会生疑。朝廷设立衡量器具，规定公平标准，人人都称心如意，即使让五尺儿童到集市去买东西，也没有人能够欺骗他。现在如果废除了盐铁官营和均输、平准，那么豪强就会垄断资源，独占财利。决定市场物价高低的人住在民间里弄，物价高低由他们说了算，或贵或贱没有标准，他们端坐在家里而成为富豪，这是培养豪强、抑制弱民，将财物藏于盗跖手里。培养豪强抑制弱民，平民就受到损害；如同杂草多了必然会损害五谷。一家伤害百家，不在平民胸郁，又怎么解释呢？"

文学曰："山海者，财用之宝路也①。铁器者，农夫之死士也②。死士用③，则仇雠灭④；仇雠灭，则田野辟；田野辟而五谷熟。宝路开，则百姓赡而民用给，民用给则国富。国富而教之以礼，则行道有让，而工商不相豫⑤，人怀敦朴以相接⑥，而莫相利。夫秦、楚、燕、齐，土力不同⑦，刚柔异势⑧，巨小之用⑨，居句之宜⑩，党殊俗易⑪，各有所便。县官笼而一之⑫，则铁器失其宜⑬，而农民失其便。器用不便，则农夫罢于野而草莱不辟⑭。草莱不辟，则民困乏。故盐冶之处，大傲皆依山川⑮，近铁炭⑯，其势咸远而作剧⑰。郡中卒践更者[18],多不勘[19],责取庸代[20]。县邑或以户口赋铁[21],而贱平其准[22]。良家以道次发僦运盐铁[23],烦费[24],百姓病苦之。愚窃见一官之伤千里[25],未睹其在胸邴也。”

【注释】

①宝路:宝贵来路。“宝”下原无“路”字,据张敦仁说校补。

②死士:敢死之士。这里比喻铁制农具。原作“死生”,据张敦仁说校改。

③死士:原作“死生”,据张敦仁说校改。

④仇雠(chóu):仇敌,此处比喻田间杂草。

⑤豫:欺诈,指虚抬物价。

⑥人怀敦朴以相接:“以”下原有“自”字,据王利器说校删。接,交接。

⑦土力:指土地产出能力。原作“士力”,据王利器说校改。

⑧刚柔异势:土质硬软程度不一样。

⑨巨小之用:农具大小各有用途。

⑩居句:曲直。句,原作“局”,据王利器说校改。

⑪党殊俗易:地区风俗不同。党,古代五百家为一党。《汉书·食货志上》:“五族为党,五党为州,五州为乡,乡万二千五百户也。”

⑫笼:统管。一:统一规格。

⑬宜:适宜。

⑭罢:同“疲”。草莱:杂草。

⑮大傲:大抵。“傲”“校”音近相通,“大傲”即“大校”。

⑯近铁炭:靠近铁矿燃料。

⑰作剧:劳动强度大。

⑱卒践更:汉代徭役制度,成年男子每人每年在郡服役一个月,一月一换,叫卒更;雇人代役,每月出二千钱,叫践更。

⑲不勘：不能忍受。勘，通“堪”。

⑳责取庸代：责令用钱雇人代为服役。庸，通“佣”，出钱雇人。

㉑以户口赋铁：按照户口征收生铁。

㉒贱平其准：压低收购价格。贱平，压低。准，价格标准。

㉓良家：汉人对陇西等六郡中少数民族的特定称呼。一说，除巫、医、工、商以外的平民称为良家。道：汉代少数民族地区行政单位，相当于现在的县。次：次序。发僦（jiù）：出钱雇用车子和劳力。

㉔烦费：后面原有“邑或以户”四字，据卢文弨说校删。烦，麻烦。费，费钱。

㉕官：指盐铁官员。

【译文】

文学说：“山林河海，是财用的宝贵来路。铁器，相当于农夫的敢死卫士。敢死卫士出动，田野杂草这些仇敌就被消灭；仇敌被消灭，田野就开辟了；田野开辟，五谷就丰收了。将财用的宝贵来路打开，老百姓就会丰足，民众的财用就得到保障；民众的财用就得到保障，国家就富裕起来。国家富裕后对民众进行礼义教化，民众就会在道路上谦让，工商业者就不会互相欺诈，人们怀着敦厚朴实的感情互相交接，而没有人以利相交。秦、楚、燕、齐各地，土地产出能力不同，土质硬软程度不一样，农具大小各有用途，曲直各有所宜，地区风俗不同，各地有各地的使用习惯。朝廷笼统规定统一规格，铁器就失去因地制宜的特点，农民因此失去方便。农具不便于使用，农夫就会在田野疲劳不堪，荒原草地就会得不到开辟。荒原草地得不到开辟，平民百姓就会陷入贫困。煮盐冶铁的地方，大都依傍深山大川，靠近炼铁所需山林木炭之处，地势遥远，劳动强度大。各郡轮流服役的更卒大多不能忍受，官府便责令他们用钱雇人代为服役。有的县邑按照户口征收生铁，而压低收购价格。陕西等六郡按照各道方位挨次出钱雇车雇人转运盐铁，既麻烦又费钱，老百姓对此深感痛苦。我只看到一个盐铁官员伤害了千里之内的百姓，没有看到朐邴带来了什么祸害。”

复古第六

【题解】

儒家是一个复古色彩非常浓厚的学派，他们祖述尧舜，宪章文武，高举古代文化传统的旗帜。在盐铁会议上，文学、贤良最擅长的手法就是以古代传统对照当代。本篇以“复古”为题，但是对于古代制度的内涵，辩论双方却有不同的理解。大夫提出：“古者，名山大泽不以封，为下之专利也。”大夫以此为据，说明汉家实施盐铁官营政策完全符合古代传统。这是大夫以子之矛攻子之盾，运用文学、贤良的手法来驳倒对方。文学虽然也提及五帝三王之道和六艺之风，但却不能具体回应大夫“古者，名山大泽不以封”的观点，只能以《诗经》诗句为据，说明朝廷官员不应该谋取权势和财利。

大夫曰：“故扇水都尉彭祖宁归[①]，言：‘盐铁令品[②]，令品甚明[③]。卒徒衣食县官[④]，作铸铁器，给用甚众[⑤]，无妨于民。而吏或不良，禁令不行，故民烦苦之。’令意总一盐铁[⑥]，非独为利入也[⑦]，将以建本抑末，离朋党[⑧]，禁淫侈，绝并兼之路也。古者，名山大泽不以封[⑨]，为下之专利也[⑩]。山海之利，广泽之畜[⑪]，天地之藏也[⑫]，皆宜属少府[⑬]；陛下不私，以属大司农[⑭]，以佐助百姓。浮食奇民[⑮]，好欲擅山海之货，以致富业，役利细民[⑯]，故沮事议者众[⑰]。铁器兵刃，天下之大用也，非众庶所宜事也。往者，豪强大家，得管山海之利，采铁石鼓铸[18]，煮海为盐。一家聚众，或至千余人，大抵尽收放流人民也[19]。远去乡里，弃坟墓[20]，依倚大家[21]，聚深山穷泽之中，成奸伪之业，遂朋党之权，其轻为非亦大矣[22]！今者[23]，广进贤之途，练择守尉[24]，不待去盐铁而安民也。”

【注释】

①扇水：地名。都尉：武官名。宁归：告假回家办理父母丧事。

②令品：优质产品。一说，令品，关于盐铁的法律条文。

③甚明：十分明显。

④卒徒：从事煮盐炼铁的更卒和刑徒。衣食县官：吃饭穿衣都由朝廷提供。

⑤给用甚众：朝廷下拨的经费很多。

⑥令意：禁令的本意。令，原作“今”，据张敦仁说校改。总一盐铁：国家统一经营盐铁。铁，原作“钱”，据王利器说校改。

⑦利入：财政收入。

⑧离朋党：瓦解地方豪强朋党集团。

⑨封：分封。

⑩专利：垄断名山大泽的利益。

⑪广泽：广大湖泽。畜：通“蓄”。

⑫地：原作“下”，据张敦仁说校改。

⑬少府：主管皇帝私用的官员。

⑭大司农：主管国家公用的官员。

⑮浮食奇民：食用经商浮利的奇诡之民。奇，原作“豪”，据张敦仁说校改。

⑯役利细民：役使盘剥小民百姓。

⑰沮：阻挠，破坏。

⑱鼓铸：熔炼金属以铸器械或钱币。

⑲放流：一作“流放”。古代将罪犯流放到边远地区。

⑳坟墓：指祖坟。

㉑依倚：投靠，倚仗。大家：大户。

㉒轻为非：轻易地为非作歹。

㉓者：原作“自”，据郭沫若说校改。

㉔练：通“拣”，挑选。守尉：郡守和都尉。

【译文】

大夫说：“前任扇水郡都尉彭祖请假回家办理父母丧事，向朝廷汇报说：‘官营盐铁都是优质产品，这一点十分明显。从事煮盐炼铁的吏卒和刑徒，吃饭穿衣都由朝廷提供，铸作铁器，朝廷下拨的经费很多，对民众没有妨害。有些不良官吏，不执行朝廷禁令，因此民众感到烦扰和痛苦。’朝廷禁令的本意，国家统一经营盐铁，并不是单纯为了财政收入，同时也是建设农业，抑制工商业，瓦解地方豪强朋党集团，禁止社会过度奢侈风气，杜绝兼并的门路。古时候，名山大泽不会分封给诸侯，怕的是地方诸侯垄断名山大泽的利益。山海的财利，广大湖泽储藏的财富，是天地的宝藏，都应该属于少府所管。陛下不营私利，将山泽归属于大司农掌管，以此来帮助老百姓。食用经商浮利的奇诡豪民，喜欢垄断山林河海的货物，以此发家致富，奴役盘剥小民百姓，因此阻挠盐铁官营的人很多。铁器和兵器，对天下有很大用处，不适宜让众多庶民经营。以前，豪强大户，获准经营山海财利，开采铁矿，铸造铁器，煮海水制盐。有的一家大户聚集徒众，甚至多达一千多人，这些人大都是收容流放的罪犯。他们远离乡里，抛弃祖坟，投靠豪强大户，聚集于深山穷泽之中，从事奸诈欺骗的勾当，实施结党营私的权谋，他们轻易地为非作歹，问题可就大了！现在，朝廷拓广进贤授能的途径，慎重地选择郡守都尉，不必废除盐铁官营而可以安定民众。”

文学曰："扇水都尉所言，当时之权[①]，一切之术也[②]，不可以久行而传世，此非明王所以君国子民之道也[③]。《诗》云：'哀哉为犹，匪先民是程，匪大犹是经，维迩言是听。'[④]此诗人刺不通于王道，而善为权利者。孝武皇帝攘九夷[⑤]，平百越[⑥]，师旅数起，粮食不足。故立田官[⑦]，置钱[⑧]，入谷射官[⑨]，救急赡不给[⑩]。今陛下继大功之勤[⑪]，养劳倦之民，此用麋鬻之时[⑫]；公卿宜思所以安集百姓，致利除害，辅明主以仁义，修润洪业之道[⑬]。明主即位以来，六年于兹，公卿无请减除不急之官，省罢机利之人。人权县太久[⑭]，民良望于上[⑮]。陛下宣圣德，昭明光，令郡国贤良、文学之士，乘传诣公车[⑯]，议五帝、三王之道[⑰]，《六艺》之风[⑱]，册陈安危利害之分[⑲]，指意粲然[⑳]。今公卿辨议，未有所定，此所谓守小节而遗大体，抱小利而忘大利者也。"

【注释】

①当时之权：当时的权宜。"权"上原有"利"字。据王利器说校删。

②一切之术：一时的办法。

③君国：统治国家。子民：治理民众。

④哀哉为犹，匪先民是程，匪大犹是经，维迩言是听：见于《诗经·小雅·小旻》。犹，通"猷"，谋划。匪，通"非"，不。先民，先人，古人。程，标准，法式。大犹，远大的计划。经，常。维，通"唯"，只是。迩言，浅末之言。朱熹《诗经集传》说："言哀哉今之为谋，不以先民为法，不以大道为常，其所听而争者，皆浅末之言。"

⑤孝武：汉代以孝治天下，从汉惠帝起，每代皇帝谥号前都要加一个"孝"字，如孝惠、孝文、孝景、孝武等。攘：排斥，抗击。九夷：

泛指东北少数民族。

⑥百越：指两广、浙江、福建一带的古代越族，有南越、东越、闽越等。

⑦立田官：设置屯田官员。

⑧置钱：即国家统一铸钱。

⑨入谷射官：将粮食献给国家，换取官职。射，求取。

⑩救急：拯救危急。赡不给：补助不足。

⑪今陛下：指汉昭帝刘弗陵。继大功之勤：继承汉武帝建立伟大功业的勤勉。

⑫糜：通"縻"，煮烂。鬻：通"粥"。稀粥是养护老弱病残的食物，此处比喻汉家应该视民如伤，像呵护老弱病残一样安抚民众。

⑬修润：修治润饰。洪业：宏图大业。

⑭人权县(xuán)太久：人们期待权衡轻重已经太久了。权，权衡，等轻重。县，期待。

⑮良望：确实期待。

⑯乘传：汉代用驿车一站一站地传送征招进京的人。传，指驿车。诣，到。公车：汉朝在京城设置的官署，招待被召见的人。

⑰五帝：黄帝、颛顼、帝喾、尧、舜。

⑱六艺：儒家六部经典：《诗》、《书》、《礼》、《乐》、《易》、《春秋》。

⑲册陈：上书陈述。册，通"策"。

⑳指：同"旨"。

【译文】

文学说："扇水都尉所说的话，是当时的权宜，一时的办法，不可以长久施行而传于后世，这不是圣明君王用来统治国家、治理人民的举措。《诗经·小雅·小旻》云：'这些谋划可哀，不学先人法式，不以大道为常，只听浅近之言。'这是诗人讥刺那些不理解王道，而善于谋取权势财利的人。孝武皇帝外攘夷狄，平定百越，屡次用兵，粮食不足。因此设立屯田官，实行国家统一铸钱，献粮食给国家就可以拜官，拯救危急，补助不足。如今陛下继承孝武皇帝创建伟大功业的勤勉，养育劳累疲倦的民众，这正是处于用烂稀饭喂养病人的时候；朝廷公卿应该多思考如何安定凝聚老百姓，兴利除害，以仁义辅佐圣明君主，修治润饰汉家宏图大业。当今圣明君主即位以来，到现在已有六年，朝廷公卿没有请求皇帝减除不急需的官员，罢黜机诈谋利的小人。人们期待权衡轻重已经太久了，民众确实对上面有很大期待。陛下宣明圣德，昭示光辉，下令各郡国贤良、文学之士，乘坐传车到公车署，讨论五帝、三王之道，和《诗》、《书》、《礼》、《乐》、《易》、《春秋》的教化，上书陈述安与危、利与害的分野，旨意非常明确。如今公卿辩论，仍然没有定论，这就是人们所说的守持小节而遗漏大体，怀抱小利而忘记大利啊。”

大夫曰：“宇栋之内①，燕雀不知天地之高②；坎井之蛙，不知江海之大；穷夫否妇③，不知国家之虑；负荷之商④，不知猗顿之富。先帝计外国之利⑤，料胡、越之兵，兵敌弱而易制，用力少而功大，故因势变以主四夷⑥，地滨山海⑦，以属长城⑧，北略河外⑨，开路匈奴之乡⑩，功未卒。盖文王受命伐崇⑪，作邑于丰⑫；武王继之，载尸以行⑬，破商擒纣，遂成王业。曹沬弃三北之耻，而复侵地⑭。管仲负当世之累，而立霸功⑮。故志大者遗小，用权者离俗⑯。有司思师望之计⑰，遂先帝之业⑱，志在绝胡貉⑲，擒单于⑳，故未遑扣扃之义㉑，而录拘儒之论㉒。”

【注释】

①宇栋：原作“宇宙”，据王利器说校改。宇，屋檐。栋，栋梁。

②燕雀不知天地之高：句末原有“也”字，据王利器说校删。

③否：读为“鄙”。

④负荷之商：背负肩挑的小商贩。

⑤计：分析，考虑。

⑥因势变：根据形势的变化。主：主导征讨战争。

⑦地滨山海：使汉朝的疆域依山临海。

⑧属(zhǔ)：连接。

⑨北略河外：北边攻取河套以北地带。

⑩开路匈奴之乡：开辟直通匈奴地区的道路。

⑪盖：原作“善”，据王利器说校改。文王受命：周人以周文王断虞芮之讼作为受命标志。崇：崇侯虎。

⑫丰：在今陕西西安西南。周文王伐崇虎后从岐山迁都到丰。

⑬载尸以行：《史记·周本纪》载：“九年，武王上祭于毕。东观兵，至于盟津。为文王木主，载以车，中军。武王自称太子发，言奉文王以伐，不敢自专。”尸，用木头制作的灵牌。

⑭曹沫弃三北之耻，而复侵地：《史记·刺客列传》载：“曹沫为鲁将，与齐战，三败北。鲁庄公惧，乃献遂邑之地以和。”后来，曹沫随鲁庄公参加齐鲁柯之会，以匕首劫持齐桓公，迫使齐国归还所侵占的鲁国土地。

⑮管仲负当世之累，而立霸功：《史记·管晏列传》载管仲曰：“公子纠败，召忽死之，吾幽囚受辱，鲍叔不以我为无耻，知我不羞小节而耻功名不显于天下也。”负当世之累，指管仲幽囚以及忍受舆论批评他不能为公子纠死节之事。

⑯用权者离俗：通达权变的人不拘泥世俗之见。

⑰有司：主管官员。师望：指姜太公吕望。《史记·齐太公世家》载：“于是周西伯猎，果遇太公于渭之阳，与语大说，曰：‘自吾先君太公曰当有圣人适周，周以兴。子真是邪？吾太公望子久矣。’故号之曰太公望，载与俱归，立为师。”

⑱遂：完成。

⑲胡貉：匈奴。

⑳单(chán)于：匈奴君主。

㉑未遑：没有时间。扣扃(jiōng)之义：门外汉的观点。扣扃，叩门。

㉒拘儒：固执迂腐的儒生。

【译文】

大夫说："屋檐栋梁之内，燕雀不知道天地之高；土井内的青蛙，不知道江海之大；穷困的夫妇，不知道国家的谋略；肩挑背负的小贩，不知道猗顿的富有。已故武帝分析外国的利弊，估计匈奴、南越的兵力，认为敌国兵力脆弱而容易制服，用力较少而功劳很大，因此根据形势变化来主导外伐四夷，使汉朝的疆域依山临海，并把长城连成一片，北边攻取河套以北地带，开辟直通匈奴地区的道路，可惜他的功业没有最后完成。当年周文王接受天命，征伐崇国，在丰地建立都城。周武王继承文王事业，车载文王木主去征讨殷商，一举攻破商都，擒获殷纣王，完成周王朝大业。曹沫抛弃三次战败的耻辱，而收复被齐国侵占的土地。管仲背负当世不好的名声，辅佐齐桓公建立霸主功业。因此志向大的人不计较小节，通达权变的人不拘泥世俗之见。目前主管官员思考的是如何施展姜太公的计谋，完成已故武帝未竟之业，志在消灭匈奴，活捉单于，因此没有时间去思考门外汉的观点，而采用固执迂腐的儒生的意见。"

文学曰："燕雀离巢宇而有鹰隼之忧[①]，坎井之蛙离其居而有蛇鼠之患，况翱翔千仞而游四海乎[②]？其祸必大矣！此李斯所以折翼[③]，而赵高没渊也[④]。闻文、武受命，伐不义以安诸侯大夫，未闻弊诸夏以役夷狄也[⑤]。昔秦常举天下之力以事胡、越，竭天下之财以奉其用，然众不能毕[⑥]；而以百万之师，为一夫之任[⑦]，此天下共闻也。且数战则民劳，久师则兵弊，此百姓所疾苦，而拘儒之所忧也。”

【注释】

①巢宇：鸟巢。隼(sǔn)：一种凶猛的鸟。

②仞：七尺或八尺为一仞。

③李斯：楚国上蔡人，从荀子学习帝王之术，入秦协助秦始皇统一天下，为秦朝丞相，参与制定了法律，统一车轨、文字、度量衡制度。秦始皇死后，李斯与赵高立秦始皇少子胡亥为二世皇帝，后为赵高所忌，腰斩于咸阳。折翼：折断翅膀，形容失败。

④赵高：秦朝宦官，任中车府令。秦始皇死后，他与李斯合谋伪造诏书，逼秦始皇长子扶苏自杀，另立胡亥为皇帝。公元前207年设计害死李斯，自任秦国丞相。次年他迫二世自杀，另立子婴。不久被子婴杀掉，诛夷三族。没渊：沉没深渊。

⑤弊：损害。诸夏：中原各诸侯国。役：征讨。

⑥众：通“终”。毕：完成。

⑦一夫：独夫，指残暴的人。《孟子·梁惠王下》：“贼仁者谓之贼，贼义者谓之残。残贼之人，谓之一夫。”

【译文】

文学说：“燕雀离开了鸟巢就有被鹰隼抓捕的忧患，土井青蛙离开居所就有被蛇鼠吞食的危险，何况翱翔于千仞高空而畅游四海呢？它们遇到的祸患一定更大了！这就是李斯为什么折断翅膀，赵高沉没深渊的原因啊。我只听说过周文王、周武王接受天命称王，讨伐不义的殷商王朝来安抚各位诸侯大夫，没有听说损害中原各诸侯国来征讨夷狄。从前秦始皇经常动员天下人力来征讨匈奴南越，竭尽天下财用来供给战争费用，然而最终不能完成。以百万大军供秦始皇驱使，这是天下人都听说的。况且屡次作战就会使民众疲劳，长期用兵就会使军队疲惫，这是老百姓感到痛苦，而固执迂腐的儒生感到忧虑的啊。”

卷　二

非鞅第七

【题解】

汉家内兴制度外伐四夷，在形式上有些类似于战国时期的商鞅变法。因此大夫试图通过歌颂商鞅，来为汉家盐铁官营政策寻找历史依据。由此引发辩论双方对商鞅的评价，评论商鞅实际上是评论汉家的经济军事政策。大夫认为商鞅内立法度，外收山泽之税，最终实现国富兵强、攘地斥境的强国目标，为后来秦朝统一全国奠定了基础。文学指出，商鞅"弃道而用权，废德而任力，峭法盛刑，以虐戾为俗，欺旧交以为功，刑公族以立威，无恩于百姓，无信于诸侯，人与之为怨，家与之为雠"，不仅给自己带来五马分尸的悲惨结局，而且也为秦朝的短命埋下了祸根。

大夫曰："昔商君相秦也①，内立法度，严刑罚，饬政教②，奸伪无所容。外设百倍之利，收山泽之税，国富民强，器械完饰③，蓄积有余。是以征敌伐国，攘地斥境④，不赋百姓而师以赡⑤。故利用不竭而民不知，地尽西河而民不苦⑥。盐铁之利，所以佐百姓之急⑦，足军旅之费，务蓄积以备乏绝⑧，所给甚众⑨，有益于国，无害于人。百姓何苦尔，而文学何忧也？”

【注释】

①商君：商鞅，战国卫国人，姓公孙，入秦游说秦孝公，在秦孝公支持之下实施变法，重农抑商，奖励耕战，使秦国迅速走上富强道路。封于商，号商君。秦孝公死后，秦惠王即位，因宿怨杀死商鞅。事迹见《史记·商君列传》。

②饬：整治。政教：政令教化。

③完饰：装备齐全。

④攘：夺取。斥：扩大。商鞅为相期间，曾率兵打败魏军，迫使魏国割让河西之地。

⑤不赋百姓：不向老百姓征税。赡：丰足。

⑥地尽西河：秦国疆域拓展到西河。西河，黄河以西地区。

⑦佐百姓之急：帮助老百姓解决急需。

⑧备乏绝：防备不足。

⑨所给甚众：好处很多。

【译文】

大夫说：“从前商鞅担任秦国丞相，在朝廷之内建立法度，严明刑罚，整治政令教化，使奸诈虚伪的人没有容身之地。在地方上兴办获得百倍厚利的事业，征收山林湖泽的赋税，国家富有，民众强盛，武器装备齐全，粮食蓄积有余。所以征伐敌国，开拓疆域，不向老百姓征税，而军队有充足的费用。秦国财利费用取之不竭，而民众并不知情；疆域拓展到西河，而民众并不感到征战的痛苦。盐铁官营的好处，是用来帮助老百姓解决急需，补足军费开支，尽力蓄积粮食，以此防备不足，盐铁官营好处很多，对国家有益，对民众无害。老百姓有什么痛苦，文学又有什么忧患呢？”

文学曰：“昔文帝之时[①]，无盐铁之利而民富；今有之而百姓困乏，未见利之所利也[②]，而见其害也。且利不从天来，不从地出，一取之民间[③]，谓之百倍，此计之失者也。无异于愚人反裘而负薪[④]，爱其毛，不知其皮尽也。夫李梅实多者[⑤]，来年为之衰[⑥]；新谷熟而旧谷为之亏[⑦]。自天地不能两盈[⑧]，而况于人事乎？故利于彼者必耗于此，犹阴阳之不并曜[⑨]，昼夜之有长短也。商鞅峭法长利[⑩]，秦人不聊生，相与哭孝公[⑪]。吴起长兵攻取[⑫]，楚人搔动[⑬]，相与泣悼王。其后楚日以危，秦日以弱。故利蓄而怨积，地广而祸构，恶在利用不竭而民不知，地尽西河而人不苦也？今商鞅之册任于内[⑭]，吴起之兵用于外，行者勤于路，居者匮于室[⑮]，老母号泣，怨女叹息；文学虽欲无忧，其可得也？”

【注释】

①昔：原作“盖”，据王利器说校改。

②利之所利：疑为“利之所在”。

③一：一律，全部。

④反裘而负薪：将皮衣反过来穿，毛在里，皮在外。反穿皮衣背柴，似乎保护了毛，但却容易把皮板磨坏。

⑤李、梅：两种水果。实多：果树上挂果多。

⑥来年为之衰：果树结果实有大年、小年之分，头年果实丰收为大年，第二年果实少为小年。

⑦新谷熟而旧谷为之亏：新谷成熟，旧谷品质下降。

⑧自：即使。天地不能两盈：天和地不可能同时盈满。盈，充满。

⑨阴：月亮。阳：太阳。曜：照耀。

⑩峭法：严刑峻法。长利：崇尚财利。

⑪相与哭孝公：秦人哭孝公之事，不见于历史文献。

⑫吴起：战国时期卫人，学于曾参。初为鲁将，后受人谗毁，投奔魏文侯，为西河守，攻城略地。文侯死后，魏武侯听信谗言，吴起奔楚，为楚悼王相。明法审令，捐不急之官，废公族疏远者以养战士，务在强兵。楚悼王死后，吴起被贵族大臣射杀。事迹见于《史记·孙子吴起列传》。长兵：兴兵。

⑬搔：通“骚”。

⑭册：通“策”，策略。

⑮匮：匮乏。

【译文】

文学说：“以前文帝时期，没有盐铁官营的好处而民众富裕；如今有了盐铁官营而老百姓贫困，没有看到盐铁官营的好处，反而看到盐铁官营的害处。况且财利不从天上来，不从地中出，全部取之于民间，你却说获利百倍，这是策略的失误。无异于愚蠢的人反穿皮裘背负柴火，爱惜皮裘的毛，不知道皮板被磨损了。李子梅子今年果实结得多，来年肯定结得少；新谷成熟了，旧谷品质下降。即使是天地也不能做到两方盈满，何况是人事呢？因此对彼有利，一定对此有损，如同月亮、太阳不能同时照耀，白天和黑夜互有长短。商鞅严刑峻法，崇尚财利，秦国民不聊生，都去向秦孝公哭诉。吴起兴兵攻战，楚人骚动不安，都去向楚悼王哭诉。后来楚国日益危险，秦国日益削弱。因此财利蓄积了，民怨也积累了；地域拓广了，灾祸也构成了，哪里有什么秦国财利取之不竭而民众并不知情，疆域拓展到西河而民众并不感到征战痛苦呢？如今朝廷沿用商鞅的策略，对外像吴起一样频繁用兵，征夫在路上勤苦，思妇在家中挨饥受冻，老母亲号哭，单身女子叹息。文学即使想无忧无虑，又怎么做得到呢？”

大夫曰：“秦任商君，国以富强，其后卒并六国而成帝业。及二世之时[1]，邪臣擅断[2]，公道不行，诸侯叛弛[3]，宗庙隳亡[4]。《春秋》曰：‘末言尔，祭仲亡也。’[5]夫善歌者使人续其声[6]，善作者使人绍其功[7]。椎车之蝉攫[8]，负子之教也[9]。周道之成，周公之力也[10]。虽有裨谌之草创，无子产之润色[11]，有文、武之规矩，而无周、吕之凿枘[12]，则功业不成。今以赵高之亡秦而非商鞅，犹以崇虎乱殷而非伊尹也[13]。”

【注释】

①二世：秦二世胡亥。

②邪臣：指赵高。擅断：独断专权。

③叛弛：叛离。

④隳(huī)亡：毁坏。

⑤末言尔，祭仲亡也：见于《春秋公羊传·桓公十五年》。末言尔，原作“未言介”，据王利器说校改。祭仲，春秋时期郑国宰相。郑庄公死后，嫡子忽上台，是为郑昭公。后来祭仲在宋国胁迫下赶跑昭公而让公子突上台，是为郑厉公。三年之后，祭仲又迎回郑昭公，郑厉公逃亡。祭仲死后，郑厉公又归国夺权。“末言尔，祭仲亡也”，这两句意思是说：不说郑厉公夺权了，因为祭仲已经死了。

⑥续其声：接续他的歌声。

⑦作：首创。绍：继承。

⑧椎车：独木轮车。原作“推车”，据王利器说校改。蝉攫(jué)：车

轮外面的车辋。

⑨负子之教:语意不详。负子,指诸侯生病。王利器怀疑椎车之蝉攫是某位诸侯生病时发明的。

⑩周道之成,周公之力也:周公,姬姓,名旦,为周文王第四子,西周初年大政治家。武王在伐纣后不久病死,成王年幼,管、蔡鼓动武庚反叛。周公东征,平定叛乱。其后制礼作乐,制定周朝制度,为周朝政权稳定做出了独特贡献。

⑪虽有裨谌(pí chén)之草创,无子产之润色:《论语·宪问》:"为命,裨谌草创之,世叔讨论之,行人子羽修饰之,东里子产润色之。"裨谌,春秋时期郑国大夫。郑国发布政令,先由裨谌起草,再由子产加工修饰。子产,春秋时郑国的大夫,姓公孙,名侨,字子产。

⑫周:周公。吕:太公吕尚。凿:榫眼。枘(ruì):榫头。凿枘比喻相互配合。

⑬崇虎:殷朝末年崇国君主,又称崇侯虎。据《史记·周本纪》记载,崇侯虎在殷纣王面前说周文王姬昌的坏话,殷纣王将周文王囚于羑里。周文王出狱后消灭崇国。

【译文】

大夫说:"秦国任用商君,国家得以富强,其后最终吞并山东六国而成就帝业。到秦二世胡亥时期,奸臣赵高独断专权,公平之道得不到伸张,导致六国诸侯纷纷起义叛离,秦朝宗庙毁坏。《春秋公羊传·桓公十五年》说:'不用说郑厉公夺权了,因为祭仲已经死亡了。'善于唱歌的人能够使他人接续自己的歌声,善于首创的人能够使他人继承自己的功业。独木轮车的车辋,是上古诸侯生病时发明的。西周王道的成功,是周公的功劳。有裨谌的草创,没有子产的加工润色;有周文王、周武王的规矩,没有周公、姜太公的配合,周朝功业就不能成就。现在你以赵高灭亡秦朝而非难商鞅,如同以崇侯虎扰乱殷朝而非难伊尹。"

文学曰："善凿者建周而不拔[①]，善基者致高而不蹶[②]。伊尹以尧、舜之道为殷国基，子孙绍位[③]，百代不绝。商鞅以重刑峭法为秦国基，故二世而夺。刑既严峻矣，又作为相坐之法[④]，造诽谤[⑤]，增肉刑[⑥]，百姓斋栗[⑦]，不知所措手足也。赋敛既烦数矣[⑧]，又外禁山泽之原[⑨]，内设百倍之利，民无所开说容言[⑩]。崇利而简义[⑪]，高力而尚功[⑫]，非不广壤进地也，然犹人之病水[⑬]，益水而疾深[⑭]，知其为秦开帝业，不知其为秦致亡道也。狐剌之凿[⑮]，虽公输子不能善其枘[⑯]。畚土之基[⑰]，虽良匠不能成其高。譬若秋蓬被霜[⑱]，遭风则零落，虽有十子产，如之何？故扁鹊不能肉白骨[⑲]，微、箕不能存亡国也[⑳]。"

【注释】

①善凿者：善于凿榫眼的人。建周而不拔：安上榫头，周严而不脱落。拔，原作"疲"，据张敦仁说校改。

②善基者：善于打地基的人。致高而不蹶：砌上高墙，牢固而不倒塌。

③绍位：继承王位。

④相坐之法：连坐法。一人犯罪，其他相关人连坐受刑。坐，定罪。

⑤造诽谤：制定诽谤法，诽谤朝廷的人要治罪。

⑥肉刑：切断犯罪者肢体或割裂其肌肤的刑法。商鞅制定的肉刑有凿颠（在头上凿洞）、抽肋（抽掉肋骨）、镬烹（在大锅中烹煮）等。

⑦斋栗：胆战心惊。

⑧烦数：很多。

⑨原：同"源"，资源。

⑩民无所开说容言：民众没有说话讲理的地方。

⑪简义：鄙视礼义。

⑫高力：提倡武力。尚功：崇尚武功。

⑬病水：得了浮肿病。

⑭益水而疾深：喝水越多病越重。

⑮狐刺之凿：歪邪的榫眼。狐刺，通“弧刺”，违背常规。

⑯公输子：鲁班。

⑰畚（běn）：用竹编制的盛土器物。

⑱秋篷被霜：秋天篷草遭到霜打。

⑲扁鹊：春秋战国之际名医，名叫秦越人，因为医术高超，所以人们用黄帝时期名医扁鹊来称呼他。事迹见于《史记·扁鹊仓公列传》。肉白骨：使白骨生肉。

⑳微：微子，殷纣王庶兄，名启。箕：箕子，殷纣王叔父，名胥余。殷纣王暴虐，微子、箕子都曾经对他进行劝谏，殷纣王不听。事见《史记·殷本纪》和《史记·宋微子世家》。

【译文】

文学说：“善于凿榫眼的人，凿出的榫眼周严而不脱落；善于打地基的人，砌出的高墙牢固而不倒塌。伊尹以尧、舜之道作为殷商王朝的基础，商汤的子孙继承王位，经历百代而不断绝。商鞅以严刑峻法作为秦王朝的基础，因此到了秦二世就被夺权。刑法已经非常严峻了，又颁布相坐法令，制定诽谤法，增加肉刑，百姓胆战心惊，连手脚都不知道放哪儿。苛捐杂税已经很多了，又在地方禁止任意开发山林河泽的资源，在朝廷设立牟取百倍利益的机构，民众没有说话讲理的地方。崇尚财利，鄙视礼义，倡导武力，推崇武功，秦朝并不是不能拓展疆域，但就像一个人得了浮肿病，喝水越多病越重。你只知道商鞅为秦国开创帝业，不知道他将秦国引向灭亡的道路。歪歪斜斜的榫眼，即使是能工巧匠鲁班也不能做好榫头。由一畚箕土打成的地基，即使是高明瓦匠也不能砌成高墙。如同秋天蓬草遭到霜打，遇到风吹就会凋落，即使有十个子产，又能怎么样呢？因此，名医扁鹊不能使白骨生肉，仁人微子、箕子也不能保存即将灭亡的殷国。”

大夫曰：“言之非难，行之为难。故贤者处实而效功①，亦非徒陈空文而已②。昔商君明于开塞之术③，假当世之权④，为秦致利成业⑤，是以战胜攻取，并近灭远，乘燕、赵⑥，陵齐、楚⑦，诸侯敛衽⑧，西面而向风⑨。其后，蒙恬征胡⑩，斥地千里⑪，逾之河北⑫，若坏朽折腐⑬。何者？商君之遗谋⑭，备饬素修也⑮。故举而有利，动而有功。夫畜积筹策⑯，国家之所以强也。故弛废而归之民⑰，未睹巨计而涉大道也⑱。”

【注释】

①处实：脚踏实地。效功：建立功业。

②徒陈空文：只说空话。

③开塞：开塞，开放有利的事业，堵塞不利的事情。

④假当世之权：凭借当时的权力。

⑤致利：增长财利。成业：成就帝业。

⑥乘：制服。

⑦陵：通“凌”，凌驾。

⑧敛衽(rèn)：参见尊者时整顿衣襟，以此表示敬意。

⑨西面：秦居西方，六国皆在崤山以东，臣服秦朝必须向西，故曰西面。向风：望风景仰。

⑩蒙恬：秦朝大将。受秦始皇之命，率兵三十万北抗匈奴，收复黄河以南土地，修筑万里长城以备胡。后为赵高杀害。

⑪斥地：开拓疆域。

⑫逾：渡过。河北：黄河之北。

⑬坏朽折腐：摧枯拉朽。

⑭遗谋：遗留下来的奖励耕战谋略。

⑮备饬：防备整治。饬，原作“饰”。素修：平时做好准备。修，原作“循”，据孙诒让说校改。

⑯畜：通“蓄”。筹策：运筹策划。

⑰弛废：废除。

⑱巨计：重大政策。

【译文】

大夫说：“说起来并不难，做起来才是难事。因此贤明的人脚踏实地，建立功业，不是只说空话而已。从前商君懂得开发什么和堵塞什么的道理，凭借当世的权力，为秦国增长财利成就帝业，所以能够战必胜，攻必取，吞并近邻，消灭远国，制服燕国、赵国，凌驾齐国、楚国，山东诸侯整顿衣襟，向西面望风归服。后来，蒙恬征讨匈奴，开拓千里疆域，渡过黄河以北，势如摧枯拉朽。为什么呢？这是因为继承了商君遗留下来的谋略，平时加强整顿和准备。因而一举手就有利，一行动就有功。蓄积财利，运筹策划，这是国家富强的原因。因此，废除盐铁官营而归之于民，这是没有看到国家重大政策，不懂得大道理。”

文学曰：“商鞅之开塞，非不行也；蒙恬却胡千里①，非无功也；威震天下，非不强也；诸侯随风西面，非不从也②；然而皆秦之所以亡也。商鞅以权数危秦国③，蒙恬以得千里亡秦社稷④：此二子者，知利而不知害，知进而不知退，故果身死而众败。此所谓恋朐之智⑤，而愚人之计也，夫何大道之有？故曰：‘小人先合而后忤，初虽乘马，卒必泣血。’⑥此之谓也。”

【注释】

①却胡：驱逐匈奴。

②从：听从。

③权数：权术。

④社稷：指代国家。社，古代国君祭祀土神的地方。稷，古代国君祭祀谷神的地方。

⑤恋朐（qú）：又作“挛拘”、“拘挛”，手脚弯曲，此处指慧根浅薄。

⑥小人先合而后忤，初虽乘马，卒必泣血：《淮南子·人间训》：“故圣人先忤而后合，众人先合而后忤。”合，迎合。忤，背叛。《周易·屯卦》：“上六，乘马班如，泣血涟如。”乘马，表示得意。泣血，表示失意。

【译文】

文学说：“商鞅开发和堵塞的思想，并非不能施行；蒙恬驱逐匈奴千里之外，并非无功；威震天下，并非不强；诸侯望风西面归服，并非不听从；然而这些都是秦灭亡的原因。商鞅用权术危害秦国，蒙恬以得到千里土地灭亡秦国社稷：这两个人，只知道利益而不知祸害，只知道前进而不知后退，因此最终自身惨死，而众人随之失败。这就是人们所说的浅薄智慧和愚人计谋，哪里有什么大道？所以说：‘小人先迎合而后背叛，当初虽然乘马得意，最终必定血泪涟涟。’说的就是商鞅、蒙恬这两个人。”

大夫曰：“淑好之人[①]，戚施之所妒也[②]；贤知之士，阘茸之所恶也[③]。是以上官大夫短屈原于顷襄[④]，公伯寮愬子路于季孙[⑤]。夫商君起布衣，自魏入秦[⑥]，期年而相之[⑦]，革法明教，而秦人大治。故兵动而地割[⑧]，兵休而国富。孝公大说，封之於、商之地方五百里[⑨]，功如丘山，名传后世。世人不能为，是以相与嫉其能而疵其功也[10]。”

【注释】

①淑好：贤淑美丽。

②戚施：相貌丑陋驼背的人。

③阘茸(tà róng)：卑贱无能的人。

④上官大夫短屈原于顷襄：《史记·屈原贾生列传》载：“上官大夫与之同列，争宠而心害其能。怀王使屈原造为宪令，屈平属草稿未定。上官大夫见而欲夺之，屈平不与。因谗之曰：‘王使屈平为令，众莫不知，每一令出，平伐其功，曰以为非我莫能为也。’王怒而疏屈平。”据此，上官大夫是向楚怀王进屈原谗言。大夫此处说上官大夫短屈原于顷襄，是记忆错误。上官大夫，复姓上官，官职为大夫。短，说坏话。顷襄，楚怀王之子顷襄王。

⑤公伯寮愬子路于季孙：见于《论语·宪问》：“公伯寮愬子路于季孙。子服景伯以告，曰：‘夫子固有惑志于公伯寮，吾力犹能肆诸市朝。’子曰：‘道之将行也与，命也；道之将废也与，命也。公伯寮其如命何！’”公伯寮，字子周，春秋鲁国人，孔子弟子。愬，通“诉”，毁谤。子路，仲由的字，春秋卞国人，孔子弟子。季孙，季康子，鲁国执政大夫。子路为季氏家臣，公伯寮在季孙面前说子路的坏话。

⑥自魏入秦：商鞅曾为魏国宰相公叔痤门客，后闻秦孝公求贤，由魏入秦。

⑦期年：一年。

⑧地割：原作“割地”，据卢文弨说校改。

⑨於(wū)、商：地名，在今陕西商县东南。

⑩疵：批评，诽谤。

【译文】

大夫说："贤淑美丽的女子，被驼背丑女所嫉妒；贤明智慧的士人，被卑贱无能的人所厌恶。所以上官大夫在顷襄王面前说屈原的坏话，公伯寮在季孙氏面前诋毁子路。商鞅起于平民，从魏国进入秦国，一年就担任秦国宰相，改革法度，修明教令，秦国民众得到大治。因此军队出动，魏国割地求和；军队休整，国家富强。秦孝公大为高兴，将於、商地方五百里封给商鞅，功勋如丘山，美名传后世。世俗之人不能做出商鞅的功业，因此互相嫉妒他的才能，诽谤他的功绩。"

文学曰："君子进必以道①，退不失义②，高而勿矜③，劳而不伐④，位尊而行恭，功大而理顺⑤；故俗不疾其能，而世不妒其业。今商鞅弃道而用权，废德而任力，峭法盛刑，以虐戾为俗⑥，欺旧交以为功⑦，刑公族以立威⑧，无恩于百姓，无信于诸侯，人与之为怨，家与之为雠，虽以获功见封⑨，犹食毒肉愉饱而罹其咎也⑩。苏秦合纵连横⑪，统理六国⑫，业非不大也；桀、纣与尧、舜并称，至今不亡，名非不长也；然非者不足贵⑬。故事不苟多⑭，名不苟传也⑮。"

【注释】

①进：进身仕途。道：正道。

②退：退隐。义：礼义。

③矜：自大，骄傲。

④伐：夸耀。

⑤理顺：通情达理。

⑥虐戾：残暴凶狠。

⑦欺旧交以为功：《史记·商君列传》载："军既相距，卫鞅遗魏将公

子卬书曰：'吾始与公子欢，今俱为两国将，不忍相攻，可与公子面相见，盟，乐饮而罢兵，以安秦、魏。'魏公子卬以为然。会盟已，饮，而卫鞅伏甲士而袭虏魏公子卬，因攻其军，尽破之以归秦。"商鞅通过欺骗旧友公子卬而建立功勋。

⑧刑公族以立威：《史记·商君列传》载："于是太子犯法。卫鞅曰：'法之不行，自上犯之。'将法太子。太子，君嗣也，不可施刑，刑其傅公子虔，黥其师公孙贾。明日，秦人皆趋令。"

⑨获功见封：《史记·商君列传》载："卫鞅既破魏还，秦封之於、商十五邑，号为商君。"

⑩愉："愈"的变体。罹其咎：遭到毒害。

⑪苏秦：字季子，战国时期洛阳人，他曾游说山东六国合纵抗秦，佩六国相印。后被齐人所杀。事迹见于《史记·苏秦列传》。合纵连横：是战国纵横家提出的两大国际战略，合纵是山东六国联合抗拒秦国，连横是秦国联合一个或几个国家攻打他国。苏秦是合纵战略的设计者和领袖，此处"合纵连横"，是指苏秦的合纵，连横是连类而及。

⑫统理：统一协理。

⑬非者：指苏秦、桀、纣这些被历史否定的人。

⑭不苟多：不能随便赞美。

⑮不苟传：不能随便流传。

【译文】

文学说："君子进身仕途一定要以正道，退隐一定不要失去礼义，处于高位而不要骄傲，功劳多而不夸耀，地位尊贵而行为谦恭，功绩甚大而通情达理；因此世俗不会嫉妒他的才能，世人不嫉妒他的功业。商鞅抛弃正道而使用权术，废除道德而任用强力，严法重刑，以残暴凶狠为风俗，欺骗老朋友公子卬来建立功业，施刑贵族公子虔、公孙贾来树立威信，对老百姓没有恩情，对诸侯不讲信用，人人都与他结怨，家家都是他仇敌，虽然因为军功而被封为商君，但这如同吃毒肉太饱而遭到毒害。苏秦倡导合纵，统一协理山东六国，功业不可谓不大；桀、纣与尧、舜并称，名字至今不消亡，声名不可谓不长；然而被历史否定的人不足为贵。因此对事业不能随便赞美，对名声不能随便传颂。”

大夫曰：“缟素不能自分于缁墨①，贤圣不能自理于乱世②。是以箕子执囚③，比干被刑④。伍员相阖闾以霸⑤，夫差不道⑥，流而杀之⑦。乐毅信功于燕昭⑧，而见疑于惠王⑨。人臣尽节以徇名⑩，遭世主之不用⑪。大夫种辅翼越王⑫，为之深谋⑬，卒擒强吴，据有东夷⑭，终赐属镂而死⑮。骄主背恩德，听流说⑯，不计其功故也，岂身之罪哉？”

【注释】

①缟素：白色丝织品。缁墨：黑色染料。

②自理：自我保全。

③箕子执囚：《史记·殷本纪》载：“箕子惧，乃详狂为奴，纣又囚之。”

④比干被刑：《史记·殷本纪》载：“比干曰：‘为人臣者，不得不以死争。’乃强谏纣。纣怒曰：‘吾闻圣人心有七窍。’剖比干，观其心。”

⑤伍员相阖闾以霸：《史记·伍子胥列传》载：“当是时，吴以伍子胥、孙武之谋，西破强楚，北威齐晋，南服越人。”伍员，伍子胥，楚国大夫伍奢之子，父兄被楚平王杀害，伍子胥逃奔吴国，率吴兵打败楚国，借外力复父兄之仇。阖闾，吴王。

⑥夫差：吴王阖闾之子，继位后听信太宰伯嚭谗言，不听伍子胥忠告，放弃劲敌越国，北上与齐、晋争霸，最后被越王勾践所灭。

⑦流而杀之：夫差赐伍子胥属镂之剑，令其自杀。又将伍子胥尸体装入皮袋之中，浮之江中。

⑧乐毅：战国后期中山人，闻燕昭王求贤，遂入燕。公元前284年，乐毅统帅燕国等五国联军攻打齐国，连下七十余城，报了强齐伐燕之仇。后因受燕惠王猜忌，投奔赵国，被封于观津，号望诸君。信功：立功。信，通“伸”。燕昭：燕昭王，姬姓，名职，燕王哙之子，即位后招贤纳士，打败齐国。

⑨见疑于惠王：《史记·乐毅列传》载：“会燕昭王死，子立为燕惠王。惠王自为太子时尝不快于乐毅，及即位，齐之田单闻之，乃纵反间于燕曰：‘齐城不下者两城耳。然所以不早拔者，闻乐毅与燕新王有隙，欲连兵且留齐，南面而王齐。齐之所患，唯恐他将之来。’于是燕惠王固已疑乐毅，得齐反间，乃使骑劫代将，而召乐毅。”

⑩殉名：为名节而死。

⑪世主：当世君主。

⑫大夫种：越国大夫文种。文种与范蠡辅佐越王勾践灭吴，功成之后范蠡泛舟五湖，而文种贪恋宝贵不愿离去，结果被勾践所杀。辅翼：辅佐。越王：勾践。

⑬深谋：长远谋划。

⑭东夷：指吴国，在今江苏大部和安徽、浙江的一部分。

⑮属镂(zhǔ lòu)：宝剑名。

⑯流说：流言，谗言。

【译文】

大夫说：“白色丝织品在黑色染料中不能避免被污染，圣贤不能在乱世中自我保全。所以箕子被囚禁，比干被剖心。伍子胥辅佐吴王阖闾称霸，夫差无道，杀死伍子胥，将尸体装进皮袋浮于江中。乐毅在燕昭王时期建立大功，但却被燕惠王怀疑。人臣为节操牺牲自己，只是遇到平庸的君主而不被任用。越国大夫文种辅佐越王勾践，为越王作长远的谋划，最终消灭强大的吴国，占领了吴国的土地，最后越王却赐剑令他自杀而死。这都是骄横的君主背弃恩德，听信谗言，不考虑他们功劳的缘故，难道是他们自身的罪过吗？”

文学曰：“比干剖心，子胥鸱夷[①]，非轻犯君以危身[②]，强谏以干名也[③]。憯怛之忠诚[④]，心动于内，忘祸患之发于外[⑤]，志在匡君救民[⑥]，故身死而不怨。君子能行是不能御非[⑦]，虽在刑戮之中，非其罪也。是以比干死而殷人怨，子胥死而吴人恨。今秦怨毒商鞅之法[⑧]，甚于私仇，故孝公卒之日，举国而攻之，东西南北莫可奔走，仰天而叹曰：‘嗟乎，为政之弊，至于斯极也！’[⑨]卒车裂族夷[⑩]，为天下笑。斯人自杀，非人杀之也。”

【注释】

①鸱(chī)夷：用兽皮制的口袋，因外形像鸱，故名鸱夷。此处指伍子胥死后，吴王夫差把他的尸体装入皮口袋投入江中。鸱，猫头鹰。

②轻犯：轻率地触犯。

③干：求。

④憯怛(cǎn dá)：悲痛，忧伤。

⑤忘祸患之发于外：“祸”字原在“发”字上，据卢文弨、俞樾说校改。

⑥匡：纠正。

⑦行是：做正确的事情。御非：抵御别人的非难。

⑧怨毒：怨恨。

⑨嗟乎，为政之弊，至于斯极也：《史记·商君列传》：“嗟乎，为法之

敝一至此哉!”

⑩车裂:即五马分尸。族夷:即夷族。夷,灭。族,亲族。古代犯有谋反大逆罪行的人,要诛及父、母、妻三族。

【译文】

文学说:“比干被剖心,伍子胥尸体被装进皮袋浮于江中,并不是他们轻率地触犯君主而危及自身,也不是他们强行劝谏以求名。而是忧伤、忠诚的心在胸膛跳动,忘记祸患在身外发生,志在纠正君主过失,拯救民众,因而身死而不怨恨。君子能做正确的事情,但不能抵御别人的非难,即使遭到刑罚杀戮,也不是他们的罪过。所以比干被杀死,殷人怨恨纣王,子胥被杀死,吴人痛恨夫差。而秦国民众怨恨商鞅之法,超过个人的私仇,因此孝公去世当天,秦国全国民众围攻商鞅,商鞅东西南北没有一处可以逃走,他仰天叹息道:‘哎呀,秦国朝政的弊病,竟到了如此严重的地步了!’商鞅最终被五马分尸,亲族被夷灭,成为天下笑柄。这个人是自杀,而不是别人杀死了他。”

晁错第八

【题解】

本篇记载大夫与文学围绕晁错忠奸问题而展开的论辩。晁错是西汉文景时期著名政治家,因主张削藩而激化了中央与藩国的矛盾,吴楚七国打着“清君侧”旗号反叛,汉景帝迫于藩国压力而诛晁错。文中大夫将晁错与淮南王、衡山王反叛相提并论,指责晁错咎由自取。文学指出,晁错是为了汉家万世之安而与诸侯结仇,为主而死,堪称汉家的“信士”。晁错行事其实与桑弘羊相似,都是考虑汉家的利益。此处桑弘羊指责晁错,应该是另有用意,他是以晁错故事来警告文学、贤良不要因反对盐铁官营而激化矛盾,以免惹祸上身。

大夫曰："《春秋》之法，君亲无将，将而必诛[①]。故臣罪莫重于弑君，子罪莫重于弑父。日者[②]，淮南、衡山修文学[③]，招四方游士[④]，山东儒、墨咸聚于江、淮之间[⑤]，讲议集论，著书数十篇[⑥]。然卒于背义不臣[⑦]，使谋叛逆[⑧]，诛及宗族。晁错变法易常[⑨]，不用制度[⑩]，迫蹙宗室[⑪]，侵削诸侯[⑫]，蕃臣不附[⑬]，骨肉不亲[⑭]，吴、楚积怨[⑮]，斩错东市[⑯]，以慰三军之士而谢诸侯[⑰]。斯亦谁杀之乎[⑱]？"

【注释】

①《春秋》之法，君亲无将，将而必诛：《春秋公羊传·庄公三十二年》载："公子牙今将尔，辞曷为与亲弑者同？君亲无将，将而诛焉。"君亲，君主与父母双亲。将，《春秋公羊传》把意欲弑君弑亲的行为称之为"将"，指犯罪意图。

②日者：从前。

③淮南：淮南王刘安，为汉高祖刘邦之孙、淮南厉王刘长之子，集门客著《淮南鸿烈》，后因谋反罪名被杀。衡山：衡山王刘赐，为汉高祖刘邦之孙、淮南厉王刘长之子、刘安之弟，因参与刘安谋反，案发后自杀。修文学：指招揽文人门客著书。

④游士：四方奔走，从事游说活动的人。

⑤江、淮之间：淮南国、衡山国位处长江以北、淮河以南。

⑥著书数十篇：据《汉书·艺文志》，《淮南子》一书有内篇二十六篇，外篇三十二篇。外篇已经亡佚，仅存内篇二十一篇。衡山王刘赐不闻有集客著书之事。

⑦卒：最终。不臣：不守臣道。

⑧使谋叛逆："使"字原在"晁错变法易常"句上，据张敦仁说校改。

⑨晁错：西汉前期著名政治家，主张削平藩国，奖励农耕，抗击匈

奴。公元前154年,吴楚七国以“清君侧”为名发动叛乱,汉景帝迫于藩国压力而斩晁错。变法易常:此为汉代谚语,《史记·袁盎晁错列传》:“语曰:‘变古乱常,不死则亡。’岂错等谓邪?”

⑩不用制度:指晁错削藩建议违反了上古分封子弟功臣的制度。

⑪迫蹙(cù):逼迫。宗室:与皇帝同宗的亲属,此处指汉朝同姓诸侯。室,原作“族”,据张敦仁说校改。

⑫侵削诸侯:指削减诸侯封地。

⑬蕃:通“藩”。不附:不亲附,指吴楚七国反叛。

⑭骨肉:指与皇帝有血缘关系的宗室。

⑮吴、楚积怨:指公元前154年吴、楚等七国反叛。

⑯斩错东市:《史记·袁盎晁错列传》载:“吴、楚七国果反,以诛错为名,及窦婴、袁盎进说,上令晁错衣朝衣,斩东市。”

⑰谢:谢罪、致歉。

⑱斯:此人,指晁错。

【译文】

大夫说:“《春秋》的一个笔法是,对君主和父母双亲不能有图弑之心,如果对君主和父母有图弑之心,就一定要格杀勿论。因此臣下之罪,没有比弑君更重的,人子之罪,没有比弑父更重的。从前,淮南王刘安、衡山王刘赐集门客著书,招揽四方游学之士,山东儒、墨之徒都聚集在江、淮之间,他们在一起讲议讨论,著《淮南鸿烈》数十篇。但他们最终违背君臣大义,不守臣道,教唆淮南王刘安、衡山王刘赐谋反叛逆,自己被诛,殃及宗族。晁错鼓动汉帝改变祖宗常法,不遵守分封制度,逼迫刘氏诸侯宗亲,削减诸侯封地,导致藩国不附中央,刘氏骨肉疏离不亲,吴、楚七国积怨反叛,景帝不得不下令将晁错斩于东市,以此抚慰三军之士,向天下诸侯谢罪。这个晁错究竟是被谁杀死的呢?”

文学曰:“孔子不饮盗泉之流①,曾子不入胜母之闾②。

名且恶之[3]，而况为不臣不子乎[4]？是以孔子沐浴而朝，告于哀公[5]。陈文子有马十乘，弃而违之[6]。《传》曰[7]：'君子可贵可贱，可刑可杀，而不可使为乱。'若夫外饰其貌而内无其实，口诵其文而行不犹其道[8]，是盗[9]，固与盗而不容于君子之域[10]。《春秋》不以寡犯众[11]，诛绝之义有所止[12]，不兼怨恶也[13]。故舜之诛，诛鲧[14]；其举，举禹[15]。夫以玙璠之玼[16]，而弃其璞[17]，以一人之罪，而兼其众[18]，则天下无美宝信士也[19]。晁生言诸侯之地大，富则骄奢，急即合从[20]。故因吴之过而削之会稽[21]，因楚之罪而夺之东海[22]，所以均轻重[23]，分其权[24]，而为万世虑也。弦高诞于秦而信于郑[25]，晁生忠于汉而雠于诸侯[26]。人臣各死其主，为其国用，此解杨之所以厚于晋而薄于荆也[27]。"

【注释】

①孔子不饮盗泉之流：传说孔子经过盗泉，虽然口渴，但由于厌恶"盗泉"之名，终不饮盗泉之水。

②曾子不入胜母之间：《史记·鲁仲连邹阳列传》："故县名胜母，而曾子不入。"曾参是著名孝子，由于厌恶"胜母"之名，故路过而不进入。间，里弄。

③且：尚且。

④况：何况。不臣：不守为臣之道。不子：不守为子之道。

⑤孔子沐浴而朝，告于哀公：《论语·宪问》载："陈成子弑简公，孔子沐浴而朝，告于哀公曰：'陈恒弑其君，请讨之。'"哀公，鲁哀公，姬姓，名将，是鲁国第二十六任君主。

⑥陈文子有马十乘，弃而违之：《论语·公冶长》载："崔子弑齐君，陈文子有马十乘，弃而违之。"崔子，齐国大夫崔杼。齐君，齐庄

公。陈文子，齐国大夫。有马十乘，十四马为一乘，十乘为四十四马。弃，舍弃四十四马。违，离开。

⑦《传》：指《礼记·表记》。

⑧犹：通“由”。

⑨是盗：文学认为，“外饰其貌而内无其实，口诵其义而行不犹其道”是盗贼行为。

⑩与盗：共盗。容：见容。域：区域。

⑪《春秋》不以寡犯众：《春秋·僖公五年》载：“郑伯逃归不盟。”《春秋公羊传》解释说：“其言逃归不盟者何？不可使盟也。不可使盟，则其言逃归何？鲁子曰：‘盖不以寡犯众也。’”

⑫诛绝：这是《春秋》的两种笔法：诛是谴责，绝是绝世。止：限制。

⑬兼：尽。

⑭舜之诛，诛鲧(gǔn)：《尚书·尧典》载舜“殛鲧于羽山”。鲧，禹的父亲。

⑮其举，举禹：《尚书·尧典》载舜任命禹为司空，命禹平治水土。

⑯以：因为。玙璠(yú fán)：美玉。玼：通“疵”，毛病。

⑰璞(pú)：未经雕琢的玉。

⑱兼：牵连。

⑲信士：诚信之士。

⑳合从：本是战国纵横家苏秦提出的山东六国诸侯联合抗秦的战略，此处指诸侯联合反叛中央。从，同“纵”。

㉑吴之过：指吴王刘濞称病不朝，诱天下亡人，阴谋反叛。之：其。会稽：汉代郡名，在今浙江绍兴。

㉒楚之罪：指楚王刘戊在薄太后丧期私奸服舍。东海：汉代郡名，在今江苏东北部。

㉓均轻重：指削弱诸侯势力。

㉔分其权：分散诸侯权力。

㉕弦高诞于秦而信于郑：据《左传·僖公三十三年》载，秦师千里袭郑，郑国商人弦高听到这个消息，便假称郑君之命，以十二头犒劳秦师。秦师知偷袭消息泄露，只好放弃偷袭打算。弦高此举对于秦国来说是撒谎，而对郑国来说则是诚信。诞，欺骗。

㉖晁生：晁错。雠(chóu)：仇敌。

㉗解杨：当为“解扬”。厚于晋而薄于荆：据《左传·宣公十四年》载，楚师围宋，宋人向晋国求救，晋君派解扬使宋，告知晋兵将至，要求宋人不要降楚。结果解扬被楚师俘虏，楚王要解扬向宋人传递相反的消息，要求宋人立即向楚国投降，解扬假装答应。解扬登上楚人楼车，如实地传达了晋君命令。楚王要杀解扬，解扬表示他宁死也要完成使命。楚人感其忠义，将解扬释放。

【译文】

文学说：“孔子不喝名叫‘盗泉’的水，曾子不进入名叫‘胜母’的里巷。不合仁义的名字尚且厌恶，何况做不合臣道和子道的坏事呢？因此，当陈成子弑齐简公时，孔子沐浴上朝，将此事告诉鲁哀公，请求讨贼。崔杼弑齐庄公，陈文子虽有四十匹马，却宁愿舍弃而离开齐国。《礼记·表记》说：‘君子可以让他尊贵，可以让他贫贱，可以对他用刑，可以将他杀死，却不可以让他作乱。’至于那些外表道貌岸然而内无其实，口头诵读经文而行为却不遵其道的人，其实是盗贼，他们本来就是与盗贼一伙，不能见容于君子的区域。《春秋》的笔法之一是，不以少犯众，即使是施行诛绝之义也要有所限制，这是因为《春秋》不愿扩大怨恶的范围。因此，帝舜诛杀的是鲧，举荐的是禹。因为美玉上有点瑕疵，就抛弃玉石，因为一人有罪，就罪及众人，那么天下就没有美丽宝玉和诚信之士了。晁错对皇帝说，诸侯地盘太大，他们富贵就会骄奢，形势紧急就会联合反叛。因此晁错建议，借吴王刘濞过错而削除吴国的会稽郡，借楚王刘戊的罪过而削夺楚国的东海郡，以此来削弱诸侯势力，分散诸侯权力，这是为汉家万世安全考虑啊。春秋郑国商人弦高欺骗秦国，却是郑国的忠信之臣，晁错忠于汉室而成为吴、楚诸侯的仇敌。人臣各为其主而死，各为其国而用，这就是春秋晋人解扬忠于晋国而欺骗楚国的原因啊。”

刺权第九

【题解】

本篇的主旨是讥刺权贵。大夫炫耀“官尊者禄厚，本美者枝茂”，“夫贵于朝，妻贵于室”，嘲讽平民“居编户之列，而望卿相之子孙，是以跛夫之欲及楼季也，无钱而欲千金之宝，不亦虚望哉”。文学则指出，做官应该以天下为己任，而不是为了厚禄和妻子荣宠，“君子之仕，行其义，非乐其势也。受禄以润贤，非私其利”。两相对比，思想境界的高低是显而易见的。这说明地位高不等于认识水平高，官大不等于思想境界大。

大夫曰：“今夫越之具区①，楚之云梦②，宋之钜野③，齐之孟诸④，有国之富而霸王之资也。人君统而守之则强，不禁则亡。齐以其肠胃予人⑤，家强而不制⑥，枝大而折干，以专巨海之富而擅鱼盐之利也⑦。势足以使众，恩足以恤下⑧，是以齐国内倍而外附⑨。权移于臣，政坠于家，公室卑而田宗强⑩，转毂游海者盖三千乘⑪，失之于本而末不可救。今山川海泽之原，非独云梦、孟诸也。鼓铸煮盐⑫，其势必深居幽谷，而人民所罕至。奸猾交通山海之际⑬，恐生大奸⑭。乘利骄溢⑮，散朴滋伪⑯，则人之贵本者寡。大农盐铁丞咸阳、孔仅等上请⑰：‘愿募民自给费，因县官器，煮盐予用⑱，以杜浮伪之路[19]。'由此观之:令意所禁微[20],有司之虑亦远矣。"

【注释】

①具区:湖泊名,即太湖。

②云梦:云梦泽。古云梦泽分为云泽、梦泽,江南为梦泽,江北为云泽。

③钜野:钜野泽,在今山东钜野北。

④孟诸:孟诸泽,在今河南商丘,今已淤没。

⑤以其肠胃予人:齐国将物产大权交给权臣管理。肠胃,比喻储藏丰富物产的地方。

⑥家:卿大夫采邑。

⑦巨海:大海。擅:垄断。

⑧恤下:笼络臣下。

⑨倍:通"背",背叛君主。外附:归附权臣。

⑩公室:指国君。田宗:指田氏家族。田齐祖先出自陈氏。春秋时,陈国公子完因国乱奔齐,为田氏,子孙世为齐卿。公元前481年,陈完八世孙田常杀死齐简公而立平公,任相国,掌握了齐国大权。

⑪转毂(gǔ):指车辆。毂,车轮中心有孔可以插轴的圆木。游海:来往于海边运输鱼盐。

⑫铸:原作"金",据王利器说校改。

⑬奸猾:奸诈狡猾的人。交通:往来。之际:之间。

⑭大奸:指叛乱。

⑮乘利骄溢:凭借财利而骄傲自满。

⑯散朴:破坏朴实风气。散,原作"敦",据孙贻让说校改。滋伪:滋长虚假作风。

⑰大农:大农令,汉武帝时掌管国家租税、盐铁、钱粮等财政收支的

官吏。盐铁丞:大农属官,掌管盐铁官营。咸阳:东郭咸阳,齐地大盐商。孔仅:南阳大冶铁商。两人都家累千金。公元前120年,大司农郑当时推荐东郭咸阳、孔仅为盐铁丞。公元前119年,他们上书武帝募民自出资金,用官家器具煮盐,再由官家收购,实行专卖。

⑱予用:交付国家使用,即由国家收购。

⑲浮伪:虚浮造假。

⑳微:深微。

【译文】

大夫说:"现在越地的具区泽,楚地的云梦泽,宋地的钜野泽,齐地的孟诸泽,具有国家的财富,是霸王的资源。君主统一控制这些资源财富就强盛,不禁止他人占有就灭亡。当年齐就是将国家的肠胃——储藏物产大权——让给他人,导致卿大夫强盛而不可控制,枝叶过大,压断树干,让大夫垄断了大海的资源,独占了鱼盐的财利。大夫田氏势力大到足可以役使民众,恩惠足可以笼络臣下,所以齐国民众背叛君主而归附田氏。国家大权转移到大臣手中,政权坠入大夫采邑,君主微弱而田氏强盛,沿海运送鱼盐的车子多达三千辆。失去资源根本,其他末事就不可收拾了。如今山川海泽的资源,并不仅仅是云梦泽和孟诸泽。铸铁煮盐,其地势一定是在深山幽谷,为民众所罕至之处。奸诈狡猾之徒往来于深山大海之间,恐怕他们会生出大乱。他们凭借财利而骄傲自满,破坏了朴实风气,助长了虚假作风,这样重视农业根本的人就更少了。大农令属官盐铁丞东郭咸阳、孔仅等人上书请求:'希望招募老百姓自己出钱,用官府提供的器具煮盐,再由国家收购,以杜绝虚浮作假的门路。'由此看来,盐铁禁令意义深微,主管官员的考虑非常深远啊。"

文学曰:"有司之虑远,而权家之利近[①];令意所禁微,而僭奢之道著[②]。自利害之设[③]，三业之起[④]，贵人之家，云行于涂[⑤]，毂击于道[⑥]，攘公法[⑦]，申私利[⑧]，跨山泽[⑨]，擅官市，非特巨海鱼盐也[⑩]；执国家之柄，以行海内，非特田常之势、陪臣之权也[⑪]；威重于六卿，富累于陶、卫[⑫]，舆服僭于王公[⑬]，宫室溢于制度[⑭]，并兼列宅[⑮]，隔绝闾巷[⑯]，阁道错连[⑰]，足以游观，凿池曲道，足以骋骛，临渊钓鱼，放犬走兔，隆豺鼎力[⑱]，蹋鞠斗鸡[⑲]，中山素女抚流徵于堂上[⑳]，鸣鼓巴俞作于堂下[㉑]，妇女被罗纨[㉒]，婢妾曳绨纻[㉓]，子孙连车列骑[㉔]，田猎出入，毕弋捷健[㉕]。是以耕者释耒而不勤[㉖]，百姓冰释而懈怠[㉗]。何者？己为之而彼取之，僭侈相效，上升而不息，此百姓所以滋伪而罕归本也[㉘]。"

【注释】

①权家：权豪之家。利近：私利靠近。

②僭奢：僭越奢侈。著：显著，明显。

③利害之设：设置兴利的官员。

④三业：盐铁、酒榷、均输。

⑤云行于涂：如同风起云涌般弥漫到道路之上。涂，同"途"。

⑥毂击于道：车轮轴在路上互相碰撞。

⑦攘公法：排斥国家的法令。

⑧申：通"伸"，伸张。

⑨跨：广占。

⑩非特：不仅。

⑪陪臣：古代诸侯对天子自称陪臣，大夫家臣对大夫自称陪臣。

⑫陶：陶朱公范蠡。卫：疑指子贡，《史记·仲尼弟子列传》载子贡"常相鲁卫，家累千金"。

⑬僭：僭越，超过。

⑭溢：意同“僭”，超过。

⑮并兼列宅：指收购成片的宅第。并兼，兼并，收购。列宅，成片的宅第。

⑯隔绝闾巷：富豪将成片宅第收归已有以后，原来的闾巷通道变成富豪住宅中的私人通道，不再对外开放。

⑰阁道错连：楼阁间架空的通道交错连接。

⑱隆豺：斗兽。鼎力：举鼎比较气力。

⑲蹋鞠（tà jū）：古代一种踢球的游戏。

⑳中山：战国时期诸侯国名，后为赵武灵王所灭，汉景帝又置中山诸侯国，在今河北中部偏西北一带。素女：能歌善舞的美女。抚流徵（zhǐ）：指弹琴。抚，通“拊”，拍。流，婉转。徵，古代五音之一。

㉑巴俞：巴渝舞。巴，在今四川巴县。俞，通“渝”，指渝水，即嘉陵江。作：起。

㉒罗纨：轻软的丝织品。

㉓絺（chī）：细葛布。纻（zhù）：纻麻布。

㉔连车列骑：车马成行。

㉕毕弋：捕鸟用的网和箭，此处指捕鸟。毕，罗网。弋，带绳的箭。捷健：敏捷矫健。

㉖耒（lěi）：一种农具。

㉗冰释：冰融化，此处指涣散。

㉘滋伪：滋长作伪。罕：少。

【译文】

文学说：“主管官员考虑深远，而权豪家族私利却靠近了；盐铁禁令意义深微，而僭越奢侈的风气却更加明显了。自从朝廷设置兴利的官员，盐铁、酒榷、均输三项官营事业兴起，富贵人家，如同风起云涌般弥漫到道路之上，车轮轴在路上互相撞击。他们攘弃国家法令，伸张私人利益，广泛占有山林川泽，垄断官方集市，不仅仅是大海的鱼盐而已；他们执掌国家权柄，肆行海内，不仅仅拥有田常、陪臣的权势而已；他们的权威比晋国六卿还重，他们的财富比陶朱公范蠡、卫国子贡还多，车马服饰超过王公大人，宫室建筑超越了制度规定。他们收购成片的宅第，隔绝闾巷的公共通道，楼阁间架空的通道交错连接，足可以游览观赏；在宅第之内开凿水池，修建曲折的通道，足可以驰骋追逐；在深池钓鱼，放纵狗兔赛跑，驯兽取乐，举鼎较力，踢球斗鸡；中山美女在堂上弹奏曼妙的歌曲，巴俞舞女在堂下伴随鼓点跳起舞蹈；妇女穿着轻软的丝绸衣服，婢妾拖曳着细葛麻布的长裙；子孙们车马成行，往来打猎，捕捉鸟兽，身姿敏捷矫健。所以耕田的人放下锄头而不再勤苦，老百姓人心涣散而松懈怠惰。为什么呢？自己这样做了，别人也就跟着模仿，僭越奢侈，相互仿效，风气甚嚣尘上，不能停息，这就是老百姓滋长作伪而很少归于农业根本的原因。”

大夫曰：“官尊者禄厚，本美者枝茂。故文王德而子孙封，周公相而伯禽富[①]。水广者鱼大，父尊者子贵。《传》曰：‘河、海润千里。’[②]盛德及四海，况之妻子乎[③]？故夫贵于朝，妻贵于室，富曰苟美[④]，古之道也。《孟子》曰：‘王者与人同，而如彼者，居使然也。’[⑤]居编户之列[⑥]，而望卿相之子孙，是以跛夫之欲及楼季也[⑦]，无钱而欲千金之宝，不亦虚望哉？”

【注释】

①周公相而伯禽富：伯禽是周公之子，周公因为要留在中央王朝辅佐成王，因此委派伯禽代替自己就封于鲁。

②河、海润千里：见于《春秋公羊传·僖公三十一年》。河，黄河。

海，大海。润，滋润。

③之：其。

④富曰苟美：见于《论语·子路》："子谓卫公子荆，善居室，始有，曰：'苟合矣！'少有，曰：'苟完矣！'富有，曰：'苟美矣！'"富曰苟美，意为家里富有，差不多美好了。

⑤王者与人同，而如彼者，居使然也：见于《孟子·尽心上》。彼，指那样阔气。居，所处的地位。

⑥编户：指列于国家户口簿的平民。

⑦楼季：战国时期魏文侯之弟，善于行走攀登。

【译文】

大夫说："官大的人俸禄优厚，根深的树枝叶茂盛。因此周文王有德而子孙接受封赏，周公为相而伯禽富贵。湖水深广，鱼就肥大；父亲位尊，儿子就高贵。《春秋公羊传·僖公三十一年》说：'黄河、大海滋润千里。'盛大的恩德普及四海，何况他的妻子儿女呢？因此丈夫在朝廷显贵，妻子就在家里尊贵，富有是美好的事，这是自古以来的道理。《孟子·尽心上》说：'君王与常人相同，而他那样阔气，是地位使他如此。'处于平民之列，而指望自己的子孙出将入相，这是希望跛脚的人赶上善跑的楼季，无钱而想得到千金珍宝，这不是痴心妄想吗？"

文学曰："禹、稷自布衣①，思天下有不得其所者，若己推而纳之沟中，故起而佐尧，平治水土②，教民稼穑③。其自任天下如此其重也④，岂云食禄以养妻子而已乎？夫食万人之力者⑤，蒙其忧⑥，任其劳⑦。一人失职，一官不治，皆公卿之累也⑧。故君子之仕，行其义，非乐其势也。受禄以润贤⑨，非私其利。见贤不隐⑩，食禄不专⑪，此公叔之所以为文⑫，魏成子所以为贤也⑬。故文王德成而后封子孙⑭，天下不以为党[15]，周公功成而后受封，天下不以为贪。今则不然。亲戚相推，朋党相举，父尊于位，子溢于内，夫贵于朝，妻谒行于外[16]。无周公之德而有其富，无管仲之功而有其侈，故编户跛夫而望疾步也。"

【注释】

①稷：后稷，周人始祖，名弃，被尧封于邰，故地在今陕西武功。《尚书·尧典》载帝舜命弃担任后稷之官，负责教民耕种。后，君。稷，农官。

②平治水土：指大禹治水。

③教民稼穑：指后稷教民耕种。

④自任天下：以天下为己任。

⑤食万人之力：指食用万人劳动所得的俸禄。

⑥蒙其忧：蒙受老百姓的忧患。

⑦任其劳：分担老百姓的劳苦。

⑧累：过失。

⑨润贤：培养贤才。

⑩见贤不隐：看到贤人不隐瞒，即举贤。

⑪专：独享。

⑫公叔：复姓，此处指卫国大夫公叔枝，谥号为"文"，故称公叔文子。公叔文子的家臣僎是个贤才，由于公叔文子的推荐，做了卫国大夫，孔子知道后说："公叔枝可以谥为文了。"事见《论语·宪问》。

⑬魏成子：战国初期魏国人，为魏文侯丞相。他用十分之九的俸禄去招聘贤士。

⑭故文王德成而后封子孙：此句原作"故周德成而后封子孙"，据王

利器说校改。

⑮天下不以为党：此句原无“天下”二字，据卢文弨说校补。党，指亲属或家族。

⑯妻谒（yè）：妻子弄权接受请托。谒，请托。

【译文】

文学说：“大禹、后稷起于布衣平民，他们想到天下有不得其所的人，就好像自己把他们推到沟中，因此出来辅佐帝尧，大禹平治水土，后稷教民稼穑。他们以天下为己任，对此那样看重，怎么能说食用俸禄仅仅是为了养活妻子儿女呢？食用万人劳动所得的俸禄的人，应该蒙受老百姓的忧患，分担老百姓的劳苦。一个人失职，一个官员不称职，都可以看作是公卿的过失。因此君子当官，是为了实行仁义，不是享受当官的权势。接受俸禄可以用来养贤，而不是谋取私利。看到贤才不应该隐瞒，食用俸禄不是独享，这就是公叔枝谥号为“文”，魏成子被称为贤人的原因。因此周文王施行仁德而后子孙封赏，天下人并不认为他偏袒亲属；周公大功告成而后接受封赏，天下并不以为他贪婪。现在的情况不是这样。父母亲戚之间互相推荐，朋党之间互相推举，父亲高官尊位，儿子在家骄傲自满；丈夫在朝廷显贵，妻子在外接受请托。没有周公的美德却有周公的富贵，没有管仲的功劳却有管仲的奢侈，因而平民奢望得到卿相富贵，跛脚之人希望疾步如飞。”

刺复第十

【题解】

大夫本来希望从文学、贤良之处得到舆论上的支持和兴利妙计，但却受到文学、贤良的严厉批评，为此他深感失望，于是反过来批评文学、贤良装饰外表，冒充贤能，扰乱现实政治。对此，文学予以回复反击。文学尖锐地指出，当世在位的公卿，既不能像燕昭王那样礼贤下士，也不能像《鹿鸣》那样娱乐贤才，反而像臧文仲、子椒一样嫉贤妒能，以自己高官厚禄蔑视贤才，因而不可能求得贤士为其所用。

大夫曰为色矜而心不怿[①]，曰："但居者不知负载之劳[②]，从旁议者与当局者异忧[③]。方今为天下腹居郡[④]，诸侯并臻[⑤]，中外未然[⑥]，心憧憧若涉大川[⑦]，遭风而未薄[⑧]。是以夙夜思念国家之用，寝而忘寐，饥而忘食，计数不离于前[⑨]，万事简阅于心[⑩]。丞史器小[⑪]，不足与谋，独郁大道[⑫]，思睹文学，若俟周、邵而望高子[⑬]。御史案事郡国[⑭]，察廉举贤才，岁不乏也。今贤良、文学臻者六十余人[⑮]，怀六艺之术，骋意极论[⑯]，宜若开光发蒙[⑰]；信往而乖于今[⑱]，道古而不合于世务。意者不足以知士也[⑲]？将多饰文诬能以乱实邪[⑳]？何贤士之难睹也！自千乘倪宽以治《尚书》位冠九卿[㉑]，及所闻睹选举之士[㉒]，擢升赞宪甚显[㉓]，然未见绝伦比[㉔]，而为县官兴滞立功也[㉕]。"

【注释】

①曰：通"爰"，于是。色矜：面色矜持、严肃。怿(yì)：愉快。

②但居者：赋闲在家的人。但，徒，空。

③当局：当政。异忧：忧愁的内容不一样。

④腹居郡：指京师。腹居，中心。

⑤并臻：汇集，聚集。

⑥中：内地。外：边境。未然：没有安定。

⑦憧憧(chōng)：心神不安貌。

⑧薄：通"泊"，指船靠岸。

⑨计数：各种计算数字。

⑩简阅：检查挑选，心中盘算。

⑪丞史：丞相史和御史。器小：指见识浅薄。

⑫独郁大道：独自忧郁，找不到治国大道。

⑬俟：等待。周：周公。邵：一作“召”，邵公，周文王庶子，名奭。周、召二公同心辅佐年幼的周成王，是西周初年两位最重要的政治家。高子：原作“子高”，据陈遵默说校改。高子，春秋时期齐国上卿，曾奉齐桓公之命，立僖公为鲁君。

⑭案事：考察事务。

⑮臻：至，到。

⑯骋意：尽情发表意见。极论：尽量展开议论。

⑰开光：开拓闪光的境界。发蒙：启发蒙昧。

⑱信往：相信古代。乖于今：不符合当今需要。

⑲意者：料想，看来。

⑳饰文：装饰外表。诬能：冒充贤能。

㉑倪宽：西汉千乘（今山东广饶）人，治《尚书》，汉武帝时任御史大夫。九卿：西汉以太常、光禄勋、卫尉、太仆、廷尉、大鸿胪、宗正、大司农、少府为九卿。倪宽为三公之一，位在九卿之上，故曰位冠九卿。

㉒闻睹：耳闻目睹。选举之士：指文学、贤良。

㉓擢升：提拔。赞宪：参与政事。甚显：十分显达。

㉔绝伦比：出类拔萃。

㉕兴滞：兴利除弊。

【译文】

大夫于是脸色严肃而心中不快，说：“赋闲在家的人不知道背负肩挑人的劳苦，站在旁边议论的人与当政者有着不同的忧愁。当今处于天下中心的京师，诸侯都聚集到这里，内地和边境都没有安定，我的心中惶惶不安，如同乘船渡过大河，遭到风雨而未到岸。所以日夜思念国家的用度，躺在床上睡不着，肚子饿了忘记吃饭，各种统计数字萦绕在心头，成千上万的事情在心中掂量。丞相史见识短浅，不值得与他们谋划，独自郁闷找不到治国大道，我想着早一点见到你们文学，如同等待周公、邵公和盼望高子一样。御史到各处郡国考察，选拔孝廉，举荐贤才，每年都有不少。如今贤良、文学六十多人到来，带着《诗》、《书》、《礼》、《乐》、《易》、《春秋》的学术思想，尽情发表意见，纵论天下大事，应该能够发表闪光的思想，启发我的蒙昧；可是你们只相信古代，言论不符合当今需要，称道古人而不合当世之务。看来究竟是我们不足以知道高士？还是你们装饰外表、冒充贤能以扰乱现实呢？贤士为什么这么难以看到呢！自从千乘人倪宽因为治《尚书》而位在九卿之上，到今天耳闻目睹你们这些被选拔举荐的文学、贤良，提拔儒生参与政事，地位十分显达，然而没有看到出类拔萃的人，能够为朝廷兴利除弊建立功业。”

文学曰：“输子之制材木也[①]，正其规矩而凿枘调[②]。师旷之谐五音也[③]，正其六律而宫商调[④]。当世之工匠，不能调其凿枘，则改规矩，不能协声音，则变旧律。是以凿枘剌戾而不合[⑤]，声音泛越而不和[⑥]。夫举规矩而知宜[⑦]，吹律而知变[⑧]，上也；因循而不作，以俟其人，次也。是以曹丞相日饮醇酒[⑨]，倪大夫闭口不言[⑩]。故治大者不可以烦[⑪]，烦则乱；治小者不可以怠[⑫]，怠则废。《春秋》曰：‘其政恢卓，恢卓可以为卿相。其政察察，察察可以为匹夫。’[⑬]夫维纲不张[⑭]，礼义不行，公卿之忧也。案上之文[⑮]，期会之事[⑯]，丞史之任也。《尚书》曰：‘俊乂在官，百僚师师，百工惟时，庶尹允谐。’[⑰]言官得其人，人任其事，故官治而不乱，事起而不废，士守其职，大夫理其位，公卿总要执凡而已[18]。故任能者责成而不劳，任己者事废而无功。桓公之于管仲，耳而目之[19]。故君子劳于求贤，逸于用之，岂云殆哉[20]？昔周公之相也，谦卑而不邻[21]，以劳天下之士，是以俊乂满朝，贤智充门。孔子无爵位，以布衣从才士七十有余人，皆诸侯卿相之人也，况处三公之尊以养天下之士哉？今以公卿之上位，爵禄之美，而不能致士，则未有进贤之道。尧之举舜也，宾而妻之[22]。桓公举管仲也，宾而师之。以天子而妻匹夫，可谓亲贤矣。以诸侯而师匹夫[23]，可谓敬宾矣。是以贤者从之若流，归之不疑。今当世在位者，既无燕昭之下士[24]，《鹿鸣》之乐贤[25]，而行臧文、子椒之意[26]，蔽贤妒能，自高其智，訾人之才[27]，足己而不问，卑士而不友，以位尚贤[28]，以禄骄士，而求士之用，亦难矣！”

【注释】

①输子：公输子，即鲁班。制材木：制作木材。

②规：圆规。矩：曲尺。凿：榫眼。枘：榫头。调：准确配合。

③师旷：春秋时期晋国著名乐师。谐：调和。五音：古代音乐的五个音阶，即宫、商、角、徵、羽。

④六律：古代音乐十二律中的阳律，即黄钟、太簇、姑洗、蕤宾、夷则、亡射。

⑤剌戾：乖谬，形容榫头与榫眼不相符合。

⑥泛越：不合拍。

⑦宜：榫头与榫眼适宜。

⑧吹律：吹奏定音的调子。

⑨曹丞相日饮醇酒:《史记·曹相国世家》载:“参代何为汉相国,举事无所变更,一遵萧何约束……日夜饮醇酒。卿大夫已下吏及宾客见参不事事,来者皆欲有言。至者,参辄饮以醇酒,间之,欲有所言,复饮之,醉而后去,终莫得开说,以为常。”曹丞相,曹参。

⑩倪大夫:倪宽。《汉书·倪宽传》:“宽为御史大夫,以称意任职,故久无有所匡谏于上。”

⑪烦:烦杂。

⑫治小者不可以怠:“可”下原脱“以”字,据郭沫若说校补。

⑬其政恢卓,恢卓可以为卿相。其政察察,察察可以为匹夫:不见于今本《春秋》及其传记。陆贾《新语·辅政》:“察察者有所不见,恢恢者何所不容。”与文学所引《春秋》之语略近。恢卓,宽广。察察,严苛。

⑭维纲:渔网上的粗绳,此处指政治纲领。

⑮案上之文:案上的公文。

⑯期会之事:定期上报的事务。

⑰俊乂(yì)在官,百僚师师,百工惟时,庶尹允谐:见于《尚书·皋陶谟》,但“庶尹允谐”一句在后半部分。俊乂,贤才。师师,效法,向他学习。百工,百官。惟时,按时完成任务。庶尹,众位官长。允谐,和谐。

⑱总要:掌握要领。执凡:执掌大略。

⑲耳而目之:亲自听到,亲眼看到。

⑳殆:通“怠”,怠惰。

㉑邻:通“吝”。

㉒宾:以贵宾相待。妻之:把女儿嫁给他。《尚书·尧典》:“女于时,观其刑于二女。厘降二女于妫汭,嫔于虞。”

㉓而:原作“之”,据王利器说校改。

㉔燕昭之下士:《史记·燕召公世家》:“燕昭王于破燕之后即位,卑

身厚币以招贤者……乐毅自魏往,邹衍自齐往,剧辛自赵往,士争趋燕。”

㉕《鹿鸣》之乐贤:《鹿鸣》是《诗经·小雅》中的一首诗。《毛诗序》说:“《鹿鸣》,燕群臣嘉宾也。既饮食之,又实币帛筐篚,以将其厚意,然后忠臣嘉宾得尽其心矣。”乐贤,娱乐贤才。

㉖臧文:臧文仲,春秋时期鲁国执政大夫。孔子曾经批评臧文仲不举荐贤士柳下惠,《论语·卫灵公》:“子曰:‘臧文仲其窃位者与!知柳下惠之贤,而不与立也。’”子椒:原作“子叔”,据王利器说校改。《离骚》中有“椒专佞以慢慆兮”、“览椒兰其若兹兮”的诗句,汉人遂以为诗中的“椒”名子椒,与子兰一起陷害屈原。

㉗訾(zī):诋毁,诽谤。

㉘尚:同“上”。

【译文】

文学说:“鲁班制作木材时,端正圆规和曲尺,使榫眼和榫头准确配合。师旷调和宫、商、角、徵、羽五个音调,准确地弹奏出黄钟、太簇、姑洗、蕤宾、夷则、亡射六个阳律而曲调和谐。当代的工匠,不能使榫眼与榫头准确配合,于是就修改圆规和曲尺;乐师不能协调乐曲声音,于是就改变旧的音律。所以榫眼和榫头乖谬而不相符,声音不合拍不和谐。举起圆规曲尺就知道该怎么合适,吹奏定音的调子就知道音乐节奏的变化,这是上等水平;因循守旧而不创新,等待合适的人,这是次一等水平。所以曹参当丞相时每日饮醇酒,倪宽大夫闭口不说话。因此治理任务重大的人不可以烦琐,烦琐就会导致混乱;治理任务小的人不可以懈怠,懈怠就会荒废工作。《春秋》说:‘执政气魄宏大,宏大可以担任卿相。执政严厉苛刻,苛刻只可以当老百姓。’执政纲领不明确,礼义不实行,这是公卿应该担忧的大事。案上的公文,定期上报的事务,这是丞相史的责任。《尚书·皋陶谟》说:‘贤才当官,同僚向他学习,百官按时完成任务,诸位官员都和谐。’说的是官府得到合适的人选,人人胜任自己的工作，因此官府得到治理而不紊乱，事业兴旺而不荒废，士人遵守各自的职责，大夫治理分内的工作，公卿总理大事、掌握大略而已。因此任用贤能的人，责其完成任务，自己不会劳苦；只信任自己的人导致事业荒废，没有功效。齐桓公对于管仲，只是耳听他说，眼看他做。因而君子在求贤时辛劳，在任用贤人后一劳永逸，怎么能说是懈怠呢？从前周公当宰相，谦卑而不吝啬，慰劳天下的贤士，所以贤才满朝，贤智满门。孔子没有爵位，他以布衣身份，让七十多个才士跟随他，这些人的才能都可以担任诸侯的卿相，何况处于朝廷三公的尊位来培养天下贤士呢？如今凭着公卿的上等职位，美好的爵位和俸禄，却不能招致贤士，那就说明缺少进贤的措施。唐尧推举虞舜，尊为上宾，将女儿嫁给他。齐桓公举荐管仲，尊为上宾，拜他为师。唐尧以天子之尊，将女儿嫁给平民，这可以说是亲近贤人了。齐桓公以诸侯之尊，拜平民为师，可以说敬重宾客了。所以贤才从之如流水，归附毫不迟疑。如今在位的公卿，既不能像燕昭王那样礼贤下士，像《诗经·小雅·鹿鸣》那样娱乐贤人，又亲身施行臧文仲、子椒的做法，嫉贤妒能，抬高自己的才智，诋毁他人的才能，自满自得，不肯向他人请教，轻视贤士，不愿与贤士做朋友，倚仗自己的地位，凌驾于贤人之上，以自己优厚的俸禄在贤士面前骄傲，却要求士人为己所用，这当然是很难的了！”

大夫缪然不言[①]，盖贤良长叹息焉[②]。

御史进曰：“太公相文、武以王天下，管仲相桓公以霸诸侯。故贤者得位，犹龙得水，腾蛇游雾也[③]。公孙丞相以《春秋》说先帝[④]，遽即三公[⑤]，处周、邵之列，据万里之势，为天下准绳[⑥]，衣不重彩[⑦]，食不兼味[⑧]，以先天下，而无益于治。博士褚泰、徐偃等[⑨]，承明诏[⑩]，建节驰传[⑪]，巡省郡国[⑫]，举孝廉[⑬]，劝元元[⑭]，而流俗不改。招举贤良、方正、文学之士[⑮]，超迁官爵，或至卿大夫，非燕昭之荐士，文王之广贤也？然而未睹功业所成。殆非龙蛇之才，而《鹿鸣》之所乐贤也。”

【注释】

①缪(mù)然：沉思貌。

②盖：发语词。

③腾蛇：龙类动物，据说能兴云驾雾。

④公孙丞相：公孙弘，汉淄川国薛县人，四十多岁开始学《春秋》杂说，六十多岁举文学，拜为博士，先后任汉朝御史大夫、丞相，封平津侯。

⑤遽即：立即，很快。

⑥准绳：本是木匠定平、取直的器具，引申为榜样，表率。

⑦重彩：两种颜色以上。

⑧兼味：多种味道。

⑨褚泰：春秋公羊学大师董仲舒弟子。初为梁相，通五经，为博士。徐偃：《鲁诗》大师申公弟子。公元前121年，徐偃与博士褚泰等六人奉诏分行郡国，慰问鳏寡废疾，无以自振业者，加以赈济。告谕三老、孝弟，成为民众之师。

⑩承明诏：奉皇帝英明的诏令。

⑪建节：树起使者符节。节，古代使者出外巡行所持的凭证。驰传：乘坐驿站的车辆。

⑫巡省：巡察。

⑬举孝廉：举荐孝廉。

⑭劝元元：鼓励老百姓。

⑮招举：征招举荐。

【译文】

大夫深思不说话，贤良长长地叹息。

御史上前说："姜太公辅佐周文王、周武王称王天下，管仲辅佐齐桓公称霸诸侯。因此贤才得到官位，如同蛟龙得水，腾蛇兴云驾雾。公孙弘丞相向已故武帝讲述《春秋》，很快被提拔到三公地位，处于周公、邵公当年的位置，占据驾驭万里的势位，成为天下榜样，他不穿两种以上色彩的衣服，不吃多种味道的饭菜，为天下人做出表率，但对治国并没有多少益处。博士褚泰、徐偃等，承奉皇帝英明的诏令，树起使者符节，乘坐驿站的车辆，巡察各郡国，举荐孝廉，勉励老百姓，但流俗并没有为之改变。征招察举贤良、方正、文学之士，破格提拔官爵，有的人升为卿大夫，难道不是像燕昭王那样提拔贤士，像周文王那样广延贤才吗？然而没有看到这些人建立了什么功业。恐怕这些贤才并不是龙蛇之才，也不是《鹿鸣》诗中所娱乐的那些贤士吧。"

文学曰："冰炭不同器[①]，日月不并明[②]。当公孙弘之时，人主方设谋垂意于四夷[③]，故权谲之谋进[④]，荆楚之士用[⑤]，将帅或至封侯食邑，而勊获者咸蒙厚赏[⑥]，是以奋击之士由此兴[⑦]。其后，干戈不休，军旅相望，甲士糜弊[⑧]，县官用不足，故设险兴利之臣起[⑨]，磻溪熊罴之士隐[⑩]。泾渭造渠以通漕运[⑪]，东郭咸阳、孔仅建盐铁[⑫]，策诸利[⑬]，富者买爵贩官，免刑除罪[⑭]，公用弥多而为者徇私[⑮]，上下兼求[⑯]，百姓不堪，抏弊而从法[⑰]，故憯急之臣进[⑱]，而见知、废格之法起[⑲]。杜周、咸宣之属[⑳]，以峻文决理贵[㉑]，而王温舒之徒以鹰隼击杀显[㉒]。其欲据仁义以道事君者寡，偷合取容者众[㉓]。独以一公孙弘，如之何？"

【注释】

①冰炭不同器：冰和炭不能放在同一个容器里，即水火不容。

②日月不并明：太阳月亮不会同时升起。

③垂意：留意。四夷：指四境之外的少数民族。

④权谲：权术诡诈。

⑤荆楚之士：能征善战的将士。楚人善战，故以荆楚之士指代勇士。

⑥勊获：杀敌有功。原作“勉获”，据孙诒让说校改。勊，同“克”。

⑦奋击之士：奋勇杀敌的勇士。

⑧麋弊：疲惫不堪。原作“麋弊”，据黄侃说校改。

⑨设险：设置险阻关卡。

⑩磻(pán)溪：溪名，在今陕西宝鸡东南，相传姜太公在此垂钓，遇到周文王。熊罴(pí)之士：喻勇武之士，指姜太公。

⑪渭：原作“淮”，据王利器说校改。《汉书·武帝纪》：“元光六年春，穿漕运渠通渭。”如淳曰：“水转运曰漕。”

⑫东郭咸阳：原作“东郭偃”，据张敦仁说校改。

⑬策诸利：策划各种兴利措施。

⑭买爵贩官，免刑除罪：汉代文、景时期，朝廷采用晁错建议，实行有钱的人可以用钱粮买官爵，有罪的人可以用钱粮赎罪的措施。汉武帝继续沿用这些政策。

⑮为者徇私：经管官员营私舞弊。

⑯兼：原作“无”，据张敦仁说校改。

⑰抏(wán)弊：通“抏敝”，消耗凋敝。

⑱憯急：刻薄严酷。憯，同“惨”，刻毒。急，急躁。

⑲见知：对知道案情而不检举的人治罪。废格：对不执行国家法令或执行不严的人治罪。

⑳杜周：汉南阳郡杜衍(今河南南阳西南)人。汉武帝时历任廷尉史、中丞、御史大夫。咸宣：即减宣，汉河东郡杨县(今山西洪洞东南)人。汉武帝时历任御史、中丞。二人均为西汉著名酷吏，

事迹见《史记·酷吏列传》。

㉑峻文决理:以严峻的法律条文办理案件。

㉒王温舒:汉左冯翊阳陵(今陕西咸阳东)人。汉武帝时历任廷尉、都尉、太守等职。隼:一种凶猛的鸟。显:显贵。王温舒以狂捕滥杀闻名,事迹见《史记·酷吏列传》。

㉓偷合取容:犹言"苟合取容",指阿谀奉承,讨上司的欢心。

【译文】

文学说:"冰和炭不能放在同一个容器,太阳和月亮不会同时大放光明。在公孙弘时代,君主正在设计谋略,留意外伐四夷,因此权术诡诈的谋略得到采纳,能征善战的将士得到重用,有的将帅封爵诸侯食用采邑,克敌俘获的将士都受到厚赏,所以奋勇杀敌的勇士由此兴起。后来,战争无休无止,军队相望于道路,披甲将士疲惫不堪,朝廷费用不足,因此设置险阻关卡、兴办财利之臣得到重用,像姜太公那样垂钓磻溪的韬略之士只好退隐。疏通泾水、渭水,开凿沟渠,以便打通水运通道,东郭咸阳、孔仅建议盐铁官营,策划各种兴利措施,有钱人购买官爵,用钱赎罪免刑,国家开支费用越来越多,经管官员营私舞弊,从上到下都谋求利益,老百姓痛苦不堪,消耗凋敝而又不得不服从法令,因此刻薄严酷官员得到进用,而关于知情不报、执法不力的法令出台。杜周、减宣之流,凭借严峻的法律条文办理案件的官员显贵,而王温舒之徒凭借狂捕滥杀显达。希望依据仁义、以正道事奉君主的人很少,阿谀奉承,讨上司欢心的人众多。只有一个公孙弘,又有什么办法呢?"

论儒第十一

【题解】

本篇围绕如何评价儒学展开论辩。御史认为,孔子和儒家对改变现实没有起到任何作用,孔子维护君臣大义,但他的弟子冉求、子路却当了季孙氏家臣，孔子讲男女之礼，但他却通过奸臣弥子瑕去见卫灵公夫人南子，这些都说明孔子言行不一。对此文学指出，孔子和儒家无法改变现实，是因为他们手中没有权柄；孔子见南子，其本意是为了拯救乱世。汉武帝罢黜百家独尊儒术，儒家经学成为汉家意识形态，但在这样的历史条件下，身为汉朝官员的御史，却肆无忌惮地攻击儒学，诋毁儒家祖师孔子，这一现象表明，即使在儒学定为一尊之后，它也没有化为整个汉家的思想，汉朝思想统治远不如想象中那样严密。

御史曰："文学祖述仲尼①，称颂其德，以为自古及今，未之有也。然孔子修道鲁、卫之间，教化洙、泗之上②，弟子不为变，当世不为治，鲁国之削滋甚。齐宣王褒儒尊学③，孟轲、淳于髡之徒④，受上大夫之禄，不任职而论国事，盖齐稷下先生千有余人⑤。当此之时，非一公孙弘也。弱燕攻齐⑥，长驱至临淄，湣王遁逃⑦，死于莒而不能救；王建禽于秦⑧，与之俱虏而不能存。若此，儒者之安国尊君，未始有效也。"

【注释】

①祖述：宗奉、称述。仲尼：孔子的字。

②洙、泗：洙，洙水，泗水的支流。泗，泗水，发源于山东泗水县。孔子在洙、泗水边讲学授徒，后人遂以洙、泗作为儒家学派的代称。

③齐宣王：齐威王之子，名辟彊，为田氏齐国第五任国君。在位期间，扩大稷下学宫规模，集中了儒、墨、道、法、兵、刑、阴阳、农、杂各派学者，著书立说，互相辩难，促进了战国时期的百家争鸣。

④孟轲：战国时期邹国（今山东邹县）人，字子舆，受业于子思之门人，倡导性善论，是儒家心性学说代表人物，有《孟子》七篇，被后来儒家尊为亚圣。淳于髡（kūn）：战国时期齐人，以滑稽善辩著称。

⑤稷下：故址位于战国时期齐国都城临淄（今山东临淄）西门外。齐威王、齐宣王在此设立学官，延揽各派学者讲学辩难。《史记·孟子荀卿列传》载："于是齐王嘉之，自如淳于髡以下，皆命曰列大夫，为开第康庄之衢，高门大屋，尊宠之。"

⑥弱燕攻齐：公元前284年，秦、楚、燕、韩、赵、魏共同伐齐。燕国将军乐毅率兵攻破齐国都城临淄，齐闵王出逃到莒，被楚人杀死。

⑦湣：通"闵"。齐闵王，田氏，名地，齐宣王之子，田氏齐国第六任国君。在位期间破秦、燕诸国，制楚，灭宋，与秦昭王并称为东、西二帝。公元前284年为楚将淖齿所杀。

⑧王建：齐王田建，战国时期齐国末代国君。公元前221年，秦始皇灭齐，俘虏齐王建。禽：同"擒"。

【译文】

御史说："文学宗奉、称述仲尼，称颂孔子之德，以为从古到今，未曾有过孔子这样的杰出人物。然而孔子在鲁国、卫国之间宣讲儒道，在洙水、泗水之上从事教化，弟子并不为之变化，当世并不为之变为大治，鲁国削弱越来越厉害。齐宣王褒奖儒学，孟轲、淳于髡之徒，接受上大夫的俸禄，不任实职而专门议论国家大事，齐国稷下先生大约一千多人。那个时候，并非只有一个公孙弘。弱小的燕国进攻齐国，乐毅率兵长驱到齐国都城临淄，齐湣王弃城遁逃，死于莒地而不能拯救。齐王田建被秦国俘虏，齐国儒生与齐王一起被俘而不能保存齐国。照此看来，儒家安定国家尊奉君主，是不曾有过实际效果的。"

文学曰："无鞭策，虽造父不能调驷马[①]。无势位[②]，虽舜、禹不能治万民。孔子曰：'凤鸟不至，河不出图，吾已矣夫！'[③]故轺车良马[④]，无以驰之；圣德仁义，无所施之。齐威、宣之时[5]，显贤进士[6]，国家富强，威行敌国。及湣王，奋二世之余烈[7]，南举楚淮[8]，北并巨宋[9]，苞十二国[10]，西摧三晋[11]，却强秦，五国宾从[12]，邹、鲁之君，泗上诸侯皆入臣。矜功不休[13]，百姓不堪。诸儒谏不从，各分散，慎到、捷子亡去[14]，田骈如薛[15]，而孙卿适楚[16]。内无良臣，故诸侯合谋而伐之。王建听流说，信反间，用后胜之计[17]，不与诸侯从亲[18]，以亡国。为秦所禽[19]，不亦宜乎？”

【注释】

①造父：周穆王时期善于驾车的人。

②势：原作“世”，据王利器说校改。

③凤鸟不至，河不出图，吾已矣夫：见于《论语·子罕》。凤鸟，传说中的凤凰，仅在太平盛世出现。河图，传说伏羲时黄河里出现龙马，身上有图，即河图。《周易·系辞上》：“河出图，洛出书，圣人则之。”已，止，完结。

④轺（yáo）车：古代用一匹马拉的小车。

⑤齐威、宣之时：“宣”上原无“威”字，据张敦仁说校补。

⑥显贤进士：“显”上原有“不”字，据张敦仁说校删。

⑦奋：继承发扬。二世：齐威王、齐宣王。余烈：遗留的功业。烈，通“业”。

⑧举：攻克。

⑨巨宋：强大的宋国。

⑩苞：通“包”，征服。

⑪三晋：赵、魏、韩。

⑫五国：燕、赵、韩、魏、楚。宾从：宾服听从。

⑬矜功：夸耀战功。

⑭慎到：战国时期赵国人，学黄老之术，倡导“势”，著有《慎子》四十二篇。《汉书·艺文志》列为法家。捷子：一作“接子”，战国时期齐国人，著有《接子》二篇，《汉书·艺文志》列为道家。

⑮田骈（pián）：战国时期齐国人，著有《田子》二十五篇。《汉书·艺文志》列为道家。

⑯孙卿：即荀卿。战国时期赵国人，名况。汉人为避宣帝刘洵讳，称为孙卿。年五十，游学于齐，在稷下三为祭酒。后为齐人所谗害，投奔楚国春申君，为兰陵县令。著有《荀子》三十二篇。《汉书·艺文志》列为儒家。

⑰后胜：齐王田建的相国，主张齐不救五国之难，不与秦国交战，后被秦国所俘。

⑱从：同“纵”，合纵。

⑲禽：同“擒”。

【译文】

文学说：“没有马鞭，即使是造父也不能协调四马拉的车。没有权势地位，即使舜、禹也不能治理万民。《论语·子罕》载孔子说：‘凤鸟不飞来，黄河不出现画图，我这一生要完了吧！’因此用一匹马拉的小车，无法奔驰；圣德仁义，无处施行。齐威王、齐宣王时期，举荐贤能，进用才士，国家富强，威震敌国。到了齐湣王，继承发扬齐威王、齐宣王两代遗留的功业，向南攻克楚国的淮北，向北吞并强大的宋国，征服十二个诸侯国，向西挫败赵、魏、韩三晋之国，打退强秦的进攻，燕、赵、韩、魏、楚五国宾服听从，邹国、鲁国的君主，泗水边上的诸侯都入朝称臣。可是齐湣王无休无止地夸耀战功，老百姓忍受不了他的统治。诸位儒生劝谏，齐湣王不愿听从，于是各自分散，慎到、捷子逃亡而去，田骈到了薛地，而孙卿入楚为兰陵令。齐国内无良臣，因此诸侯合谋讨伐齐国。齐王田建听信谗言，误信秦国的反间计，采用国相后胜的计谋，不与山东诸侯合纵，导致亡国。他被秦国所俘虏，难道不是应该的吗？”

御史曰："伊尹以割烹事汤①，百里以饭牛要穆公②，始为苟合③，信然与之霸王④。如此，何言不从？何道不行？故商君以王道说孝公，不用，即以强国之道，卒以就功。邹子以儒术干世主⑤，不用，即以变化始终之论，卒以显名。故马效千里⑥，不必胡、代⑦；士贵成功，不必文辞。孟轲守旧术，不知世务，故困于梁宋⑧。孔子能方不能圆，故饥于黎丘⑨。今晚世之儒勤德⑩，时有乏匮⑪，言以为非困此不行⑫。自周室以来，千有余岁，独有文、武、成、康，如言必参一焉⑬，取所不能及而称之，犹躄者能言远不能行也⑭。圣人异涂同归⑮，或行或止，其趣一也⑯。商君虽革法改教，志存于强国利民。邹子之作，变化之术，亦归于仁义。祭仲自贬损以行权⑰，时也⑱。故小枉大直，君子为之。今硁硁然守一道⑲，引尾生之意⑳，即晋文之谲诸侯以尊周室不足道㉑，而管仲蒙耻辱以存亡不足称也㉒。"

【注释】

①伊尹以割烹事汤：传说伊尹为了接近汤，于是做汤的厨师，借烹饪谈国家大事，引起汤的注意。

②百里以饭牛要穆公：传说百里奚以喂牛取得秦穆公的信用。要，结交。

③苟合：偶然遇合。

④信然与之霸王：获得信任之后，伊尹与商汤、百里奚与秦穆公才成就了王道或霸道事业。然，乃。

⑤邹子：战国阴阳学派创始人邹衍。《史记·孟子荀卿列传》载："驺衍睹有国者益淫侈，不能尚德，若《大雅》整之于身，施及黎庶

矣。乃深观阴阳消息而作怪迂之变,《终始》、《大圣》之篇十余万言。”干:求。

⑥效:马跑的效验。

⑦胡:匈奴。代:代国。两地出产良马。

⑧孟轲守旧术,不知世务,故困于梁宋:《史记·孟子荀卿列传》载:“道既通,游事齐宣王,宣王不能用。适梁,梁惠王不果所言,则见以为迂远而阔于事情。”

⑨黎丘:地名,在今河南虞城北。

⑩勤德:勤于修德。

⑪乏匮:陷入窘境。

⑫言以为非困此不行:说不这样困窘就不行。注家多将此句断为“言以为非,困此不行”,但按照这种断句,很难说通。困,一作“因”。

⑬参一:参照文、武、成、康其中的一个。参,参验。

⑭躄(bì)者:双脚残废的人。

⑮涂:同“途”。

⑯趣:通“趋”。

⑰祭仲自贬损以行权:见于《春秋公羊传·桓公十一年》。公元前701年,郑庄公病死,太子忽即位,是为郑昭公。宋人设计绑架郑相祭仲,要求祭仲废掉昭公忽,立郑庄公另一位姬妾、宋人雍氏女所生的突为国君。此时祭仲如果正面拒绝宋国的要挟,不仅自己性命难保,而且还会招致宋国大兵压境,用武力胁迫昭公忽让位于突。在这种情况下,祭仲采取权变之策,暂时同意了宋国的请求,让公子突当了国君,是为郑厉公,昭公忽亡命奔卫。四年之后,祭仲赶走厉公突,迎接昭公忽回国复位。祭仲屈从强国的要挟而废忽立突,这从正常的目光来看是不可取的。但祭仲此举保全了昭公忽的生命,昭公忽让位出奔,由此获得了让位的

美名。所以公羊家特别欣赏祭仲这种权变行为。权，权变。

⑱时：特定时势。

⑲硁硁(kēng)然：浅见固执的样子。一道：一种学说，指儒家学说。

⑳尾生：古代坚守信用的人。传说他和一女子在桥下约会，女子逾期不来，正好山洪暴发，他还不肯走，抱桥柱死守，终被淹死。

㉑晋文：晋文公重耳，春秋时期继齐桓公之后的第二位霸主。谲：诡诈。《论语·宪问》载孔子曰："晋文公谲而不正，齐桓公正而不谲。"

㉒管仲蒙耻辱：指管仲被幽囚而不能死节。

【译文】

御史说："伊尹以宰割烹饪来事奉汤，百里奚以喂牛结交秦穆公，开始是偶然遇合，获得信任之后，伊尹与商汤、百里奚与秦穆公才成就了王道或霸道事业。这样，什么言论不听从？什么思想学说不能施行？因而商君用王道游说秦孝公，孝公不听用，商君就用强国之道来游说，最终成就功业。邹衍用儒家学说游说当时诸侯，不为诸侯所用，他就以阴阳变化、五德始终的理论去游说，最终得以扬名。因此马只要日行千里，不一定非要匈奴、代地所产。士人贵在能够成功，不一定非要华美的文辞。孟轲只知道坚守唐虞三代旧的道术，不知当世要务，因而在梁、宋受困。孔子只能方不能圆，因此在黎丘挨饥受饿。如今近代儒生勤于修德，不时陷入困窘，说不困窘就不行。自周王室以来，到现在有一千多年，你们所称颂的只有周文王、周武王、周成王、周康王，如果讲起道理就一定要参照文、武、成、康其中的一个，拿人们所比不上的圣王而加以称颂，如同跛脚人能谈论远方却不能行走一样。圣人殊途同归，有时行走，有时停止，但最终的趋向是一致的。商君虽然改革法律修改教化，但他的志向在于强国利民。邹衍的著作，讲阴阳变化之术，但最后归于仁义。宋国国相祭仲自我贬损以行使权变，这是特定时势的产物。因而小弯曲大正直，君子是可以做的。如今你们固执地坚守儒家一家之说，像尾生那样行事，如此看来，晋文公通过诡诈手法主盟诸侯来尊重周王室不足称道，管仲蒙受耻辱来保存亡国也是不值得称赞的。”

文学曰：“伊尹之干汤，知圣主也。百里之归秦，知明君也。二君之能知霸主，其册素形于己[①]，非暗而以冥冥决事也[②]。孔子曰：‘名不正则言不顺，言不顺则事不成。’[③]如何其苟合而以成霸王也？君子执德秉义而行，故造次必于是，颠沛必于是[④]。孟子曰：‘居今之朝，不易其俗，而成千乘之势，不能一朝居也。’[⑤]宁穷饥居于陋巷，安能变己而从俗化？阖庐杀僚[⑥]，公子札去而之延陵[⑦]，终身不入吴国。鲁公杀子赤[⑧]，叔眄退而隐处[⑨]，不食其禄。亏义得尊，枉道取容，效死不为也。闻正道不行，释事而退[⑩]，未闻枉道以求容也。”

【注释】

①册：通“策”，主意，思想。

②冥冥：在黑暗之中，糊里糊涂。

③名不正则言不顺，言不顺则事不成：见于《论语·子路》。名，名分。

④造次必于是，颠沛必于是：《论语·里仁》：“君子无终食之间违仁，造次必于是，颠沛必于是。”造次，仓促，匆忙。颠沛，动荡，变乱。

⑤居今之朝，不易其俗，而成千乘之势，不能一朝居也：见于《孟子·告子下》，但文字有所不同。居今之朝，指在当朝做官。千乘之势，拥有千辆兵车诸侯的权势。居，做官。

⑥阖闾杀僚：吴王寿梦去世后，吴人要在诸樊、馀祭、馀眛、季札四

个儿子中选择嗣王，诸兄欲立季札，季札不受。诸樊不传子而传弟，欲以次第及于季札。馀昧死后，吴人又欲立季札，季札逃去。吴人乃立馀昧子僚为王，诸樊的儿子公子光不服，与伍子胥合谋，派专诸刺杀吴王僚，公子光即位，即吴王阖闾。

⑦公子札去而之延陵：季札认为阖闾杀死吴王僚是不义，便回到他的封地延陵。延陵，在今江苏武进。

⑧鲁公杀子赤：春秋时期，鲁文公庶子公子俀杀死嫡长子公子赤后，自立为王，是为鲁宣公。鲁公，鲁宣公。

⑨叔眄退而隐处：叔眄为鲁宣公之弟，他对鲁宣公杀嫡自立行为不满，选择退隐，终身不受其俸禄。

⑩释事：辞职。

【译文】

文学说："伊尹求合于汤，是因为他知道汤是一位圣明君主。百里奚归附秦国，是因为他知道秦穆公是一位明君。伊尹、百里奚二人能知道商汤和秦穆公，他们的决策是平时在心里就已经想好的，并不是在昏暗之中糊里糊涂地决定大事。《论语·子路》载孔子曰：'名分不正就会语言不顺，语言不顺就导致事情办不成。'怎么能随便迎合以成就霸主和帝王大业呢？君子执持道德，遵守道义而行动，在仓促之间不忘道德仁义，在颠沛流离之间不忘道德仁义。《孟子·告子下》载孟子曰：'在当今之朝做官，不能改变社会恶俗，即使拥有千辆兵车的权势，这官一天也不能做。'宁愿住在陋巷穷困饥饿，怎么能改变自己而随从世俗变化呢？阖庐派刺客杀死吴王僚，公子季札离开国都，到延陵去隐居，终身不进入吴国都城。鲁宣公杀死公子赤，叔眄退位隐居，不食鲁宣公俸禄。亏损仁义而得尊位，用不正当手段取得上司欢心，这样的事宁死也不能做。我只听说过当正确道路走不通时，辞职退隐，没有听说过用不正当手段求得上司欢心。"

御史曰："《论语》：'亲于其身为不善者，君子不入也。'[①]有是言而行不足从也[②]。季氏为无道[③]，逐其君，夺其政，而冉求、仲由臣焉[④]。《礼》：'男女不授受，不交爵。'[⑤]孔子适卫，因嬖臣弥子瑕以见卫夫人[⑥]，子路不说。子瑕，佞臣也[⑦]，夫子因之[⑧]，非正也[⑨]。男女不交，孔子见南子，非礼也。礼义由孔氏，且贬道以求容[⑩]，恶在其释事而退也？"

【注释】

①亲于其身为不善者，君子不入也：见于《论语·阳货》。亲于其身为不善者，亲自做坏事的人那里。

②有是言而行不足从：说过这样的话，行动却跟不上。

③季氏：春秋时期鲁国执政大夫季平子。他勾结孟孙氏、叔孙氏一起驱逐鲁昭公。

④冉求：鲁人，字子有，孔子弟子，为季康子家臣。仲由：鲁国卞人，字子路，曾任季康子家臣。

⑤男女不授受，不交爵：见于《礼记·坊记》。男女不授受，男女之间不直接交接东西。不交爵，不互相碰杯喝酒。爵，酒杯。按，"授"下原无"受"字，据王利器说校补。

⑥嬖臣：君主宠臣。弥子瑕：卫灵公宠臣。卫夫人：卫灵公夫人南子。

⑦佞臣：花言巧语的奸佞之臣。

⑧因：依靠。

⑨正：正当。

⑩贬道：违背道义。

【译文】

御史说："《论语·阳货》载孔子说：'亲自做坏事的人那里，君子是不去的。’孔子有这样的话,但他的行为却跟不上。季孙氏行为无道,驱逐鲁昭公,夺取鲁国政权,而孔子弟子冉求、仲由却做了季孙氏的家臣。《礼记·坊记》说:‘男女之间不直接交接东西,不互相碰杯喝酒。’孔子到卫国,通过卫灵公宠臣弥子瑕去见卫君夫人南子,子路不高兴。弥子瑕,是花言巧语的奸佞之臣,孔夫子依靠他打通关系,这是不正当的。男女之间不打交道,孔子去见南子,这不符合礼的要求。礼义本来是由孔子传授的,可是他却违背道义来求得诸侯欢心,哪里看到他辞职退隐呢?”

文学曰:“天下不平,庶国不宁[①],明王之忧也。上无天子,下无方伯[②],天下烦乱,贤圣之忧也。是以尧忧洪水,伊尹忧民,管仲束缚[③],孔子周流[④],忧百姓之祸而欲安其危也[⑤]。是以负鼎俎、囚拘、匍匐以救之[⑥]。故追亡者趋[⑦],拯溺者濡[⑧]。今民陷沟壑,虽欲无濡,岂得已哉?”

御史默不对。

【注释】

①庶国:各国。

②方伯:某一地区的诸侯领袖,如周文王为殷商王朝的西方诸侯领袖,被人称为西伯。

③束缚:被捆绑。

④周流:周游列国。

⑤安其危:使危者转安。

⑥负鼎俎:指伊尹为汤厨师之事。囚拘:指管仲被幽囚。匍匐:本指手足并用,在地上爬行,此处指孔子周游列国宣传王道。

⑦趋:快跑。

⑧濡：衣服浸湿。

【译文】

文学说："天下不太平，各诸侯国不安宁，这是英明君王的忧虑。上面没有英明的天子，下面没有统管一方的诸侯领袖，天下烦扰混乱，这是圣贤的忧虑。所以尧忧虑洪水，伊尹忧虑民众，管仲被囚禁，孔子周游列国，都是忧虑老百姓的祸患，希望转危为安。因此伊尹背负鼎俎求见商汤，管仲被拘囚而忍辱负重，孔子周游列国志在救世。因而追赶逃亡的人要快跑，拯救落水的人要湿衣。如今民众陷入沟壑之中，即使想不湿衣，怎么能办得到呢？"

御史沉默，不再应对。

忧边第十二

【题解】

本篇辩论的主题又回归到边境费用问题之上。大夫强调盐铁官营、酒类专卖、均输平准都是为了补助边境费用，他批评文学关于废除盐铁官营的建议，认为文学不体恤边塞将士，不是边防将士的慈父贤兄。他说征召文学、贤良议政，本来是希望从中获取有益的建议，谁知文学、贤良的主张不上天就入地，根本不切实际。大夫还从孝义立论，认为盐铁官营等政策都是汉武帝旧政，嗣主不应该改变君父政策。文学坚持修文德以来远的立场，认为只要对匈奴"加之以德，施之以惠，北夷必内向，款塞自至，然后以为胡制于外臣，即匈奴没齿不食其所用矣"。显然，这只是文学的一种美好理想。

大夫曰："文学言：'天下不平，庶国不宁，明王之忧也。'故王者之于天下，犹一室之中也，有一人不得其所，则谓之不乐[①]。故民流溺而弗救[②]，非惠君也[③]。国家有难而不忧，非忠臣也。夫守节死难者，人臣之职也；衣食饥寒者，慈父之道也。今子弟远劳于外[④]，人主为之夙夜不宁，群臣尽力毕议[⑤]，册滋国用[⑥]。故少府丞令请建酒榷[⑦]，以赡边[⑧]，给战士[⑨]，拯民于难也。为人父兄者，岂可以已乎[⑩]！内省衣食以恤在外者，犹未足，今又欲罢诸用[⑪]，减奉边之费，未可为慈父贤兄也。"

【注释】

①谓：通"为"。

②流溺：受到水淹，比喻处于水深火热之中。一说，流，古代通"沉"。"流"下原有"沉"字，据王先谦说校删。

③惠君：仁惠之君。

④今子弟远劳于外："劳于"原作"于劳"，据孙诒让、黄侃、郭沫若说校改。子弟，指边塞将士。

⑤毕议：都来讨论。毕，尽。

⑥册：通"策"，策划。滋：增加。国用：国家财政收入。

⑦少府丞令：少府是汉代九卿之一，掌山海池泽收入和皇室手工业制造，少府丞令是少府的属官。建酒榷：建立酒类专卖。

⑧赡边：补足边境费用。

⑨给战士：供给战斗将士。

⑩已：止，此处指不闻不问。

⑪罢诸用：指废除盐铁官营、酒类专卖、均输平准。

【译文】

大夫说："文学说过：'天下不太平，各诸侯国不安宁，这是英明君王的忧虑。'因此君王之于天下民众，如同住在一室之中的家人，如果室内有一个人不得其所，君王便为此闷闷不乐。因此，民众处于水深火热之中而不去拯救，就不能算仁惠之君。国家有难而不感到忧虑，就不是忠臣。坚守气节，为国死难，是人臣的职责。给饥寒的儿女提供衣食，这是做一个慈父的道理。如今战士们在边塞征战劳苦，皇上为此日夜不能安宁，群臣尽力议论，策划增加国家财政收入。因此少府属官请求建立酒类专卖，以便补足边境费用，供给前方战斗将士，从灾难中拯救民众。作为他人的父兄，岂可以不闻不问！在家里节省衣食以救济在外的战士，尚且不够，如今你们又想废除盐铁官营、酒类专卖、均输平准，减少供给边境费用，你们不能算是慈父贤兄。"

文学曰："周之季末①，天子微弱，诸侯力政②，故国君不安，谋臣奔驰。何者？敌国众而社稷危也。今九州同域③，天下一统，陛下优游岩廊④，览群臣极言至论⑤，内咏《雅》、《颂》，外鸣和銮⑥，纯德粲然⑦，并于唐、虞⑧，功烈流于子孙⑨。夫蛮、貊之人，不食之地⑩，何足以烦虑，而有战国之忧哉？若陛下不弃，加之以德，施之以惠，北夷必内向⑪，款塞自至⑫，然后以为胡制于外臣⑬，即匈奴没齿不食其所用矣⑭。"

【注释】

①季末：季世，末世。

②力政：力征，武力征讨。政，通"征"。

③九州：《尚书·禹贡》载禹治水成功之后，将中国划分为九州——冀州、兖州、青州、徐州、扬州、荆州、豫州、梁州、雍州。同域：同在中国疆域之内。

④优游：悠闲自在。岩廊：高廊，指朝廷宫殿。

⑤览群臣极言至论：原作“览群极言至内论雅、颂”，据张敦仁说校改。极言至论，奏章上的恳切言论。

⑥和銮：鸾鸟形状的铃铛。和銮是天子安乐的象征。

⑦纯德粲然：纯美的德行光辉灿烂。

⑧并于唐、虞：意谓功德可与唐尧、虞舜相提并论。

⑨功烈：功业。

⑩不食之地：犹言不毛之地，形容荒凉。

⑪北夷：指匈奴。内向：向中国归服。

⑫款塞：敲开边塞之门。

⑬制：控制。外臣：塞外之臣。

⑭没齿：到老。食：反悔。用：为，行为。

【译文】

文学说：“周朝末世，天子力量微弱，诸侯互相以武力征讨，因此各国君主为之不安，谋臣纷纷奔走游说。为什么呢？敌国众多而社稷危险。如今九州同在一个中国，天下一统，陛下在宫殿内悠闲自在，浏览群臣奏章上的恳切言论，在宫内吟咏《雅》、《颂》，在宫外乘坐铃铛和鸣的马车，纯美的德行光辉灿烂，与唐尧、虞舜相提并论，功业流传到后代子孙。那些蛮荒异族，不毛之地，有什么值得烦恼焦虑，而有战国时期的忧患呢？如果陛下不嫌弃，赐予恩德，施加仁惠，那么匈奴一定会内向中国，敲开塞门，自己来朝归附。然后把匈奴当做塞外之臣加以控制，这样匈奴就到老也不会后悔他们归顺的行为了。”

大夫曰：“圣主思中国之未宁，北边之未安，使故廷尉评等问人间所疾苦①。拯恤贫贱②，周赡不足③。群臣所宣明王之德④，安宇内者⑤，未得其纪⑥，故问诸生。诸生议不干天则入渊⑦，乃欲以闾里之治⑧，而况国家之大事⑨，亦不几矣[10]！发于畎亩[11]，出于穷巷，不知冰水之寒[12]，若醉而新寤，殊不足与言也。”

【注释】

①使故：原作“故使”，据王利器说校改。故，此前任此官，现不在任者。廷尉：西汉时期掌管司法的官吏。《汉书·昭帝纪》：“始元六年闰月，遣故廷尉王平等五人，持节行郡国，举贤良，问民所疾苦冤失职者。”平，通“评”。

②拯恤：救助。

③周赡：接济。

④群：原作“君”，据张敦仁说校改。宣：宣布，传播。

⑤安宇内：安定天下。

⑥纪：要领。

⑦不干天则入渊：不上天就入地，比喻不切实际。干，接触。

⑧闾里之治：治理乡村的办法。

⑨而：以。况：比况。

⑩几：近。

⑪畎（quǎn）亩：田间，田地，指农村。

⑫不知冰水之寒：此句似有脱文。

【译文】

大夫说：“圣明君主思考中国尚未安宁，北部边境未能安定，委派前任廷尉王平等人慰问民间疾苦。帮助贫贱民众，接济衣食不足的人。群臣所宣扬英明君王的圣德，安抚天下，尚未得到要领，因此询问诸位儒生。诸位儒生的建议不上天就入地，想用治理乡村的办法，来比况国家大事，这也太不近情理了！来自农村，出于穷巷，如同夏蝉不知冬天冰水的寒冷，好像喝醉了酒刚刚醒过来一样，根本不值得与你们讨论。”

文学曰:“夫欲安民富国之道,在于反本,本立而道生①。顺天之理,因地之利,即不劳而功成。夫不修其源而事其流②,无本以统之,虽竭精神,尽思虑,无益于治。欲安之适足以危之,欲救之适足以败之。夫治乱之端,在于本末而已,不至劳其心而道可得也。孔子曰:‘不通于论者难于言治③,道不同者,不相与谋④。’今公卿意有所倚⑤,故文学之言,不可用也。”

【注释】

①本立而道生:《论语·学而》:“君子务本,本立而道生。”结合上文,文学所说的“本”,应该是修治文德。

②源、流:意同本、末。

③不通于论:不明道理。

④道不同者,不相与谋:《论语·卫灵公》:“道不同,不相与谋。”

⑤倚:借作“踦”,偏。

【译文】

文学说:“希望安民富国的途径,在于返回根本,根本确立了,路径就形成了。顺应天理,遵循地利,就不必劳苦而大功告成。如果不追寻源头而抓末流,缺乏根本来统领,即使竭尽精神,耗尽思虑,对于治国也是无益。希望安定却恰恰带来危险,希望拯救却恰恰带来失败。国家治乱的关键,在于分清根本与末枝而已,不必劳心就可以得到治国之道。孔子说:‘不明道理的人很难与他讨论治国,信奉不同治国道理的人,不能在一起互相商量国家大事。’如今公卿思想有所偏向,因而文学的主张,不被公卿采纳。”

大夫曰:“吾闻为人臣者尽忠以顺职,为人子者致孝以承业。君有非，则臣覆盖之[1]。父有非，则子匿逃之[2]。故君薨[3]，臣不变君之政，父没，则子不改父之道也[4]。《春秋》讥毁泉台[5]，为其隳先祖之所为[6]，而扬君父之恶也。今盐铁、均输，所从来久矣，而欲罢之，得无害先帝之功，而妨圣主之德乎[7]？有司倚于忠孝之路，是道殊而不同于文学之谋也。"

【注释】

①覆盖：掩盖。

②匿逃：隐匿。

③薨(hōng)：诸侯去世叫薨。《礼记·曲礼下》："天子死曰崩，诸侯死曰薨。"

④父没，则子不改父之道也：《论语·学而》："父在，观其志；父没，观其行；三年无改于父之道，可谓孝矣。"

⑤泉台：春秋时期鲁庄公所建的台阁，后被鲁文公拆毁。《春秋公羊传·文公十六年》认为鲁文公折毁泉台，是显扬先祖过恶，故予以讥刺。

⑥隳(huī)：毁坏。

⑦圣主：指汉昭帝刘弗陵。

【译文】

大夫说："我听说作为人臣应该尽忠尽职，作为人子应该尽孝来继承父业。君主有过失，臣下应该予以掩盖。父亲有过失，儿子应该予以隐匿。因此君主去世，臣下不改变君主的政策。父亲去世，儿子不改变父亲的主张。《春秋公羊传·文公十六年》讥刺鲁文公折毁鲁庄公建筑的泉台，因为鲁文公毁坏先祖所建泉台，是在宣扬君父的过恶。如今盐铁官营和均输，由来已久，你们却想废除，岂不是要妨害已故武帝的功业，而伤害当今圣明君主的仁德吗？主管官员偏向于忠孝之路，这就是由于我们道路不同，所以与文学的主张不同。”

文学曰：“明者因时而变，知者随世而制①。孔子曰：‘麻冕，礼也，今也纯，俭，吾从众。’②故圣人上贤不离古③，顺俗而不偏宜④。鲁定公序昭穆⑤，顺祖祢⑥，昭公废卿士⑦，以省事节用，不可谓变祖之所为，而改父之道也？二世充大阿房以崇绪⑧，赵高增累秦法以广威⑨，而未可谓忠臣孝子也。”

【注释】

①知：同“智”。随世而制：随当世情况而制定措施。

②麻冕，礼也，今也纯，俭，吾从众：见于《论语·子罕》。麻冕，用麻布织的礼帽。纯，用丝料制的礼帽。

③上：同“尚”。

④偏宜：偏向迎合时宜。

⑤鲁定公：春秋时期鲁国国君。序：排列次序。昭穆：古代的宗庙制度。祭祀时，始祖庙居中，以下是父为昭，子为穆。昭居左，穆居右。公元前625年，鲁文公举行祭礼时，将鲁僖公排在鲁闵公上面。依照昭穆制度，鲁僖公应列在鲁闵公的右边。鲁文公把次序颠倒，是一种逆祀。到公元前502年，鲁定公才把这个颠倒了的次序再颠倒过来。

⑥顺祖祢(mí)：理顺祖庙的昭穆关系。祖，祖庙。弥，父庙。

⑦昭公废卿士：公元前537年，鲁昭公废掉鲁襄公设置的中军卿士。昭公，春秋时期鲁国君主。

⑧二世：秦二世胡亥。充大：扩建。阿房：阿房宫。崇绪：继承秦始皇功业。

⑨增累：增设。广威：提高权威。

【译文】

文学说："聪明的人根据时势而变化，智慧的人随当世情况而制定措施。《论语·子罕》载孔子曰：'礼帽用麻料来织，这是合于礼规的，今天大家都用丝料，这样省俭些，我同意大家做法。'因此圣人崇尚贤德不离开古礼，顺应时俗而不偏向迎合时宜。鲁定公重新排列祖庙的昭穆次序，理顺祖庙位置；鲁昭公废掉鲁襄公设置的中军卿士，以便减少事务，节省费用，这不能说是改变了祖先的行为，背离了父辈的成规。秦二世胡亥扩建阿房宫以继承秦始皇功业，赵高增设秦朝法令以提高自己权威，他们都不能算忠臣孝子。"

卷　三

园池第十三

【题解】

本篇记载大夫与文学在天子诸侯园池存废问题上展开的论争。从司马相如《子虚》、《上林》中，我们看到汉代天子诸侯的山林苑囿是何等富丽壮观。这些园林池苑既满足天子诸侯的游乐田猎需求，同时园池的经营收入又作为天子诸侯的“小金库”，用来弥补国家财政的不足。文中大夫陈述朝廷经营园池山海的经济意义，认为罢园池会导致国家财政困乏。文学则主张制民之产，维护中国传统的男耕女织方式，要求朝廷将园池还归于民，朝廷所做的仅限于征收赋税，认为这样做会使上下丰饶，避免出现国富民穷的现象。

大夫曰：“诸侯以国为家①，其忧在内。天子以八极为境②，其虑在外。故宇小者用菲③，功巨者用大④。是以县官开园池⑤，总山海⑥，致利以助贡赋⑦，修沟渠，立诸农⑧，广田牧⑨，盛苑囿⑩。太仆、水衡、少府、大农⑪，岁课诸入田牧之利⑫，池籞之假⑬，及北边置任田官⑭，以赡诸用⑮，而犹未足。

今欲罢之，绝其源，杜其流，上下俱殚⑯，困乏之应也⑰，虽好省事节用，如之何其可也⑱？”

【注释】

①国：封国。家：统治区域。

②八极：八方。境：边境。

③宇：疆土，一说为器宇。菲：少，薄。

④功：功用。巨：大。

⑤县官：朝廷，官府。园池：园林池苑。

⑥总：统一管理。山海：山林河海。

⑦致利：获取财利。助：补助。贡赋：赋税。

⑧诸农：诸位农官，指大司农属官，如太仓、均输、平准、都内、籍田五令丞等。

⑨广：拓展。田：田园。牧：牧场。原作“收”，据王先谦说校改。

⑩盛：增设。苑囿：古代畜养禽兽的地方，大的叫苑，小的叫囿。一说，养鸟兽曰苑，苑有垣墙叫囿。

⑪太仆：掌管牧场的官员。水衡：水衡都尉，掌管水泽的官员。少府：掌管山林池海税收的官员。大农：大司农。

⑫岁课：按年交纳的赋税。诸入：各项赋税收入。田牧之利：田园牧场的财利。牧，原作“收”，据王先谦说校改。

⑬籞（yù）：帝王的禁苑。假：出租。

⑭及北边置任田官：本句多一“任”字，据卢文弨说校删。田官，屯田官员。

⑮赡：供给。诸用：国家各项开支。

⑯殚：竭尽。

⑰困乏：贫困。应：效应。

⑱如之何其可：怎么可以。

【译文】

大夫说："诸侯以封国为家，他们所忧在封国之内。天子以八方之极为边境，他的忧虑在国都之外。因此国土面积小的诸侯费用少，功用巨大的天子费用多。所以朝廷广开园林池苑，委派官员统一管理山林河海，获取财利来弥补赋税的不足，朝廷组织民众修筑沟渠，设立太仓、均输、平准、都内等各种农官，拓展田园牧场，增设畜养禽兽的苑囿。太仆、水衡、少府、大农各位农官，他们每年征收的各种赋税收入，加上田园牧场的财利，陂池禁苑出租的租金，以及北边设置屯田官的收入，全都用来供给国家各项开支，如此尚且不够。如今文学想取消园池，这将会断了国家的财源，杜绝了财富流通，上下财路一起枯竭，国家贫困效应随之而来，即使努力减省事务，节省费用，又怎么可以呢？"

文学曰："古者，制地足以养民①，民足以承其上②。千乘之国③，百里之地④，公侯伯子男⑤，各充其求赡其欲⑥。秦兼万国之地⑦，有四海之富，而意不赡⑧，非宇小而用菲，嗜欲多而下不堪其求也⑨。语曰：'厨有腐肉，国有饥民；厩有肥马，路有馁人。'⑩今狗马之养，虫兽之食，岂特腐肉肥马之费哉⑪！无用之官，不急之作⑫，服淫侈之变⑬，无功而衣食县官者众，是以上不足而下困乏也。今不减除其本而欲赡其末⑭，设机利⑮，造田畜⑯，与百姓争荐草⑰，与商贾争市利，非所以明主德而相国家也⑱。夫男耕女绩⑲，天下之大业也。故古者分地而处之⑳，制田亩而事之㉑。是以业无不食之地㉒，国无乏作之民㉓。今县官之多张苑囿、公田、池泽，公家有鄣假之名㉔，而利归权家㉕。三辅迫近于山、河㉖，地狭人众，四方并凑㉗，粟米薪采㉘，不能相赡㉙。公田转假㉚，桑榆菜果不殖[31]，地力不尽[32]。愚以为非。先帝之开苑囿、池籞，可赋归之于民[33]，县官租税而已[34]。假税殊名，其实一也。夫如是，匹夫之力，尽于南亩[35]，匹妇之力，尽于麻枲[36]。田野辟，麻枲治，则上下俱衍[37]，何困乏之有矣？”

大夫默然，视其丞相、御史。

【注释】

①制地：制定田地制度，如周代有井田制，《孟子·滕文公上》载：“方里而井，井九百亩。其中为公田，八家皆私百亩，同养公田。公事毕，然后敢治私事。”

②承：供养。

③千乘之国：拥有一千辆兵车的诸侯国。先秦时期，人们按照拥有兵车数量来衡量诸侯国的大小。

④百里之地：为公、侯级别的诸侯国。

⑤公侯伯子男：五个级别的诸侯。《礼记·王制》载：“王者之制禄爵：公、侯、伯、子、男，凡五等……公、侯田方百里，伯七十里，子、男五十里。”

⑥充：满足。赡：赡养。

⑦兼：兼并。万国：实指山东六国，万国是夸张的说法。

⑧赡：满足。

⑨嗜：原作“者”，据王利器说校改。堪：胜任。

⑩厨有腐肉，国有饥民；厩(jiù)有肥马，路有倭(něi)人：见于《孟子·梁惠王上》：“庖有肥肉，厩有肥马，民有饥色，野有饿莩，此率兽而食人也。”厩，马棚。倭，通“馁”，饥饿。

⑪特：单独。肥马：原作“秣马”，据王利器说校改。

⑫作：兴作，工程。

⑬服淫侈之变：姚范说，“服”字之上可能脱三字。

⑭本：指造成国家财用不足的根源。末：末节，指通过园池兴利。

⑮设：设置。机：机构，指上文盐铁、酒榷、均输、平准各种兴利机构。利：财利。

⑯造：兴造，开辟。田：牧场。畜：饲养牲畜。

⑰荐草：茂盛的牧草。

⑱明主德：宣传君主恩德。相：辅助。

⑲绩：纺织。

⑳处：居住。

㉑制：原作“利”，据郭沫若说校改。事：耕种。

㉒业：产业。不食之地：指未曾耕种的土地。

㉓乏作之民：不务正业的民众。

㉔鄣：同“障”，阻塞，指筑堤蓄水。假：出租。

㉕权家：权贵家族。

㉖三辅：右扶风、左冯翊、京兆尹。山：华山。河：黄河。

㉗并凑：辐凑，聚会。

㉘粟米：粮食。薪采：柴火。采，原作“菜”，据张敦仁说校改。

㉙赡：充足。

㉚转假：转租。

㉛殖：种植。

㉜地力不尽：不能充分使用地力。

㉝赋归：归还。

㉞租税：用作动词，征收租税。

㉟南亩：泛指田地。

㊱麻枲(xǐ)：麻的总称。

㊲衍：丰饶。

【译文】

文学说：“古时候，朝廷制定田地制度，足以养活民众，民众足以供奉上司。拥有千乘兵车的诸侯国，方圆百里的土地，公、侯、伯、子、男五等诸侯，各自都能满足生活欲求。秦王朝吞并山东六国土地，拥有四海财富，可是秦始皇之意并不满足，这并不是因为国土狭小，费用不足，而是由于秦始皇嗜欲太多，民众不能承受他的欲求。谚语说：'宫廷厨中有腐肉，国内路边有饥民，宫廷马厩有肥马，道旁却有饥饿人。'如今朝廷狗马的饲养，鸟兽的喂食，岂止是腐肉肥马的费用呢！无用的官吏，不急需的工程，荒淫奢侈之风变化多端，没有功劳却从朝廷领取俸禄的人太多，因此朝廷财用不足，底层民众生活困乏。现在朝廷不减除造成财政不足的本源，却想从园池末节上求得富足，设置机构兴利，开辟牧场养畜，与百姓争夺饲养草料，与商人争夺利润，这不是用来宣传君主恩德、辅助国家的正确之道啊！男耕女织，自古是天下的大业。因此古代划定区域让民众居住，制定田亩制度让民众耕种。所以产业上没有不曾耕种的土地，国家没有不务正业的民众。现在朝廷广泛开辟苑囿、公田、池泽，公家有鄣塞、出租的名义，而利益却归于权贵私人家族。右扶风、左冯翊、京兆尹三辅靠近华山、黄河，土地狭小，人口众多，四方人众集中到京师，粮食柴火，不能满足。朝廷将公田转租，桑树、榆树、蔬菜、水果不能得到充分种植，地力没有得到充分使用。我认为朝廷这些政策错了。先朝皇帝所开辟的苑囿、池陂，可以将它们归还给民众，朝廷只需征收租税而已。转租公田，与征收赋税，虽然名称不同，其实是一样的。如果这样做，那么匹夫的气力，都会全部用在田地之上，匹妇的气力，就会全部用在纺织之上。田野得到开辟，丝麻得到纺织，那么国家和民众都会丰饶，哪里会有财用困乏的现象呢？"

大夫默不出声，看着丞相、御史。

轻重第十四

【题解】

汉武帝时期为了充实国库，采用桑弘羊、东郭咸阳、孔仅等人提出的盐铁官营、酒类专卖、均输平准等经济政策，这些政策继承并发展了此前的轻重思想。本篇就如何评价汉武帝时期经济政策展开辩论。御史认为，汉武帝政策开辟山林川泽的财利，各种货物越来越丰富，朝廷经费充足，民众生活不再困乏，农业根本和工商末业共同获利，上上下下都很富足。同时，这些政策可以抑制豪强，缩小贫富差距。文学则认为，礼义是立国的根基，而权势财利是为政的残贼，不推崇仁义就无法教化民众，不大力务农就无法使国家富强。实施这些政策的结果，是贫者愈贫，富者愈富，根本起不到平均财富的作用。朝廷将国家财富用于开拓边境，导致中原民众为徭役所困苦，边境民众则苦于戍守防御，实在看不到盐铁官营给民众带来什么福利。

御史进曰："昔太公封于营丘①，辟草莱而居焉②。地薄人少，于是通利末之道③，极女工之巧④。是以邻国交于齐，财畜货殖⑤，世为强国。管仲相桓公，袭先君之业⑥，行轻重之变⑦，南服强楚而霸诸侯。今大夫君修太公、桓、管之术⑧，总一盐铁⑨，通山川之利而万物殖。是以县官用饶足，民不困乏，本末并利，上下俱足，此筹计之所致⑩，非独耕桑农也。"

【注释】

①太公：姜太公。营丘：地名，西周齐国都城，在今山东昌乐东南。《史记·货殖列传》："太公望封于营丘，地潟卤，人民寡，于是太公劝其女功，极技巧，通鱼盐，则人物归之，繦至而辐凑。故齐冠带衣履天下，海岱之间敛袂而往朝焉。"

②辟草莱：开垦荒地。

③通利末之道：打通发展工商业的途径。

④女工：指女子所从事的纺织、缝纫、刺绣等手工劳动。

⑤财畜货殖：财富物资不断增长。畜，通“蓄”，蓄积。

⑥袭：继承，沿袭。

⑦轻重：中国古代关于价格轻重随物资供求关系而变化的理论。

⑧大夫君：原作“大夫各”，据姚鼐、黄侃说校改。汉人称御史大夫为“大夫君”，此处是指桑弘羊。

⑨总一：统管。

⑩筹计：筹划。

【译文】

御史上前说：“从前姜太公被周武王封于营丘，是靠开垦荒地才住下来。齐国土地浇薄，人口稀少，太公于是打通发展工商业的途径，充分发挥妇女精巧的手工技能。所以邻国都与齐国进行交易，财富物资不断增长，齐国世世成为强国。管仲辅佐齐桓公，继承先君太公的事业，实行价格轻重随物资供求关系而变化的政策，南边征服强楚，称霸诸侯。如今大夫君继续推行姜太公、齐桓公、管仲的轻重之术，统管盐铁，开辟山林川泽的财利，各种货物越来越丰富。所以朝廷经费充足，民众生活不再困乏，农业根本和工商末业共同获利，上上下下都很富足，这是朝廷筹划所带来的，并不是光靠种田养蚕专搞农业所能取得的。”

文学曰：“礼义者，国之基也；而权利者，政之残也[①]。孔子曰：‘能以礼让为国乎？何有？’[②]伊尹、太公以百里兴其君[③]，管仲专于桓公[④]，以千乘之齐，而不能至于王[⑤]，其所务非也[⑥]。故功名隳坏而道不济[⑦]。当此之时，诸侯莫能以德，而争于公利[⑧]，故以权相倾。今天下合为一家，利末恶欲行[⑨]？淫巧恶欲施[⑩]？大夫君以心计策国用[⑪]，构诸侯[⑫]，参以酒榷[13]，咸阳、孔仅增以盐铁，江充、杨可之等[14]，各以锋锐[15]，言利末之事析秋毫[16]，可为无间矣[17]。非特管仲设九府[18]，徼山海也[19]。然而国家衰耗，城郭空虚。故非特崇仁义无以化民[20]，非力本农无以富邦也。”

【注释】

①残：残害。《孟子·梁惠王下》：“贼义者谓之残。”

②能以礼让为国乎？何有：见于《论语·里仁》。为国，治国。何有，有什么困难。

③百里：指商、周兴起之前的封地。

④专：独受信任。

⑤王：王道，指以德服人的政治方略。《史记·管晏列传》：“管仲，世所谓贤臣，然孔子小之，岂以为周道衰微，桓公既贤，而不勉之至王，乃称霸哉！”

⑥所务：所采取的措施。

⑦道不济：主张不能施行。

⑧公利：公开、明显的利益。原作“公私”，据陈遵默说校改。

⑨利末：指工商业。恶(wū)：怎么。

⑩淫巧：指手工技艺。

⑪心计：心算。

⑫构：构怨。

⑬参：加上。

⑭江充：汉时邯郸人，汉武帝时期担任直指绣衣使者，掌管京师治安，严惩贵族、皇帝的近臣奢侈越制行为。杨可：原作“耕谷”，据张敦仁说校改。汉武帝时期，杨可主持“告缗”，揭发隐瞒财产而偷漏财产税的商人。

⑮锋锐：犀利的锋芒。

⑯秋毫：动物秋天所换的细毛。《史记·平准书》："于是以东郭咸阳、孔仅为大农丞，领盐铁事，桑弘羊以计算用事侍中。咸阳，齐之大煮盐，孔仅，南阳大冶，皆致生累千金，故郑当时进言之。弘羊，洛阳贾人子，以心计年十三侍中。故三人言利事析秋毫矣。"

⑰为：通"谓"。无间：没有漏洞。

⑱九府：管仲设立的铸钱、存钱的机构。周朝九府指大府、玉府、内府、外府、泉府、天府、职内、职金、职币。管仲有《九府》之书，已经亡佚。

⑲徼山海：搜刮山海财利。徼，设障，拦截。

⑳非特：非，不。

【译文】

文学说："礼义是立国的根基，而权势财利是为政的残贼。《论语·里仁》载孔子曰：'能够以礼让治理国家吗？这有什么困难呢？'伊尹、姜太公凭借商、周百里封地使其君主兴盛，管仲独得齐桓公信任，凭借千辆兵车的齐国，却不能臻于王道，这是由于他所采取的措施不对。因此功名毁坏，主张不能实现。那个时候，诸侯不能以德施政，一个个争权夺利，所以凭借权势互相倾轧。如今天下合为一家，怎么还追逐工商末利呢？怎么还追求工艺技巧呢？大夫君用尽心计，策划国家费用，构怨诸侯，加上酒类专卖，东郭咸阳、孔仅又提议增设盐铁官营，江充、杨可之流，各自以其犀利的锋芒，谈论工商末利之事，可谓明察秋毫，没有丝毫漏洞。这些措施比起管仲设置九府，搜刮山海财利，有过之而无不及。然而国家衰弱损耗，城郭空虚。因此不推崇仁义就无法教化民众，不大力务农就无法使国家富强。"

御史曰："水有猵獭而池鱼劳①，国有强御而齐民消②。故茂林之下无丰草，大块之间无美苗③。夫理国之道，除秽锄豪④，然后百姓均平，各安其宇⑤。张廷尉论定律令⑥，明法以绳天下⑦，诛奸猾，绝并兼之徒，而强不凌弱，众不暴寡。大夫君运筹策⑧，建国用，笼天下盐铁诸利⑨，以排富商大贾，买官赎罪，损有余，补不足⑩，以齐黎民⑪。是以兵革东西征伐，赋敛不增而用足。夫损益之事⑫，贤者所睹，非众人之所知也。"

【注释】

①猵獭（biān tǎ）：獭的一种，生活在水中，以食鱼为生。劳：劳苦，不安宁。

②强御：豪强。齐民：平民。消：衰微。

③大块：大土块，指未经平整的土地。

④除秽：除去污秽。秽，本指杂草，此处比喻豪强。锄豪：除掉豪强。

⑤宇：居。

⑥张廷尉：张汤。汉武帝时，张汤任廷尉、御史大夫等职，与赵禹一起制定律令，建议造白金币及五铢钱，制定"告缗令"。后被朱买臣告发，自杀而死。

⑦绳：准绳，绳正。

⑧君：原作"各"，据王利器说校改。

⑨笼：统一管理。

⑩损有余，补不足：《老子》第七十七章："天之道，损有余而补不足。"

⑪齐：平均财富。一说，齐，通"济"。

⑫损：损害豪强。益：有益平民。

【译文】

御史说："水中有猵獭而池鱼遭殃，国家有豪强而平民吃亏。因此茂密的森林之下没有丰茂的百草，大土块之间长不出好苗。治理国家的方法，在于除掉污秽，锄去豪强，这样老百姓才能财富平均，各安其居。张汤廷尉制定律令，严明法律来绳正天下，诛灭奸诈狡猾之人，杜绝兼并之徒，强者不再欺凌弱者，人多的不再欺负人少的。大夫君运筹策划，设立增加国家财用的机构，统一管理天下盐铁等财利，来排斥富商大贾，允许民众用钱买官赎罪，减损有余，补助不足，以此来平均老百姓财富。所以军队东西征伐，赋税不增加而军费充足。损害豪强、有益平民的事，贤明的人可以看到，并不是众人所能知道的。”

文学曰：“扁鹊抚息脉而知疾所由生①，阳气盛，则损之而调阴，寒气盛，则损之而调阳，是以气脉调和，而邪气无所留矣。夫拙医不知脉理之腠②，血气之分，妄刺而无益于疾③，伤肌肤而已矣。今欲损有余，补不足，富者愈富，贫者愈贫矣。严法任刑，欲以禁暴止奸，而奸犹不止，意者非扁鹊之用针石④，故众人未得其职也⑤。”

【注释】

①抚：把，按。息脉：脉息，脉搏。

②脉理之腠（còu）：脉理分布。腠，肌肉纹理。

③刺：针灸。

④意者：料想。针石：也叫砭石，针灸用的石针。

⑤未得其职：未得其所。

【译文】

文学说：“扁鹊按脉搏而知道疾病产生的原因，体内阳气盛，就减损阳气而调高阴气，体内寒气盛，就减损寒气而调高阳气，所以气脉调和，而邪气在体内无所容留。笨拙的医生不知道脉理的分布和血气的阴阳区分，胡乱针刺而对疾病无益，只是伤害肌肤而已。如今朝廷希望减损有余，补助不足，但现实是富者愈富，贫者愈贫。严法酷刑，希望以此禁止残暴和奸诈，但奸诈仍然没有停止。料想你们所用的不是扁鹊所用的石针，因而一般人没有得到合适的治疗。”

御史曰：“周之建国也，盖千八百诸侯①。其后，强吞弱，大兼小，并为六国。六国连兵结难数百年②，内拒敌国，外攘四夷。由此观之：兵甲不休，战伐不乏，军旅外奉③，仓库内实。今以天下之富，海内之财，百郡之贡，非特齐、楚之畜，赵、魏之库也。计委量入④，虽急用之，宜无乏绝之时。顾大农等以术体躬稼⑤，则后稷之烈⑥，军四出而用不继，非天之财少也？用针石，调阴阳⑦，均有无，补不足，亦非也？上大夫君与治粟都尉管领大农事⑧，灸刺稽滞⑨，开利百脉⑩，是以万物流通，而县官富实。当此之时，四方征暴乱，车甲之费，克获之赏，以亿万计，皆赡大司农⑪。此者扁鹊之力，而盐铁之福也。”

【注释】

①盖：大概。

②结难：指战祸。

③外奉：对外供给。

④计委量入：量入为出。委，支出。《礼记·王制》：“以三十年之通制国用，量入以为出。”

⑤顾：特，表示强调。大农：大司农。以术：按照一定思想。体：体验。躬稼：亲自参加耕作。

⑥则：效法。

⑦调阴阳："阴阳"二字原无，据王利器说校补。

⑧与：以。治粟都尉：西汉官名，掌管军粮。管领：兼管。

⑨灸刺稽滞：用针灸治疗滞积。

⑩开利百脉：使全身血脉流通。

⑪赡：取足。

【译文】

御史说："周朝建国，大约有一千八百多个诸侯。后来，强国吞并弱国，大国兼并小国，到战国合并为山东六国。六国之间连年作战，构祸长达数百年，在华夏内部彼此要抗拒敌对国家，对外要驱逐四方夷狄。从中看到，虽然军队不休战，战争很频繁，但军费及时供给，国家仓库充实。如今凭借天下的富庶，海内的财富，一百多个郡国的进贡，汉家不再只是齐国、楚国当年的积蓄，或赵国、魏国的库存了。量入为出，即使急需支用，应该没有财源枯竭的时候。大司农等官员按照古代传统亲身体验耕稼，效法后稷的功业。军队四方出击，军事费用难以为继，这难道不是因为自然资源缺少吗？用针石治疗，调和阴阳，平均有无，补助不足，难道也做错了吗？上大夫君以治粟都尉身份兼管大司农政事，用针灸治疗滞积，使全身血脉流通，所以万物流通，而朝廷富裕充实。在这个时候，四方征讨暴乱，车马盔甲的费用，克敌俘获的赏赐，按照亿万来计算，全都由大司农供给。这是扁鹊的功力，是盐铁官营带来的福利啊。"

文学曰："边郡山居谷处①，阴阳不和，寒冻裂地，冲风飘卤②，沙石凝积③，地势无所宜。中国，天地之中，阴阳之际也④，日月经其南，斗极出其北⑤，含众和之气⑥，产育庶物⑦。今去而侵边⑧，多斥不毛寒苦之地⑨，是犹弃江皋河滨⑩，而田于岭阪菹泽也⑪。转仓廪之委⑫，飞府库之财⑬，以给边民。中国困于繇赋，边民苦于戍御[14]。力耕不便种籴[15]，无桑麻之利，仰中国丝絮而后衣之，皮裘蒙毛[16]，曾不足盖形，夏不失复[17]，冬不离窟[18]，父子夫妇内藏于专室土圜之中[19]。中外空虚，扁鹊何力？而盐铁何福也？”

【注释】

①山居谷处：地处山谷之间。

②冲风：大风。飘卤：把地上的盐碱都吹起来了。卤，碱土。

③凝积：凝结成堆。

④际：汇合。

⑤斗：北斗星。极：北极星。北斗星由天枢、天璇、天玑、天权、玉衡、开阳、摇光七星组成。天枢和天璇之间连成的直线的五倍之处，就可以找到北极星。

⑥众和之气：万物和谐的气候。

⑦产育：生产孕育。庶物：万物。

⑧去：离开中原。

⑨斥：开拓。不毛：寸草不长。毛，指植物。

⑩江皋（gāo）：江边高地。河滨：河边。

⑪岭阪：山岭斜坡。菹（zū）泽：长满水草的沼泽。

⑫委：积蓄，指仓库中储存的粮食。

⑬飞：快速运输。

⑭戍御：戍守防御。

⑮力耕：努力耕作。不便：不平，抵不上。种籴（dí）：买种子。籴，买粮食。

⑯皮裘：皮袄。蒙毛：乱糟糟的样子。

⑰夏不失复：夏天脱不掉夹衣。失复，通“释複”。

⑱窟：窑洞。

⑲专室：特别小的房子。土圜(huán)：四面用土墙盖的房子。

【译文】

文学说："边塞郡县处于山谷之中，阴阳不和谐，天寒地冻，大风卷起盐碱土，沙石凝积，土地情势没有任何优越之处。中国处于天地之中，是阴阳汇合之处，太阳月亮经过它的南方，北斗星、北极星出于北方，拥有万物和谐的气候，生产孕育万物。如今离开中原而去侵夺边境地区，大力开拓寸草不长的寒苦之地，这如同抛弃江岸河滨，却到山岭斜坡和沼泽地去耕种。转运仓廪中储蓄的粮食，快速运输国库中的钱财，来供给边境民众。中原民众为徭役所困苦，边境民众则苦于戍守防御。在边境即使是努力耕种也抵不上买种子的费用，没有种植桑麻的利益，必须仰仗中原丝绸棉絮而后才有衣穿，乱糟糟的皮袄，不足以遮盖形体，夏天脱不掉夹衣，冬天不离窑洞，父子夫妇躲藏在小屋土房之中。里面和外面一片空虚，扁鹊又有什么功力？盐铁官营又带来什么福利？"

未通第十五

【题解】

本篇题名"未通"，取自文中"未通于计"一句。御史认为中国人多物薄，不能提供足够的生活资源，汉武帝外伐四夷，可以有效地利用四夷的资源。国家实行三十税一，较古代什一之税明显减轻，服役年龄从古代二十岁，放宽到二十三岁，显然比古代更为宽松，经济负担和徭役并不算重，至于有些人陷入饥寒，是由于他们懒惰的缘故。文学指出，外伐四夷破坏了民众和平安宁的生活，战争给人们带来的是灾难而不是福利，老百姓虽然努力耕作，但仍然免不了饥寒，加上豪强与恶吏的欺压，民众不得不四处流亡。从双方观点来看，朝廷官员与文学、贤良对现实状况的认知差距甚大。

御史曰："内郡人众，水泉荐草①，不能相赡②，地势温湿，不宜牛马；民跖耒而耕③，负檐而行④，劳罢而寡功⑤。是以百姓贫苦，而衣食不足，老弱负辂于路⑥，而列卿大夫，或乘牛车⑦。孝武皇帝平百越以为园圃⑦，却羌、胡以为苑囿⑧，是以珍怪异物，充于后宫，騊駼駃騠⑨，实于外厩，匹夫莫不乘坚良⑩，而民间厌橘柚⑪。由此观之：边郡之利亦饶矣！而曰'何福之有？'未通于计也⑫。"

【注释】

①水泉：泉水，水源。荐草：饲养草料。

②赡：满足。

③跖(zhí)：用脚踩。耒：古代耕地的农具。

④负檐：背驮肩挑。

⑤罢：同"疲"。

⑥负辂(lù)：拉车。

⑦列卿大夫，或乘牛车：《史记·平准书》："汉兴，接秦之弊，丈夫从军旅，老弱转粮饷，作业剧而财匮，自天子不能具钧驷，而将相或乘牛车，齐民无藏盖。"

⑧园圃：种植蔬菜和花果树木的园地。园，原作"囿"，据张敦仁、王先谦说校改。

⑨苑囿：古代王侯养禽兽的地方。

⑩騊駼(táo tú)：北方良马。駃騠(jué tí)：公马与母驴杂交而生的驴骡。一说，駃騠，北狄良马。

⑪乘坚良：乘坚车，驾良马。

⑫厌：同“餍”，吃饱。

⑬未通于计：不懂得治国大计。

【译文】

御史说：“内地郡县人口众多，水源饲草，不能满足，地理条件温湿，不适宜牧养牛马。民众脚踩耒锄而耕作，背负肩挑而出行，疲劳而少功。所以老百姓贫苦，仍然衣食不足，年老体弱的人在路上拉车，而列位卿大夫有时乘坐牛车。孝武皇帝平定百越，把它当作园圃；驱逐西羌、匈奴，把它当作苑囿；所以珍稀怪异的物品，充实于后宫；北方的駒駼，杂交的駃騠，养满宫外马棚，老百姓无不乘坚车，驾良马，而民间吃厌了橘子和柚子。由此看来：边境郡县带来的利益真可谓丰饶了！你们却说哪里有什么福利？真是不懂得治国大计呀！”

文学曰：“禹平水土，定九州，四方各以土地所生贡献[①]，足以充宫室，供人主之欲，膏壤万里[②]，山川之利，足以富百姓，不待蛮、貊之地，远方之物而用足。闻往者未伐胡、越之时，繇赋省而民富足，温衣饱食，藏新食陈，布帛充用，牛马成群。农夫以马耕载，而民莫不骑乘；当此之时，却走马以粪[③]。其后，师旅数发，戎马不足，牸牝入阵[④]，故驹犊生于战地[⑤]。六畜不育于家，五谷不殖于野，民不足于糟糠，何橘柚之所厌？《传》曰：‘大军之后，累世不复。’[⑥]方今郡国，田野有陇而不垦[⑦]，城郭有宇而不实[⑧]，边郡何饶之有乎？”

【注释】

①四方各以土地所生贡献：据《尚书·禹贡》记载，禹治水成功之后，将中国划分为九州，规定各州以其特产作为贡物。

②膏壤：肥沃的土壤。

③却走马以粪：见于《老子》第四十六章。却走马，退回战斗的跑马。以粪，用马粪肥田。

④牸(zì)：母牛，也泛指雌性牲畜。牝(pìn)：母马。

⑤驹：小马。犊：小牛。

⑥大军之后，累世不复：《老子》第三十章："大军之后，必有凶年。"

⑦陇：通"垄"，田埂。

⑧宇：屋宇，房屋。不实：没有人居住。

【译文】

文学说："大禹平治水土，勘定九州，四方各以土地所生物产贡献中央朝廷，足可以充实宫室仓库，满足君主的欲望。万里肥沃的土壤，山林川泽的财利，足可以使老百姓富裕，不必等待蛮荒之地和远方异物而财用充足。我听说以前没有征伐匈奴、百越的时候，徭役赋税很少而民众富足，穿得暖，吃得饱，收藏新谷，食用陈谷，布帛够用，牛马成群。农夫用马耕地或拉车，而民众没有不骑马乘车的；那个时候，退回战斗的跑马，用马粪肥田。到了后来，军队屡次出动，战马不足，于是母牛母马都被编入队列，因此有小马驹、小牛犊出生在战场之上。六畜不能在家喂养，五谷不能在田野里种植，民众连糟糠都吃不饱，哪里有什么吃够了橘子、柚子呢？《传记》说：'大的战争之后，连续几代都不能恢复元气。'如今各个郡国，田野虽然有田埂但无人耕种，城郭有房屋但无人居住，哪里有什么边境郡县丰饶呢？"

御史曰："古者，制田百步为亩，民井田而耕，什而籍一①。义先公而后己，民臣之职也。先帝哀怜百姓之愁苦，衣食不足，制田二百四十步而一亩，率三十而税一②。堕民不务田作③，饥寒及己，固其理也。其不耕而欲播，不种而欲获，盐铁又何过乎？"

【注释】

①什而籍一：交税十分之一。籍，税。

②率三十而税一：大概交税三十分之一。

③堕：通“惰”。

【译文】

御史说：“古时候，规定田地一百步为一亩，民众按照井田制而耕种，交税十分之一。按照道义先种公田而后种私田，这是臣民应尽的职责。已故武帝怜悯老百姓的愁苦，衣食不足，规定田地二百四十步为一亩，交税大概是三十分之一。懒惰的民众不从事农田耕作，挨饥受寒，本是理所当然。他们不耕地而想播种，不种植而想收获，盐铁官营又有什么过错呢？”

文学曰：“什一而籍，民之力也。丰耗美恶[①]，与民共之。民勤[②]，己不独衍[③]；民衍，己不独勤。故曰：‘什一者，天下之中正也[④]。’田虽三十，而以顷亩出税[⑤]，乐岁粒米狼戾而寡取之[⑥]，凶年饥馑而必求足。加之以口赋更繇之役[⑦]，率一人之作[⑧]，中分其功[⑨]。农夫悉其所得，或假贷而益之[⑩]。是以百姓疾耕力作[⑪]，而饥寒遂及己也。筑城者先厚其基而后求其高[⑫]，畜民者先厚其业而后求其赡。《论语》曰：‘百姓足，君孰与不足乎？’[⑬]”

【注释】

①丰：丰收之年。耗：歉收之年。美恶：意同“丰耗”。

②勤：通“堇”，缺少。

③衍：富有。

④中正：公平合理。

⑤以顷亩出税：按照田亩的多少为标准交税。

⑥粒米狼戾：见于《孟子·梁惠王上》，形容粮食乱七八糟，到处都是。狼戾，原作“梁粝”，据王利器说校改。

⑦口赋：人口税。更繇之役：按期轮换的徭役。

⑧率：大概，大约。

⑨中分其功：交纳一半的收成。

⑩假贷：借贷。益：补足。

⑪疾耕：拼命耕作。

⑫筑城者先厚其基而后求其高：“后”字原无，据王利器说校补。

⑬百姓足，君孰与不足乎：见于《论语·颜渊》。

【译文】

文学说：“交纳十分之一的税，是根据民众的经济实力。无论是丰年还是歉年，国家都与民众同甘共苦。民众欠收，君主不会独自富有；民众富有，君主不会独自缺乏。所以说，十分抽一的税，是天下公平合理的税赋。虽然现在税收是三十抽一，但那是以田亩的多少为标准，丰年粮食到处都是却收税很少，凶年饥荒却一定要交足税赋。加上人口税、按期轮换的徭役，大抵一人的劳作收入，税收要占去一半。农夫全部交出他的劳动所得，有时甚至需要通过借贷来补足。所以老百姓努力耕作，还免不了饥寒交迫。修筑城墙的人先要加厚地基，而后再把城墙筑高，治理民众的人先使老百姓家业厚实，而后求得民众的丰足。《论语·颜渊》说：‘老百姓富足了，国君怎么会不富足呢？’”

御史曰：“古者，诸侯争强，战国并起，甲兵不休，民旷于田畴①，什一而籍，不违其职②。今赖陛下神灵，甲兵不动久矣，然则民不齐出于南亩③，以口率被垦田而不足④，空仓廪而赈贫乏，侵益日甚⑤，是以愈惰而仰利县官也⑥。为斯君者亦病矣[7]，反以身劳民；民犹背恩弃义而远流亡，避匿上公之事[8]。民相仿效，田地日芜[9]，租赋不入，抵扞县官[10]。君虽欲足，谁与之足乎？”

【注释】

①旷：荒废。田畴：田亩。

②职：常。

③齐出：完全出动。南亩：泛指田地。《史记·平准书》："陛下损膳省用，出禁钱以振元元，宽贷赋，而民不齐出于南亩，商贾滋众。"

④以口率被垦田：以人口总数与耕种的土地总数进行比较。口率，人口总数。被，覆盖，引申为比较。垦田，耕种的土地总数。

⑤侵益：损害朝廷利益。

⑥仰利县官：仰仗朝廷救济。

⑦为斯君：担任这样的君主。病：疲惫，辛苦。

⑧避匿：逃避。上公：公家。

⑨芜：原作"无"，据王利器说校改。

⑩抵扞(hàn)：抵御，抗拒。

【译文】

御史说："古时候，诸侯互相争强，战国七大诸侯并起，战争无休无止，民众荒废了田地耕种，但十分之一的税，还是要按照常规交纳。如今依赖陛下神明，很久没有打仗了，然而民众并没有完全下到田地去干活，以人口总数与耕种田地总数进行比较，耕种田地的数量是不够的，国家拿出仓库中所有粮食来赈济贫困，朝廷利益被侵害日益严重，所以民众越来越懒惰，仰仗朝廷救济。做这样的君主也太辛苦了，反而要亲自为民众操劳。民众却忘恩负义而远远地流浪逃亡，逃避公家的事。民众互相仿效，田地日益荒芜，租赋收不上来，与朝廷相抵触。国君即使想要富足，谁又与他一起富足呢？”

文学曰：“树木数徙则殘[①]，虫兽徙居则坏[②]。故代马依北风，飞鸟翔故巢[③]，莫不哀其生[④]。由此观之，民非利避上公之事而乐流亡也[⑤]。往者，军阵数起，用度不足，以訾征赋[⑥]，常取给见民[⑦]，田家又被其劳，故不齐出于南亩也。大抵逋流[⑧]，皆在大家[⑨]，吏正畏惮[⑩]，不敢笃责[⑪]，刻急细民[⑫]，细民不堪，流亡远去；中家为之绝出[⑬]，后亡者为先亡者服事[⑭]；录民数创于恶吏[⑮]，故相仿效，去尤甚而就少愈者多[⑯]。《传》曰：‘政宽者民死之，政急者父子离。’[⑰]是以田地日荒，城郭空虚。夫牧民之道[⑱]，除其所疾，适其所安[⑲]，安而不扰，使而不劳[⑳]，是以百姓劝业而乐公赋[㉑]。若此，则君无赈于民，民无利于上，上下相让而颂声作[㉒]。故取而民不厌[㉓]，役而民不苦。《灵台》之诗[㉔]，非或使之，民自为之。若斯，则君何不足之有乎？”

【注释】

①徙：迁徙。殘：通“萎”，枯萎。

②坏：指生病或死亡。

③代马依北风，飞鸟翔故巢：《文选·古诗十九首》：“胡马依北风，越鸟巢南枝。”李善注引《韩诗外传》曰：“代马依北风，飞鸟栖故巢，皆不忘之谓也。”代马，代地以出产名马著称。

④哀其生：留恋出生之地。

⑤利避上公之事：以逃避公家之事为有利。乐流亡：以流亡为乐。

⑥以訾征赋：按照财产多少征收赋税。訾，通“资”，财产。

⑦取给：征收。见民：现有民众。见，同“现”。

⑧逋流：逃税。

⑨大家：豪强大户。

⑩吏正：地方官员。正，长。畏惮：害怕。

⑪笃责：深责。笃，一本作“督”。

⑫刻急：苛刻催逼。细民：小民，平民。

⑬中家：中产人家。绝出：全部出资。绝，原作“色”，据王利器说校改。

⑭服事：服役纳税。

⑮录民：安分守己的平民。数创：屡遭伤害。

⑯去尤甚：离开赋税最重的地方。就少愈：逃到赋税稍轻的地方。少，通“稍”。

⑰政宽者民死之，政急者父子离：未见出处。死之，为之拼死。急，苛刻。按，“者”字原无，据郭沫若校补。

⑱牧民：治理民众。古代统治者视治理民众如牧养牲畜，故称牧民。《管子·七法》：“养人如养六畜。”

⑲适其所安：顺应老百姓安心的东西。

⑳使而不劳：役使老百姓但不让他们过于劳苦。

㉑劝业：鼓励老百姓努力耕种。乐公赋：乐意交纳公家赋税。

㉒让：原作“议”，据张敦仁、俞樾说校改。

㉓取：征税。

㉔《灵台》之诗：《诗经·大雅》中的诗篇。诗中描述老百姓争先恐后地为周文王修筑灵台，从中见出民众对周文王的拥戴。

【译文】

文学说：“树木屡次迁徙就会枯萎，虫兽迁居就会病亡。因此代马依恋北风，飞鸟留恋故巢，没有动物不留恋出生之地。由此看来，民众并不是从逃避公事之中获利，也不是以流亡为乐事。以前，战事频繁发生，军费不够使用，朝廷于是按照民众财产多少征收赋税，经常是从当地现有民众之中征税，农夫又承受其中的劳苦，因此他们没有全部下地干活。大抵逃税的都是豪强大户，地方官员害怕他们，不敢深责他们交税，于是就更加苛刻地急催小民，小民忍受不了，于是流亡到远方。于是中产人家承担了全部税赋，后流亡的人替先流亡的人服役纳税。安分守己的小民屡次受到恶毒官员的伤害，因此互相仿效，离开赋税最重的地方，逃到赋税稍轻的地方。《传记》说：'政令宽缓，民众肯为上司拼死；政令苛急，父子逃亡离散。'所以田地日益荒芜，城郭空虚。治理民众的方法，在于除去民众所痛恨的东西，顺应老百姓安心的东西，安抚民众而不要打扰，役使老百姓但不让他们过于劳苦，所以老百姓努力耕作，乐于交纳公家税赋。如果像这样，那么君主不必赈济民众，民众也不必仰仗从上面获利，君臣上下互相礼让而歌颂诗乐兴起。因此征税而民众不讨厌，役使而民众不劳苦。《诗经·大雅·灵台》诗中所描写的民众为周文王修筑灵台的场面，并不是朝廷役使民众，而是民众自己乐意为之。如果像这样，那么君主有什么不富足的呢？"

御史曰："古者，十五入大学①，与小役②；二十冠而成人③，与戎④；五十以上，血脉溢刚⑤，曰艾壮⑥。《诗》曰：'方叔元老，克壮其猷。'⑦故商师若乌⑧，周师若荼⑨。今陛下哀怜百姓，宽力役之政⑩，二十三始傅⑪，五十六而免，所以辅耆壮而息老艾也⑫。丁者治其田里⑬，老者修其唐园⑭，俭力趣时⑮，无饥寒之患。不治其家而讼县官⑯，亦悖矣⑰。"

【注释】

①大学：又称"太学"，为朝廷培养贵族子弟的最高学府。《汉书·食货志上》："八岁入小学，学六甲、五方、书计之事，始知室家长

幼之节。十五入大学,学先圣礼乐,而知朝廷君臣之礼。”

②与:参与。小役:小的杂役。

③二十冠:古代男子年满二十岁加冠,表示已经成人。《礼记·曲礼上》:“人生十年曰幼学,二十曰弱冠,三十曰壮有室,四十曰强而仕,五十曰艾服官政,六十曰耆指使,七十曰老而传,八十九十曰耄。”

④与戎:参与战事,服兵役。

⑤溢刚:充溢阳刚。

⑥艾壮:年老体壮。五十曰艾。

⑦方叔元老,克壮其猷:见于《诗经·小雅·采芑》。方叔,周宣王时大将,曾受命征讨荆蛮。克,能。猷,谋略。

⑧商师若乌:商朝军队头发乌黑。这说明商朝以年少为贵。

⑨周师若荼:周朝军队头发像白茅花。这说明周人以年老为贵。

⑩宽力役之政:放宽服兵役、劳役的规定。

⑪始傅:开始服役。傅,指官府将达到服役年龄民众的名字注册。傅,原作“赋”,据杨树达说校改。

⑫辅耆(qí)壮:帮助年纪大的人。六十曰耆。息老艾:让老年人休息。

⑬丁者:指青壮年。治其田里:耕种田地。

⑭唐园:菜园。唐,通“场”。

⑮俭力:节省劳力。趣时:抓紧农时。趣,通“趋”。

⑯讼县官:埋怨朝廷。

⑰悖:悖谬,不近情理。

【译文】

御史说:“古时候,十五岁进入太学读书,参与一些小的杂役。二十岁行冠礼,表示已经成人,参与战事。五十岁以上,血脉充溢阳刚,叫做年老体壮。《诗经·小雅·采芑》写道:‘方叔是元老,体壮有谋略。’因而,商朝军队头发乌黑,周朝军队头发像白茅花。如今陛下怜悯老百姓,放宽服兵役、劳役的规定,二十三岁开始服役,五十六岁免于服役,这是用来帮助年纪大而身体强壮的人,让老年人得到休息。青壮年耕种田地,老年人修整菜园,既可以节省劳力,又能抓紧农时,使老百姓没有饥寒之忧。民众自己不治理好自己的家室,却去埋怨朝廷,这也太不近情理了。"

文学曰:"十九年已下为殇①,未成人也;二十而冠;三十而娶,可以从戎事;五十已上曰艾老,杖于家②,不从力役,所以扶不足而息高年也。乡饮酒之礼③,耆老异馔④,所以优耆耄而明养老也⑤。故老者非肉不饱,非帛不暖⑥,非杖不行。今五十已上至六十,与子孙服挽输⑦,并给繇役⑧,非养老之意也。古有大丧者,君三年不呼其门⑨,通其孝道,遂其哀戚之心也⑩。君子之所重而自尽者⑪,其惟亲之丧乎!今或僵尸⑫,弃衰绖而从戎事⑬,非所以子百姓,顺孝悌之心也。周公抱成王听天下⑭,恩塞海内⑮,泽被四表⑯,矧惟人面⑰,含仁保德⑱,靡不得其所。《诗》云:'夙夜基命宥密。'⑲陛下富于春秋⑳,委任大臣,公卿辅政,政教未均,故庶人议也。"

御史默不答也。

【注释】

①十九年已下为殇:《仪礼·丧服传》:"年十九至十六为长殇,十五至十二为中殇,十一至八岁为下殇,不满八岁以下为无服之殇。"年,岁。已,通"以"。

②杖于家:《礼记·王制》:"五十杖于家,六十杖于乡。"

③乡饮酒之礼：先秦一种尊贤养老的礼仪。《礼记·乡饮酒义》说："乡饮酒之礼，六十者坐，五十者立侍，以听政役，所以明尊长也。六十者三豆，七十者四豆，八十者五豆，九十者六豆，所以明养老也。民知尊长养老，而后乃能入孝悌。民入孝悌，出尊长养老而后成教，成教而后国可安也。"

④异馔(zhuàn)：不同菜肴。

⑤优耆耄(mào)：优待老年人。

⑥故老者非肉不饱，非帛不暖：《孟子·尽心上》："五十非帛不暖，七十非肉不饱。"

⑦服：驾车。挽：拉车。输：运输。

⑧并给：同时供给。

⑨古有大丧者，君三年不呼其门：《春秋公羊传·宣公九年》："古者，臣有大丧，则君三年不呼其门。"大丧，指父母之丧。

⑩遂：满足，成全。

⑪自尽：自己尽心。《论语·子张》："曾子曰：'吾闻诸夫子，人未有自致者，必也亲丧乎？'"

⑫僵尸：指刚死的人。

⑬弃衰绖(dié)：脱掉丧服。从戎事：参加战争。衰，同"缞(cuī)"，古代丧服。绖，古代用麻做的丧帽。

⑭周公抱成王听天下：周武王死后，周成王年幼，周公辅佐成王治理天下。

⑮塞：充满。

⑯泽：恩泽。被：覆盖，普及。四表：四方。

⑰矧(shěn)惟人面：何况是长有人的形貌。矧，何况。人面，人的形貌。人，原作"南"，据王利器说校改。《国语·越语下》："余虽靦然而人面哉。"

⑱含仁保德：含周公之仁，保有周公之德。

⑲夙夜基命宥密：见于《诗经·周颂·昊天有成命》。夙夜，日夜。基命，顺应天命。宥密，宽大宁静。

⑳富于春秋：指年轻。

【译文】

文学曰："十九岁以下青少年去世称之为殇，因为他们尚未成人；二十岁举行冠礼；三十岁娶妻，可以参与战事；五十岁以上称为艾老，在家拄拐杖，不从事出力的徭役，这是为了扶助年幼者和扶养老年人。在乡饮酒的礼仪场合，老年人吃不同的菜肴，这是用来优待老年人，表明养老的宗旨。因而老年人没有肉就吃不饱，没有丝帛就穿不暖，没有拐杖就不能出行。如今五十以上至六十岁的人，与子孙一起驾车、拉车、运输，一起服徭役，这不符合传统养老的精神。古代家中有父母大丧，君主三年不上门叫他服役，这是为了宣传孝道，满足孝子丧亲的悲哀伤痛的心情。君子特别看重而尽心尽力的事情，大概只有父母的丧事吧！如今有的家庭刚刚死人，孝子就要脱下丧服去参加战争，这不是爱民如子、顺应他们孝悌之心的方式啊。当年周公抱着年幼的成王处理天下政事，恩德充满海内，泽惠覆盖四方，何况所有人都含周公之仁、保有周公之德呢，没有人不得到合适的安置。《诗经·周颂·昊天有成命》写道：'周王日夜操劳，顺应天命，政治宽大宁静。'陛下非常年轻，将政事委任给大臣，公卿辅佐陛下理政，政令教化未能均调，因此引发老百姓议论。"

御史沉默不语，不回答。

卷 四

地广第十六

【题解】

本篇围绕要不要开拓边疆而展开辩论。大夫认为,内地与边境安危劳逸不均,边境军队屡遭敌人侵扰,为内地起到了屏障作用,因此将内地的财富调剂到边境是正当的。他进一步指出,汉武帝时期征讨四夷,并不是单纯开疆拓土,而是为了"除寇贼而安百姓"。文学认为,边境不应该成为汉家政治的中心,"地广而不耕,多种而不耨,费力而无功"的现象应该改变。文学的辩论使大夫恼羞成怒,竟然以儒生年薪不到一把米来剥夺文学议政资格,这显示了大夫态度的傲慢和思想境界的低下。

大夫曰:"王者包含并覆[①],普爱无私[②],不为近重施[③],不为远遗恩[④]。今俱是民也,俱是臣也,安危劳佚不齐[⑤],独不当调邪[⑥]?不念彼而独计此,斯亦好议矣[⑦]?缘边之民[⑧],处寒苦之地,距强胡之难[⑨],烽燧一动[⑩],有没身之累[⑪]。故边民百战,而中国恬卧者[⑫],以边郡为蔽扞也[⑬]。《诗》云:'莫非王事，而我独劳。'[14]刺不均也。是以圣王怀四方独苦[15]，兴师推却胡、越[16]，远寇安灾[17]，散中国肥饶之余，以调边境，边境强，则中国安，中国安则晏然无事[18]。何求而不默也[19]？"

【注释】

①包含并覆：兼包并蓄。

②普爱：博爱。

③重施：多加施惠。

④遗恩：遗漏恩惠。

⑤佚：通"逸"。

⑥调：调整。

⑦好议：爱发议论。

⑧缘边：边境。

⑨距：通"拒"，抵抗。

⑩烽：烽烟。燧：烽火。

⑪没身：丧命。

⑫恬卧：安静地睡觉。

⑬蔽扞：屏障。

⑭莫非王事，而我独劳：见于《诗经·小雅·北山》。

⑮怀：惦记。四方独苦：四周边境特别艰苦。

⑯推却：击退。

⑰远寇安灾：赶走敌寇，消除灾祸。"寇"下原有"国"字，据张敦仁说校删。

⑱中国安则晏然无事："国"上原无"中"字，据王利器说校补。

⑲默：沉默，沉静下来。

【译文】

大夫说："君王兼包并蓄，博爱无私，不因为距离近就加重施惠，不因为距离远就遗漏恩惠。现在都一样是天子的小民，一样是天子的臣下，但是有安有危，有劳有逸，待遇不一样，难道不应当调整吗？你们不考虑边境军民，只是想到内地民众，这也是太好发表议论了吧？边境军民，处于寒苦之地，抵抗强大匈奴的侵扰，烽烟一起，就有丧命危险。因此边境军民经历上百次战斗，而中原民众却能在安静地睡觉，这是因为有边境郡县作为屏障。《诗经·小雅·北山》说：'没有不从事王事的，唯独我最劳苦。'这是讽刺劳苦不均啊。所以圣明君王惦记四周边境特别艰苦，出兵击退匈奴和百越，赶走敌寇，消除灾祸，分散中国内地肥饶多余的物资，调剂给边境郡县。边境防卫加强了，中国内地就安全；中国内地安全，就会安然无事。你们还要求什么而不能沉静下来呢？"

文学曰："古者，天子之立于天下之中，县内方不过千里①，诸侯列国，不及不食之地②，《禹贡》至于五千里③；民各供其君④，诸侯各保其国，是以百姓均调，而繇役不劳也。今推胡、越数千里，道路回避⑤，士卒劳罢⑥。故边民有刎颈之祸⑦，而中国有死亡之患，此百姓所以嚣嚣而不默也⑧。夫治国之道，由中及外，自近者始⑨。近者亲附，然后来远；百姓内足，然后恤外。故群臣论或欲田轮台⑩，明主不许，以为先救近务及时本业也⑪。故下诏曰：'当今之务，在于禁苛暴⑫，止擅赋⑬，力本农⑭。'公卿宜承意，请减除不任⑮，以佐百姓之急。今中国弊落不忧⑯，务在边境。意者地广而不耕，多种而不耨，费力而无功，《诗》云：'无田甫田，维莠骄骄。'⑰其斯之谓欤？"

【注释】

①县内：指直辖地区。

②不及：不到。不食之地：指不能耕种的地方。

③《禹贡》：《尚书》中的一篇，文章记载禹划定九州、各州地理特点、物产以及贡赋情形。

④供：供养。

⑤回避：迂回僻远。避，通“僻”。

⑥劳罢：即疲劳。罢，同“疲”。

⑦刎颈：杀头。

⑧嚣嚣(ǎo)：愁怨之声。

⑨夫治国之道，由中及外，自近者始：《春秋繁露·王道》：“《春秋》立义……亲近以来远，故未有不先近而致远者也。”

⑩田：屯田。轮台：地名，在今新疆维吾尔自治区轮台县。公元前89年，桑弘羊建议派兵在轮台一带屯田守边，汉武帝未采纳。

⑪先救近务：先解决迫切事务。及时本业：及时加强农业生产。

⑫禁苛暴：禁止苛刻残暴。

⑬止擅赋：制止随意征收的赋税。

⑭力本农：努力务农。

⑮不任：承受不了的负担。

⑯弊落：衰败。

⑰无田甫田，维莠骄骄：见于《诗经·齐风·甫田》。无田甫田，不要耕种大田。维，通“惟”，只有。莠，狗尾草。骄骄，高深的样子。

【译文】

文学说：“古时候，天子居于天下的中心，直辖地区方圆不过千里。诸侯列国也到不了那些不能耕种的地方。据《尚书·禹贡》记载，中国统治区域达到五千里。老百姓各自供养他们的国君，诸侯各自保有自己的国家，因此老百姓劳逸均衡，而徭役不至于劳苦。现在将匈奴、百越击退到数千里之外，道路迂回僻远，士卒疲劳。因而边境民众有被杀头的灾祸，而中原内地有死亡的忧患，这就是老百姓愁苦悲伤而不沉静的原因。治国的路线，是由中国内地到边境，从近处开始。近处的亲近归附，然后招来远方之人；老百姓内部富足，然后再体恤边疆。因而此前有大臣建议在新疆轮台屯田，英明的君主不允许，认为应该先解决迫切事务，及时加强农业生产。因此皇帝下诏说：‘当今的要务，在于禁止苛刻残暴，制止随意征收赋税，努力务农。’公卿应该秉承皇上意旨，请减除老百姓承受不了的负担，以帮助老百姓的急需。现在朝廷放下中国内地衰败而不忧愁，却把工作放在边境，料想边境土地虽然广阔但不宜耕种，或者广种而不能锄草，费力而没有功效。《诗经·齐风·甫田》说：‘不要耕种大田，那里只有高深的狗尾草。’大概说的就是这种情形吧？”

大夫曰：“汤、武之伐，非好用兵也；周宣王辟国千里①，非贪侵也；所以除寇贼而安百姓也。故无功之师，君子不行；无用之地，圣王不贪。先帝举汤、武之师，定三垂之难②，一面而制敌③，匈奴遁逃。因河、山以为防④，故去砂石咸卤不食之地⑤，故割斗辟之县⑥，弃造阳之地以与胡⑦，省曲塞⑧，据河险⑨，守要害⑩，以宽徭役，保士民。由此观之：圣主用心，非务广地以劳众而已矣。”

【注释】

①周宣王辟国千里：周宣王为周厉王之子，名静，在位期间派兵征讨徐戎、淮夷和荆蛮，史称宣王中兴。

②三垂：指东、南、西三方边境。垂，通“陲”，边陲。

③一面：指北面匈奴。制敌：制服敌人。

④河：黄河。山：阴山。防：防线，屏障。

⑤去：撤离。

⑥割：割让。斗：通“陡”，绝险。辟：通“僻”。

⑦造阳：地名，战国时属燕国，今河北怀来。

⑧省：减少。曲塞：偏僻边塞。一说，曲塞，指长城。

⑨据河险：凭借黄河天险。

⑩守要害：守卫要害之地。

【译文】

大夫说：“商汤伐夏桀，商武王伐商纣，并不是爱好用兵；周宣王开辟千里国土，并不是贪图侵占土地；而是通过用兵来扫除贼寇而安定老百姓。因此没有功德的用兵，圣明君主是不会发动的；无用的土地，圣明君王是不会贪得的。已故武帝发动像商汤、周武王那样的义兵，平定东、西、南三个方向的边境动乱，北面制服敌人，匈奴都逃跑了。凭借黄河、阴山作为屏障，主动撤离砂石盐碱不能耕种的土地，割让绝险偏僻的地方，将造阳土地丢弃给匈奴，减少偏僻边塞，占据黄河天险，守卫要害之地，以此放宽兵役和徭役，保护将士和民众。由此看来：圣明君主的用心，并不是务必拓广土地来劳苦民众而已。”

文学曰：“秦之用兵，可谓极矣①，蒙恬斥境②，可谓远矣。今逾蒙恬之塞③，立郡县寇虏之地，地弥远而民滋劳。朔方以西④，长安以北，新郡之功，外城之费，不可胜计。非徒是也，司马、唐蒙凿西南夷之涂⑤，巴、蜀弊于邛、筰⑥；横海征南夷⑦，楼船戍东越⑧，荆、楚罢于瓯、骆⑨，左将伐朝鲜⑩，开临屯⑪，燕、齐困于秽貉⑫，张骞通殊远⑬，纳无用⑭，府库之藏，流于外国；非特斗辟之费，造阳之役也。由此观之：非人主用心，好事之臣为县官计过也。”

【注释】

①极：顶点。

②斥：开拓。

③逾：越过。

④朔方：郡名，在今内蒙古自治区鄂尔多斯西北。《汉书·食货志下》："又兴十余万人筑城朔方，转漕甚远，自山东咸被其劳，费数十百钜万，府库并虚。"

⑤司马：司马相如。唐蒙：西汉番阳令。《史记·平准书》："唐蒙、司马相如开路西南夷，凿山通道千余里，以广巴蜀，巴蜀之民罢焉。"凿，开通。涂，同"途"，道路。

⑥巴、蜀弊于邛、筰：巴、蜀两郡因为开辟邛、筰交通而疲弊。

⑦横海：横海将军韩说。

⑧楼船：楼船将军杨仆。

⑨荆、楚罢于瓯、骆：荆、楚地区为用兵瓯、骆而疲惫。瓯、骆，西汉时期南方的两个部落。

⑩左将：左将军荀彘(zhì)。

⑪屯：原作"洮"，据黄侃说校改。

⑫秽：指东北少数民族。貉：指北方少数民族。

⑬张骞：汉代成固人，汉武帝时出使西域，被封为博望侯。殊远：特别遥远。

⑭无用：指张骞带来的一些西域物产。

【译文】

文学说："秦朝用兵，可以说达到顶点了；蒙恬开拓边境，可以说相当遥远了。如今越过蒙恬当年所筑的边塞，在匈奴地域建立郡县，地域更加遥远，民众愈发疲劳。朔方郡以西，长安城以北，新建郡县的修建工程，塞外降城修筑的费用，简直无法计算。不仅如此，司马相如、唐蒙开通西南夷的道路，巴、蜀两郡民众因为开辟邛、筰交通而疲惫；横海将军韩说征讨南夷；楼船将军杨仆戍守东越；荆、楚地区为用兵瓯、骆而疲劳不堪；左将军荀彘征伐朝鲜，开设临屯郡；燕、齐地区为平定秽、貉而劳困；张骞开通特别遥远的西域，带来一些无用的东西，国库收藏的钱财，流向外国；这些开支岂止是割让绝险僻远地方、放弃造阳的费用啊。由此看来：不是君主用心谋划，而是一些多事大臣为朝廷计谋而造成的过失。”

大夫曰：“挟管仲之智者，非为厮役之使也①。怀陶硃之虑者②，不居贫困之处。文学能言而不能行，居下而讪上③，处贫而非富，大言而不从④，高厉而行卑⑤，诽誉訾议⑥，以要名采善于当世⑦。夫禄不过秉握者⑧，不足以言治，家不满檐石者⑨，不足以计事。儒皆贫羸⑩，衣冠不完⑪，安知国家之政，县官之事乎？何斗辟造阳也！”

【注释】

①厮役之使：奴仆的职务。

②陶硃：陶朱公范蠡。硃，同“朱”。

③讪上：诽谤上司。《论语·阳货》：“恶居下流而讪上者。”

④大言而不从：说大话而做不到。

⑤高厉而行卑：外表清高却行为卑鄙。

⑥诽誉訾议：诽谤他人声誉，妄发议论。

⑦要名：求名。采善：意同“要名”。

⑧秉：一束禾。握：一把米。汉代年俸按若干石谷子来计算。

⑨家不满檐石(dàn)者：家里粮食还不到一石的人。

⑩贫羸(lěi)：贫苦。

⑪完：完备。

【译文】

大夫说："拥有管仲智慧的人，不会担任奴仆的职务。怀藏陶朱公思虑的人，不会居住在贫困的处所。文学能说而不能行，居下位而诽谤上司，身处贫困而非难富有，说大话而做不到，外表清高却行为卑鄙，诽谤他人声誉，妄发议论，以此向当世求取好名声。俸禄不过一束禾一把米的人，不足以谈论国家治理，家产还不到一石粮的人，不足以筹划朝廷大事。儒生们都很贫苦，衣冠尚且不完备，怎么知道国家大政、朝廷之事呢？还侈谈什么绝险僻远、舍弃造阳的事！"

文学曰："夫贱不害智①，贫不妨行。颜渊屡空②，不为不贤。孔子不容③，不为不圣。必将以貌举人，以才进士，则太公终身鼓刀④，宁戚不离饭牛矣⑤。古之君子，守道以立名，修身以俟时⑥，不为穷变节，不为贱易志，惟仁之处，惟义之行。临财苟得，见利反义，不义而富，无名而贵，仁者不为也。故曾参、闵子不以其仁易晋、楚之富⑦。伯夷不以其行易诸侯之位⑧，是以齐景公有马千驷⑨，而不能与之争名。孔子曰：'贤哉回也！一箪食，一瓢饮，在于陋巷，人不堪其忧，回也不改其乐。'⑩故惟仁者能处约、乐⑪，小人富斯暴⑫，贫斯滥矣⑬。杨子曰⑭：'为仁不富，为富不仁。'苟先利而后义，取夺不厌⑮。公卿积亿万，大夫积千金，士积百金，利己并财以聚；百姓寒苦，流离于路，儒独何以完其衣冠也？"

【注释】

①害：原作"周"，据卢文弨、俞樾说校改。

②颜渊：孔子最优秀的弟子。屡空：经常困乏。《论语·先进》："回

也其庶乎，屡空。”

③不容：不能见容于世。

④鼓刀：屠宰牲口。《离骚》：“吕望之鼓刀兮，遭周文而得举。”

⑤宁戚：春秋时期齐国人。相传宁戚曾为商贾，宿于齐国东门之外，桓公夜出，宁戚正在喂牛，便叩牛角而唱歌，抒发怀才不遇之感。齐桓公听到宁戚的歌声，知道他是贤才，于是将他提拔到卿位。《离骚》：“宁戚之讴歌兮，齐桓闻以该辅。”饭牛，喂牛。

⑥俟时：等待时机。

⑦曾参：孔子弟子。闵子：闵子骞，孔子弟子。不以其仁易晋、楚之富：《孟子·公孙丑下》：“晋、楚之富，不可及也。彼以其富，我以吾仁。彼以其爵，我以吾义。吾何慊乎哉！”

⑧伯夷：殷末孤竹国君之子，与其弟叔齐互让君位，一起逃离孤竹国，投奔周文王。因不满武王伐纣，义不食周粟而死。事迹见于《史记·伯夷列传》。

⑨齐景公有马千驷：《论语·季氏》：“齐景公有马千驷，死之日，民无德而称焉。伯夷、叔齐饿于首阳之下，民到于今称之。”驷，四匹马。古代四马拉一辆车。

⑩贤哉回也！一箪（dān）食，一瓢饮，在于陋巷，人不堪其忧，回也不改其乐：见于《论语·雍也》。箪，盛饭的竹篮。

⑪惟仁者能处约、乐：《论语·里仁》：“子曰：‘不仁者不可以久处约，不可以长处乐。’”约，贫困。“乐”下原有“贫”字，据王利器说校删。

⑫斯：则。

⑬贫斯滥：《论语·卫灵公》：“子曰：‘君子固穷，小人穷斯滥矣。’”滥，泛滥，无所不为，没有底线。

⑭杨子：即阳虎。杨，通“阳”。杨子之语见于《孟子·滕文公上》。

⑮取夺不厌：巧取豪夺，永不满足。《孟子·梁惠王上》：“苟为后义

而先利,不夺不厌。”

【译文】

文学说:“卑贱不妨害智慧,贫寒不妨害品行。颜渊屡次困乏,不能说他不是贤人。孔子不能见容于世,不能说他不是圣人。如果一定要凭外貌举荐贤人,按财产多少录用士人,那么姜太公终身只能宰割牲畜,宁戚永远只能喂牛。古代的君子,坚守正道来树立名声,修养身心来等待时机,不因为困窘而改变节操,不因为卑贱而改变志向,只居仁爱之处,只行道义之事。见到财富就想得,见到利益就忘义,不合道义而富有,没有名声而尊贵,仁义的人是不会这么做的。因此曾参、闵子骞不愿意拿自己的仁义品质去换取晋国、楚国的富有。伯夷不愿意拿自己的品行来换得诸侯之位,所以齐景公虽然千辆兵车,却不能与伯夷争名。《论语·雍也》载孔子曰:‘贤德啊颜回!一竹篮冷饭,一瓢冷水,住在陋巷,其他人忍受不了贫穷的忧愁,而颜回却不改他的快乐。’因此只有仁义的人才能过贫穷的生活,也只有仁义的人才能真正快乐,小人富有就会骄横,贫穷就会无所不为。阳虎说:‘坚持仁义就不能发财致富,要发财致富就不能坚持仁义。’如果遇事都先考虑利益而后才想到道义,那么就会巧取豪夺永不满足。如果公卿积累亿万财富,大夫积累千金财富,士积累百金财富,为了利己便吞并聚敛财富,那么老百姓必然贫寒困苦,流离失所,儒生又怎么能使他的衣冠完备呢?”

贫富第十七

【题解】

本篇辩论贫富问题。大夫强调人们获得财富的机会是均等的,关键是看你有没有看到财富的智慧和获得财富的能力。他认为拥有财富,才能获得社会的尊重,至于那些连自己生存都得不到保障的人,对社会是没有帮助的。文学则认为,享受俸禄的官员不应该再谋求经商的利益。他尖锐地指出，问题的实质是官员“因权势以求利”，通过权力来谋求财利。文学的贫富观是：“君子遭时则富且贵，不遇，退而乐道。”那种不义的富贵是文学所不愿接受的。

大夫曰：“余结发束脩①，年十三，幸得宿卫②，给事辇毂之下③，以至卿大夫之位，获禄受赐，六十有余年矣。车马衣服之用，妻子仆养之费，量入为出，俭节以居之，奉禄赏赐，一二筹策之④，积浸以致富成业⑤。故分土若一，贤者能守之；分财若一，智者能筹之⑥。夫白圭之废著⑦，子贡之三至千金⑧，岂必赖之民哉⑨？运之六寸⑩，转之息耗⑪，取之贵贱之间耳⑫！”

【注释】

①结发：束发，用丝绳将头发扎起来。束脩：一束干肉，这是送给老师的礼物。一说，束脩，束带修饰。

②宿卫：皇宫之中值宿警卫。汉代青少年入仕，或者依靠父辈余荫，或者通过出资，桑弘羊可能是通过出资进入仕途。

③给事辇毂(niǎn gǔ)之下：意谓在皇帝身边供职。给事，供职。辇毂，皇帝的车驾。

④一二筹策之：一一计划安排。

⑤积浸：逐渐积蓄。浸，渐。

⑥故分土若一，贤者能守之；分财若一，智者能筹之：《管子·国蓄》：“分地若一，强者能守；分财若一，智者能收。”分土，分得的土地。若一，一个样。守，守住不丢失。筹，筹划。

⑦白圭：战国时魏国著名商人。废著：贱买贵卖。废，卖出。著，通“贮”。

⑧子贡：孔子弟子，擅长外交和经商。

⑨赖：取。

⑩运之六寸：运用算法。六寸，指六寸长的算筹。《汉书·律历志》："其算法用竹径一分，长六寸，二百七十一枚而成六觚为一握。"

⑪转之息耗：在生息亏耗中运转。息，生息，盈利。耗，亏损。

⑫取之贵贱：在物价涨落之中牟利。

【译文】

大夫说："我束发上学，在十三岁时候，幸运地得到皇宫值宿警卫的差事，在皇帝身边供职，逐渐升迁到卿大夫的职位，获得俸禄，蒙受赏赐，到现在已经有六十多年了。车马衣服的用度，妻子儿女僮仆的赡养费用，都是量入为出，过着俭省节约的生活。所得到的俸禄赏赐，都一点一点地筹划安排，逐渐积蓄，发家致富，成就一份家业。因此，分得的土地一样，只有贤能的人能够守住土地；分得的财富一样，只有智慧的人能够筹划生财。当年白圭贱买贵卖，子贡三次成为千金富翁，难道一定都是从老百姓那里搜刮来的吗？他们不过是精打细算，在生息亏耗中运转，在物价涨落之中牟利罢了！"

文学曰："古者，事业不二[①]，利禄不兼[②]，然诸业不相远[③]，而贫富不相悬也[④]。夫乘爵禄以谦让者[⑤]，名不可胜举也；因权势以求利者，入不可胜数也[⑥]。食湖池，管山海[⑦]，刍荛者不能与之争泽[⑧]，商贾不能与之争利。子贡以布衣致之，而孔子非之[⑨]，况以势位求之者乎？故古者大夫思其仁义以充其位[⑩]，不为权利以充其私也。"

【注释】

①事业不二：不从事两种事业。

②利禄不兼：经商之利与做官之禄不兼得。

③然：这样。诸业不相远：各种职业的收入相差不远。

④悬：悬殊。

⑤乘爵禄以谦让：处于高官厚禄地位而能谦让。乘，因，凭借。

⑥入：收入。

⑦管：垄断。

⑧刍荛（chú ráo）：割草打柴的人。泽：恩泽，好处。

⑨非：批评。《论语·先进》："赐不受命，而货殖焉，亿则屡中。"不受命，不安本分。赐不受命，即"孔子非之"的内容。

⑩充：充实。

【译文】

文学说："古时候，人们不从事两种事业，经商之利与做官之禄不兼得，这样，各种职业的收入相差不远，而贫富不相悬殊。处于高官厚禄地位而能谦让的人，他的美名多得不可胜举；凭借权势来追求利益的人，他的收入多得不可胜数。占据湖泊沟池的利益，垄断山林河海的财富，割草打柴的人不能与他争一点好处，商贾也不能与他争夺财利。子贡以布衣平民致富，而孔子批评他，况且是以权势地位来谋求利益呢？因此古代大夫思考以仁义来充实官位，而不是为了个人权利来中饱私囊。"

大夫曰："山岳有饶①，然后百姓赡焉②。河海有润③，然后民取足焉。夫寻常之污④，不能溉陂泽⑤，丘阜之木⑥，不能成宫室。小不能苞大⑦，少不能赡多。未有不能自足而能足人者也。未有不能自治而能治人者也。故善为人者⑧，能自为者也，善治人者，能自治者也。文学不能治内，安能理外乎？"

【注释】

①饶：富饶的资源。

②赡：取足，得到供给。

③润：滋润，引申为物产。

④寻常：八尺为寻，倍寻为常。此处形容面积小。污：小池塘。

⑤溉：灌溉。陂（bēi）泽：蓄水的池塘。

⑥丘阜：小土坡。

⑦苞：通“包”，包容。

⑧为人：替人办事。

【译文】

大夫说：“山岳有富饶的资源，然后老百姓得到供给。河海有丰富的物产，然后民众获取足够的财利。小池塘的水，不能灌溉大塘大泽；小土坡上的树木，不能用它建成宫室。小不能包容大，少不能满足多。从未有过不能自给自足而能满足他人的人，从未有过不能自我治理而能治理他人的人。因此善于替他人办事的人，一定是能够替自己办事的人，善于治理他人的人，一定是能够治理好自己的人。文学连自己都不能治理，又怎么能治理好身外的事呢？”

文学曰：“行远道者假于车[①]，济江海者因于舟[②]。故贤士之立功成名，因于资而假物者也[③]。公输子能因人主之材木，以构宫室台榭，而不能自为专屋狭庐[④]，材不足也。欧冶能因国君之铜铁[⑤]，以为金炉大钟[⑥]，而不能自为壶鼎盘杅[⑦]，无其用也。君子能因人主之正朝[⑧]，以和百姓，润众庶，而不能自饶其家，势不便也。故舜耕历山，恩不及州里，太公屠牛于朝歌，利不及妻子，及其见用，恩流八荒[⑨]，德溢四海。故舜假之尧，太公因之周，君子能修身以假道者，不能枉道而假财也[10]。”

【注释】

①行远道者假于车:“远”下原无“道”字,据王利器说校补。假,借助。

②济:渡。因:依靠。

③因于资而假物者也:“因”下原无“于”字,据王利器说校补。资、物,指外物、条件。

④专屋狭庐:狭小的房屋。

⑤欧冶能因国君之铜铁:“国君”下原无“之”字,据王利器说校补。

⑥金炉:铜炉。

⑦壶:原作“一”。杅(yú):盛汤或食物的器皿。原作“材”,据王利器说校改。

⑧君子能因人主之正朝:“因”上原无“能”字,据王利器说校补。正朝,朝政。正,通“政”。

⑨八荒:八方极远之处。

⑩假:借助。

【译文】

文学说:“走远路的人要借助车子,渡江海的人要依靠船只。因而贤士立功成名,要借助外界资源和事物。鲁班能够依靠君主的木材,来构建宫室台榭,却不能替自己建一个狭小的房屋,这是因为他手头的木材不足。欧冶子能够依靠国君的铜铁,来铸造铜炉大钟,却不能替自己铸一个壶鼎盘盆,这是由于他没有铜铁。君子能够借助君主的朝政,来协和老百姓,滋润众位平民,却不能使自己家庭富饶,这是由于情势不许可。因此舜在历山耕种,恩惠达不到本乡本土,姜太公在朝歌宰割牛肉,利益达不到妻子儿女,等到他们被重用,恩惠流通八方,德泽充溢四海。因此舜借助尧,姜太公依靠周文王和周武王,君子能够借助道义来修身，不能违背道义而借助钱财。”

大夫曰：“道悬于天，物布于地，智者以衍①，愚者以困。子贡以著积显于诸侯②，陶硃公以货殖尊于当世③。富者交焉④，贫者赡焉⑤。故上自人君，下及布衣之士，莫不戴其德⑥，称其仁。原宪、孔急⑦，当世被饥寒之患⑧，颜回屡空于穷巷⑨，当此之时，迫于窟穴⑩，拘于缊袍⑪，虽欲假财信奸佞⑫，亦不能也。”

【注释】

①衍：富裕。

②著积：囤积。

③硃：同“朱”。货殖：财货增值。

④交：交往。

⑤赡：丰足，得到他们资助。

⑥戴：感戴。

⑦原宪：又称原思，孔子弟子。孔急：即孔伋(jī)，字子思，孔子之孙。

⑧被：遭受。

⑨颜回屡空于穷巷：《论语·先进》：“回也其庶乎，屡空。”

⑩迫于窟穴：窘迫地住在土屋里。

⑪拘：拘束，局促。缊(yùn)袍：以乱麻为絮的袍子。缊，乱麻。

⑫假财：借助钱财。信奸佞：施展奸诈谄媚伎俩。信，通“伸”。

【译文】

大夫说：“道理悬挂在天上，物资遍布大地，智慧的人因此富裕，愚蠢的人因此贫困。子贡通过囤积财物而名显诸侯、陶朱公通过货物增值而在当世获得尊荣。富贵的人与他们交往，贫穷的人接受他们救济。

上到国君，下到布衣平民，没有人不感戴他们的恩德，称颂他们的仁义。原宪和孔伋，在他们生活的当世遭受饥寒之苦，颜回在简陋的巷道里屡次穷困，在那个时候，他们窘迫地住在土屋里，拘谨地穿着破长袍，即使想借助钱财，施展奸诈谄媚的伎俩，也是不可能的。”

文学曰：“孔子云：‘富而可求，虽执鞭之事，吾亦为之；如不可求，从吾所好。’①君子求义，非苟富也。故刺子贡不受命而货殖焉②。君子遭时则富且贵③，不遇，退而乐道。不以利累己，故不违义而妄取。隐居修节，不欲妨行，故不毁名而趋势。虽付之以韩、魏之家④，非其志，则不居也。富贵不能荣，谤毁不能伤也。故原宪之缊袍，贤于季孙之狐貉⑤，赵宣孟之鱼飧⑥，甘于智伯之刍豢⑦，子思之银佩⑧，美于虞公之垂棘⑨。魏文侯轼段干木之间⑩，非以其有势也；晋文公见韩庆⑪，下车而趋，非以其多财⑫，以其富于仁，充于德也。故贵何必财，亦仁义而已矣！”

【注释】

①富而可求，虽执鞭之事，吾亦为之；如不可求，从吾所好：见于《论语·述而》。富而可求，指正义的富贵。执鞭之事，指替人驾车。不可求，指不义的富贵。

②刺子贡不受命而货殖：见于《论语·先进》。

③遭时：碰上时运。

④韩、魏之家：指春秋晋国卿大夫中的韩、魏两家，以富有著称，后来成为两个诸侯大国。

⑤季孙：春秋时期鲁国权臣季孙氏。狐貉：皮袍。

⑥赵宣孟：赵盾，春秋时期晋国正卿，谥宣子。孟，尊称。《春秋公

羊传·宣公六年》载晋灵公使勇士杀赵盾，勇士见赵盾正在吃鱼，感慨其俭约，不忍杀，自刎而死。飧：原作“食”，据卢文弨说校改。

⑦智伯：春秋晋国六卿之一。刍豢：用草饲养的牛羊叫刍，用粮食喂养的猪狗叫豢。这里指肉食。

⑧银佩：白银佩饰。

⑨虞：春秋时期诸侯国名，在今山西平陆一带。垂棘：春秋时期晋国地名，以产美玉出名，此处指代美玉。晋献公送垂棘之璧给虞君，向虞国借道灭虢，在灭虢返回途中消灭虞国。

⑩魏文侯：战国前期魏国君主，名斯。轼：车厢前面用作扶手的横木。此处用作动词，伏在横木上以示敬重。段干木：魏人，隐居不仕，魏文侯路过段干木的家门，就扶轼表示对他的敬重。《史记·魏世家》载：“文侯受子夏经艺，客段干木，过其闾，未尝不轼也。”

⑪晋文公见韩庆：未见出处。

⑫非以其多财：“非”下原脱“以”字，据郭沫若校补。

【译文】

文学说：“《论语·述而》载孔子云：‘富贵如果值得追求，即使是执鞭驾车的事，我也去干；如果不值得追求，那还是做我所爱好的事。’君子追求道义，不是随便追求富贵。因此孔子批评子贡不安本分而去做生意。君子碰到时运就富贵，如果碰不到时运，就退隐而安贫乐道。不因为利益而连累自己，因而不违背道义而胡乱获取。隐居起来，修行节操，不希望妨害自己的品行，因而不会毁坏名誉而趋炎附势。即使有人把韩、魏的财富给你，如果不符合自己的志向，也不愿意接受。富贵不能使他感到荣耀，谤毁不能使他受到伤害。因此原宪的破长袍，比季孙氏的狐貉皮袍还要珍贵；赵盾俭朴的鱼饭，比智伯的肉食还要甘甜；子思的白银佩饰，比虞公的垂棘之璧还要美好。魏文侯路过段干木村庄，伏在车横木上表示敬重，这不是因为段干木有权势；晋文公遇见韩庆，下车小步快走表示敬意，这不是因为韩庆拥有很多财富，而是因为段干木、韩庆富于仁义，具备美德啊。因此，尊贵何必要有财富，只要有仁义就行了！”

毁学第十八

【题解】

本篇辩论由李斯的生平际遇所引发。李斯学于荀卿，入秦拜相，贵极人臣。但后来遭到赵高陷害，身被五刑而死。如何看待李斯这种大起大落的人生？双方表达了不同看法。大夫赞美李斯“据万乘之权以制海内，切侔伊、望，名巨泰山”，羡慕他“奋翼高举，龙升骥骛，过九轶二，翱翔万仞”的辉煌。文学则认为，李斯不计后果地猎取富贵，“若蹈坎阱，食于悬门之下”，贪图厚禄，羡慕虚荣，导致自我毁灭，实在不值得取法。

大夫曰：“夫怀枉而言正①，自托于无欲而实不从②，此非士之情也③？昔李斯与包丘子俱事荀卿④，既而李斯入秦，遂取三公，据万乘之权以制海内⑤，切侔伊、望⑥，名巨泰山⑦；而包丘子不免于瓮牖蒿庐⑧，如潦岁之蛙⑨，口非不众也⑩，卒死于沟壑而已。今内无以养⑪，外无以称⑫，贫贱而好义，虽言仁义，亦不足贵者也！”

【注释】

①怀枉：心术不正。

②实不从：实际行动不能跟上。

③此非：原作“非此”，据王利器说校改。

④李斯：战国时期楚国上蔡人，荀子弟子。入秦后辅佐秦始皇统一天下，担任秦朝丞相。他根据法家思想，协助秦始皇制定了一套严厉的专制集权制度。秦始皇死后，他与赵高合谋，立胡亥为二世皇帝。后被赵高杀害。包丘子：即浮丘伯，亦作“鲍丘”，与李斯同为荀子弟子，为战国后期著名儒生。荀卿：荀子，战国后期儒家大师。

⑤据万乘之权：凭借万辆兵车大国的权威。制：统治。

⑥切侔（móu）：相当。伊：伊尹。望：吕望，即姜太公。

⑦名巨泰山：名声比泰山还要巨大。巨，巨大。

⑧瓮牖（yǒu）：以破瓮做窗户。蒿庐：简陋的草房。陆贾《新语·资质》：“鲍丘之德行，非不高于李斯、赵高也，然伏隐于蒿庐之下，而不录于世，利口之臣害之也。”

⑨潦岁：雨水多的年头。

⑩口非不众：指青蛙众口发声。

⑪内无以养：在家不能养活父母妻子。

⑫外无以称：在外没有什么值得称道。

【译文】

大夫说：“心术不正却说得一本正经，自己标榜清心寡欲而实际行动不能跟上，这不正是你们儒生的情态吗？从前李斯与浮丘伯一起拜荀卿为师，不久李斯进入秦国，获取三公尊位，凭借万辆兵车大国的权威来统治天下，地位相当于商朝的伊尹和周朝的吕望，名声比泰山还要巨大；而浮丘伯却住在以破瓮做窗户的简陋草房里，如同涝灾之年的青蛙，叫唤不可谓不厉害，最终死于沟壑而已。如今你们在家不能养活父母妻子，在外没有什么功德值得称道，身处贫贱却好谈仁义，即使满口仁义道德，也没有什么可贵的！”

文学曰："方李斯之相秦也，始皇任之[1]，人臣无二，然而荀卿谓之不食[2]，睹其罹不测之祸也[3]。包丘子饭麻蓬藜[4]，修道白屋之下[5]，乐其志，安之于广厦刍豢[6]，无赫赫之势[7]，亦无戚戚之忧[8]。夫晋献垂棘，非不美也，宫之奇见之而叹[9]，知荀息之图之也。智伯富有三晋[10]，非不盛也，然不知襄子之谋之也[11]。季孙之狐貉，非不丽也，而不知鲁君之患之也[12]。故晋献以宝马钓虞、虢[13]，襄子以城坏诱智伯[14]。故智伯身禽于赵[15]，而虞、虢卒并于晋，以其务得不顾其后[16]，贪土地而利宝马也。孔子曰：'人无远虑，必有近忧。'[17]今之在位者，见利不虞害[18]，贪得不顾耻，以利易身，以财易死。无仁义之德，而有富贵之禄，若蹈坎阱[19]，食于悬门之下[20]，此李斯之所以伏五刑也[21]。南方有鸟名鹓雏[22]，非竹实不食[23]，非醴泉不饮[24]，飞过泰山，泰山之鸱[25]，俯啄腐鼠，仰见鹓雏而吓。今公卿以其富贵笑儒者，为之常行[26]，得无若泰山鸱吓鹓雏乎？"

【注释】

①任之：信任他。

②谓之不食：为之吃不下饭。谓，通"为"。

③罹：遭到。

④饭麻：当作"饭糜"，以粥为食。蓬藜：两种野草。

⑤白屋：白茅草房。

⑥于：通"如"。广厦：高楼大厦。

⑦赫赫：显赫。

⑧戚戚：忧虑貌。

⑨宫之奇：春秋时期虞国大夫。晋献公为攻打虢国和虞国，派大夫荀息将垂棘之璧和一匹良马送给虞国国君，向虞国借路去攻打虢国。宫之奇说，虞、虢两国唇齿相依，唇亡则齿寒。虞君不听，宫之奇带领全族出逃。结果虞国被晋人所灭。

⑩智伯：春秋末年晋国六卿之一，名瑶。富有三晋：晋国有著名的六卿，智伯吞并六卿中的范氏、中行氏土地，故称富有三晋。此处"三晋"不同于韩、赵、魏之"三晋"。

⑪襄子之谋：智伯强迫韩、赵、魏割城给他，韩、魏献城，赵襄子不肯，智伯率韩、魏合攻赵。赵襄子逃到晋阳，智伯引汾水灌晋阳。后来赵与韩、魏密谋联合，里应外合消灭了智伯，共分其地。襄子，赵襄子，赵简子之子。

⑫鲁君之患之：季孙氏在鲁国专权，成为鲁君的心腹大患。

⑬钓：作为诱饵来引诱。《淮南子·主术训》："虞公好宝，而晋献公以璧马钓之。"

⑭襄子以城坏诱智伯：《史记·赵世家》载："三国攻晋阳，岁余，引汾水灌其城，城不浸者三版。城中悬釜而炊，易子而食。群臣皆有外心，礼益慢，唯高共不敢失礼。襄子惧，乃夜使相张孟同私于韩、魏。韩、魏与合谋，以三月丙戌，三国反灭智氏，共分其地。"

⑮禽：同"擒"。

⑯务得：一心获取。

⑰人无远虑，必有近忧：见于《论语·卫灵公》。

⑱虞：考虑，预料。

⑲蹈：踏，踩。

⑳悬门：吊在空中的能上下开闭的闸门。

㉑五刑：五种刑罚，先在脸上刺字，再剁去左右脚趾，用竹板打死，砍掉脑袋，最后剁成肉酱，放到集市中去示众。

㉒鹓雏(yuān chú):传说中与凤凰同类的鸟。《庄子·秋水》载:“惠子相梁,庄子往见之。或谓惠子曰:‘庄子来,欲代子相。’于是惠子恐,搜于国中,三日三夜。庄子往见之曰:‘南方有鸟,其名为鹓雏,子知之乎?夫鹓雏发于南海,而飞于北海;非梧桐不止,非练实不食,非醴泉不饮。于是鸱得腐鼠,鹓雏过之,仰而视之曰:吓!今子欲以子之梁国而吓我邪?’”

㉓竹实:竹子的籽实。

㉔醴(lǐ)泉:甘甜的泉水。

㉕鸱:猫头鹰。

㉖为:读为“谓”(用陈遵默说)。之:其(用郭沫若说)。

【译文】

文学说:“李斯担任秦国丞相的时候,秦始皇信任他,在人臣当中没有人能够与他相比,然而李斯的老师荀卿为此担心得吃不下饭,因为荀子看到他的弟子将会遭到不可预测的灾祸。浮丘伯喝稀饭,住茅棚,在草屋之中修道,为自己的志向而欢乐,就像住在高楼大厦里吃肉食那样安适,虽然没有显赫的权势,但也没有阴郁的忧虑。晋献公的垂棘之壁,不可谓不美,但宫之奇见到后为之叹息,因为他知道荀息包藏的祸心。智伯拥有大半个晋国的财富,不可谓不强盛,但他不知道赵襄子在打他的主意。季孙氏的狐貉皮袍,不可谓不漂亮,但他不知道鲁君将他视为心腹之患。因此晋献公以宝马作为诱饵引诱虞国和虢国,赵襄子以城墙浸坏来引诱智伯。因而智伯被赵人俘虏,而虞国和虢国最后被晋国吞并,这是因为智伯、虞公一心获利而不考虑后果,贪得土地、玉璧、宝马。《论语·卫灵公》载孔子曰:‘一个人如果没有长远的考虑,他的忧患一定会近在眼前。’如今在上位的人,见到利益就不再考虑祸害,贪得利益而不顾廉耻,用利益换取自身生命,用财富换取死亡。没有仁义道德,却有富贵爵禄,如同脚踏在陷阱之上,在悬吊空中的闸门之下吃饭,这就是李斯身遭五种酷刑惨死的原因啊。南方有一种鸟,名叫鹓雏，不是竹子籽实就不吃，不是甘甜的泉水不喝，它飞过泰山，泰山有一只猫头鹰，低头啄食腐烂的老鼠，仰头看见鹓雏，便大叫一声：“吓！”现在公卿倚仗自己的富贵嘲笑儒生，以此习以为常，岂不是像泰山的猫头鹰吓唬鹓雏吗？”

大夫曰：“学者所以防固辞[①]，礼者所以文鄙行也[②]。故学以辅德[③]，礼以文质[④]。言思可道，行思可乐[⑤]。恶言不出于口[⑥]，邪行不及于己。动作应礼[⑦]，从容中道[⑧]。故礼以行之，孙以出之[⑨]。是以终日言，无口过；终身行，无冤尤[⑩]。今人主张官立朝以治民[⑪]，疏爵分禄以褒贤[⑫]，而曰‘悬门腐鼠’，何辞之鄙背而悖于所闻也[⑬]？”

【注释】

①固辞：不文明的语言。《论语·宪问》：“疾固也。”

②文鄙行：修饰粗鄙的行为。文，修饰。

③辅德：辅助德行。

④文质：修饰内在品质。

⑤言思可道，行思可乐：《孝经》：“言思可道，行思可乐。”思可道，思考符合道理。思可乐，考虑使人高兴。

⑥恶言不出于口：见于《礼记·祭义》：“恶言不出于口，忿言不反于身。”

⑦应礼：适应礼节。

⑧从容中道：见于《礼记·中庸》：“从容中道，圣人也。”中道，符合道理。

⑨故礼以行之，孙以出之：《论语·卫灵公》：“君子义以为质，礼以行之，孙以出之，信以成之。”礼以行之，即以礼行之，按照礼义去

行动。孙以出之，即以孙出之，用谦逊的态度去表达。孙，通“逊”。

⑩是以终日言，无口过；终身行，无冤尤：《孝经》：“是故非法不言，非道不行，口无择言，身无择行，言满天下无口过，行满天下无怨恶。”口过，言语过失。冤尤，意同“怨恶”。冤，通“怨”。

⑪张官立朝：设置官职，建立朝政。

⑫疏爵分禄：区分官爵，划分俸禄。褒贤：褒奖贤能。

⑬鄙背：见于《论语·泰伯》：“出辞令，斯远鄙倍矣。”鄙背，粗野。背，通“倍”。

【译文】

大夫说：“学习是用来防止语言不文明，礼仪是用来文饰粗鄙的行为。因此学习用来辅助行德，礼仪用来文饰内在品质。说话要考虑符合道理，行为要考虑使人高兴。恶毒的语言不说出口，邪恶的行为不涉及自己。动作适应礼义，从容不迫，符合道理。因此以礼来规范自己的行动，用谦逊的态度说出来。所以成天说话，但没有言语过失；终身行动，没有冤仇。如今君主设置官职，建立朝政，来治理民众，区分官爵，划分俸禄，来褒奖贤能，你们却说什么‘悬在空中的闸门’‘腐烂的老鼠’，话怎么说得这么粗野，跟我们所听到的道理完全相反呢？”

文学曰：“圣主设官以授任①，能者处之；分禄以任贤，能者受之。义贵无高②，义取无多③。故舜受尧之天下④，太公不避周之三公⑤；苟非其人⑥，箪食豆羹犹为赖民也⑦。故德薄而位高，力少而任重⑧，鲜不及矣。夫泰山鸱啄腐鼠于穷泽幽谷之中，非有害于人也。今之有司，盗主财而食之于刑法之旁，不知机之是发⑨，又以吓人，其患恶得若泰山之鸱乎？”

【注释】

①授任：授予职务。

②义贵无高：由义而贵，不嫌其高。

③义取无多：由义而取，不嫌其多。

④故舜受尧之天下：《孟子·滕文公下》："非其道，则一箪食不可受于人；如其道，则舜受尧之天下，不以为泰。"

⑤避：逃避，推辞。

⑥苟非其人：如果不是舜、太公那样的人。

⑦箪食豆羹：一竹篮饭，一盘羹汤。本指粗茶淡饭，此处指微薄俸禄。赖：害。

⑧故德薄而位高，力少而任重：见于《易经·系辞下》："子曰：'德薄而位尊，知小而谋大，力小而任重，鲜不及矣。'"鲜不及，很少不赶上灾祸。

⑨机：机关。发：启动。

【译文】

文学说："圣明君主设置官职授予职务，贤能的人才担任；划分爵禄任用贤才，贤能的人才接受。由道义而显贵，不嫌其职务之高；由道义而获取俸禄，不嫌其俸禄之多。因此舜接受尧的天下，姜太公不推辞周朝三公之位；如果不是舜、姜太公那样的人，再微薄的俸禄也会成为对民众有害的人。因而那些道德浅薄而官位很高，力量很小而任务很重的人，很少不遇到灾祸的。泰山猫头鹰啄食腐烂的老鼠，是在穷泽幽谷之中，对人没有有害处。当今的主管官员，盗窃君主财产，在国家刑法旁边享用，不知道悬门的机关正在启动，又以此吓唬别人，其后祸患怎么能与泰山的猫头鹰相比呢？"

大夫曰："司马子言[①]：'天下穰穰，皆为利往。'[②]赵女不择丑好，郑妪不择远近[③]，商人不愧耻辱，戎士不爱死力[④]，士不在亲[5]，事君不避其难，皆为利禄也。儒、墨内贪外矜[6]，往来游说，栖栖然亦未为得也[7]。故尊荣者士之愿也，富贵者士之期也。方李斯在荀卿之门，阘茸与之齐轸[8]，及其奋翼高举[9]，龙升骥骛[10]，过九轶二[11]，翱翔万仞，鸿鹄华骝且同侣[12]，况跛牂燕雀之属乎[13]！席天下之权[14]，御宇内之众，后车百乘，食禄万钟[15]。而拘儒布褐不完[16]，糟糠不饱，非甘菽藿而卑广厦[17]，亦不能得已。虽欲吓人，其何已乎[18]！"

【注释】

①司马子：司马迁。

②天下穰穰（ráng），皆为利往：见于《史记·货殖列传》。穰穰，忙忙碌碌。

③郑妪（yù）：郑女。妪，妇女的通称。

④戎士：战士。

⑤士不在亲：士人不关心亲人。

⑥外矜：外表庄重。

⑦栖栖（xī）然：忙碌的样子。未为得：没有得到重用。

⑧阘茸（tà róng）：卑贱的人。齐轸：并驾齐驱。轸，车子后面的横木，此处指车子。

⑨高举：高飞。

⑩骥骛（wù）：骏马奔腾。

⑪过九轶二：飞上九重天，超过龙和马。九，九重天。轶，超过。二，龙和马。

⑫华骝：骏马。且同侣：俞樾说，"且"下脱"不"字。

⑬跛牂（zāng）：跛足母羊。

⑭席：掌握。

⑮万钟：极言俸禄很高。钟，古代容量单位，六斛四斗为一钟。

⑯拘儒：固执的儒生。布褐：麻布衣。不完：不齐全。

⑰甘：以动词，喜欢。菽藿：豆叶。

⑱何已：用什么。已，通“以”，用。

【译文】

大夫说：“司马迁说过：‘天下人忙忙碌碌，都是为利益奔走。’赵地女子不选择丑好，郑地女子不选择远近，商人不为耻辱而羞愧，战士不惜拼死作战，士人不关心亲人，事奉君主不逃避祸难，都是为了利禄啊。儒墨内心贪婪，外表庄重，往来游说，奔波劳碌，也是因为尚未得到重用。因此，尊贵荣耀是士人的愿望，富有尊贵是士人的期待。当李斯在荀卿门下的时候，那些卑贱的人与他并驾齐驱，等到李斯奋翅高飞，像龙一样升腾，如骏马一样奔腾，飞上九重天，超过龙和马，在万里高空尽情翱翔，鸿鹄骏马尚且不能与他成为伴侣，何况跛羊、燕子、麻雀之类呢！掌握天下大权，统治全国民众，身后随车有百辆之盛，享用俸禄达万钟之多。而你们这些固执的儒生麻布衣都穿不齐全，连糟糠都吃不饱，并不是你们喜欢吃豆叶，不是你们看不上高楼大厦，只是不能得到罢了。即使你们想吓唬人，你们拿什么去吓唬呢！”

文学曰：“君子怀德，小人怀土[①]。贤士徇名，贪夫死利[②]。李斯贪其所欲，致其所恶[③]。孙叔敖早见于未萌[④]，三去相而不悔，非乐卑贱而恶重禄也，虑患远而避害谨也[⑤]。夫郊祭之牛[⑥]，养食朞年[⑦]，衣之文绣[⑧]，以入庙堂[⑨]，太宰执其鸾刀[⑩]，以启其毛[⑪]；方此之时，愿任重而上峻阪[⑫]，不可得也。商鞅困于彭池[⑬]，吴起之伏王尸，愿被布褐而处穷鄙之蒿庐，不可得也。李斯相秦，席天下之势，志小万乘；及其囚于囹圄[⑭]，车裂于云阳之市[⑮]，亦愿负薪入东门[⑯]，行上蔡曲街径，不可得也。苏秦、吴起以权势自杀，商鞅、李斯以尊重自灭[17]，皆贪禄慕荣以没其身，从车百乘，曾不足以载其祸也！”

【注释】

①君子怀德，小人怀土：见于《论语·里仁》。

②贤士徇名，贪夫死利：见于贾谊《鹏鸟赋》：“贪夫殉财兮，烈士殉名。”徇，通“殉”。

③致其所恶：招致他所厌恶的后果。

④孙叔敖：春秋时期楚国令尹。未萌：事件尚未出现苗头。《吕氏春秋·知分》：“孙叔敖三为令尹而不喜，三去令尹而不忧。”

⑤虑患远而避害谨也：“患”字原脱，据王利器说校补。

⑥郊祭：在国都近郊祭祀天地。《史记·老子韩非列传》：“子独不见郊祭之牺牛乎？养食之数岁，衣以文绣，以入太庙。当是之时，虽欲为孤豚，岂可得乎？”

⑦朞(jī)年：一周年。

⑧衣：给牛披上。文绣：有花纹的丝绸。

⑨庙堂：祭祀场所。

⑩太宰：掌管君主膳食的官员。鸾刀：刀环带铃的刀。《诗经·小雅·信南山》：“执其鸾刀，以启其毛。”

⑪以启其毛：拨开牛的毛。

⑫上：原作“止”，据卢文弨说校改。峻阪：陡坡。

⑬商鞅困于彭池：据《史记·六国年表》，商鞅死于彤地。“彭池”可能是“彤地”之误。

⑭囹圄(líng yǔ)：监狱。

⑮裂：原作“制”，据王利器说校正。云阳：秦代左冯翊县名，在今陕西淳化北，秦时常在此处决犯人。按，《史记·李斯列传》说，李

斯被腰斩于咸阳。

⑯东:原作“鸿”,据王先谦说校改。

⑰尊重:尊贵显要。

【译文】

文学说:“君子心怀道德,小人心怀土地。贤能之士为名声而死,贪财的人为利益而死。李斯贪图他所追求的富贵,招致他所厌恶的后果。孙叔敖在事件未发生之前有先见之明,三次失去相位而不后悔,他并不是喜欢卑贱而厌恶高官厚禄,而是考虑祸患深远而避害谨慎。在近郊祭祀天地所用的牛,喂养一周年,披上有花纹的丝绸,被牵入庙堂,太宰手执有鸾铃的大刀,拔下脖子上的毛;这个时候,它希望拉着载重的车子爬上陡坡,也是不可能的。商鞅被困在彭池,吴起伏在楚悼王尸体之上,此时他们希望穿着麻布衣住在穷困简陋的茅棚里,也是不可得的。李斯担任秦国丞相,掌握天下权势,连拥有万辆兵车的诸侯都不放在眼里;等到他被关进监狱,在云阳市被五马分尸,即使希望背着柴火进入城东门,走在上蔡县弯曲的街道上,也是不可能的。苏秦、吴起因为权势而自取灭亡,商鞅、李斯因为追求尊贵显要而自我毁灭,都是因为贪图厚禄、羡慕尊荣而害了自身。他们身后跟随的百辆车子,也不足以装载他们的灾祸啊!”

褒贤第十九

【题解】

本篇就什么样的人是贤人问题展开论辩。大夫认为,只有像苏秦、张仪这些“智足以强国,勇足以威敌,一怒而诸侯惧,安居而天下息”的人可以称之为贤人,至于像伯夷、尾生这些廉洁守信的,是“由小器而亏大体”。他列举孔甲、赵绾、王臧、主父偃、东方朔等人,批评他们说得漂亮但行为污秽。文学指出,苏秦、张仪以不义得官,最终以不义而亡,绝不是什么贤人。孔甲等人投奔陈胜,完全是秦朝残酷压迫的结果。儒生进退取舍的标准是看是否符合道义:“时然后言,义然后取,不以道得之不居也。”

大夫曰:“伯夷以廉饥,尾生以信死。由小器而亏大体①,匹夫匹妇之为谅也,经于沟渎而莫之知也②。何功名之有?苏秦、张仪③,智足以强国,勇足以威敌,一怒而诸侯惧,安居而天下息④。万乘之主,莫不屈体卑辞⑤,重币请交⑥,此所谓天下名士也。夫智不足与谋,而权不能举当世⑦,民斯为下也⑧。今举亡而为有⑨,虚而为盈⑩,布衣穿履⑪,深念徐行⑫,若有遗亡⑬,非立功名之士,而亦未免于世俗也。”

【注释】

①小器:狭小的器量。大体:大节。

②匹夫匹妇之为谅也,经于沟渎而莫之知也:谅,小信用,小气节。经,自缢。沟渎,山沟。《论语·宪问》:“岂若匹夫匹妇之为谅也,自经于沟渎而莫之知也?”

③苏秦、张仪:战国纵横家的两个代表人物。苏秦是合纵战略的设计者,张仪是连横战略的设计者。

④一怒而诸侯惧,安居而天下息:《孟子·滕文公下》:“景春曰:‘公孙衍、张仪岂不诚大丈夫哉?一怒而诸侯惧,安居而天下熄。’”

⑤屈体:弯腰行礼。卑辞:谦卑的言辞。

⑥重币请交:备上厚重的聘礼,请求交往。按,“币”上原无“重”字,据卢文弨说校补。

⑦权:权谋,权术。举当世:左右当世。

⑧民斯为下:《论语·季氏》:“困而不学,民斯为下矣。”

⑨举亡而为有：以无为有。亡，通“无”。《论语·述而》：“亡而为有，虚而为盈。”

⑩虚而为盈：以空虚为充满。

⑪穿履：犹言“空履”，破鞋。

⑫深念：深思。徐行：慢步行走。

⑬遗亡：遗失。

【译文】

大夫说：“伯夷因为廉洁而挨饥受饿，尾生由于讲信用而被大水淹死。因为器量狭小而亏损大节，普通平民拘泥于小信用，在山沟里吊死而没有人知道。哪里有什么功名？苏秦、张仪，他们的智慧足可以使国家强盛，他们的勇气足可以威慑敌人，一发怒就使诸侯恐惧，安居下来就可以使天下平息。拥有万辆兵车的诸侯，没有人不向他们弯腰行礼，用谦卑的言辞向他们致敬，献上厚礼请求交往，这就是人们所说的天下名士。智慧不足以与之谋划，而权谋不能左右当世时局，这样的人是下等人。现在你们以无为有，以空虚为充实，穿着布衣破鞋，深沉思考，慢步行走，好像丢了什么东西，这显然不是什么建立功名的贤士，未免是一群世俗庸人。”

文学曰：“苏秦以从显于赵①，张仪以横任于秦，方此之时，非不尊贵也，然智士随而忧之，知夫不以道进者必不以道退②，不以义得者必不以义亡。季、孟之权③，三桓之富④，不可及也，孔子为之曰‘微’⑤。为人臣，权均于君，富侔于国者⑥，亡。故其位弥高而罪弥重，禄滋厚而罪滋多。夫行者先全己而后求名⑦，仕者先辟害而后求禄⑧。故香饵非不美也，龟龙闻而深藏，鸾凤见而高逝者⑨，知其害身也。夫为乌鹊鱼鳖，食香饵而后狂飞奔走，逊头屈遰⑩，无益于死。今有司盗秉国法[11]，进不顾罪，卒然有急[12]，然后车驰入趋[13]，无益于死。所盗不足偿于臧获[14]，妻子奔亡无处所，身在深牢，莫知恤视[15]。方此之时，何暇得以笑乎？”

【注释】

①从：同“纵”。据《战国策·秦策》载，苏秦揣摩出合纵战略之后，先游说赵国，获得成功，然后再游说其他诸侯国。

②不以道进者：以不合道义的方法获得进身的人。按，“进”下原无“者”字，据王利器说校补。

③季、孟：指春秋鲁国季孙氏、孟孙氏。

④三桓：春秋鲁国孟孙氏、叔孙氏、季孙氏，他们都是鲁桓公的后人，故史称“三桓”。

⑤为：通“谓”。微：衰微。《论语·季氏》载孔子曰：“禄之去公室五世矣，政逮于大夫四世矣，故夫三桓之子孙微矣。”

⑥侔：相当，相等。

⑦行者：行事的人。

⑧辟：通“避”。

⑨鸾：凤类的鸟。高逝：高飞。

⑩逊头：缩头。屈遰(dì)：屈避。一说，遰，通“蹛”，踬。

⑪盗秉：盗窃。

⑫卒然：突然。卒，通“猝”。

⑬车驰：驾车快跑。入趋：快走。

⑭臧获：奴婢。

⑮恤视：怜悯探视。

【译文】

文学说：“苏秦以合纵战略在赵国显贵，张仪以连横主张在秦国任职，那个时候，他们不可谓不尊贵，然而智慧人士随后替他们忧虑，知道他们以不符合道义的方法获得进身，必然不以合乎道义的方法终结；不以符合道义的方式获得尊贵，必然不以符合道义的方式失去尊贵。季孙氏、孟孙氏的权力，鲁国三桓的富有，是其他人赶不上的，孔子却称三桓'衰微'。身为人臣，权力与君主均等，财富与国家相当，这样的人必定灭亡。因此这种人职位越高，罪孽越重，俸禄越厚，罪孽越多。行事的人应该先保全自己而后求名声，做官的人应该先避祸害而后求俸禄。香饵的滋味并非不美好，但乌龟和龙闻到香饵气味之后便深藏水下，鸾鸟凤凰看到香饵后便展翅高飞，因为它们知道香饵对自身有害。那些乌鸦、喜鹊、鱼鳖，吃了香饵之后便狂飞奔走，缩头屈体以求逃避，结果难免一死。现今主管官员盗窃国法，只求进身，不顾犯罪，突然有急难，然后驾车狂奔，快步逃走，终究难免一死。所盗窃的财富不足以赎免妻儿做奴婢，妻子儿女无处逃亡，身陷深牢之中，没有人怜悯探视。这个时候，哪里有时间去嘲笑别人呢？"

大夫曰："文学高行①，矫然若不可卷②；盛节絜言③，皦然若不可涅④。然戍卒陈胜释挽辂⑤，首为叛逆，自立张楚⑥，素非有回、由处士之行⑦，宰相列臣之位也。奋于大泽⑧，不过旬月⑨，而齐、鲁儒墨缙绅之徒⑩，肆其长衣⑪，——长衣，容衣也⑫——负孔氏之礼器《诗》、《书》，委质为臣⑬。孔甲为涉博士⑭，卒俱死陈，为天下大笑。深藏高逝者固若是也？"

【注释】

①文学高行："学"下原有"节"字，据卢文弨说校删。高行，品行高尚。

②矫然：洁白的样子。矫，通"皎"。一说，矫然，正直的样子。卷：卷曲。

③盛节：美好的节操。絜言：洁净的言辞。絜，通"潔"(洁)，洁净。

④皦(jiǎo)然：洁白。涅：污染。《史记·屈原贾生列传》："自疏濯淖污泥之中，蝉蜕于浊秽，以浮游尘埃之外，不获世之滋垢，皭然泥而不滓者也。"

⑤陈胜：秦末农民起义领袖。释：放下。挽辂：拉车横木，此处指大车。

⑥张楚：陈胜的国号，意为大楚。

⑦回、由：孔子弟子颜回、仲由。处士：隐居不仕之士。

⑧奋：奋起。大泽：大泽乡，在今安徽宿州东南。

⑨旬月：满月，指很短时间。

⑩缙绅(jìn shēn)：把笏板插在带间，引申为士大夫。缙，一作"搢"。

⑪肆：放弃，脱掉。

⑫长衣，容衣也：原作"长衣官之也"，据张敦仁说校改。容衣，礼容之衣。

⑬委质：又作"委贽"、"委挚"，向君主献礼，表示献身。

⑭孔甲：孔子的八世孙，名鲋，字甲。博士：古代学官名，始于战国，秦汉相承，其职能是通古今，备君主顾问，汉代博士多传授经典。《史记·孔子世家》："慎年五十七，生鲋，为陈王涉博士，死于陈下。"

【译文】

大夫说："文学行为高洁，皎洁得好像不可卷曲。美好的节操，洁净的言辞，洁白无瑕，好像不可污染。但是戍守边疆的士卒陈胜放下大车，首先举起叛逆大旗，自己建立大楚之国，陈胜其人平时并没有颜回、仲由以及隐士的言行，也没有宰相大臣的官位。陈胜奋起于大泽乡，不过一个月，而齐鲁儒家、墨家、士大夫这些人，一个个脱掉长衣——长衣就是儒生行礼的礼服——背负孔子的礼器和《诗经》、《尚书》，向陈胜献礼，俯首称臣。孔子八世孙孔甲担任陈胜的博士官，后来与陈胜一起死于陈地，被天下人大为嘲笑。深入潜藏、远走高飞的人原来就是这样的吗？”

文学曰：“周室衰，礼乐坏，不能统理[①]，天下诸侯交争，相灭亡，并为六国，兵革不休，民不得宁息。秦以虎狼之心，蚕食诸侯，并吞战国以为郡县，伐能矜功[②]，自以为过尧、舜而羞与之同。弃仁义而尚刑罚，以为今时不师于文而决于武[③]。赵高治狱于内[④]，蒙恬用兵于外，百姓愁苦，同心而患秦。陈王赫然奋爪牙为天下首事[⑤]，道虽凶而儒墨或干之者[⑥]，以为无王之矣，道拥遏不得行[⑦]，自孔子以至于兹[⑧]，而秦复重禁之，故发愤于陈王也[⑨]。孔子曰：‘如有用我者，吾其为东周乎！’[⑩]庶几成汤、文、武之功，为百姓除残去贼，岂贪禄乐位哉？”

【注释】

①统理：统治，治理。

②伐能：夸耀能力。矜功：炫耀功业。

③不师于文：不必效法文治。决于武：取决于武力。

④治狱：断案。

⑤陈王：陈胜。赫然：发怒的样子。奋爪牙：发动同行的戍卒。爪牙，党羽。首事：首先起义。

⑥道虽凶：前路凶险。干：求。

⑦拥遏：拥挤堵塞。不得行：走不通。

⑧兹：此时，指陈胜起义的时候。

⑨发愤：发泄愤懑。《史记·儒林列传》："陈涉起匹夫，驱瓦合适戍，旬月以王楚，不满半岁竟灭亡，其事至微浅，然而缙绅先生之徒负孔子之礼器往委质为臣者，何也？以秦焚其业，积怨而发愤于陈王也。"

⑩如有用我者，吾其为东周乎：见于《论语·阳货》。东周，在东方复兴周朝王道。

【译文】

文学说："周王室衰微，礼乐崩坏，不能治理，天下诸侯互相争斗，相继灭亡，到战国兼并为山东六国，战争无休无止，民众不能得到宁静生息。秦国以其虎狼之心，蚕食山东六国诸侯，吞并六国作为秦朝郡县。秦始皇夸耀能力，炫耀功业，自以为功业超过尧、舜，羞与尧、舜相提并论。抛弃仁义，崇尚刑罚，认为当今不必效法文治，而取决于武力。赵高在朝廷内断案，蒙恬在边境用兵，老百姓愁苦，同心痛恨秦朝。陈胜愤怒地发动戍卒，在天下首先举起起义大旗。前路虽然凶险，有些儒生墨者求助陈胜，这是因为天下没有王道已经很久了，大道拥挤堵塞，走不通，从孔子直到陈胜起义的时候，而秦朝又严禁王道，所以投奔到陈胜旗下发泄愤懑。《论语·阳货》载孔子曰：'如果有用我的诸侯，我大概能在东方复兴周朝王道吧！'儒生墨者是希望成就商汤、周文王、周武王的功业，替老百姓扫除残贼，哪里是贪图俸禄官位呢？"

大夫曰："文学言行虽有伯夷之廉，不及柳下惠之贞，不过高瞻下视①，絜言污行②，觞酒豆肉③，迁延相让④，辞小取大，鸡廉狼吞⑤。赵绾、王臧之等⑥，以儒术擢为上卿⑦，而有奸利残忍之心。主父偃以口舌取大官⑧，窃权重，欺绐宗室⑨，受诸侯之赂，卒皆诛死。东方朔自称辩略⑩，消坚释石⑪，当世无双；然省其私行，狂夫不忍为。况无东方朔之口，其余无可观者也[12]？”

【注释】

①高瞻下视：眼界虽然很高，但实际看中的是功名利禄。

②絜言污行：说洁净的话，做污秽的事。絜，通“潔”，洁净。

③觞酒：一杯酒。豆肉：一盘肉。

④迁延：退却。

⑤鸡廉狼吞：小廉如鸡，大贪如狼。

⑥赵绾、王臧：西汉前期儒生，《鲁诗》大师申培公弟子。汉武帝即位后，他们积极倡导汉家改制，受到汉武帝重用，赵绾任御史大夫，王臧为郎中令。后来他们上书武帝不要再向太后奏事，遭到窦太后报复，两人死于狱中。《史记·孝武本纪》：“上乡儒术，招贤良，赵绾、王臧等以文学为公卿，欲议古立明堂城南，以朝诸侯，草巡狩封禅改历服色事未就，会窦太后治黄老言，不好儒术，使人微得赵绾等奸利事，召案绾、臧，绾、臧自杀，诸所兴为者皆废。”

⑦擢(zhuó)：提拔。

⑧主父偃：临淄人。早年学长短纵横之术，后学《周易》、《春秋》和百家之言，长期怀才不遇。公元前134年，主父偃向汉武帝上书，受到汉武帝重视，一年之中升迁到中大夫。他建议汉武帝实施推恩法，解决了长期困扰汉家的诸侯威胁问题。后被人举报收受诸侯贿赂，被族诛。以口舌：耍嘴皮。

⑨欺绐(dài)：欺骗。宗室：指燕王、齐王等人。

⑩东方朔：西汉文学家。本姓张，字曼倩，西汉平原郡厌次县(今山东陵县)人。汉武帝征召贤士，东方朔上书自荐，拜为郎。他性格诙谐，言词敏捷，常在武帝前谈笑取乐，建言政治得失。辩略：能言善辩。

⑪消坚：消融坚硬事物。释石：分解石头。

⑫其余无可观者也：《论语·泰伯》："如有周公之才之美，使骄且吝，其余不足观也已。"

【译文】

大夫说："文学言行虽然有伯夷的廉洁，但比不上柳下惠的贞节，不过是眼界很高，但实际看中的是卑下的东西，说洁净的话，做污秽的事，遇到一杯酒，一盘肉，文学会退却相让，实际上你们是辞小利取大利，小廉如鸡，大贪如狼。像赵绾、王臧等人，凭借儒学被提拔为上卿，却包藏有奸诈残忍的祸心。主父偃依靠耍嘴皮获取大官，窃取重权，欺骗汉家宗室，接受诸侯贿赂，最后他们都被诛死。东方朔自称能言善辩，能消融坚物，分解石头，当世无双；然而看他私下行为，疯子都不忍心去做。何况你们没有东方朔的口才，其它还有什么可以可观的呢？"

文学曰："志善者忘恶①，谨小者致大②。俎豆之间足以观礼③，闺门之内足以论行④。夫服古之服，诵古之道，舍此而为非者⑤，鲜矣。故君子时然后言⑥，义然后取⑦，不以道得之不居也⑧。满而不溢，泰而不骄⑨。故袁盎亲于景帝⑩，秣马不过一驷⑪；公孙弘即三公之位⑫，家不过十乘⑬；东方先生说听言行于武帝⑭，而不骄溢；主父见困厄之日久矣⑮，疾在位者不好道而富且贵，莫知恤士也，于是取饶衍之余以周穷士之急⑯，非为私家之业也。当世嚣嚣⑰，非患儒之鸡廉，患在位者之虎饱鸱咽⑱，于求览无所孑遗耳⑲。"

【注释】

①志善：立志向善。

②谨小：小心谨慎。致大：自致远大。

③俎豆：两种祭祀宴饮用的礼器。

④闺门：内室。

⑤舍此：舍弃服古之服、诵古之道。按，“此”字原无，据王利器说校补。为非：胡作非为。

⑥时然后言：到应该说话的时候才说话。《论语·宪问》：“夫子时然后言，人不厌其言；乐然后笑，人不厌其笑；义然后取，人不厌其取。”

⑦义然后取：符合道义才获取。

⑧居：占有。《论语·里仁》：“不以其道得之，不处也。”

⑨泰：安泰。《论语·尧曰》：“泰而不骄。”

⑩袁盎：西汉文景时期大臣，为人敢言直谏，后因反对立梁王刘武为储君，被梁王派来的刺客杀死。

⑪秣马：养马。一驷：四匹马。

⑫公孙弘：齐地菑川人（今山东寿光南纪台乡人），年六十以治春秋公羊学被征召，受到汉武帝赏识，先后任御史大夫、丞相，拜平津侯，是西汉以经术取士的标志性人物。

⑬十乘：十辆马车。

⑭说听言行：言听计从。

⑮主父见困厄之日久矣：《史记·平津侯主父列传》载主父偃曰：“臣结发游学四十余年，身不得遂，亲不以为子，昆弟不收，宾客弃我，我厄日久矣。”矣，原作“此”，据王利器说校改。

⑯饶衍之余：富余的财物。周：接济。

⑰嚣嚣：吵吵嚷嚷，议论纷纷。

⑱虎饱鸱咽：像老虎和猫头鹰那样吞服食物，比喻官员疯狂侵吞财富。鸱，原作“�”，据孙诒让说校改。

⑲求览：指官员搜刮财富。览，通“揽”。无所孑遗：一点都不剩下。

【译文】

文学说：“立志向善的人忘记邪恶，谨小慎微的人自致远大。一组一豆之间足可以观察礼义，家门之内足可以评论言行。儒生穿古代的服装，诵读古人的道理，除此以外而去为非作歹的人，是很少的。因而君子到应该说话的时候然后说话，符合道义然后获取，不是以合乎道义的方式得到的东西，就宁愿不得到。充满而不会溢出，安泰而不骄傲。因而袁盎与汉景帝亲近，但他养的马不过四匹；公孙弘处于三公高位，家里不过十辆车；汉武帝对东方朔先生言听计从，但东方朔并不骄横傲慢；主父偃受困厄的日子太久了，他痛恨那些在上位的人不爱好道义而富有尊贵，不知道体恤士人，于是就索取富余的财物来接济贫穷士人的危急，他并不是为了私人的家业。当世吵嚷不休，并不是担心儒生小鸡般的廉洁，而是担心在上位的人像老虎和猫头鹰那样吞服食物，搜刮时一点东西都不剩下啊。”

卷 五

相刺第二十

【题解】

本篇记载大夫与文学之间互相讽刺。大夫攻击儒生口诵尧舜，专门学习那些不能应验的空话，对国家治理毫无益处，华而不实，口是心非，能说不能行，往来游逛，不耕而食，不织而衣，欺骗良民百姓，耽误农时，妨害朝政，成为当代社会一大祸患。文学则辩称社会有君子与小人的分工，不可能每个人都去耕织。儒生之所以在现实政治生活中未能发挥重大作用，是因为有些君主不听劝谏，排斥圣贤。文学进一步指出，当今朝廷执政公卿的道德并不高尚，这是朝政昏暗的重要原因。

大夫曰："古者，经井田①，制廛里②，丈夫治其田畴③，女子治其麻枲④，无旷地，无游人⑤。故非商工不得食于利末⑥，非良农不得食于收获，非执政不得食于官爵。今儒者释耒耜而学不验之语⑦，旷日弥久，而无益于治⑧，往来浮游⑨，不耕而食，不蚕而衣，巧伪良民⑩，以夺农妨政⑪，此亦当世之所患也。"

【注释】

①经:经营,划分。井田:《孟子·滕文公上》:"方里而井,井九百亩,其中为公田;八家皆私百亩,同养公田。公事毕,然后敢治私事,所以别野人也。"

②廛(chán)里:住宅。廛,古代平民一户人家所占有的房地。

③丈夫:男人。田畴:田地。

④治其麻枲(xǐ):纺织麻布。

⑤游人:游手好闲的人。

⑥利末:指工商利润。

⑦释:放下。耒耜(sì):泛指农具。不验之语:不能应验的空话。

⑧治:原作"理",据王利器说校改。

⑨浮游:游逛。

⑩巧伪:欺骗。

⑪夺农:耽误农时。妨政:妨害朝政。

【译文】

大夫说:"古时候,经营井田,规定住宅,男人耕田种地,女子纺织麻布,没有荒废不种的土地,没有游手好闲的人。因此如果不是商人工匠,就不能依靠工商利润生活;如果不是种田好手,就不能依靠收获庄稼生活;如果不是执掌政权,就不能依靠官爵俸禄生活。如今儒生放下农具,专门学习那些不能应验的空话,旷日持久,对国家治理毫无益处,往来游逛,不耕种而吃饭,不养蚕而穿衣,欺骗良民百姓,耽误农时,妨害朝政,这也是当代所忧患的啊。"

文学曰:"禹感洪水[①],身亲其劳[②],泽行路宿[③],过门不入。当此之时,簪堕不掇[④],冠挂不顾[⑤],而暇耕乎[⑥]?孔子曰:'诗人疾之不能默,丘疾之不能伏。'[⑦]是以东西南北七十说而不用[8]，然后退而修王道[9]，作《春秋》，垂之万载之后[10]，天下折中焉[11]，岂与匹夫匹妇耕织同哉！《传》曰：'君子当时不动，而民无观也。'[12]故非君子莫治小人，非小人无以养君子[13]，不当耕织为匹夫匹妇也[14]。君子耕而不学，则乱之道也。"

【注释】

①慼(qī)：忧虑。原作"蹙"，据王先谦说校改。

②身亲其劳：亲身参加治水的劳动。

③泽行：在水中行走。路宿：在路边住宿。一说，路宿，通"露宿"。

④簪(zān)：束发的簪子。堕：掉落。不掇：不捡起来。《淮南子·原道训》："禹之趋时也，履遗而费(弗)取，冠挂而费(弗)顾。"

⑤冠挂：帽子被树枝挂掉。

⑥暇：空余时间。

⑦诗人疾之不能默，丘疾之不能伏：未见出处。疾，痛恨。不能默，不能保持沉默。丘，孔子自称。不能伏，不能隐伏不问。

⑧七十说：游说了七十个诸侯。《淮南子·泰族训》："孔子欲行王道，东西南北七十说而不遇。"据《史记·孔子世家》，孔子游说的诸侯国有卫、宋、陈、曹、蔡等。说孔子游说七十诸侯，是战国秦汉儒生的夸大之词。

⑨退：指孔子周游列国十四年之后返回鲁国。

⑩垂：垂示，流传。万载：万年。

⑪折中：指以《春秋》作为判断是非的标准。《史记·孔子世家》："自天子王侯，中国言六艺者折中于夫子，可谓至圣矣！"

⑫君子当时不动，而民无观也：未见出处。不动，指不从事政治学术活动。无观，无法观摩考察。

⑬故非君子莫治小人，非小人无以养君子：《孟子·滕文公上》："无君子莫治野人，无野人莫养君子。"小人，指普通民众。

⑭不当：原作"当不"，据姚范、俞樾说校改。

【译文】

文学说："禹忧虑洪水，亲身参加治水劳动，在水泽中行走，在路边住宿，三过家门而不入。那个时候，束发的簪子掉落了也来不及拾取，帽子被树枝挂掉也顾不上管，哪里有空余时间耕田呢？孔子说：'诗人痛恨现实而不能保持沉默，我孔丘痛恨现实而不能隐伏不问。'所以他东西南北奔走，游说了七十个诸侯，但没有人用他，然后返回鲁国阐述王道，作《春秋》，流传到万年之后，天下人谈论六艺都要以孔子言论作为判断是非的标准，怎么能与普通老百姓男耕女织等同呢！传记上说：'君子当时不从事政治学术活动，民众就无从观瞻考察。'因此没有君子就没有人治理小人，没有小人就无法养活君子。君子不应当像普通老百姓那样去从事耕织。君子耕田而不学道，那是导致社会混乱的途径。"

大夫曰："文学言治尚于唐、虞①，言义高于秋天②，有华言矣③，未见其实也④。昔鲁穆公之时⑤，公仪为相⑥，子思、子柳为之卿⑦，然北削于齐，以泗为境⑧，南畏楚人，西宾秦国⑨。孟轲居梁⑩，兵折于齐⑪，上将军死⑫，而太子虏⑬，西败于秦⑭，地夺壤削，亡河内、河外⑮。夫仲尼之门，七十子之徒，去父母，捐室家⑯，负荷而随孔子⑰，不耕而学，乱乃愈滋。故玉屑满箧⑱，不为有宝；诗书负笈⑲，不为有道。要在安国家，利人民，不苟繁文众辞而已⑳。"

【注释】

①尚:超过。唐、虞:唐尧、虞舜。

②秋天:秋季天空。

③华言:华丽的言辞。

④实:实效。

⑤鲁穆公:战国时期鲁国国君,姬姓,名显,鲁元公之子。

⑥公仪:即公仪休。《史记·循吏列传》载:"公仪休者,鲁博士也。以高弟为鲁相。奉法循理,无所变更,百官自正。使食禄者不得与下民争利,受大者不得取小。"

⑦子思:孔子之孙,名伋。子柳:原作"子原",据卢文弨说校改。《孟子·告子下》:"鲁穆公之时,公仪子为政,子柳、子思为臣,鲁之削也滋甚。"

⑧泗:泗水。

⑨宾:宾服,服从。

⑩孟轲:即孟子,战国中期儒家大师。梁:即魏国。

⑪兵折于齐:公元前344—前343年,魏国与齐国在马陵(今河南范县)相遇,齐国用孙膑之计大败魏军,魏将庞涓被擒,太子申被俘。

⑫上将军:指庞涓。

⑬太子:太子申。

⑭西败于秦:公元前341年,商鞅率秦军攻魏。公元前330年,秦公孙衍攻魏。公元前290年,秦将白起攻魏。魏割让黄河两岸的土地给秦国。

⑮河内、河外:指山西、陕西两省交界处南段黄河以东和以西的地方。《孟子·梁惠王上》:"梁惠王曰:'及寡人之身,东败于齐,长子死焉;西丧地于秦七百里;南辱于楚。'"

⑯捐:扔下。

⑰负荷：肩挑书籍。

⑱玉屑：玉石碎末。箧（qiè）：箱子。

⑲诗书：原作“诵诗书”，据王利器说校改。笈（jí）：背在背上的竹制书箱。

⑳繁文众辞：繁缛言辞。繁文，原作“文繁”，据黄侃说校正。

【译文】

大夫说：“文学谈论国家治理，似乎要超过唐尧、虞舜，讲述道义要高于秋季天空，但只有华丽的言辞，没有看到实效。从前鲁穆公时期，儒生公仪休为宰相，子思、子柳担任鲁国大夫，然而鲁国北边领土被齐国侵占，以泗水为鲁国北境；南边畏惧楚国人；西边服从秦国。孟轲在魏国时，魏国军队被齐国打败，上将军庞涓战死，而太子申被俘虏；西边败于秦国，土地被侵夺，疆域被削减，丧失了河内、河外的土地。仲尼门下有七十子之徒，他们离开父母，丢下妻室儿女，肩挑书籍跟随孔子，不耕田而学礼，混乱于是更加严重。因而满箱珠玉，不能说拥有珍宝；背着满箱诗书，不能说拥有道义。关键在于安定国家，有利人民，不只是口头的繁文缛辞而已。”

文学曰：“虞不用百里奚之谋而灭，秦穆用之以至霸焉。夫不用贤则亡，而不削何可得乎①？孟子适梁，惠王问利，答以仁义②。趣舍不合③，是以不用而去，怀宝而无语④。故有粟不食，无益于饥；睹贤不用，无益于削。纣之时，内有微、箕二子⑤，外有胶鬲、棘子⑥，故其不能存。夫言而不用，谏而不听，虽贤，恶得有益于治也⑦？”

【注释】

①虞不用百里奚之谋而灭，秦穆用之以至霸焉。夫不用贤则亡，而

不削何可得乎:《孟子·告子下》:"虞不用百里奚而亡,秦穆公用之而霸,不用贤则亡,削何可得与?"

②孟子适梁,惠王问利,答以仁义:《孟子·梁惠王上》:"孟子见梁惠王,王曰:'叟,不远千里而来,亦将有以利吾国乎?'孟子对曰:'王何必曰利,亦有仁义而已矣。'"梁,即魏国。

③趣舍:取舍。趣,通"取"。

④怀宝而无语:"怀宝"上原有"夫"字,据王先谦说校删。怀宝,指怀揣正确的治国思想。《论语·阳货》载阳货曰:"怀其宝而迷其邦。"

⑤微:微子,殷纣王庶兄。箕:箕子,殷纣王亲戚。

⑥胶鬲(gé):殷纣王大臣,后投奔周文王。棘子:《庄子·逍遥游》:"且汤之问棘也是已。"此处棘子,或许是汤时棘子的后人。

⑦恶得:怎么能够。

【译文】

文学说:"当年虞国不采用百里奚的计谋而灭亡,秦穆公采用百里奚的计谋而称霸。不任用贤能就会灭亡,不削弱又怎么可能呢?当年孟子来到魏国,魏惠王问孟子带来什么利益,孟子以仁义来回答魏惠王。两人取舍不合,所以孟子主张不被采用而离开,怀揣治国之宝而无处可说。因而有粮食而不吃,无益于解决饥饿问题;看到贤能而不能任用,无益于解决国土削减问题。殷纣王时期,宗亲大臣有微子和箕子,朝廷大臣有胶鬲和棘子,因此殷商王朝不能生存,是因为贤臣建言不被采用,贤臣劝谏而不听,即使国家有贤能,怎么能够对治理国家有帮助呢?"

大夫曰:"橘柚生于江南,而民皆甘之于口,味同也;好音生于郑、卫①,而人皆乐之于耳,声同也②。越人子臧、戎人由余③,待译而后通④,而并显齐、秦⑤,人之心于善恶同也。

故曾子倚山而吟[⑥]，山鸟下翔；师旷鼓琴[⑦]，百兽率舞[⑧]。未有善而不合，诚而不应者也。意未诚与？何故言而不见从，行而不合也？”

【注释】

①郑、卫：春秋时期，郑、卫两国流行一种新音乐，这种音乐与传统雅乐的风格完全不同，受到人们普遍喜爱，被人们称之为郑、卫之音。

②声同：听觉相同。

③子臧：原作“夷吾”，据张敦仁说校改。由余：春秋时期戎人，后来降秦，受到秦穆公重用，秦穆公用由余计谋称霸西戎。

④通：沟通，交流。

⑤显：显耀。

⑥曾子：曾参，孔子弟子，以孝道著称。据《吕氏春秋·必已》载，曾参极尽孝道，但仍受到父亲的怀疑。曾参就走到山里去，靠着山坡高声吟唱诗歌，表达悲叹之情。

⑦师旷：晋国著名乐师。据《韩非子·十过》载，师旷善于鼓琴，鼓琴时，有玄鹤十六只从南方飞来，引颈而鸣，舒翼而舞。

⑧百兽率舞：见于《尚书·尧典》。

【译文】

大夫说：“橘子和柚子生于长江以南，人们都觉得甘甜可口，这是因为人们的味觉相同。美妙的音乐产生于郑、卫之地，人们都觉得动听悦耳，这是因为人们的听觉相同。越国人子臧、西戎人由余，需要等到有人翻译而后才能交流，而他们都先后贵显于齐国和秦国，这是因为人心对善恶的看法相同。因此曾参靠着山石吟诵诗歌，山里的鸟儿都飞下来倾听；晋国乐师师旷弹琴，各种野兽都为之起舞。从来没有善良而不能投合，诚恳而没有感应的情形。恐怕是心意不够诚恳吧？为什么说话而无人听从，所作所为与人不合呢？”

文学曰：“扁鹊不能治不受针药之疾，贤圣不能正不食谏诤之君①。故桀有关龙逢而夏亡②，纣有三仁而商灭③，故不患无由余、子臧之论④，患无桓、穆之听耳⑤。是以孔子东西无所遇⑥，屈原放逐于楚国也⑦。故曰：‘直道而事人，焉往而不三黜⑧？枉道而事人，何必去父母之邦⑨？’此所以言而不见从，行而不得合者也⑩。”

【注释】

①不食：不接受。谏诤：直言劝谏。

②关龙逢：夏朝大臣，因力谏夏桀而被杀害。逢，一作“逄”。夏亡：原作“亡夏”，据王先谦、王利器说校改。

③纣有三仁：指比干、箕子、微子。《论语·微子》：“微子去之，箕子为之奴，比干谏而死。孔子曰：‘殷有三仁焉。’”纣，原作“殷”；仁，原作“人”，据王利器说校改。

④故不患无由余、子臧之论：“故”字原无，据王利器说校补。子臧，原作“夷吾”，据张敦仁说校改。论，原作“伦”，据王利器说校改。

⑤桓：齐桓公。穆：秦穆公。

⑥遇：原作“适遇”，据王利器说删“适”字。

⑦屈原放逐于楚国也：“也”字原无，据王利器说校补。

⑧黜：罢免。

⑨何必去父母之邦：此句原脱，据王利器说校补。

⑩此所以言而不见从，行而不得合者也：原作“终非以此言而不见从，行而不合者也”，据王利器说校改。

【译文】

文学说："扁鹊不能治疗那些针灸用药都不见效的疾病，圣贤不能规正那些听不进直言劝谏的君主。因此，夏桀虽然有关龙逢这样的忠臣，但夏朝仍然灭亡；殷纣王虽然有比干、箕子、微子三位仁人，但殷商王朝仍然覆灭。所以，不怕没有由余、子臧正确的议论，就怕没有齐桓公、秦穆公这样善于听取意见的君主。因此孔子才东奔西走一无所遇，屈原才被楚王放逐。所以有人说：'按照正直之道去事奉君主，到哪里不是屡次被罢黜？按照邪曲之道去事奉君主，何必要离开父母所在的邦国？'这就是儒生说话无人听从，所作所为与人不合的原因啊。"

大夫曰："歌者不期于利声①，而贵在中节②；论者不期于丽辞，而务在事实。善声而不知转③，未可为能歌也④；善言而不知变，未可谓能说也。持规而非矩⑤，执准而非绳⑥，通一孔⑦，晓一理，而不知权衡，以所不睹不信人⑧，若蝉之不知雪，坚据古文以应当世⑨，犹辰参之错⑩，胶柱而调瑟⑪，固而难合矣⑫。孔子所以不用于世，而孟轲见贱于诸侯也。"

【注释】

①利声：尖利的声音。

②中节：合于节拍。

③善声：声音好听。转：指曲调变换。一说，转，曲调。

④为：通"谓"。

⑤规：圆规，画圆的器具。矩：曲尺，画方的器具。

⑥准：测定水平面的器具。绳：木匠用以取直的墨线。

⑦通一孔：指一孔之见。孔，小洞。

⑧以所不睹不信人：因为自己没有亲眼看见就不相信别人。

⑨坚据古文：顽固地根据古代文献。

⑩辰参（shēn）：二十八宿中的两个星辰。辰星出现在天空的东方，参星出现在天空的西方，两者不能同时出现。

⑪胶柱而调瑟：即胶柱鼓瑟，比喻拘泥而不知变通。

⑫难合：难以合拍。

【译文】

大夫说："歌手不期望声音尖利，而贵在合于曲调节拍；辩论的人不期待他的华丽辞藻，而务在实事求是。声音好听而不知道曲调的转换，不能说他善于唱歌；善于言辞而不知变化，不能说他善于说话。手持画圆的圆规而否定画方的曲尺，拿着水平仪而否定取直的绳墨，只有一孔之见，只知道一个道理，而不知道权衡得失，因为自己没有亲眼看见就不相信别人，如同夏蝉不知道冬雪，顽固地根据古代文献来应对当世情况，犹如辰星、参星永远相错而不相合，胶柱鼓瑟，当然就难以合拍了。这就是孔子不被当时诸侯任用，而孟轲被当时诸侯轻视的原因啊。"

文学曰："日月之光，而盲者不能见，雷电之声，而聋人不能闻。夫为不知音者言，若语于喑聋[①]，何特蝉之不知重雪耶[②]？夫以伊尹之智，太公之贤，而不能开辞于桀、纣[③]，非说者非[④]，听者过也。是以荆和抱璞而泣血[⑤]，曰：'安得良工而剖之！'屈原行吟泽畔，曰：'安得皋陶而察之[⑥]！'夫人君莫不欲求贤以自辅[⑦]，任能以治国，然牵于流说[⑧]，惑于道谀[⑨]，是以贤圣蔽掩[⑩]，而谗佞用事[⑪]，以此亡国破家，而贤士饥于岩穴也[⑫]。昔赵高无过人之志[⑬]，而居万人之位，是以倾覆秦国而祸殃其宗，尽失其瑟，何胶柱之调也？"

【注释】

①喑(yīn):哑巴。

②何特:岂止。重雪:大雪,多雪。

③开辞:进言规劝。

④者非:原作“也非”,据王利器说校改。

⑤荆和抱璞而泣血:据《韩非子·和氏》载,春秋楚人卞和得到一块玉璞,献给楚厉王,楚厉王认为是石头,命人砍掉卞和的左脚。楚武王即位后,卞和又去献玉璞,结果又被砍去右脚。楚文王即位后,卞和抱着玉璞到荆山中哭了三天三夜,泪尽出血。楚文王听说后,命人剖璞,果然是稀世珍宝,遂命名为“和氏璧”。

⑥安得皋陶(gāo yáo)而察之:《楚辞·九章》:“俾山川以备御兮,命咎繇使听直。”咎繇,即“皋陶”,为帝舜时期法官。屈原自感冤屈深重,希望有皋陶那样正直的法官来断明是非曲直。

⑦夫人君莫不欲求贤以自辅:《史记·屈原贾生列传》:“人君无愚智贤不肖,莫不欲求忠以自为,举贤以自佐,然亡国破家相随属,而圣君治国累世而不见者,其所谓忠者不忠,而所谓贤者不贤也。”

⑧牵:牵制。流说:流言蜚语。

⑨道谀:谄谀。

⑩蔽掩:掩盖。

⑪谗佞:进谗言、巧言谄媚的人。此处指奸臣。

⑫岩穴:岩洞。古代贤士往往隐居山中。

⑬志:识。

【译文】

文学说:“日月的光华,盲人看不见,雷电的声光,聋子听不见。对不是知音的人说话,如同对聋哑人说话,岂止是夏蝉不知冬天的厚雪呢?凭借伊尹的智慧,姜太公的贤能,却不能规劝夏桀和殷纣王,这不是劝谏者的过错，而是听者的过错。所以卞和抱着玉璞在荆山下哭泣得眼睛流血，说：‘哪里有优秀的玉匠剖开这块玉璞！’屈原在湖边泽畔一边流浪一边吟诗，说：‘哪里能有皋陶这样的法官来体察我的冤情！’凡是君主，没有人不希望求得贤才来辅佐自己，任用贤能来治国，然而大都被流言蜚语所束缚，被阿谀奉承所迷惑，所以圣贤被掩盖，而那些进谗言、献谄媚的奸臣掌握政权，因此一个个君主亡国破家，而贤士在深山岩洞里忍饥挨饿。从前赵高并没有过人的见识，却居于一人之下万人之上的地位，所以导致秦国覆灭，他的宗族也遭受祸殃。连琴瑟都丢掉了，哪里有什么胶柱可以调理呢？”

大夫曰：“所谓文学高第者①，智略能明先王之术②，而姿质足以履行其道③。故居则为人师④，用则为世法⑤。今文学言治则称尧、舜，道行则言孔、墨⑥，授之政则不达⑦，怀古道而不能行，言直而行枉⑧，道是而情非，衣冠有以殊于乡曲⑨，而实无以异于凡人。诸生所谓中直者⑩，遭时蒙幸⑪，备数适然耳⑫，殆非明举所谓⑬，固未可与论治也⑭。”

【注释】

①高第：成绩优异。

②智略：智谋。

③姿质：通“资质”，指才能、品德等方面综合素质。

④居：在家赋闲的时候。

⑤用：用世，当官的时候。为世法：被世人所效法。

⑥道行：谈论施行。

⑦不达：不知道如何去做。《论语·子路》：“授之以政，不达。”

⑧言直而行枉：“行”下原有“之”字，据俞樾说校删。

⑨乡曲：乡里老百姓。

⑩中直：合乎标准而当选，指被郡国推荐作为文学、贤良人选。直，同“值”。

⑪遭时：碰到时机。蒙幸：蒙受幸运。幸，原作“率”，据王先谦说校改。

⑫备数：凑数。适然：出于偶然。

⑬明举：指汉昭帝诏举贤良文学。所谓：诏令中提出推举的标准和要求。

⑭固：本来。

【译文】

大夫说：“所谓文学高才，他的智谋应该能够明了先王治国的思想方法，他的资质应该足可以履行先王治国之道。因此，他在家闲居就作为他人老师，做官就被世人所效法。现在文学谈论治国就称颂尧、舜，谈论施行就只能说孔丘、墨翟那一套，将实际政务交给你们，你们又不知道如何去做，怀念古代治国之道而不能在现实中施行，言论正直而行为不正，说的是这一回事，心里想的又是另一回事，穿衣戴帽与乡里老百姓不同，而实际却与平凡人没有两样。这次诸位儒生之所以合乎标准而当选，是因为碰到时机，蒙受幸运，前来凑数，出于偶然罢了，恐怕你们不符合皇上诏令提出推举的标准和要求，本来就不能与你们谈论治理国家大事。”

文学曰：“天设三光以照记①，天子立公卿以明治②。故曰：公卿者，四海之表仪③，神化之丹青也④。上有辅明主之任，下有遂圣化之事⑤，和阴阳⑥，调四时⑦，安众庶⑧，育群生，使百姓辑睦⑨，无怨思之色⑩，四夷顺德⑪，无叛逆之忧，此公卿之职，而贤者之所务也。若伊尹、周、召三公之才，太颠、闳夭九卿之人[12]。文学不中圣主之明举，今之执政，亦未能称盛德也。”

大夫不说，作色不应也。

【注释】

①三光：日、月、星。照记：照耀。

②明治：申明治国之道。

③表仪：表率。

④神化：神妙感化。丹青：绘画所用的红色和青色颜料，指代绘画，此处引申为榜样。

⑤遂圣化：实现圣贤教化。

⑥和：调和。

⑦调：调理。

⑧众庶：民众。

⑨辑睦：和睦。

⑩怨思：怨恨忧思。

⑪顺德：顺从朝廷的道德感化。

⑫太颠、闳夭：周文王、周武王的大臣。九卿：三公以下的朝廷官员，汉代以太常、郎中令、中大夫令、太仆、大理、大行令、宗正、大司农、少府为九卿。

【译文】

文学说：“上天设置日、月、星三光来照耀天下，天子设立公卿来申明治国之道。所以说，公卿是四海的表率，是神妙感化民众的榜样。公卿对上有辅佐圣明君主的责任，对下有实现圣贤教化的事务，调和阴阳，调理春夏秋冬四季，安定民众，抚育众生，使老百姓和睦，没有怨恨忧思的神色，四夷顺从朝廷的道德感化，没有叛逆的忧患，这些都是朝廷公卿的职责，也是贤士应尽的义务。公卿应该是像伊尹、周公、召公那样的三公贤才，是太颠、闳夭那样的九卿贤人。文学不符合圣明君主的推举标准，当今朝廷执政公卿，也不能称得上是道德高尚吧。”

大夫不高兴，脸色变了，不作回应。

文学曰：“朝无忠臣者政闇[①]，大夫无直士者位危。任座正言君之过[②]，文侯改言行，称为贤君。袁盎面刺绛侯之骄矜[③]，卒得其庆[④]。故触死亡以干主之过者[⑤]，忠臣也；犯颜以匡公卿之失者[⑥]，直士也。鄙人不能巷言面违[⑦]。方今入谷之教令[⑧]，张而不施[⑨]，食禄多非其人[⑩]，以妨农商工，市井之利，未归于民，民望不塞也[⑪]。且夫帝王之道，多堕坏而不修[⑫]，《诗》云：‘济济多士。’[⑬]意者诚任用其计[⑭]，非苟陈虚言而已[⑮]。”

【注释】

①闇：同“暗”。

②任座：战国初期魏文侯的大夫。据《吕氏春秋·自知》载，魏文侯举行宴会，要士大夫谈对他的看法。任座说他是“不肖之君”，魏文侯不悦，任座退出。文侯又问翟璜，翟璜说：“仁君。”文侯说：“怎么知道？”翟说：“君仁，大臣才敢直言，任座刚才知道君仁，故敢直言。”文侯很高兴，让翟璜召回任座，奉他为座上宾。

③袁盎面刺绛侯之骄矜：汉文帝时期，周勃上朝见皇帝时表现得很得意。文帝认为周勃是社稷臣，袁盎以为只能说是功臣。周勃知道后怨恨袁盎。后来周勃被罢相，以谋反罪入狱，朝臣不敢为他说情，唯独袁盎为周勃争辩，文帝才释放了周勃。周勃乃与袁盎结交。事见《史记·袁盎晁错列传》。袁盎，西汉前期

朝臣。面刺,当面批评。绛侯,周勃,汉家开国功臣,文帝时为右丞相。

④庆:吉庆,指袁盎说汉文帝释放周勃。

⑤触死亡:冒着生命危险。干:触犯。

⑥犯颜:触犯尊严。匡:匡正。

⑦鄙人:自称谦词。巷言:在街巷中窃窃私议。违:通"韪",称是。

⑧方今入谷之教令:原作"方今人主谷之教令",据黄侃说校改。入谷之教令,指汉代关于庶民用粮食买官的政策。

⑨张:严格执行。施:通"弛",放松。

⑩食禄多非其人:拿朝廷俸禄的官员多不称职。

⑪望:怨望,怨恨。塞:杜绝。

⑫堕坏:破坏,毁坏。不修:不完备。

⑬济济多士:见于《诗经·大雅·文王》。济济,众多的样子。

⑭诚任用其计:真心采纳他们的建议。

⑮苟陈虚言:随便讲空话。

【译文】

文学说:"朝廷没有忠臣就政治昏暗,大夫身边没有正直敢言之士,地位就危险。当年任座正面指出君主的过错,魏文侯改变言行,被人们称之为贤君。袁盎当面批评绛侯周勃的骄傲自大,周勃最终得到袁盎保释的吉庆。因此冒着生命危险指出君主过错的人是忠臣,触犯尊严匡正公卿过失的人是正直之士。我们不能当面称是背后议论。现在朝廷执行入谷拜爵的政策,抓得很紧,毫不放松,拿朝廷俸禄的官员多不称职,因此妨害农业、商业、手工业,集市等官营利益没有归还给民众,民众怨望绵绵不绝。况且帝王之道,大多被破坏而不完备,《诗经·大雅·文王》说:'人才济济。'诗句大意是说要真心采用贤士的计谋,而不是随便说几句空话就行的。"

殊路第二十一

【题解】

“殊路”意为“不同道路”。在孔门弟子中，子路、宰予死于君主之难，而子贡、子羔则选择了逃亡，他们同样接受圣人的教导，在关键时刻却选择了不同道路，大夫因此提出疑问。大夫认为，人的天性是不能改变的，孔子只能让弟子们穿上儒服，却无法改变他们的自然本性。文学认为，子路、宰予为君主死节，子贡、子羔因不知其谋而离去，他们或去或留，在道义上都无可厚非，也不存在任何矛盾之处。关于人性，文学坚持荀子化性起伪的观点，强调后天学习的重要性。本篇辩论表达了两种截然不同的人性观。

大夫曰：“七十子躬受圣人之术①，有名列于孔子之门，皆诸侯卿相之才，可南面者数人云②。政事者冉有、季路③，言语宰我、子贡。宰我秉事④，有宠于齐，田常作难⑤，道不行，身死庭中⑥，简公杀于檀台⑦。子路仕卫⑧，孔悝作乱⑨，不能救君出亡⑩，身菹于卫⑪；子贡、子皋遁逃⑫，不能死其难。食人之重禄不能更⑬，处人尊官不能存⑭，何其厚于己而薄于君哉？同门共业，自以为知古今之义，明君臣之礼。或死或亡，二三子殊路⑮，何道之悖也⑯！”

【注释】

①七十子：孔子弟子，有“七十子”、“七十二子”、“七十七子”之说。躬：亲身。

②南面：《论语·雍也》载孔子曰：“雍也可使南面。”旧注或以为冉雍可为诸侯，如邢昺《论语注疏》：“言冉雍有德行，堪任为诸侯治

理一国者也。”或以为冉雍有人君之德，如朱熹《四书章句集注》：“言仲弓宽洪简重，有人君之度也。”本书采用前一种说法。

③政事者冉有、季路：《论语·先进》：“德行：颜渊、闵子骞、冉伯牛、仲弓。言语：宰我、子贡。政事：冉有、季路。文学：子游、子夏。”

④宰我：鲁人，字子我。秉事：主持政事。

⑤田常：齐国权臣，用大斗贷出小斗收回的方法获得齐国民心，公元前481年弑齐简公。

⑥身死庭中：《史记·仲尼弟子列传》载：“宰我为临淄大夫，与田常作乱，以夷其族，孔子耻之。”不过据《左传》记载，参与田常作乱的是阚止。阚止字子我，与宰予的字相同，因此后人误以为参与作乱的是宰予。这是一个历史悬案，录以存疑。

⑦檀台：古台名，在今山东临淄东北。

⑧子路：卞人，名仲由，比孔子小九岁。仕卫：子路担任卫国大夫孔悝邑宰。

⑨孔悝作乱：卫国大夫孔悝与流亡太子蒯聩合谋，攻击卫出公，蒯聩即位，是为卫庄公。

⑩不能救君出亡：在蒯聩作乱时，子路不能挽救卫出公辄逃亡。

⑪身菹(zū)于卫：《史记·仲尼弟子列传》载：“有使者入城，城门开，子路随而入，造蒉聩。蒉聩与孔悝登台，子路曰：‘君焉用孔悝？请得而杀之。’蒉聩弗听。于是子路欲燔台，蒉聩惧，乃下石乞、壶黡攻子路，击断子路之缨。子路曰：‘君子死而冠不免。’遂结缨而死。”菹，剁成肉酱。

⑫子贡、子皋遁逃：《史记·仲尼弟子列传》载：“方孔悝作乱，子路在外，闻之而驰往。遇子羔出卫城门，谓子路曰：‘出公去矣，而门已闭，子可还矣，毋空受其祸。’子路曰：‘食其食者不避其难。’子羔卒去。”子皋，即子羔。子贡遁逃之事未闻，可能是大夫连类而及。

⑬更：偿还。

⑭存：生存。

⑮二三子：孔门诸位弟子。殊路：不同道路。

⑯悖：违背。

【译文】

大夫说："孔门七十子亲身接受圣人的学说，孔子门下列有他们的名字，他们都是诸侯卿相之才，据说可以南面称君的弟子就有几位。擅长政事的弟子有冉有、季路，擅长言语的弟子有宰我、子贡。宰我主持政事，受到齐简公的宠幸，齐国大夫田常作乱，宰予信奉的学说施行不了，他死在庭院之中，齐简公被田常杀死在檀台。子路在卫国做官，卫国大夫孔悝作乱，子路不能挽救出公辄逃亡，自己在卫国被剁成肉酱。子贡、子皋在危难发生之际抽身脱逃，不能为君主战死。食君主的厚禄却不能报答，位居尊官却不能维护君主的生存，为什么他们厚待自己而薄待君主呢？他们同样在孔子门下受业，自以为知道古今大义，通晓君臣之礼。有的人战死，有的人脱逃，孔门诸弟子走的是不同道路，为什么他们南辕北辙呢？"

文学曰："宋殇公知孔父之贤而不早任①，故身死。鲁庄知季有之贤②，授之政晚而国乱。卫君近佞远贤③，子路居蒲④，孔悝为政。简公不听宰我而漏其谋⑤。是以二君身被放杀⑥，而祸及忠臣⑦。二子者有事而不与其谋⑧，故可以死，可以生，去止其义一也⑨。晏婴不死崔、庆之难⑩，不可谓不义；微子去殷之乱⑪，可谓不仁乎？"

【注释】

①宋殇公：名与夷，被太宰华督杀害。《史记·宋微子世家》载："十

年，华督攻杀孔父，取其妻。殇公怒，遂弑殇公，而迎穆公子冯于郑而立之，是为庄公。”孔父，宋国大司马孔父嘉，为孔子先祖。殇，原作“襄”，据卢文弨、张敦仁说校改。

②鲁庄：鲁庄公，姬姓，名同。鲁庄公有三个弟弟：庆父、叔牙、季友。庄公临终前，想立子斑为嗣。叔牙想立庆父为君，季友以死确保立子斑为君，并毒杀叔牙。此后庆父先杀子斑立闵公，又杀闵公欲自立，鲁国陷入混乱。季有：即季友。《春秋繁露·精华》：“以庄公不知季子贤邪？安知病将死召而授之以国政？以殇公为不知孔父贤邪？安知孔父死，己必死，趋而救之？二主智皆足以知贤，而不决不能任，故鲁庄以危，宋殇以弑。使庄公早用季子，而宋殇素任孔父，尚将兴邻国，岂直免弑哉？”

③卫君：卫出公辄。近佞远贤：亲近奸佞，远离贤人。

④子路居蒲：子路为卫国蒲邑大夫。

⑤简公不听宰我而漏其谋：宰我谏齐简公之事未闻。

⑥二君身被放杀：卫出公辄奔逃齐国，齐简公被杀。

⑦祸及忠臣：灾祸殃及子路、宰予。

⑧二子：子贡、子羔。

⑨去止其义一也：子贡、子羔或者离去，或者留下，都是符合道义的。

⑩晏婴不死崔、庆之难：公元前548年，齐庄公因与崔杼妻私通而被弑，晏婴认为齐庄公不是为国家而死，不必为他殉节。《史记·齐太公世家》载：“晏婴立崔杼门外，曰：‘君为社稷死则死之，为社稷亡则亡之。若为己死己亡，非其私昵，谁敢任之！’门开而入，枕公尸而哭，三踊而出。”

⑪微子去殷之乱：《史记·殷本纪》载：“纣愈淫乱不止。微子数谏不听，乃与太师、少师谋，遂去。”《论语·微子》：“微子去之，箕子为之奴，比干谏而死。孔子曰：‘殷有三仁焉。’”微子，名开，为殷

纣王庶兄。

【译文】

文学说："宋殇公知道孔父嘉贤能而不能及早委任国政，因此被华督杀死。鲁庄公知道季友贤能，将国政授给他，但为时已晚，导致鲁国大乱。卫出公接近奸佞远离贤人，子路任蒲邑大夫，孔悝在卫国执政。齐简公不听宰我建议，泄漏计谋。所以卫出公被迫出奔，齐简公被田常杀死，灾祸殃及子路、宰予两位忠臣。子贡、子羔二人事先不参与计谋，因此他们可以选择为君主死节，也可以选择逃生，他们或者离去，或者留下，都是符合道义的。晏婴不死于崔杼、庆封之难，不能说晏婴不义；微子开离开殷国之乱，能说他不仁吗？"

大夫曰："至美素璞①，物莫能饰也。至贤保真②，伪文莫能增也③。故金玉不琢④，美珠不画⑤。今仲由、冉求无檀、柘之材⑥，隋、和之璞⑦，而强文之⑧，譬若雕朽木而砺铅刀⑨，饰嫫母画土人也⑩。被以五色⑪，斐然成章⑫，及遭行潦流波⑬，则沮矣⑭。夫重怀古道⑮，枕籍《诗》《书》⑯，危不能安，乱不能治，邮里逐鸡⑰，鸡亦无党也⑱？"

【注释】

①至美：最美。素璞：未经雕琢的玉石。

②至贤：最贤。保真：保持本真。

③伪文：人为的文饰。增：增添光彩。

④金玉不琢：完美的玉石不必雕琢。张敦仁说，"金"当为"全"。

⑤美珠不画：完美的珍珠无需描画。

⑥檀、柘之材：比喻优秀人才。檀、柘，两种良木。

⑦隋、和之璞：隋侯之珠与和氏之璧。

⑧强文：勉强文饰。

⑨雕朽木：《论语·公冶长》："宰予昼寝。子曰：'朽木不可雕也，粪土之墙不可杇也；於予与何诛？'"砺：磨砺。鈆刀：通"铅刀"。

⑩嫫母：丑女。土人：泥人，土俑。

⑪被：涂。

⑫斐(fěi)然成章：《论语·公冶长》载孔子曰："吾党之小子狂简，斐然成章，不知所以裁之。"斐然，有文采的样子。成章，条理分明。

⑬行潦流波：道路上的流水。

⑭沮：冲坏。

⑮重怀古道：深切怀念古人道理。

⑯枕籍《诗》、《书》：指沉浸在《诗》、《书》之中。枕籍，枕头和垫席。

⑰邮里：邻里。逐鸡：追赶鸡群，此处用来比喻治民。

⑱鸡：原作"难"，据黄侃说校改。党：乡党，家。一说，党，朋党。

【译文】

大夫说："最美的玉石，没有东西能修饰它。最贤的本真，人为文饰不能增色。因此最美的玉石不必雕琢，最美的珍珠不必描画。仲由、冉求并不是檀、柘那样的栋梁之材，也不是能制作隋侯之珠、和氏之璧的玉石，你们却要勉强对他们进行文饰，这就如同雕琢腐朽木头、磨砺铅刀，如同修饰嫫母丑女、描画泥土人一般。给泥人涂上五颜六色，看上去文采斐然，条理分明，等到遇上路上流水冲刷，就被冲坏成一滩泥土了。你们深切怀念古代道理，沉浸于《诗》、《书》之中，既不能转为安，也不能变乱为治，就如同邻里追逐鸡群，鸡群难道没有家吗？"

文学曰："非学无以治身，非礼无以辅德。和氏之璞，天下之美宝也，待礛诸之工而后明①。毛嫱②，天下之姣人也③，待香泽脂粉而后容④。周公，天下之至圣人也，待贤师学问而后通。今齐世庸士之人[5]，不好学问，专以己之愚而荷负臣任[6]，若无楫舳[7]，济江海而遭大风[8]，漂没于百仞之渊，东流无崖之川[9]，安得沮而止乎？"

【注释】

①磏(jiān)诸：治玉之石。原作"鉴识"，据张敦仁说校改。

②毛嫱：古代传说中的美女。

③姣人：美女。

④容：用做动词，展现美容。

⑤齐世：治世。齐，意同"齐家"之"齐"。庸士：用士之人。庸，通"用"。

⑥荷负：承担，担负。

⑦楫：船桨。舳(zhú)：舵。

⑧济：渡。

⑨无崖：无边无际。崖，同"涯"。

【译文】

文学说："不学习就无法修身，无礼义就无法辅佐美德。和氏玉石，是天下的美宝，要等到治玉工匠制作后才能明确价值。毛嫱是天下的美女，要等到香泽脂粉而后才能展示美容。周公是天下最高的圣人，要等到贤明老师教导而后成为通才。如今治世用士的要人，不爱好学习问难，一味以一己之愚来担任大臣之责，这就如同没有船桨和船舵，在渡江海时遭遇大风，或者沉没在百仞深渊，或者向东漂流到无边无际的大海，哪里能只是毁坏而止呢？"

大夫曰："性有刚柔[1]，形有好恶[2]，圣人能因而不能改[3]。孔子外变二三子之服[4]，而不能革其心。故子路解长剑，去危冠，屈节于夫子之门[⑤]，然摄齐师友[⑥]，行行尔[⑦]，鄙心犹存[⑧]。宰予昼寝[⑨]，欲损三年之丧[⑩]。孔子曰：'粪土之墙，不可杇也'，'若由不得其死然[⑪]。'故内无其质而外学其文，虽有贤师良友，若画脂镂冰[⑫]，费日损功。故良师不能饰戚施[⑬]，香泽不能化嫫母也。"

【注释】

①刚柔：阳刚与阴柔。

②好恶：美好与丑恶。

③因：顺因。

④外变二三子之服：指孔子让弟子穿上儒服。二三子，孔门诸位弟子。

⑤故子路解长剑，去危冠，屈节于夫子之门：《史记·仲尼弟子列传》载："子路性鄙，好勇力，志伉直，冠雄鸟，佩豭豚，陵暴孔子。孔子设礼稍诱子路，子路后儒服委质，因门人请为弟子。"危冠，高冠。屈节，折腰下拜。

⑥摄齐（zī）：提起衣服下摆。齐，衣服下摆。

⑦行行尔：刚强的样子。《论语·先进》："子路，行行如也。"

⑧鄙心：粗鄙之心。

⑨宰予昼寝：《论语·公冶长》："宰予昼寝。子曰：'朽木不可雕也，粪土之墙不可杇也。于予与何诛？'子曰：'始吾于人也，听其言而信其行；今吾于人也，听其言而观其行。于予与改是。'"

⑩欲损三年之丧：《论语·阳货》载："宰我问：'三年之丧，期已久矣。君子三年不为礼，礼必坏；三年不为乐，乐必崩。旧谷既没，新谷既升，钻燧改火，期已可矣。'子曰：'食夫稻，衣夫锦，于女安乎？'曰：'安。''女安，则为之！夫君子之居丧，食旨不甘，闻乐不

乐，居处不安，故不为也。今女安，则为之！'宰我出。子曰：'予之不仁也！子生三年，然后免于父母之怀。夫三年之丧，天下之通丧也，予也有三年之爱于其父母乎！'"

⑪若由不得其死然：见于《论语·子路》。不得其死然，不得好死。

⑫画脂：在油脂上绘画。镂冰：在冰块上雕刻。

⑬戚施：驼背的人。

【译文】

大夫说："性格有阳刚阴柔之分，容貌有美好丑恶之别，圣人只能顺因自然而不能改变。孔子只能从外表上改变各位弟子的服饰，而不能改变他们的心性。因此子路放下长剑，去掉高帽，在孔子门下折腰屈节，但他在提起衣服下摆向师友施礼时，仍然流露出性格刚强的样子，粗鄙之心仍然存在。宰予白天睡觉，想减少三年之丧。孔子说：'粪土做的墙壁，是不可以粉刷的'，'像仲由，将不得好死。'因此内在没有美好的本质，只是外表学一些礼文，即使有贤师良友，也如同在油脂上作画，在冰块上雕刻，结果浪费时日，劳而无功。因而良师不能修饰驼背，香泽脂粉也不能美化嫫母那样的丑女。"

文学曰："西子蒙以不洁，鄙夫掩鼻；恶人盛饰，可以宗祀上帝①。使二人不涉圣人之门②，不免为穷夫，安得卿大夫之名？故砥所以致于刃③，学所以尽其才也。孔子曰：'觚不觚，觚哉，觚哉！'④故人事加则为宗庙器⑤，否则斯养之爨材⑥。干、越之铤不厉⑦，匹夫贱之；工人施巧⑧，人主服而朝也⑨。夫丑者自以为姣，故饰；愚者自以为知⑩，故不学。观笑在己而不自知⑪，不好用人，自是之过也。"

【注释】

①西子蒙以不洁，鄙夫掩鼻；恶人盛饰，可以宗祀上帝：《孟子·离娄下》："孟子曰：'西子蒙不洁，则人皆掩鼻而过之；虽有恶人，斋戒沐浴，则可以祀上帝。'"西子，西施。蒙，蒙受。不洁，污秽。鄙夫，粗野的人。盛饰，盛装打扮。宗祀，祭祀。按，"曰西子"三字原无，据徐复、王利器说校补。

②二人：子路、宰予。

③砥：磨刀石，此处用做动词，磨刀。

④觚(gū)不觚，觚哉，觚哉：见于《论语·雍也》。觚，古代盛酒之器，腹部和足部有四条棱角。

⑤故人事加则为宗庙器：人事加，经过匠人加工。宗庙器，指觚。人事，原作"事人"，据张敦仁说校改。

⑥斯养：奴仆。斯，通"厮"。爨(cuàn)材：烧饭的柴火。原作"衅才"，据孙诒让说校改。

⑦干、越：吴、越。铤(dìng)：未加工的铜铁，此处指未加工的剑。厉：同"砺"。

⑧工人施巧：铸剑工匠施加巧妙的工艺。

⑨服：佩戴。

⑩知：同"智"。

⑪观笑：旁观者嘲笑。

【译文】

文学说："西施蒙受污秽，连粗鄙的人都会捂住鼻子；丑恶的人盛装打扮，可以祭祀上帝。假使子路、宰予二人不进入孔圣人之门，他们免不了做个穷人，怎么会得到卿大夫的名位？因此磨刀是用来使刀刃锋利的，学习是用来发掘才能的。《论语·雍也》载孔子说：'觚不像觚，觚啊，觚啊！'因而木材经过匠人加工就成为宗庙祭器，否则就只能做奴仆烧饭的柴火。吴、越的剑胚不经过磨砺，一般人都看不上眼；铸剑工匠对剑胚施加巧妙的工艺，君主佩戴它上朝。丑人自以为长得漂亮，因此多加修饰；愚蠢的人自以为知慧，因此不愿学习。旁观者嘲笑，原因在自己却不自知，不喜欢任用别人，这是自以为是的过错啊。”

讼贤第二十二

【题解】

本篇题为“讼贤”，“讼”通“颂”，颂贤，即讨论贤人。文中辩论分为两个层次。第一个层次讨论贤人的遭遇。大夫认为子路、宰我如果不从孔子学习，就不会死得很惨。文学指出，子路、宰我之所以结局悲惨，是由于他们没有遇到伯乐，反而遇上屠夫。第二个层次辩论何者为贤。大夫举成颙、胡建成为例，批评他们个性狂狷，触犯贵族，导致不得善终。文学则热烈赞扬成、胡二人“怀精白之心，行忠正之道，直已以事上，竭力以徇公，奉法推理，不避强御，不阿所亲，不贵妻子之养，不顾私家之业”，认为规正上司错误，正是他们的使命。成颙的事已不可考，从《汉书》所载胡建事迹来看，他是由于秉公执法触犯权贵，最后被迫自杀，纯属冤死。大夫站在贵族立场上指责忠臣，说明他的是非观是大有问题的。

大夫曰：“刚者折，柔者卷[①]。故季由以强梁死[②]，宰我以柔弱杀。使二子不学，未必不得其死。何者？矜己而伐能[③]，小知而巨牧[④]，欲人之从己，不能以己从人[⑤]，莫视而自见[⑥]，莫贾而自贵[⑦]，此其所以身杀死而终菹醢也[⑧]。未见其为宗庙器[⑨]，睹其为世戮也[⑩]。当此之时，东流亦安之乎[⑪]？”

【注释】

①刚者折，柔者卷：《淮南子·氾论训》："太刚则折，太柔则卷。"

②季由：子路。强梁：强横。

③矜己：自视甚高。伐能：夸耀才能。

④小知：小智慧。知，同"智"。巨牧：巨大治理责任。牧，原作"收"，据王利器说校改。

⑤不能以己从人："己"下原有"之"字，据姚范说校删。

⑥莫视而自见：没有人看得上，却要自我表现。见，同"现"。

⑦莫贾而自贵：没有人愿意买，却要自抬身价。贾，买。

⑧菹醢(zū hǎi)：剁成肉酱。

⑨宗庙器：宗庙祭器。古代在国家宗庙主祭者为君主，辅佐祭祀的人为国相，故以宗庙器比喻治国人才。

⑩为世戮：被世人所杀。

⑪东流亦安之：即使随江水东流，也只好如此。

【译文】

大夫说："刚强的东西容易折断，柔弱的东西容易卷起。所以子路因强横而死，宰我因柔弱被杀。假使子路、宰我二人不从孔子受学，那么他们未必不得好死。这是为什么呢？自视甚高，夸耀才能，小智慧却承担大责任，希望别人顺从自己，不能让自己顺从别人；没有人看得上，却要自我表现；没有人愿意买账，却要自抬身价；这就是他们被人杀死、剁成肉酱的原因。人们没有看到他们成为宗庙治国之器，却看到他们被世人所杀。在那个时候，即使随江水东流，也只好如此了吧？"

文学曰："骐骥之挽盐车垂头于太行之阪①，屠者持刀而睨之②。太公之穷困③，负贩于朝歌也④，蓬头相聚而笑之⑤。当此之时，非无远筋骏才也⑥，非文王、伯乐莫知之贾也⑦。

子路、宰我生不逢伯乐之举，而遇狂屠，故君子伤之[8]，“若由不得其死然”，‘天其祝予’矣[9]。孔父累华督之难[10]，不可谓不义。仇牧涉宋万之祸[11]，不可谓不贤也。”

【注释】

①骐骥之挽盐车垂头于太行之阪：骐骥，良马。原作“骐麟”，据王先谦说校改。挽，拉。“之阪”二字原无，据王先谦说校补。阪，山坡。

②睨(nì)：斜视。

③太公：即姜太公。

④负贩：背着货物叫卖。朝歌：殷商都城。姜太公未发迹之前，曾在朝歌当屠夫。

⑤蓬头：头发蓬乱的贫民。

⑥远筋骏才：良马和才士。

⑦非文王、伯乐莫知贾也：周文王发现姜太公，伯乐发现骐骥。伯乐，又名孙阳，春秋时期秦国人，善于相马。莫知之贾，卢文弨引或曰，“知”“之”二字倒。

⑧君子：指孔子。

⑨天其祝予：《春秋公羊传·哀公十四年》载：“子路死，子曰：‘噫，天祝予！’”祝，断绝。

⑩孔父累华督之难：孔父嘉为宋国大司马，被太宰华督杀死。

⑪仇牧涉宋万之祸：《史记·宋微子世家》载：“十年夏，宋伐鲁，战于乘丘。鲁生虏宋南宫万。宋人请万，万归宋。十一年秋，湣公与南宫万猎，因博争行，湣公怒，辱之曰：‘始吾敬若；今若，鲁虏也。’万有力，病此言，遂以局杀湣公于蒙泽。大夫仇牧闻之，以兵造公门。万搏牧，牧齿著门阖死。”

【译文】

文学说："千里马拉着载盐的车，垂头丧气地走在太行山的山坡上，屠夫手里拿着刀，斜看千里马。姜太公穷困的时候，背着货物在朝歌叫卖，那些蓬头垢面的人聚在一起嘲笑他。在那个时候，并不是没有良马和俊才，而是除了周文王和伯乐之外，就没有人知道他们的价值了。子路、宰我生前没有遇到伯乐的举荐，反而遇到疯狂的屠夫，因而孔子为此悲伤地说：'像仲由怕不得好死呢'，'老天爷要断绝我啊'。宋国大司马孔父嘉死于太宰华督之难，不能说他不义。仇牧卷入宋万之祸，不能说他不贤。"

大夫曰："今之学者，无太公之能，骐骥之才，有以蜂虿介毒而自害也①。东海成颙②，河东胡建是也③。二子者以术蒙举④，起卒伍⑤，为县令。独非自是⑥，无与合同⑦。引之不来⑧，推之不往，狂狷不逊⑨，忮害不恭⑩，刻轹公主⑪，侵陵大臣⑫。知其不可而强行之，欲以干名⑬。所由不轨⑭，果没其身。未睹功业所至而见东观之殃⑮，身得重罪，不得以寿终。狡而以为知⑯，讦而以为直⑰，不逊以为勇，其遭难，故亦宜也。"

【注释】

①以：通"似"。虿（chài）：蝎子。介：通"甲"。

②成颙（yóng）：生平事迹不详。

③胡建：字子孟，汉昭帝时任渭城县令。汉昭帝的姐姐盖长公主的姘夫丁外人，与退休的京兆尹樊福有仇，派刺客射杀樊福。刺客逃到盖长公主的一处宅院里隐藏，吏卒惧怕长公主的权势，不敢上门抓捕。胡建亲率吏卒，包围和搜查盖长公主的宫室。盖长

公主上书告发，因而被捕自杀。胡建含冤而死，桑弘羊却将他列为反面典型。

④术：道术。蒙举：得到举荐。

⑤起卒伍：出身行伍。

⑥独非自是：以一己之意为是非。

⑦无与合同：没有人和他们合得来。

⑧引：邀请。《淮南子·修务训》：“引之不来，推之不往。”

⑨狂狷：狂妄激进。《论语·子路》：“狂者进取，狷者有所不为也。”

⑩忮(zhì)害：忌刻。

⑪刻轹(lì)：刻薄欺压。公主：盖长公主。

⑫侵陵：侵犯。

⑬干：求。

⑭所由：所作所为。不轨：不合法规。

⑮东观之殃：孔子杀少正卯于东观之下，此处以东观之殃比喻杀身之祸。

⑯狡：狡诈。知：同“智”。

⑰讦(jié)而以为直：《论语·阳货》：“恶徼以为知者，恶不孙以为能者，恶讦以为直者。”讦，揭发别人的隐私或过失。

【译文】

大夫说：“如今的学者，没有姜太公的才能，没有千里马的才力，却有蜂蝎的狠毒，最终害了自己。东海郡成颙，河东郡胡建就是这样的人。他们二人以权术得到推举，出身行伍，做到县令。以一己之意为是非，没有人与他们合得来。你请他不来，你推他不走，狂妄激进，言行不逊，对人忌刻，桀骜不恭，欺压盖长公主，侵犯朝廷大臣。明知其不可做，却要勉强推行，想以此来求得名声。所作所为不合法规，最终自己丧失性命。没有看到他们建功立业，却看到他们遭到杀身之祸，身犯重罪，不能寿终正寝。他们狡诈而自以为智慧，尖刻而自以为正直，言行不逊而自以为勇敢，他们遭到灾难，也是应该的。”

文学曰：“二公怀精白之心①，行忠正之道，直己以事上，竭力以徇公②，奉法推理，不避强御③，不阿所亲④，不贵妻子之养⑤，不顾私家之业。然卒不能免于嫉妒之人，为众枉所排也⑥。其所以累不测之刑而功不遂也⑦。夫公族不正则法令不行⑧，股肱不正则奸邪兴起⑨。赵奢行之平原⑩，范雎行之穰侯⑪，二国治而两家全⑫。故君过而臣正，上非而下讥⑬，大臣正，县令何有⑭？不反诸己而行非于人⑮，执政之大失也。夫屈原之沉渊，遭子椒之谮也⑯；管子得行其道，鲍叔之力也⑰。今不睹鲍叔之力，而见汨罗之祸⑱，虽欲以寿终，无其能得乎？”

【注释】

①精白：精诚洁白。

②徇公：履行公职。

③强御：强暴。

④阿：偏袒。

⑤养：生计。

⑥众枉：众多不正直的人。

⑦累：遭到。不测之刑：指杀身之祸。不测，指生死不可知。遂：成功。

⑧公族：皇亲国戚。

⑨股肱（gōng）：大腿和胳膊，比喻君主的得力助手。

⑩赵奢行之平原：《史记·廉颇蔺相如列传》载：“赵奢者，赵之田部吏也。收租税而平原君家不肯出租，奢以法治之，杀平原君用事

者九人。平原君怒，将杀奢。奢因说曰：‘君于赵为贵公子，今纵君家而不奉公，则法削，法削则国弱，国弱则诸侯加兵，诸侯加兵，是无赵也，君安得有此富乎？以君之贵，奉公如法，则上下平，上下平则国强，国强则赵固，而君为贵戚，岂轻于天下邪？’平原君以为贤，言之于王。王用之治国赋，国赋大平，民富而府库实。”

⑪范雎行之穰侯：范雎入秦时，秦昭王年幼，其母宣太后用事，太后弟穰侯魏冉为相，华阳君、泾阳君、高陵君佐之。范雎对秦昭王力陈失去权柄的危险。昭王废掉太后，驱逐穰侯魏冉、高陵君、华阳君、泾阳君于关外，任用范雎为宰相。

⑫二国：赵国、秦国。两家：平原君、穰侯。

⑬上非：在上位者犯错。下讥：在下位者批评。

⑭有：原作“肯”，据卢文弨说校改。

⑮反诸己：反省自身。行非于人：批评别人不对。

⑯子椒之谮(zèn)：子椒是楚国司马，与子兰一起说屈原坏话。按，子椒陷害屈原之事，不见于《史记·屈原贾生列传》，《新序·节事》、《潜夫论·明暗》始载其事。可能是《离骚》中有“览椒兰其若兹兮”的诗句，后人遂以为“椒”即子椒，“兰”为令尹子兰。

⑰管子得行其道，鲍叔之力也：《史记·管晏列传》载：“鲍叔遂进管仲。管仲既用，任政于齐，齐桓公以霸，九合诸侯，一匡天下，管仲之谋也。”篇中又说：“天下不多管仲之贤而多鲍叔能知人也。”

⑱汨罗之祸：指屈原自沉汨罗的悲剧。

【译文】

文学说：“成颙、胡建二位怀有精诚洁白之心，施行忠贞正直之道，正直地事奉皇上，尽力履行公职，按照法令审理案件，不畏强暴，不偏袒亲近之人，不顾妻子儿女的生计和私人的产业。然而最终不能免于嫉妒之人，被众多不正直的人所排挤。这就是他们遭遇不测之刑而功名不成的原因啊。皇亲国戚风气不正就会导致法令不能推行，君主得力干将风气不正就会导致奸邪兴起。当年赵奢对平原君秉公执法，范雎劝秦昭王驱逐穰侯魏冉，结果赵、秦二国得到治理，而平原君、穰侯两家性命也得以保全。因此君主有过错，臣子就要纠正；上面做错事，下面就要批评。大臣正派，县令还有什么不正派的？不反省自己而责备他人，这是执政者的大错啊。屈原沉江，这是由于遭到子椒的谗害；管仲能够施行他的治国方略，这是出于鲍叔举荐之力。现在看不到鲍叔举荐贤才的事，反而见到屈原自沉汨罗那样的惨祸，即使想寿终正寝，又怎么可能呢？"

遵道第二十三

【题解】

本篇讨论治国要不要遵守先王之道问题。大夫和丞相史认为，文学道古害今，虚言难用，治国应该随时世变化而变化，不能一味地遵循古道。文学认为，制度形式虽然随时代而变，但治道是不变的："上自黄帝，下及三王，莫不明德教，谨庠序，崇仁义，立教化。此百世不易之道也。"治国必须遵守"先王之法"，"圣人之道"，"举而贯之，贯而行之，何更为哉！"辩论双方各持一端，如果将双方观点合起来，既强调治国与时俱进，又能坚持王道德治文化传统，那么就比较全面了。

大夫曰："御史！"御史未应。

谓丞相史曰[①]："文学结发学语[②]，服膺不舍[③]，辞若循环，转若陶钧[④]。文繁如春华[⑤]，无效如抱风[⑥]。饰虚言以乱实，道古以害今[⑦]。从之，则县官用废[⑧]，虚言不可实而行之；不从，文学以为非也，众口嚣嚣[⑨]，不可胜听。诸卿都大府日久矣[10]，通先古，明当世，今将何从而可矣？”

【注释】

①丞相史：丞相长史，为丞相的属官。

②结发：古人二十岁时行冠礼，此时结发始冠，成为成人。

③服膺：牢记在心中。

④陶钧：制陶器的转轮。

⑤文繁如春华：是说文学的文采比春花还要华丽。语中含有讥刺文学华而不实之意。如，原作“于”，据黄侃说校改，下一句中“如”字情形相同。华，花。

⑥抱风：比喻毫无实效。

⑦饰虚言以乱实，道古以害今：《史记·秦始皇本纪》载李斯曰：“语皆道古以害今，饰虚言以乱实。”

⑧县官用废：朝廷财用断绝。

⑨嚣嚣：人多嘴杂，吵吵嚷嚷。

⑩诸卿：对诸位丞相史的称呼。都大府：居于丞相府。都，居。

【译文】

大夫说：“御史！”御史没有回应。

大夫对丞相史说：“文学从结发起学孔子之语，牢记在心中，不会放弃，他们说话循环往复，圆转自如，如同陶钧。文采比春花还要华丽，毫无效果如同拥抱大风。他们修饰虚言，扰乱实事，称道古代，危害当今。如果听从他们的话，那么朝廷财用就会断绝，空话不能付诸实施；如果不听从他们，文学认为不对，人多嘴杂，吵吵嚷嚷，听都听不完。诸位在丞相府已经很久了，你们通晓上古历史，洞明当世事务，现在何去何从才可行呢？”

丞相史进曰："晋文公谲而不正，齐桓公正而不谲[①]，所由不同[②]，俱归于霸。而必随古不革，袭故不改，是文质不变[③]，而椎车尚在也[④]。故或作之[⑤]，或述之[⑥]，然后法令调于民[⑦]，而器械便于用也。孔对三君殊意[⑧]，晏子相三君异道[⑨]，非苟相反[⑩]，所务之时异也。公卿既定大业之路[⑪]，建不竭之本，愿无顾细故之语[⑫]，牵儒、墨论也[⑬]。"

【注释】

①晋文公谲而不正，齐桓公正而不谲：见于《论语·宪问》。晋文公，姬姓，名重耳，为春秋第二位霸主。谲，诡诈。正，正派。齐桓公，姜姓，名小白，为春秋第一位霸主。

②所由：所走的路径。

③文：外在的形式文采。质：内在的内容质地。

④椎车：上古时期的椎轮车。

⑤作：新作礼乐。

⑥述：传述旧章。

⑦调(tiáo)：适合。

⑧孔对三君殊意：孔丘应对鲁定公、鲁哀公、齐景公关于治国办法有三种不同的说法。语出汉武帝元朔六年诏书："盖孔子对定公以来远，哀公以论臣，景公以节用。"

⑨晏子相三君异道：见于《晏子春秋·外篇上》："仲尼曰：'灵公污，晏子事之以整齐；庄公壮，晏子事之以宣武；景公奢，晏子事之以恭俭；君子也。"晏子，春秋末年齐相晏婴。三君，齐灵公、齐庄公、齐景公。异道，不同方法。

⑩苟：随意。

⑪公卿：桑弘羊为御史大夫，为汉代三公之一。

⑫细故之语：不顾大体的琐碎言论。

⑬牵：牵制。

【译文】

丞相史上前说："晋文公诡诈而不正派，齐桓公正派而不诡诈，他们二人所走的路径不同，结果都归于称霸。如果一定要追随古代不变，沿袭过去不改，那么事物在文饰和内在质地都不会变化，上古椎轮车还在使用。因此有的人首创，有的人传述，然后法令才适合民众，器械才便于实用。孔子应对鲁定公、鲁哀公、齐景公三位君主时主旨不同，晏婴用不同方法辅佐齐灵公、齐庄公、齐景公三位君主，这并不是随意相反，而是因为他们所处的时代不一样。公卿既然定下国家大业的思路，建立永不衰竭的根本，希望您不要顾及他们不识大体的琐碎言论，不要被儒家、墨家言论所牵制。"

文学曰："师旷之调五音①，不失宫商②。圣王之治世，不离仁义。故有改制之名③，无变道之实④。上自黄帝，下及三王，莫不明德教，谨庠序⑤，崇仁义，立教化。此百世不易之道也。殷、周因循而昌⑥，秦王变法而亡。《诗》云：'虽无老成人，尚有典刑。'⑦言法教也⑧。故没而存之⑨，举而贯之⑩，贯而行之⑪，何更为哉？"

【注释】

①师旷：春秋时期晋国乐师。五音：宫、商、角、徵、羽。

②宫商：此处以宫商指代五音。

③改制：战国秦汉之际儒生方士认为，每一个新兴王朝都要按照五德终始的模式建立一套新王制度，改正朔，易服色，变度制，封禅等，以此上应天命。

④无变道之实：改制只是改变制度形式，王道宗旨始终不变。《汉书·董仲舒传》载董仲舒对策："故王者有改制之名，亡（无）变道之实。"道，原作"通"，据卢文弨说校改。

⑤谨：重视。庠序：上古学校，殷曰序，周曰庠。

⑥循：原作"修"，据俞樾、陈遵默说校改。

⑦虽无老成人，尚有典刑：见于《诗经·大雅·荡》。老成人，旧臣。典刑，通"典型"，旧法。

⑧言法教也："也"字原无，据王先谦说校补。

⑨没而存之：旧臣虽死，但旧法得以保存下来。

⑩举而贯之：拿来加以贯通。

⑪贯而行之：贯通之后予以执行。

【译文】

文学说："晋国著名乐师师旷调和五音，不能脱离宫、商、角、徵、羽。圣明君王治国，离不开仁义。因此虽然历代有改变制度之名，但却没有改变王道之实。上自黄帝，下到三王，没有君主不宣明道德教化，重视学校教育，推崇仁义，建立教化，这是百世不会改变的道理。殷、周遵循王道而昌盛，秦王变法而亡国。《诗经·大雅·荡》说：'即使没有了旧臣，但还有旧法在。'诗人说的是旧法遗教。因此，旧臣虽死，但有旧法保存下来，可以将旧法拿来加以贯通，贯通之后予以执行，为什么要变更呢？"

丞相史曰："说西施之美无益于容①，道尧、舜之德无益于治。今文学不言所为治②，而言以治之无功③，犹不言耕田之方，美富人之囷仓也④。夫欲粟者务时⑤，欲治者因世⑥。故商君昭然独见存亡不可与世俗同者⑦，为其沮功而多近也⑧。庸人安其故，而愚者果所闻⑨。故舟车之治⑩，使民三年而后安之。商君之法立，然后民信之。孔子曰：‘可与共学，未可与权。’[11]文学可令扶绳循刻[12]，非所与论道术之外也[13]。”

【注释】

①说：同“悦”。

②所为治：治理国家的方法。

③以：通“已”。

④囷(qūn)仓：圆形粮仓。

⑤务时：抓住农时。

⑥因世：顺应当世。

⑦商君：商鞅。昭然：明白的样子。存亡不可与世俗同：对关于存亡道理的认识不能与世俗相同。

⑧沮功：败坏事功。多近：多看到近前利益。

⑨果所闻：坚信听来的传说。

⑩治：一本作“始”。马非百说，当删除“治”或“始”，“使”字归上句，即“故舟车之使，民三年而后安之”。其说较长。

⑪可与共学，未可与权：《论语·子罕》：“子曰：‘可与共学，未可与适道；可与适道，未可与立；可与立，未可与权。”此处引首尾两句。共学，共同学习。与权，与之一起权变。

⑫扶绳循刻：沿着绳墨去雕刻。

⑬道术之外：书本所载道理之外的东西，指现实事务。

【译文】

丞相史说：“喜爱西施之美，无益于自己的容貌；称道尧、舜之德，无益于现实中的治国。如今文学不谈如何治国，只是谈论现实治国没有功绩，如同不谈耕田的方法，却只是美慕富人的粮仓。想多打粮食，就要抓紧农时；想治理好国家，就要顺应时世。所以，商鞅清楚地认识到，对存亡的见解不能与世俗相同，这是因为世俗毁坏事功，且多目光短浅。平庸的人安于旧状，愚蠢的人坚信所听到的传说。因此舟车的使用，民众三年之后才习惯它。商鞅法令确立之后，民众才信众新法。《论语·子罕》载孔子说：'可以与某些人共同学习，但不能与他们一起通达权变。'对文学这些人，只能让他们沿着绳墨雕刻，不能与他们讨论书本所载道理之外的现实问题。"

文学曰："君子多闻阙疑①，述而不作②，圣达而谋大③，叡智而事寡④。是以功成而不隳⑤，名立而不顿⑥。小人智浅而谋大，羸弱而任重⑦，故中道而废⑧，苏秦、商鞅是也⑨。无先王之法，非圣人之道，而因于己⑩，故亡。《易》曰⑪：'小人处盛位⑫，虽高必崩⑬。不盈其道⑭，不恒其德⑮，而能以善终身，未之有也。是以初登于天，后入于地。'禹之治水也，民知其利，莫不劝其功⑯。商鞅之立法，民知其害，莫不畏其刑。故夏后功立而王⑰，商鞅法行而亡。商鞅有独智之虑，世乏独见之证⑱。文学不足与权当世，亦无负累蒙殃也⑲。"

【注释】

①多闻阙疑：多听，对有怀疑的地方加以保留。《论语·为政》载："子张学干禄，子曰：'多闻阙疑，慎言其余，则寡尤；多见阙殆，慎行其余，则寡悔。言寡尤，行寡悔，禄在其中矣。'"

②述而不作：《论语·述而》："子曰：述而不作，信而好古，窃比于我老彭。"述，传述旧章。作，新制礼乐。

③圣达：圣通明达。谋大：谋略远大。大，原作"小人"，据王利器说校改。

④叡(ruì)智:聪慧明智。事寡:事少,即执少御繁。

⑤隳(huī):毁坏。

⑥顿:挫折。

⑦羸(léi)弱:瘦弱。

⑧中道而废:《论语·雍也》:"力不足者,中道而废。"

⑨苏秦:战国纵横家合纵战略的代表人物。

⑩因:听凭。

⑪《易》曰:今本《周易》无下引文,可能是文学征引汉人说《易》的传记。

⑫盛位:高位,大位。

⑬崩:崩溃,垮台。

⑭不盈其道:犹言不持续学习修身治国的道理。盈,充满。

⑮不恒其德:见于《周易·恒卦》。谓不能坚持道德修养。恒,常,坚持。

⑯劝:勉励。

⑰夏后:夏禹。后,君。

⑱世乏独见之证:世间缺乏商鞅见解独到的证据。乏,原作"不",据王利器说校改。

⑲亦无负累蒙殃也:原作"亦无累负之殃也",据俞樾说校改。

【译文】

文学曰:"君子多听,对有怀疑的地方加以保留,只阐述而不创作,圣通明达,谋略远大,聪慧明智,以少御繁。所以能够做到大功告成而不毁坏,美名确立而不遭受挫折。小人智慧浅薄却图谋大事,身体瘦弱却担负重任,因而半途而废,苏秦、商鞅就是这样的人啊。他们无视先王之法,诋毁圣人之道,只听凭自己的主观意志,因此灭亡。《周易》传记说:'小人身处大位,地位虽高,但必定崩溃。不持续学习修身治国的道理,不坚持道德修养,而能善始善终,是从来没有的事。所以开头一步登天，随后堕落于地。’当年夏禹治水，民众知道治水利益，没有人不勉力劳作。商鞅变法，民众知道它的害处，没有人不畏惧商鞅的刑法。因此夏禹治水大功建立而称王，商鞅刑法施行而亡身。你们说商鞅有独特智慧的思考，但世间却缺乏他具有独到见解的证据。文学虽然不足以参与当代权变，但也没有蒙受世人指责的祸殃。”

论诽第二十四

【题解】

本篇就颜异、狄山反对汉武帝政策而展开辩论。丞相史批评颜异、狄山“处其位而非其朝，生乎世而讪其上，终以被戮而丧其躯”，将汉武帝杀颜异、狄山喻为帝尧“殛鲧放驩兜”。文学认为，汉武帝时期由于贤良大臣不够齐备，才使张汤之类的奸臣得售其奸。因此君主治国，关键是得到舜、禹那样的贤臣辅佐。从史实来看，颜异只是认为汉武帝经济政策在施行过程中有不便之处，狄山只是主张与匈奴和亲，他们仅与皇帝政见不合，根本谈不上诽谤皇帝，可是他们却为此付出生命代价，专制蝥毒如此惨烈，读之令人扼腕。

丞相史曰：“晏子有言：‘儒者华于言而寡于实[①]，繁于乐而舒于民[②]，久丧以害生[③]，厚葬以伤业[④]，礼烦而难行[⑤]，道迂而难遵[⑥]，称往古而訾当世[⑦]，贱所见而贵所闻。’此人本枉[⑧]，以己为式[⑨]。此颜异所以诛黜[⑩]，而狄山死于匈奴也[⑪]。处其位而非其朝[⑫]，生乎世而讪其上[⑬]，终以被戮而丧其躯，此独谁为负其累而蒙其殃乎？”

【注释】

①华于言:说得像一朵花。华,花。寡于实:很少结果。

②繁于乐:礼乐繁缛。舒于民:缓于治民。

③久丧:指儒家倡导的三年之丧。害生:祸害活人。

④厚葬:葬礼耗费巨大。伤业:伤害民生产业。

⑤礼烦:礼仪烦扰。《史记·孔子世家》载晏婴曰:"今孔子盛容饰,繁登降之礼,趋详之节,累世不能殚其学,当年不能究其礼。"

⑥道迂:道理迂腐。

⑦訾:诽谤。"訾"上原有"言"字,据王先谦、俞樾说校删。

⑧枉:曲。

⑨式:楷模。原作"拭",据张敦仁说校改。

⑩颜异所以诛黜:《史记·平准书》载:"初,异为济南亭长,以廉直稍迁至九卿。上与张汤既造白鹿皮币,问异,异曰:'今王侯朝贺以苍璧,直数千,而其皮荐反四十万,本末不相称。'天子不说。张汤又与异有郤,及人有告异以它议,事下张汤治异,异与客语,客语初令下有不便者,异不应,微反唇。汤奏异当,九卿见令不便,不入言而腹非,论死。"诛黜,诛杀。

⑪狄山死于匈奴:《史记·酷吏列传》载:"匈奴来请和亲,群臣议上前。博士狄山曰:'和亲便。'上问其便,山曰:'兵者凶器,未易数动。高帝欲伐匈奴,大困平城,乃遂结和亲。孝惠、高后时,天下安乐。及孝文帝欲事匈奴,北边萧然苦兵矣。孝景时,吴楚七国反,景帝往来两宫间,寒心者数月。吴楚已破,竟景帝不言兵,天下富实。今自陛下举兵击匈奴,中国以空虚,边民大困贫。由此观之,不如和亲。'上问汤,汤曰:'此愚儒,无知。'狄山曰:'臣固愚忠,若御史大夫汤乃诈忠。若汤之治淮南、江都,以深文痛诋诸侯,别疏骨肉,使蕃臣不自安。臣固知汤之为诈忠。'于是上作色曰:'吾使生居一郡,能无使虏入盗乎?'曰:'不能。'曰:'居一

县？'对曰：'不能。'复曰：'居一鄣间？'山自度辩穷且下吏，曰：'能。'于是上遣山乘鄣。至月余，匈奴斩山头而去。"

⑫处其位：身居朝廷官位。非其朝：批评朝廷。

⑬生乎世：生于当世。讪其上：诽谤上司。《论语·阳货》："恶居下流而讪上者。"

【译文】

丞相史说："晏婴说过：'儒生说得像一朵花，却结不了果，繁于礼乐，缓于治民，长时间服丧，害苦活人，葬礼耗费太大，伤害民生产业，礼仪烦扰，难于施行，道理迂腐，难于遵守，称颂往古，诽谤当世，轻视所见的现实，重视传闻的上古。'这些人本身不正，却要以自己为楷模。这就是颜异被杀头，狄山死于匈奴的原因啊。居于朝廷官位，却要诽谤朝廷，生乎当世，却要批评上司，最终被杀，丧失性命，这又是为谁承担罪过、蒙受祸殃呢？"

文学曰："礼所以防淫①，乐所以移风②，礼兴乐正则刑罚中。故堤防成而民无水灾，礼义立而民无乱患③。故礼义坏，堤防决，所以治者④，未之有也。孔子曰：'礼与其奢也宁俭，丧与其易也宁戚。'⑤故礼之所为作，非以害生伤业也，威仪节文⑥，非以乱化伤俗也。治国谨其礼⑦，危国谨其法。昔秦以武力吞天下，而斯、高以妖孽累其祸⑧，废古术，隳旧礼，专任刑法，而儒、墨既丧焉。塞士之涂⑨，壅人之口，道谀日进而上不闻其过，此秦所以失天下而殒社稷也。故圣人为政，必先诛之，伪巧言以辅非而倾覆国家也⑩。今子安取亡国之语而来乎？夫公卿处其位，不正其道，而以意阿邑顺风⑪，疾小人浅浅面从⑫，以成人之过也。故知言之死⑬，不忍从苟合之徒，是以不免于缧绁⑭。悲夫！"

【注释】

①礼所以防淫：是说礼因性情而为之节文，不偏不倚地表达思想感情，是礼的宗旨，过与不及，都与礼相违。淫，过分。

②移风：移风易俗。

③礼义立而民无乱患：“而”字原无，据王利器说校补。

④所以：可以（用王利器说）。

⑤礼与其奢也宁俭，丧与其易也宁戚：见于《论语·八佾》。奢，奢侈。俭，俭朴。丧，丧礼。易，礼文周到（用杨伯峻说）。戚，过度悲哀。

⑥威仪：礼仪。节文：有节制的文饰。

⑦谨：重视。

⑧斯：李斯。高：赵高。以妖孽累其祸：因邪恶招来灾祸。

⑨涂：同“途”，晋升道路。

⑩伪：一本作“为”。辅非：助长错误。

⑪阿邑：曲从君主之意。邑，原作“色”，据王利器说校改。顺风：见风使舵。

⑫浅浅：通“谗谗”，巧言。

⑬知言之死：知言之必死。

⑭缧绁（léi xiè）：捆绑犯人的绳索。

【译文】

文学说：“礼用来防止过分，乐用来移风易俗，礼制兴盛，音乐纯正，就会刑罚适中。因而堤防修成之后民众就没有水灾，礼义确立之后民众就没有动乱祸患。因此礼义败坏，堤防溃决，可以治理的情形，从来没有。孔子说：‘礼，与其奢侈，宁愿俭朴；丧礼，与其礼文周到，宁可过度悲哀。’因而礼制作的本意，并不是要妨害活人、伤害民生产业的，礼仪只是有节制的文饰，并不是伤风败俗。治理的国家重视礼，危险的国家重视法。从前秦王朝以武力吞并天下，而李斯、赵高因邪恶招来灾祸，废除古代道术，毁坏旧的礼仪，专门依靠刑法，而儒、墨之道已经丧失殆尽了。堵塞士人进身道路，堵住民众的嘴巴，说奉承话的人步步高升，皇上听不见过错，这就是秦王朝失去天下、毁灭社稷的原因啊。因此圣人执政，一定要先杀掉像李斯、赵高这样的小人，因为他们用花言巧语来助长君主的错误，导致国家的颠覆。现在你怎么拿这些亡国之语来说呢？公卿处于重要地位，不能端正道路航向，而是刻意曲从，见风使舵，可恨小人巧言顺从，以致酿成别人过失。因此明知说了必死，也不忍心顺从苟合之徒，所以不免于牢狱之灾。可悲啊！”

丞相史曰：“檀柘而有乡①，萑苇而有藂②，言物类之相从也。孔子曰：‘德不孤，必有邻。’③故汤兴而伊尹至④，不仁者远矣⑤。未有明君在上而乱臣在下也。今先帝躬行仁圣之道⑥，以临海内⑦，招举俊才贤良之士，唯仁是用，诛逐乱臣，不避所亲，务以求贤而简退不肖⑧，犹尧之举舜、禹之族，殛鲧放驩兜也⑨。而曰‘苟合之徒’，是则主非而臣阿⑩，是也？”

【注释】

①檀柘：两种贵重木材。有乡：有相同的生长土壤。

②萑(huán)苇：芦苇。藂(cóng)：聚集，丛生。

③德不孤，必有邻：见于《论语·里仁》。

④汤：商朝开国君主。伊尹：商汤贤相。关于商汤、伊尹遇合故事，司马迁在《史记·殷本纪》中有记载。

⑤不仁者远矣：见于《论语·阳渊》：“汤有天下，选于众，举伊尹，不仁者远矣。”

⑥先帝：指汉武帝。

⑦临：统治。

⑧简退：黜退。简，挑选。

⑨犹尧之举舜、禹之族，殛（jí）鲧放驩（huān）兜也：尧举舜，见于《尚书·尧典》。举禹、殛鲧、放驩兜，均为舜的举措。

⑩臣阿：臣子阿谀。

【译文】

丞相史说："檀树、柘树有相同的生长土壤，萑苇、芦苇彼此聚生一处，这说明事物都是以类相从。孔子说：'有道德的人不会孤独，一定会有人与他为邻。'因此商汤兴起，伊尹便来到他的身边，不仁的人就远远地走开了。从来没有圣明君主在上而乱臣在下的情形。如今已故武帝亲身施行仁圣之道，统治天下，招纳、举荐优秀人才和贤良之士，只任用仁人，诛杀驱逐那些犯上作乱之臣，不避皇亲国戚，务必求得贤才，黜退不肖之人，如同尧举荐舜、禹之辈，诛鲧，流放驩兜一样。你们却说'苟合之徒'，这就是说君主有错而臣子阿谀奉承，对吗？"

文学曰："皋陶对舜：'在知人，惟帝其难之。'[①] 洪水之灾，尧独愁悴而不能治[②]，得舜、禹而九州宁。故虽有尧明之君[③]，而无舜、禹之佐，则纯德不流[④]。《春秋》刺有君而无主[⑤]。先帝之时，良臣未备，故邪臣得间[⑥]。尧得舜、禹而鲧殛驩兜诛，赵简子得叔向而盛青肩诎[⑦]。语曰：'未见君子，不知伪臣[⑧]。'《诗》云：'未见君子，忧心忡忡。既见君子，我心则降。'[⑨] 此之谓也。"

【注释】

①在知人，惟帝其难之：《尚书·皋陶谟》："皋陶曰：'都！在知人，在安民。'禹曰：'吁！咸若时，惟帝其难之。'"丞相史以为是皋陶应对舜，属于记忆错误。知人，识别人才。帝，帝舜。难之，难于

做到。

②愁悴：忧愁憔悴。

③尧明之君：一本作“尧之明君”。

④纯德：纯正美德。

⑤《春秋》刺有君而无主：《春秋公羊传·僖公二十二年》载：“宋公与楚人期战于泓之阳……已陈，然后襄公鼓之，宋师大败。故君子大其不鼓不成列，临大事而不忘大礼，有君而无臣。”据此，此句当为“《春秋》刺有君而无臣”。有君而无臣，有贤君而无贤臣。

⑥得间：得以钻空子。

⑦赵简子得叔向而盛青肩诎（chù）：赵简子，春秋后期晋国正卿。叔向，春秋后期晋国贤大夫，主要活动在晋悼公、晋平公、晋昭公时期。盛青肩，晋国奸臣。诎，贬黜。

⑧伪臣：奸臣。

⑨未见君子，忧心忡忡。既见君子，我心则降：见于《诗经·召南·草虫》和《小雅·出车》。降，平静下来。

【译文】

文学说：“皋陶应对帝舜说：‘在识别人才方面，即使是帝舜也难以做到。’洪水酿成大灾，帝尧忧愁憔悴而不能治理，在得到舜和禹以后才使九州安宁。因此即使有帝尧那样的英明君主，如果没有舜和禹的辅佐，那么帝尧的纯正美德就不能流芳千古。《春秋》讥刺有明君而无贤臣。已故武帝时期，贤良大臣不够齐备，因此才使奸臣钻了空子。帝尧得到舜和禹而鲧和驩兜被杀，赵简子得到贤臣叔向而盛青肩被废黜。俗语说：‘没有看到君子，就不知道何为奸臣。’《诗经·小雅·出车》说：‘未见君子，忧心忡忡。已见君子，我心平静。’说的就是这种情形啊。”

丞相史曰：“尧任鲧、驩兜，得舜、禹而放殛之以其罪，而天下咸服，诛不仁也[①]。人君用之齐民[②]，而颜异，济南亭长也[3]，先帝举而加之高位，官至上卿[4]。狄山起布衣，为汉议臣，处舜、禹之位，执天下之中，不能以治，而反坐讪上[5]；故驩兜之诛加而刑戮至焉。贤者受赏而不肖者被刑，固其然也。文学又何怪焉？”

【注释】

①尧任鲧、驩兜，得舜、禹而放殛之以其罪，而天下咸服，诛不仁也：《孟子·万章上》：“舜流共工于幽州，放驩兜于崇山，杀三苗于三危，殛鲧于羽山，四罪而天下咸服，诛不仁也。”

②齐民：治民。

③亭：汉代十里一亭。

④上卿：颜异任大农，为九卿之一。

⑤坐：因……犯罪。

【译文】

丞相史说：“帝尧先任用鲧和驩兜，得到舜和禹之后，便根据他们的罪行诛杀鲧，流放驩兜，天下人都心悦诚服，因为这是诛杀不仁的人。君主用举贤除奸的方法治理民众。颜异最初只是济南的一位亭长，已故武帝提拔他，让他担任高官，官职达到上卿。狄山起身于一介布衣，为汉朝议事之臣。他们都处于当年舜和禹的位置之上，执掌天下议论的正确标准，可是他们不能辅佐皇上治民，反而犯了诽谤皇上的大罪；因而他们才受到类似于驩兜那样的处罚，遭到杀头。贤者受奖赏，不贤者受刑罚，本来就应该如此，你们文学又有什么可奇怪的呢？”

文学曰：“论者相扶以义[1]，相喻以道[2]，从善不求胜，服义不耻穷[3]。若相迷以伪[4]，相乱以辞，相矜于后息[5]，期于苟胜[6]，非其贵者也。夫苏秦、张仪，荧惑诸侯[7]，倾覆万乘[8]，使人失其所恃[9]；非不辩[10]，然乱之道也。君子疾鄙夫之不可与事君[11]，患其听从而无所不至也[12]。今子不听正义以辅卿相，又从而顺之，好须臾之说[13]，不计其后。若子之为人吏[14]，宜受上戮[15]，子姑默矣！”

【注释】

①相扶以义：以大义相会，即以义会友。

②喻：晓喻。

③穷：受窘。

④伪：歪理邪说。

⑤矜：夸耀。后息：辩论双方，你来我往，以最后停息者为胜。此处以“后息”指在辩论中最后取胜。

⑥期：希望。苟胜：用不正当的方法取胜。

⑦荧惑：迷惑。《史记·张仪列传》：“苏秦荧惑诸侯，以是为非，以非为是。”

⑧倾覆：颠覆。万乘：拥有万辆兵车的大国。

⑨失其所恃：失去原来依靠，指放弃原来立场。

⑩辩：雄辩，善辩。

⑪疾：痛恨。鄙夫：卑鄙小人。与：共同，一起。《论语·阳货》：“鄙夫可与事君也与哉？”

⑫听从而无所不至：表面上对君主言听计从，背后无所不为。

⑬须臾之说：片刻有利的言论。须臾，片刻。

⑭为人吏：做他人的属官。

⑮上戮：最重的处罚。

【译文】

文学说：“在一起讨论的人应该以大义相会，以大道相晓喻，从善如流,不求个人取胜,服从大义,不耻受窘。如果以歪理邪说相迷惑,以言辞相扰乱,彼此以最后取胜相夸耀,希望以不正当的方法取胜,这种行为并不可贵。战国纵横家苏秦、张仪,迷惑诸侯,颠覆万乘诸侯国,使人们放弃原来的立场;不能说他们不雄辩,然而他们那一套是致乱之道。君子痛恨这种卑鄙小人,不能与他们一起事奉君主,怕他们表面上对君主言听计从,而背后却无所不为。如今你不听取正义的意见来辅佐卿相,反而曲意顺承上司,喜好片刻有利的言论,完全不考虑它的后果。像你这样的人做属官,应该接受最重的刑罚。你姑且闭嘴吧!"

丞相史曰:"盖闻士之居世也,衣服足以胜身①,食饮足以供亲②,内足以相恤③,外不求于人。故身修然后可以理家,家理然后可以治官④。故饭蔬粝者不可以言孝⑤,妻子饥寒者不可以言慈,绪业不修者不可以言理⑥。居斯世,行斯身⑦,而有此三累者⑧,斯亦足以默矣。"

【注释】

①胜身:御寒保身。

②供亲:供养父母双亲。

③相恤:指一家互相体恤。

④治官:治理官府公事。《孝经》:"居家理故治可移于官。"

⑤饭:用做动词,吃。粝:粗粮。

⑥绪业:事业,遗业。修:原作"备",据陈遵默说校改。

⑦行斯身:行事立身。

⑧三累:饭蔬粝、妻子饥寒、绪业不修。

【译文】

丞相史说:"我听说士人生活在世上,衣服足可以御寒保身,饮食足可以供奉双亲，对内家人足可以相互体恤，对外不求于他人。因此自身修养完成之后可以治理家族，家族得到治理之后可以治理官府公事。因而给父母吃蔬菜粗粮的人不可以说他是孝子，妻子儿女挨饥受寒的人不可以说他慈爱，祖辈遗业没有继承好的人不可以说善于治理家族。生在当世，行事立身，而有给父母吃蔬菜粗粮、妻子儿女挨饥受寒、祖辈遗业没有继承好这三项拖累，那也足可以闭嘴了。”

孝养第二十五

【题解】

汉代以孝为治，本篇围绕如何孝养父母问题展开辩论。辩论的焦点是，赡养父母，究竟是将礼节放在首位，还是将物质条件放在首要位置。丞相史认为，孝养父母，不能空谈礼节，而必须提供高大的房屋，安适的车马，轻暖的衣服，甜脆的食物，“与其礼有余而养不足，宁养有余而礼不足”。文学则主张礼节比物质条件更为重要，对父母要做到和颜悦色，承顺父母意志，完全按照礼节要求行事。

文学曰：“善养者不必刍豢也①，善供服者不必锦绣也。以己之所有尽事其亲，孝之至也。故匹夫勤劳，犹足以顺礼，歠菽饮水②，足以致其敬。孔子曰：‘今之孝者，是为能养，不敬，何以别乎？’③故上孝养志④，其次养色⑤，其次养体⑥。贵其礼⑦，不贪其养⑧，礼顺心和，养虽不备，可也。《易》曰：‘东邻杀牛，不如西邻之禴祭也。’⑨故富贵而无礼，不如贫贱之孝悌。闺门之内尽孝焉⑩，闺门之外尽悌焉⑪，朋友之道尽信焉，三者，孝之至也。居家理者，非谓积财也，事亲孝者，非谓鲜肴也，亦和颜色、承意尽礼义而已矣⑫。”

【注释】

①刍豢(chú huàn):本指牛羊犬豕之类的家畜,此处指肉食。

②歠(chuò)菽饮水:食用粗茶淡饭。歠,同"啜"。菽,豆类食品。

③今之孝者,是为能养,不敬,何以别乎:见于《论语·为政》。孔子认为,仅能养活父母,还算不上孝。孝与不孝的区别,在于对父母有没有尊敬之心。

④上孝养志:《论语·学而》载孔子曰:"父在观其志,父没观其行。三年无改于父之道,可谓孝矣。"养志,不违背父母意志。

⑤其次养色:《论语·为政》载:"子夏问孝。子曰:'色难。有事,弟子服其劳;有酒食,先生馔,曾是以为孝乎?'"养色,对父母和颜悦色。

⑥其次养体:奉养父母的身体,指供奉饮食之类。

⑦贵其礼:"其"字原无,据王利器说校补。

⑧不贪其养:不贪图供养父母的东西有多少。

⑨东邻杀牛,不如西邻之禴(yuè)祭也:见于《周易·既济》。禴祭,春祭和夏祭。东邻杀牛,为隆重祭礼,西邻禴祭为薄祭。祭祀关键是看心诚,不在祭礼是否隆重,所以东邻隆重祭祀反而不如西邻薄祭。

⑩闺门:家门。

⑪悌:尊敬兄长。

⑫承意:顺承父母心意。尽礼义:指尽守孝子对父母的礼义。

【译文】

文学说:"善于奉养父母的人不一定要每餐肉食,善于提供父母衣服的人不一定每件都是锦绣。将自己所拥有的东西全部拿出来事奉父母双亲,这是孝的顶点。因此平民虽然勤劳,但还足可以遵守礼义,粗茶淡饭,足可以表达孝敬。孔子说:'现在的孝子,说是能够养活父母,如果不敬,那么拿什么去区别养父母与养犬马呢?'因此上等的孝是不违背父母意志，其次的孝是对父母和颜悦色，再其次是供养父母的身体。重视对父母的礼义，不贪图供养父母的东西有多少，遵守礼义，心平气和，供养物资即使不能完全具备，也是可以的。《周易·既济卦》说：'东边邻居杀牛重祭，还不如西边邻居夏天薄祭。'因此如果大富大贵而缺乏礼义，还不如贫贱人家的孝悌。在闺门之内尽孝道，在闺门之外尽悌义，对朋友之道尽信用，做到这三点，就是孝的顶点了。治家有条理，并不看他积累了多少财富；事奉双亲尽孝，并不是看他给父母提供了多少美衣嘉肴，也不过是对父母和颜悦色、承顺父母意志、尽守孝子对父母的礼义而已。"

丞相史曰："八十曰耋①，七十曰耄②。耄，食非肉不饱，衣非帛不暖③。故孝子曰甘毳以养口④，轻暖以养体。曾子养曾皙⑤，必有酒肉。无端绕⑥，虽公西赤不能以为容⑦。无肴膳⑧，虽闵、曾不能以卒养⑨。礼无虚加，故必有其实然后为之文⑩。与其礼有余而养不足，宁养有余而礼不足⑪。夫洗爵以盛水⑫，升降而进粝⑬，礼虽备⑭，然非其贵者也。"

【注释】

①耋(diě)：七八十岁老人。古代有七十曰耋、八十曰耋或九十曰耋的不同说法。

②耄(mào)：高龄，《礼记·曲礼上》："八十九十曰耄。"此处以七十为耄，与《礼记》说法不同。

③食非肉不饱，衣非帛不暖：《孟子·尽心下》："五十非帛不煖，七十非肉不饱。"

④曰：通"爰"，于是。一说，"曰"当为"日"。毳(cuì)：通"脆"。

⑤曾子：孔门弟子曾参，曾皙之子，以孝道著称。曾皙：孔门弟子，

《论语·先进》载有他的言行。《孟子·离娄上》:“曾子养曾皙,必有酒肉。”

⑥端:玄端,黑色礼服。绕(wǎn):通“冕”,礼帽。

⑦虽公西赤不能以为容:“以”下原有“养”字,据张敦仁说校删。公西赤,春秋鲁国人,孔门弟子,姓公西,名赤,字子华,故又称公西华。容,礼容。

⑧肴膳:饭食。

⑨闵:闵子骞,孔门弟子,以孝著称,曾受孔子称赞。曾:曾参。卒养:原作“养卒”,据张敦仁说校改。

⑩故必有其实然后为之文:“文”字原作“父子”,据黄侃说校改。实,指肴膳、端绕之类的实物。文,礼仪形式。

⑪与其礼有余而养不足,宁养有余而礼不足:《礼记·檀弓上》:“子路曰:‘吾闻诸夫子:丧礼:与其哀不足而礼有余也,不若礼不足而哀有余也;祭礼:与其敬不足而礼有余也,不若礼不足而敬有余也。’”

⑫洗爵以盛水:恭敬地洗好酒杯,但面却装的是水。爵,酒杯。

⑬升降而进粝:请父母升堂高坐,但进献的却是粗饭。

⑭备:完备。

【译文】

丞相史说:“八十岁老人叫做耋,七十岁老人叫做耄。叫做耄的老人,吃饭没有肉就吃不饱,穿衣没有丝帛就穿不暖。因此孝子用甜脆的食物来养父母之口,用轻暖的衣服来保养父母的身体。曾参奉养父亲曾皙,吃饭时一定有酒肉。如果没有礼服和礼帽,即使是公西赤也不能完成礼容。没有美味佳肴,即使是闵子骞、曾参也不能完成赡养父母的任务。礼不是没有内容的空架子,因而必须先有情实,然后才能以相应的礼文去修饰。对父母与其礼仪有余而奉养不足,宁可奉养有余而礼仪不足。恭敬地洗好酒杯,却用酒杯装水给父母喝,让父母升堂高坐,进献的却是粗饭,礼仪虽然完备,然而并不值得提倡。”

文学曰:“周襄王之母非无酒肉也[①],衣食非不如曾晳也,然而被不孝之名,以其不能事其父母也。君子重其礼,小人贪其养。夫嗟来而招之,投而与之,乞者由不取也[②]。君子苟无其礼[③],虽美不食焉。故礼:主人不亲馈,则客不祭[④]。是馈轻而礼重也。”

【注释】

①周襄王之母非无酒肉:周襄王名叫姬郑。姬郑亲母早死,继母惠后生叔带。周惠王死后,姬郑即位,是为襄王。其弟叔带勾结戎、翟赶走周襄王。后来晋文公杀了叔带,周襄王才重新夺回王位。

②夫嗟来而招之,投而与之,乞者由不取也:《礼记·檀弓下》载:“齐大饥。黔敖为食于路,以待饿者而食之。良久,有饿者,蒙袂辑屦,贸贸然来。黔敖左奉食,右执饮,曰:‘嗟!来食!’扬其目而视之,曰:‘予唯不食嗟来之食,以至于斯也!’从而谢焉,终不食而死。”陈遵默说,“来”字为衍文,当删。由,通“犹”。

③苟:如果。

④主人不亲馈,则客不祭:《礼记·坊记》:“故食礼,主人亲馈,则客祭;主人不亲馈,则客不祭。故君子苟无礼,虽美不食焉。”

【译文】

文学说:“周襄王的母亲并非没有酒肉,衣食并非不如曾晳,然而周襄王蒙受不孝的名声,这是因为周襄王不能按照礼仪事奉父母。君子重视礼仪,小人贪得供养。用‘嗟,来’的口吻招呼,扔给他食物,即使是要饭的人也不愿接受。对君子来说,如果无礼,即使是美味,也不愿食用。因此按照礼仪，主人不亲馈赠食物，那么客人在食前就不必祭祀。这是因为，馈赠食物是小事，礼仪是重要的大事。”

丞相史曰：“孝莫大以天下一国养[①]，次禄养[②]，下以力。故王公人君，上也，卿大夫，次也。夫以家人言之[③]，有贤子当路于世者[④]，高堂邃宇[⑤]，安车大马，衣轻暖，食甘毳。无者[⑥]，褐衣皮冠[⑦]，穷居陋巷，有旦无暮[⑧]，食蔬粝荤茹[⑨]，媵腊而后见肉[⑩]。老亲之腹非唐园[⑪]，唯菜是盛。夫蔬粝，乞者所不取，而子以养亲，虽欲以礼，非其贵也。”

【注释】

①以天下一国养：天子以天下养其父母，诸侯以一国养其父母。《孟子·万章上》：“孝子之至，莫大乎尊亲；尊亲之至，莫大乎以天下养。”

②禄养：卿大夫以做官俸禄奉养父母。

③家人：没有官职的居家之人。

④有贤子当路于世者：“子”下原有“者”字，据卢文弨、俞樾说校删。当路，当权。

⑤邃(suì)宇：深邃屋宇。

⑥无者：“无”下原有“厌”字，据俞樾、张敦仁说校删。

⑦褐衣：粗布短衣。

⑧有旦无暮：吃了早饭无晚饭。

⑨食蔬粝荤茹：“粝”下原有“者”字，据卢文弨、张敦仁说校删。荤，指葱、韭等蔬菜。茹，吃。

⑩媵腊而后见肉：“肉”下原有“害”字，据黄侃、陈遵默说校删。媵，楚国在十二月祭饮食之神，称为媵。腊，十月祭祀百神，称为腊祭。

⑪唐园:蔬菜园。唐,通“场”。

【译文】

丞相史说:“孝,没有比天子以天下养亲、诸侯以一国养亲更大的了,其次是卿大夫以做官的俸禄养亲,最下是平民靠气力养亲。因此,王公君主,是上等的养亲,卿大夫是次等的养亲。从平民百姓来说,如果有贤能的儿子当高官,高大的厅堂,深邃的屋宇,安适的轩车,高大的骏马,穿着轻暖的衣服,吃着甜脆的饭食。如果儿子没有贤能,那就只能穿着粗布短衣,戴着皮帽子,住在简陋的巷子里,吃了早饭无晚饭,吃的是粗粮葱韭蔬菜,到了膢腊祭祀的日子才能见到肉食。父母双亲的胃不是蔬菜园,只装一些蔬菜。蔬菜粗粮,连乞丐都不愿吃,而儿子却以蔬菜粗粮供养双亲,即使是以礼事奉,但并不可贵。”

文学曰:“无其能而窃其位,无其功而有其禄,虽有富贵,由跖、蹻之养也①。高台极望②,食案方丈③,而不可谓孝。老亲之腹非盗囊也④,何故常盛不道之物⑤?夫取非有非职⑥,财入而患从之⑦,身且死祸殃,安得膢腊而食肉?曾参、闵子无卿相之养,而有孝子之名;周襄王富有天下,而有不能事父母之累。故礼菲而养丰⑧,非孝也。掠困而以养⑨,非孝也。”

【注释】

①由:通“犹”。跖、蹻:指代强盗。

②极望:极目远望。

③食案:短腿饭桌。方丈:一丈见方。《孟子·尽心下》:“食前方丈,侍者数百人。”

④盗囊:强盗口袋。

⑤不道之物：不合道义的财物，犹言“不义之财”。

⑥非有：非自己所有。非职：非职分所得。

⑦财入：财物进门。患从之：祸患随之而来。

⑧菲：菲薄。养丰：供养丰厚。

⑨掠困：抢劫别人粮仓。

【译文】

文学说：“没有实际才能而窃取官位，没有实际功劳而享受俸禄，即使有富贵给父母，那也如同跖、蹻的供养一样。让父母站在高台上极目远望，吃饭的饭桌一丈见方，这不能叫做孝。老父老母的胃不是强盗的口袋，为什么经常装不义之财？所取所得，既不是自己所有，也不是职分所得，财物刚进门，祸患随后就来，其身将遭到死亡祸殃，哪里有膢腊节日而吃肉？曾参、闵子骞对父母虽然没有卿相之养，但有孝子的名声；周襄王虽然富有天下，但却有不能事奉父母恶名的牵累。因此，礼仪菲薄而供养丰厚，这不是孝。抢劫别人粮食来供养父母，这更不是孝。”

丞相史曰[①]：“上孝养色，其次安亲[②]，其次全身[③]。往者，陈余背汉[④]，斩于泜水[⑤]；五被邪逆[⑥]，而夷三族[⑦]。近世，主父偃行不轨而诛灭[⑧]，吕步舒弄口而见戮[⑨]，行身不谨，诛及无罪之亲。由此观之：虚礼无益于己也。文实配行[⑩]，礼养俱施，然后可以言孝。孝在实质，不在于饰貌；全身在于谨慎，不在于驰语也[⑪]。”

【注释】

①丞相史曰：“丞相”之下原无“史”字，据张敦仁说校补。

②安亲：使父母生活安定。

③全身：保全完整身体，指不因受刑而导致身体残缺。

④陈余：秦朝大梁人，因犯罪为秦始皇所通缉，陈胜起义后，他与张耳受命辅佐武臣进攻河北，推武臣为赵王。后与张耳反目，而张耳已经归汉，陈余因此与刘邦多有不合，最终在泜水被韩信所杀。生平事迹见《史记·张耳陈余列传》。

⑤泜水：即今泜河，在河北南部。泜，原作“沍”，据王利器说校改。

⑥五被：即伍被。伍被为淮南王刘安的中郎，因参加刘安叛乱而被杀。生平事迹见《汉书·伍被传》。五，同“伍”。邪逆：指参与刘安反叛。

⑦三族：父族、母族、妻族。

⑧主父偃：山东临淄人，因建议汉家实施推恩令、尊卫子夫为皇后及告发燕王不法行为而受到汉武帝信任，被任命为中大夫。后赵王揭发他收受诸侯贿赂，公孙弘力主将他杀死。不轨，指主父偃受贿。

⑨吕步舒：河北枣强人，从董仲舒受春秋公羊学。曾持斧钺治淮南王谋反一案。弄口，搬弄是非。吕步舒弄口之事，可能是指险误董仲舒。董仲舒居家写《灾异之记》，主父偃盗其书上交汉武帝，汉武帝让学者讨论，吕步舒不知是其师董仲舒之作，批评此书“大愚”。董仲舒被判死罪，后被汉武帝赦免。吕步舒见戮事未闻。

⑩文：礼仪。实：奉养父母的实物。配行：配合而行。

⑪驰语：说空话。

【译文】

丞相史说：“上等的孝是对父母和颜悦色，其次是让父母过安定生活，再其次是保全身体。从前，陈余背叛汉王刘邦，被韩信斩于泜水；伍被参与淮南王刘安反叛，被夷灭三族。不久以前，主父偃行为不轨而被诛灭，吕步舒搬弄是非而被处死，他们都是行身不严谨，连无罪的亲人也被牵连而遭杀害。由此看来，空虚的礼仪对自己无益。礼文与实物相配而行，礼节与奉养并行，然后才可以讨论孝道。孝在于实质，不在于修饰外在的礼貌；保全身体在于谨慎，不在于说空话。”

文学曰：“言而不诚，期而不信①，临难不勇，事君不忠，不孝之大者也。孟子曰：‘今之世，今之大夫，皆罪人也。皆逢其意以顺其恶。’②今子不忠不信，巧言以乱政，导谀以求合③。若此者，不容于世。《春秋》曰：‘士守一不移，循理不外援，共其职而已。’④故卑位而言高者，罪也，言不及而言者⑤，傲也。有诏公卿与斯议⑥，而空战口也⑦？”

【注释】

①期：约会。

②今之世，今之大夫，皆罪人也。皆逢其意以顺其恶：见于《孟子·告子下》。逢，原作“达”，据杨沂孙、王利器说校改。逢，逢迎。顺，顺从。

③导谀：用阿谀奉承将君主引向邪路。

④士守一不移，循理不外援，共其职而已：不见于今本《春秋》，可能是汉代解释《春秋》的传记。守一，坚守一条正道。循理，遵循正确道理。不外援，不外求其他利益。共，同“供”。

⑤言不及而言：轮不到自己说话却要说。《论语·季氏》：“言未及之而言谓之躁。”《经典释文》：“躁，鲁读为‘傲’。”

⑥与斯议：参与这次议论。

⑦空战口：空打嘴仗。

【译文】

文学说：“说话不真诚，有约不讲信用，面临危难不勇敢，事奉君主不忠贞，这些行为都是大的不孝。孟子说：'当今之世，现在的各国大夫，都是罪人。他们都逢迎君主意志，顺从君主的罪恶。'如今你不忠诚不信用，花言巧语，扰乱朝政，用阿谀奉承将君主引向邪路，以此苟合取容。像这种表现，不能见容于当世。《春秋》说：'士应该坚守一条正道，贫贱不移，遵循正确道理，不外求其他利益，供奉官职而已。'因此处于卑贱之位，而高谈阔论，这是罪过，轮不到自己说话却要说，这是骄傲。皇帝有诏公卿参与这次议论，你们为何要参与空打嘴仗呢？"

刺议第二十六

【题解】

本篇记载丞相史与文学之间的真假儒生之争。丞相史自称曾经亲聆儒家经师音旨，受儒家之业，意谓儒学并非文学、贤良的专利。文学尖锐地指出，并不是穿儒衣、戴儒冠的人都是儒生，真正的儒生应该执经守道，坚持原则，敢于谏争。丞相史的行为表明，他没有忠正之心，枉曲不能矫正，奸邪不能匡救，只是一味地顺从流俗来明哲保身，顺从风向来取悦上司。这说明丞相史并不是继承孔子学说的真儒生，而只是公卿门下当面顺从的假儒生。

丞相史曰："山林不让椒桂[①]，以成其崇；君子不辞负薪之言[②]，以广其名。故多见者博，多闻者知[③]，距谏者塞[④]，专己者孤[⑤]。故谋及下者无失策，举及众者无顿功[⑥]。《诗》云：'询于刍荛。'[⑦]故布衣皆得风议[⑧]，何况公卿之史乎[⑨]？《春秋》士不载文，而书咺者，以为宰士也[⑩]。孔子曰：'虽不吾以，吾其与闻诸。'[⑪]仆虽不敏[⑫]，亦尝倾耳下风[⑬]，摄齐句指[⑭]，受业径于君子之涂矣[⑮]。使文学言之而是，仆之言有何害？使文学言之而非，虽微丞相史[16]，孰不非也？”

【注释】

①林：张敦仁说，当为“陵”。让：拒绝。椒桂：两种香木。桂，张敦仁说，当为“跬”。王利器从之。细绎文意，“山林不让椒桂”亦可说通，故从原本。

②辞：辞谢，拒绝。负薪：打柴人，指代下层民众。

③知：同“智”。

④距：通“拒”。塞：闭塞。

⑤专己：刚愎自用。孤：孤陋寡闻。

⑥举：举动。顿功：败功。

⑦询于刍荛(ráo)：见于《诗经·大雅·板》。询，咨询。刍，割草的人。荛，打柴的人。

⑧风：同“讽”，讽谏。

⑨公卿之史：公卿的属官，如丞相史、御史之类。

⑩《春秋》士不载文，而书咺者，以为宰士也：见于《春秋公羊传·隐公元年》：“秋七月，天王使宰咺来归惠公仲子之赗。宰者何？官也。咺者何？名也。曷以为官氏？宰士也。”士不载文，《春秋》不记载士的事迹。书，书写。

⑪虽不吾以，吾其与闻诸：见于《论语·子路》。以，用。其，表推测的语气副词。与闻，参与知道。

⑫仆：丞相史自己谦称。

⑬尝：原作“当”，据王利器说校改。倾耳：侧耳专注地听。下风：在下风头，为自谦之词。

⑭摄齐(zī)：提起衣服下摆。句指：谦卑的样子。

⑮受业径：王利器说，“径”字疑衍。涂：同“途”。

⑯微：无。

【译文】

丞相史说："山林不拒绝椒桂灌木，才得以成就它的高大；君子不辞谢打柴人的言论，才得以扩大他的声名。因此多见的人广博，多听的人智慧，拒绝劝谏的人闭塞，刚愎自用的人孤陋寡闻。所以与下面商量的人没有失策，与众人一起举动的人没有败功。《诗经·大雅·板》中说：'向割草打柴的人咨询。'因而布衣平民都可以议论政事，何况公卿的属官呢？按照《春秋》记事体例，士的事迹是不予记载的，但《春秋·隐公元年》却记载了一个名叫咺的士，这是因为作者认为咺是宰相的士。《论语·子路》载孔子曰：'朝廷即使不用我，我大概也会参与知情的。'我虽然不聪明，但也曾侧耳倾听业师音旨，恭敬地提起衣服下摆，在君子处学道受业。假如文学说得对，那么我的言论又有什么害处？假如文学说得不对，那么即使没有丞相史，谁不批评你们呢？"

文学曰："以正辅人谓之忠，以邪导人谓之佞[①]。夫怫过纳善者[②]，君之忠臣，大夫之直士也。孔子曰：'大夫有争臣三人，虽无道，不失其家。'[③]今子处宰士之列，无忠正之心，枉不能正，邪不能匡，顺流以容身，从风以说上[④]。上所言则苟听[⑤]，上所行则曲从[⑥]，若影之随形，响之于声，终无所是非。衣儒衣，冠儒冠，而不能行其道，非其儒也。譬若土龙[⑦]，文章首目具而非龙也[⑧]。葶历似菜而味殊[⑨]，玉石相似而异类。子非孔氏执经守道之儒，乃公卿面从之儒[⑩]，非吾徒也[⑪]。冉有为季氏宰而附益之[⑫]，孔子曰：'小子鸣鼓而攻之，可也。'[⑬]故辅桀者不为智[⑭]，为桀敛者不为仁[⑮]。"

丞相史默然不对。

【注释】

①佞：奸佞。

②怫(fú)过：纠正过错。怫，通“拂”，弼，纠正。

③大夫有争臣三人，虽无道，不失其家：见于《孝经》。争臣，谏争之臣。家，封邑。

④说：同“悦”。

⑤苟听：苟且听从。

⑥曲从：曲意顺从。

⑦土龙：古人在祈雨时用泥土雕塑的龙。

⑧文章：龙身上的花纹。具：具备。

⑨葶(tíng)历：即葶苈，一种形似白菜的野草，味苦。

⑩面从：当面顺从。

⑪徒：徒党，同类。

⑫冉有：孔子弟子，冉姓，名求，字子有，小孔子二十九岁。季氏宰：季孙氏家臣。附益：增加财富。

⑬小子鸣鼓而攻之，可也：见于《论语·先进》。小子，孔子对弟子的称呼。鸣鼓，击鼓，古代击鼓进军。

⑭桀：夏朝末代暴君。

⑮敛：聚敛财富。

【译文】

文学说：“用正道辅佐人叫做忠贞，用邪道误导人叫做奸佞。能够帮助人纠正过错、采纳善言的人，是君主的忠臣，大夫的直士。《孝经》载孔子说：‘大夫手下如果有三个谏争之臣，即使这个大夫昏聩无道，那么也不会丢失封邑。’如今你处于宰相门下之士的位置上，没有忠正之心，枉曲不能矫正，奸邪不能匡救，顺从流俗来明哲保身，随着风向来取悦上司。只要是上司所说的话就苟且听从，只要是上司所做的事就曲意跟随，如同影子跟随形体，回响紧跟声音，终究无是无非。穿着儒生的衣服，戴着儒生的帽子，而不能推行儒道，这不是真儒生。譬如用泥土雕塑的龙，虽然身上花纹、头、眼睛全都具备，但却不是真正的龙。葶苈形似白菜，但味道却与真白菜不一样，玉与石形状相似，但它们却是不同类的东西。你并不是孔子门下遵经守道的儒生，而是公卿门下当面顺从的儒生，你和我们不是一类人。冉有担任季孙氏家宰，为季孙氏聚敛财富，孔子说：‘众位弟子击鼓进攻冉有，是可以的。’因此辅佐夏桀的人不能叫智者，替桀敛财的人不能叫仁人。”

丞相史默不作声，没有回答。

利议第二十七

【题解】

本篇题名“利议”，意为关于盐铁利益的议论。从文章内容来看，双方讨论利益的内容并不多，辩论的焦点其实集中在儒生建议是否可行之上。大夫指责儒生“抱枯竹，守空言，不知趋舍之宜，时世之变，议论无所依”，“桎梏于旧术”，讽刺儒生“心卑卿相，志小万乘。及授之政，昏乱不治”，甚至以肯定秦始皇焚书坑儒来表达自己对儒术的厌恶。文学指出，并不是儒生不能成事，而是大夫只看中财利，听不进儒生的意见。千里马只有造父才能驾驭，儒生的价值只有周公那样的宰相才能正确认识。

大夫曰：“作世明主[①]，忧劳万民[②]，思念北边之未安，故使使者举贤良、文学高第[③]，详延有道之士[④]，将欲观殊议异策[⑤]，虚心倾耳以听，庶几云得[⑥]。诸生无能出奇计远图，伐匈奴安边境之策[⑦]，抱枯竹[⑧]，守空言，不知趋舍之宜[⑨]，时世之变，议论无所依，如膝痒而搔背，辩讼公门之下[⑩]，讻讻不可胜听[11]，如品即口以成事[12]，此岂明主所欲闻哉？”

【注释】

①作世：治世。

②民：原作“人”，据王利器说校改。

③高第：高等层次，犹言高才。

④详延：广泛聘请。有道之士：有道术的士人。

⑤殊议：特殊见解。异策：高明计策。

⑥庶几云得：希望有所收获。

⑦伐匈奴安边境之策：“伐”字原无，据杨树达说校补。

⑧抱枯竹：怀抱枯死的竹简。抱，原作“明”，据王利器说校改。

⑨趋舍：取舍。

⑩辩讼：辩论。公门：朝廷。

⑪讻讻：喧闹。

⑫如品即口以成事：如“品”字是用三个“口”构成。

【译文】

大夫说：“治世的英明君主，为万民忧虑操劳，他考虑到北方边境尚未安全，因此委派使者推举贤良和文学高才，广泛聘请有学识的士人，想看到你们提出的特殊见解和高明计策，虚心侧耳听取你们的意见，希望有所收获。可是诸位儒生不能提出奇妙计策和远大图谋，缺乏征伐匈奴、安定边境的对策，只知道怀抱干枯的竹书，守着古书那些空泛的言论，不知道适宜的取舍，不懂得时世的变化，所发表的议论没有什么依据，如同膝盖发痒而搔挠背部，在朝廷辩论，吵吵嚷嚷，让人听不进去，如同‘品’字是用三个‘口’构成。这难道是英明君主所想听到的吗？”

文学曰："诸生对册[①]，殊路同归，指在崇礼义[②]，退财利[③]，复往古之道，匡当世之失[④]，莫不云太平[⑤]；虽未尽可亶用[⑥]，宜若有可行者焉。执事闇于明礼[⑦]，而喻于利末[⑧]，沮事隋议[⑨]，计虑筹策[⑩]，以故至今未决。非儒无成事，公卿欲成利也[⑪]。"

【注释】

①对册：回答皇上策问。册，通"策"。

②指：同"旨"。

③退财利：要求国家退出盐铁官营。

④匡：匡正。

⑤莫不云太平：没有一个人讲的不是有关天下太平之事。

⑥亶(dǎn)用：切实可行。亶，尽，实。

⑦执事：掌管事务的人，指大夫。闇：同"暗"。

⑧喻于利末：通晓财利末事。

⑨沮事：败坏事情。隋议：毁坏建议。隋，通"堕"。

⑩计虑筹策：考虑应对儒生的计策。

⑪公卿欲成利也："成"下原无"利"字，据张敦仁说校补。

【译文】

文学说："诸位儒生回答皇帝策问，殊途同归，旨在崇尚礼义，要求国家退还盐铁财利，恢复往古利民之道，匡正当世的失误，没有一个人讲的不是有关天下太平之事。虽然诸位儒生所谈未能做到全部切实可行，但应该有可行之处。由于主管政事的官员看不到宣明礼义的意义，只是通晓财利末事，败坏事情，否定建议，考虑应对儒生的计策，以至于至今议事未决。并不是儒生办不成事，而是公卿想要获取财利。"

大夫曰："色厉而内荏[①]，乱真者也。文表而枲里[②]，乱实者也[③]。文学裒衣博带[④]，窃周公之服；鞠躬踧踖[⑤]，窃仲尼之容；议论称颂，窃商、赐之辞[⑥]；刺讥言治，窃管、晏之才[⑦]。心卑卿相[⑧]，志小万乘[⑨]。及授之政，昏乱不治。故以言举人，若以毛相马。此其所以多不称举[⑩]。诏策曰[⑪]：'朕嘉宇内之士[⑫]，故详延四方豪俊文学博习之士，超迁官禄[⑬]。'言者不必有德[⑭]，何者？言之易而行之难。有舍其车而识其牛[⑮]，贵其不言而多成事也。吴铎以其舌自破[⑯]，主父偃以其舌自杀[⑰]。鹖鴠夜鸣[⑱]，无益于明；主父鸣鸱[⑲]，无益于死。非有司欲成利，文学桎梏于旧术[⑳]，牵于间言者也[㉑]。"

【注释】

①色厉而内荏：外表严厉而内心怯弱。《论语·阳货》："子曰：'色厉而内荏，譬诸小人，其犹穿窬之盗也与！'"荏，柔。

②文表而枲(xǐ)里：表面有文彩，里子却是用牡麻做的，即金玉其外，败絮其中。枲，牡麻。原作"柔"，据孙诒让说校改。

③乱实者也："者"字原无，据王利器说校补。

④裒(póu)衣：宽袍。博带：阔带。

⑤鞠躬：谨慎恭敬的样子。踧踖(cù jí)：恭敬不安的样子。《论语·乡党》："入公门，鞠躬如也……复其位，踧踖如也。"

⑥商：卜商，字子夏，孔门弟子，以文学著称。赐：端木赐，字子贡，孔门弟子，以言语著称。

⑦窃：原作"过"，据王利器说校改。管：管仲，春秋前期齐国杰出政治家，辅佐齐桓公成就霸业。晏：晏婴，春秋后期齐国杰出政治家，以节俭力谏著称。

⑧卑：看不起。

⑨小：小瞧。万乘：拥有万辆兵车的大国君主，此处指皇帝。

⑩不称举：与推举不相称。

⑪诏策：皇帝策问的诏书。

⑫嘉：赞许，器重。

⑬超迁：越级升迁。超，原作“趋”，据王利器说校改。

⑭言者不必有德：《论语·宪问》载孔子曰：“有德者必有言，有言者不必有德。”

⑮识：记忆。

⑯吴铎：吴地出产的大铃。以其舌自破：铎因其舌撞击过多而破损。

⑰主父偃以其舌自杀：主父偃以三寸不烂之舌而升迁，亦因其舌惹祸。

⑱鹖鴠(hé dàn)：一种盼天明的鸟。

⑲主父鸣鸮：这是形容主父偃说话如同猫头鹰叫。鸣鸮，猫头鹰叫。

⑳桎梏：束缚。

㉑间言：空话。

【译文】

大夫说：“颜色严厉而内心怯弱，这是以假乱真。外表文彩华丽而用牡麻做里子，这是以虚乱实。文学穿着宽衣阔带，这是盗用周公的服饰；谨小慎微，恭敬不安，这是盗用仲尼的仪容；议论风发，称赞颂扬，这是盗用卜商、端木赐的言辞；讽刺批评，谈论治国，这是盗用管仲、晏婴的治才。心里看不起卿相，心志藐视君主。等到真的将政事交给你们，你们又昏聩、混乱而不能治理。因此仅凭言论推举人才，如同以毛色来相马。这就是你们大多与推举不相称的原因。皇上诏书说：‘我器重你们这些海内英才，因而广泛聘请四方豪俊文章博学之士，给你们越级升迁官禄。’言谈者不一定有德，为什么呢？这是因为说起来容易做起来难。有的人舍弃车子却记住了拉车的牛，这是看重老牛不说话多干活。吴地金铎由于摇舌太多而自己撞破，主父偃以其雄辩而自杀。鹖鴠夜里鸣叫，但对天明无益；主父偃像猫头鹰一样鸣叫，但对他的死刑无益。并不是主管官员想获得财利，而是文学被陈旧的道术所束缚，被空泛言论所牵累。”

文学曰：“能言之，能行之者，汤、武也。能言，不能行者，有司也。文学窃周公之服，有司窃周公之位。文学桎梏于旧术，有司桎梏于财利。主父偃以舌自杀，有司以利自困。夫骥之才千里，非造父不能使①；禹之知万人，非舜为相不能用②。故季桓子听政③，柳下惠忽然不见④，孔子为司寇⑤，然后悖炽⑥。骥，举之在伯乐，其功在造父。造父摄辔⑦，马无驽良⑧，皆可取道⑨。周公之时，士无贤不肖，皆可与言治。故御之良者善调马，相之贤者善使士。今举异才而使臧驺御之⑩，是犹扼骥盐车而责之使疾⑪。此贤良、文学多不称举也。”

【注释】

①造父：周穆王时期的优秀驾车人。

②禹之知万人，非舜为相不能用：据《尚书·尧典》，尧曾命舜摄政，舜并未担任过尧相。舜任用禹平治水土，是在尧死之后。知，同“智”。

③季桓子：季孙斯，春秋后期鲁国执政大夫。

④柳下惠：春秋后期鲁国大夫，姓展，名获，字禽，食邑于柳下，谥曰惠。按，季桓子与柳下惠并不是同时人。

⑤司寇：掌管刑法的官员。公元前500年孔子担任鲁国司寇。

⑥悖炽：迅速兴盛。悖，通“勃”。

⑦摄辔：手执缰绳。

⑧驽(nú)：劣马。良：良马。

⑨取道：上路。

⑩臧：臧获，古代奴婢之称。原作“减”，据孙诒让说校改。驺：驺卒，养马的奴仆。

⑪扼骥盐车：将千里马套在盐车上。扼，驾，套。原作“梔”，据王利器说校改。责之使疾：原作“使责之疾”，据王先谦说校改。疾，快。

【译文】

文学说：“能说出来，又能付诸行动，是商汤和周武王。能说出来，但不能付诸行动，是你们这些朝廷主管官员。文学盗用了周公的服饰，你们主管官员却盗窃了周公的官位。文学被陈旧的道术所束缚，你们主管官员被财利所束缚。主父偃因为口舌之祸而自杀，你们主管官员因为财利而自困。千里马的才能是日行千里，但没有造父这样的优秀车夫不能驾驭；禹的智慧可抵万人，但如果没有舜做宰相就不能被使用。因此季桓子在鲁国执政，贤士柳下惠忽然不见踪迹，孔子担任鲁国司寇，然后柳下惠才迅速兴盛。千里马，得到举荐是靠伯乐，发挥功用是靠造父。造父驾车，马无论优劣，都可以上路。周公执政之时，士人无论贤不肖，都可以参与讨论治国。因而优秀车夫善于调教马匹，贤明宰相善于使用士人。如今推举有特异才能的人，却让奴仆驾御他们，这如同将千里马套在盐车上，要求马快跑一样。这就是贤良、文学与推举多不相称的原因。”

大夫曰：“嘻①！诸生阘茸无行②，多言而不用③，情貌不相副④。若穿逾之盗⑤，自古而患之。是孔丘斥逐于鲁君⑥，曾不用于世也。何者？以其首摄多端⑦，迂时而不要也⑧。

故秦王燔去其术而不行[9]，坑之渭中而不用[10]。乃安得鼓口舌[11]，申颜眉[12]，预前论议[13]，是非国家之事也[14]？”

【注释】

①嘻：表示轻蔑之声。

②阘茸(tà róng)：下贱无能。无行：品行恶劣。

③不用：不切实用。

④情貌不相副：情实与外貌不相符合。

⑤穿逾之盗：挖墙洞的强盗。

⑥孔丘斥逐于鲁君：孔子因不满鲁君和执政大夫季桓子迷恋女乐而离开鲁国，并非被鲁君驱逐。

⑦首摄多端：首鼠多端。

⑧迂时：不合时宜。不要：不得要领。

⑨燔(fán)：烧。

⑩坑：即坑儒。渭中：渭水流域中部地区。据《史记·秦始皇本纪》记载，秦始皇坑儒地点是咸阳。

⑪鼓口舌：摇唇鼓舌。

⑫申颜眉：眉飞色舞。

⑬预：参与。前：皇帝之前，御前。

⑭是非：用做动词，评论是非。

【译文】

大夫说：“嗨！诸位儒生身份下贱，品行不端，多言善辩，但不切实用，情实与外貌不相符合。儒生如同那些挖墙洞的强盗，自古以来就是人们的祸患。当年孔丘被鲁君驱逐，不曾为世所用。为什么呢？就是因为孔丘说话首鼠多端，不合于时，不得要领。因此秦始皇焚烧传播儒术的书籍，不用儒家学说，将儒生活埋在渭水中部，永不叙用。他们又如何能够摇唇鼓舌，眉飞色舞，参预御前讨论，议论国家大事的是非呢?”

国疾第二十八

【题解】

本篇原题为“国病”,据张敦仁说改为现题。所谓国疾,就是为国家疾病把脉诊断。丞相史要求文学拿出治国良方。大夫进一步要求贤良回答“今政非改而教非易也,何世之弥薄而俗之滋衰也”的问题。对此,贤良痛陈汉家弊政,历数社会种种负面现象,认为社会病态的根源是奸臣当政:“百官尚有残贼之政,而强宰尚有强夺之心”,“大臣擅权而击断,豪猾多党而侵陵”。大夫指责文学“诵死人之语”,“称往古而訾当世”。本篇言辞激烈,火药味十足,从中可见盐铁会议的气氛。

文学曰:“国有贤士而不用,非士之过,有国者之耻。孔子大圣也,诸侯莫能用,当小位于鲁①,三月,不令而行,不禁而止,沛若时雨之灌万物②,莫不兴起也。况乎位天下之本朝③,而施圣主之德音教泽乎④?今公卿处尊位,执天下之要,十有余年⑤,功德不施于天下,而勤劳于百姓⑥,百姓贫陋困穷,而私家累万金。此君子所耻,而《伐檀》所刺也⑦。昔者,商鞅相秦,后礼让,先贪鄙,尚首功⑧,务进取,无德厚于民⑨,而严刑罚于国,俗日坏而民滋怨,故惠王烹菹其身⑩,以谢天下⑪。当此之时,亦不能论事矣。今执政患儒贫贱而多言,儒亦忧执事富贵而多患也⑫。”

【注释】

①当小位于鲁:王先谦认为,此句当为“尝居小位,相鲁三月”。小

位，小有权位。

②沛：充沛。时雨：及时雨。灌：浇灌。

③位天下：位于统治天下。本朝：当今朝廷。

④德音：仁德之音。教泽：教化恩泽。

⑤今公卿处尊位，执天下之要，十有余年：桑弘羊于公元前100年任大司农，公元前97年任搜粟都尉，从公元前87年到公元前81年为御史大夫。

⑥勤劳于百姓：让老百姓勤苦劳累。

⑦《伐檀》所刺：《毛诗序》："《伐檀》，刺贪也。在位贪鄙，无功而受禄，君子不得进仕尔。"《伐檀》，《诗经·魏风》中的诗篇。

⑧尚首功：崇尚斩首之功。一说，尚，同"上"，斩首多为上功。

⑨厚：原作"序"，据张敦仁说校改。

⑩惠王烹葅(zū)其身：秦惠王将商鞅烹煮成肉酱。据《史记·商君列传》，秦惠王将商鞅车裂以徇，非烹煮而死。

⑪谢：谢罪。

⑫儒亦忧执事富贵而多患也："儒"字原无，据王利器说校补。

【译文】

文学说："国家拥有贤能之士而不用，这不是贤士的过错，而是拥有国家者的耻辱。孔子是一个大圣人，诸侯没有人能用他，曾经当过乘田、计吏之类的小官，相鲁才三个月，就做到不令而行，不禁而止，鲁国蓬蓬勃勃，如同及时雨浇灌万物，没有哪样事物不兴盛起来。何况位于统治天下的当今朝廷，普施圣明君主的仁德之音、教化恩泽呢？如今公卿处于尊贵的地位，执掌天下的权要，十多年了，但功德不能施于天下，而只是让老百姓勤苦劳累，老百姓贫穷困窘，而权贵私家却积累了万金家财。这是君子感到羞耻的，而为《诗经·魏风·伐檀》所讽刺的。从前，商鞅为秦国丞相，以礼让为后，以贪鄙为先，崇尚斩首之功，务求进攻掠取，对民众没有厚德，在秦国实施严刑峻罚，风俗日益败坏，民众越来越怨恨，因此秦惠王将商鞅烹煮成肉酱，以此向天下人谢罪。那个时候，商鞅也不能议论国家大事了。如今执政公卿担心儒生贫贱多话，儒生也担忧执政公卿富贵多患呢。”

大夫视文学，悒悒而不言也①。

丞相史曰：“夫辩国家之政事，论执政之得失，何不徐徐道理相喻②，何至切切如此乎③！大夫难罢盐铁者，非有私也④，忧国家之用，边境之费也。诸生訚訚争盐铁⑤，亦非为己也，欲反之于古而辅成仁义也。二者各有所宗⑥，时世异务，又安可坚任古术而非今之理也⑦。且夫《小雅》非人⑧，必有以易之⑨。诸生若有能安集国中⑩，怀来远方⑪，使边境无寇虏之灾，租税尽为诸生除之，何况盐铁、均输乎！所以贵术儒者⑫，贵其处谦推让，以道尽人⑬。今辩讼愕愕然⑭，无赤、赐之辞⑮，而见鄙倍之色⑯，非所闻也。大夫言过，而诸生亦如之，诸生不直谢大夫耳⑰。”

【注释】

①悒悒(yì)：闷闷不乐。

②徐徐：慢慢。道理相喻：以道理相互说服。

③切切：本指相互敬重切磋勉励，此处意为急切。

④私：原作“利”，据郭沫若说校改。

⑤訚訚(yín)：正直的样子。一说，激烈争辩的样子。

⑥宗：根据。

⑦坚任古术：坚持古代道术。

⑧夫：原作“去”，据王利器说校改。《小雅》非人：《诗经·小雅》批评时人。《史记·司马相如列传》论赞说：“《小雅》讥小己之得

失，其流及上。”

⑨必有以易之：一定有其他办法来代替。易，替代。

⑩若：原作“莫”，据郭沫若说校改。安集国中：安定、凝聚国内民众。

⑪怀来远方：用怀柔方法招来远方异族。“怀”下原有“臧之”二字，据卢文弨说校删。

⑫术儒：有道术的儒生。

⑬以道尽人：用道理说尽人意。

⑭愕愕（è）：通“鄂鄂”，直言争辩貌。

⑮赤：公西赤，字子华。赐：端木赐，字子贡。

⑯鄙倍：粗鄙无礼。倍，通“背”。

⑰不直：不应该。谢：道歉。

【译文】

大夫看着文学，闷闷不乐，不愿说话。

丞相史说：“辩论国家的政事，讨论执政的得失，为什么不慢慢地互相把道理讲明白，而要急切到如此程度呢！大夫不想废除盐铁官营，并不是有什么私利，而是忧虑国家的财用，边境的军费。诸位儒生直言争讨盐铁私营的权利，也不是为了自己，而是想恢复古代藏富于民的传统，以便辅助朝廷成就仁义之政。二者各有根据，时世不同，事务也不一样，又怎么可以坚持古代道术而否定当今的道理呢？况且《诗经·小雅》批评他人，一定会拿出办法来替代弊政。诸位儒生如果有办法能够安定、凝聚国内民众，用怀柔方法招来远方异族，使边境没有敌寇骚扰之灾，目前国家征收的租税全部可以为诸位儒生废除，何况盐铁、均输呢！我们看重有道术的儒生，是看重他们能够谦让，用详尽的道理说服人。如今双方直言争辩，没有公西赤、端木赐雄辩的言辞，只表现出粗鄙无礼的神色，这不是我们所听说过的。大夫说话有点过头，而诸位儒生也是这样，诸位儒生难道不应该向大夫道歉吗？”

贤良、文学皆离席曰[①]：'鄙人固陋[②]，希涉大庭[③]，狂言多不称[④]，以逆执事[⑤]。夫药酒苦于口而利于病[⑥]，忠言逆于耳而利于行。故愕愕者福也，諓諓者贼也[⑦]。林中多疾风[⑧]，富贵多谀言。万里之朝[⑨]，日闻唯唯[⑩]，而后闻诸生之愕愕，此乃公卿之良药针石。"

【注释】

①离席：离开座位。古人以离席表示敬意。

②固陋：顽固浅陋。

③希涉大庭：很少涉足朝廷。

④不称：不妥当。

⑤逆：忤逆，触犯。执事：本指高官身边听从使唤的人，用"执事"指称高官，表示不敢直接与高官对话，是一种敬辞。此处执事指大夫。

⑥夫药酒苦于口而利于病："口"下原无"而"字，据王利器说校补。《史记·留侯世家》："忠言逆耳利于行，毒药苦口利于病。"

⑦諓諓（jiàn）：巧言善辩。贼：原作"贱"，据杨树达、郭沫若说校改。

⑧疾风：大风。

⑨万里之朝：统治万里江山的朝廷。

⑩唯唯：唯唯诺诺的应答。

【译文】

贤良、文学都离开座位说：'我们这些粗鄙之人顽固浅陋，很少涉足朝廷，狂妄言语多有不妥，触犯了大夫。药酒虽然苦口，但有利于治病；忠言虽然逆耳，但有利于行动。因此直言争辩是朝廷之福，巧言善辩是朝廷之祸。树林之中多有大风，富贵之人多听阿谀之言。统治万里江山的朝廷，每日听到的都是唯唯诺诺，后来听到诸位儒生的直言争辩，这是公卿的良药、银针、砭石啊。”

大夫色少宽①，面文学而苏贤良曰②：“穷巷多曲辩③，而寡见者难喻④。文学守死溟涬之语⑤，而终不移。夫往古之事，昔有之语，已可睹矣。今以近世观之，自以目有所见，耳有所闻，世殊而事异。文、景之际⑥，建元之始⑦，民朴而归本⑧，吏廉而自重，殷殷屯屯⑨，人衍而家富⑩。今政非改而教非易也，何世之弥薄而俗之滋衰也！吏即少廉，民即寡耻，刑非诛恶⑪，而奸犹不止。世人有言：‘鄙儒不如都士⑫。’文学皆出山东⑬，希涉大论⑭。子大夫论京师之日久⑮，愿分明政治得失之事⑯，故所以然者也。”

【注释】

①少：通“稍”。宽：缓和。

②面：通“偭”，背对。苏：读为“溯”（用王利器说），向。“苏”下原有“也”字，据黄侃说校删。

③曲辩：诡辩。《史记·赵世家》：“穷乡多异，曲学多辩。”

④寡见者：孤陋寡闻的人。难喻：难以对他讲清道理。

⑤溟涬（mǐng xìng）：漫无边际。

⑥文：汉文帝。景：汉景帝。

⑦建元之始：公元前140年。建元，汉武帝第一个年号。

⑧归本：归于农耕根本。

⑨殷殷：殷富。屯屯（zhūn）：盛多，充盈。

⑩人衍：人人丰饶。衍，丰饶。

⑪刑非：处罚为非作歹。诛恶：诛杀邪恶。

⑫鄙儒：乡野儒生。都士：都市之人。

⑬山东:崤山以东。

⑭希涉大论:很少涉及大道理。

⑮子大夫:指贤良,这是大夫对贤良的尊称。

⑯愿分明政治得失之事:"愿"原作"顾","失"上无"得"字,据王先谦说校改。分明,分析清楚。

【译文】

大夫面色稍微缓和一些,背对文学,面对贤良说:"贫穷小巷多出诡辩之人,孤陋寡闻的人难以理喻。文学死死守着那些茫然无际的话语,始终不肯改变。往古的事,前人的话语,我们都已经看过了。如今从近世来看,自然是眼能看到,耳能听到,时世变了,事务就不一样。汉文帝、汉景帝时期,建元初年,民风淳朴,各归农业根本,官吏廉洁自重,国家殷富,钱粮盛多,人人丰饶,家家富裕。如今政令未改,教化未变,为什么世风日下、民俗愈衰呢?官吏不能廉洁,民众没有羞耻,处罚为非作歹,诛杀邪恶,但奸乱仍然不能禁止。俗话说:'乡野儒生不如都市之人。'文学都出自崤山以东,很少涉及大道理。诸位贤良在京师议政日久,希望你们能够分析清楚政治得失之事,根本原因在哪里。"

贤良曰:"夫山东天下之腹心①,贤士之战场也。高皇帝龙飞凤举于宋、楚之间②,山东子弟萧、曹、樊、郦、滕、灌之属为辅③,虽即异世,亦既闳夭、太颠而已④。禹出西羌⑤,文王生北夷⑥,然圣德高世⑦,有万人之才,负迭群之任⑧。出入都市,一旦不知返⑨,数然后终于厮役而已⑩。仆虽不生长京师,才驽下愚⑪,不足与大议⑫。窃以所闻闾里长老之言⑬,往者,常民衣服温暖而不靡⑭,器质朴牢而致用⑮,衣足以蔽体,器足以便事,马足以易步⑯,车足以自载⑰,酒足以合欢而不湛⑱,乐足以理心而不淫⑲,入无宴乐之闻⑳,出无佚游之观[21]，行即负嬴[22]，止则锄耘[23]，用约而财饶，本修而民富[24]，送死哀而不华，养生适而不奢，大臣正而无欲，执政宽而不苛；故黎民宁其性[25]，百吏保其官。建元之始[26]，崇文修德，天下乂安[27]。

【注释】

①腹心：中心。

②高皇帝：汉高祖刘邦。龙飞凤举：比喻皇帝兴起，古代多以龙凤比喻皇族。刘邦在丰沛起兵，丰沛处于宋、楚交界之处。

③萧：萧何，沛人，为汉家开国丞相。曹：曹参，沛人，汉家第二任丞相。樊：樊哙，沛人，为汉家开国功臣。郦：郦食其（yì jī），杞人，刘邦手下的说客。滕：滕公夏侯婴。灌：灌婴。以上数人都是刘邦得力助手，汉家开国功臣。

④闳夭、太颠：周文王的贤臣。

⑤禹出西羌：《史记·六国年表》："禹兴于西羌。"

⑥文王生北夷：《孟子·离娄下》："文王生于岐周，卒于毕郢，西夷之人也。"此处说文王生北夷，与《孟子》说法不同。按，周是夏、商主盟下的一个西方诸侯小国，从后稷之子不窋奔窜戎狄以下十二代，周人都是处于戎狄之间，过着亦夏亦夷的生活，直到后稷十三世孙古公亶父由豳迁岐，周人才开始有意识地告别戎狄生活方式。

⑦高世：高出世人。

⑧负迭群之任：肩负超群的责任。迭，通"轶"，超出。

⑨返：指返回到仁义根本。

⑩数然：屡次。卢文弨说，"后"字衍。厮役：供人使唤的奴仆。

⑪驽：愚钝。

⑫与:参与。原作“以”,据王利器说校改。大议:议论国家大事。

⑬窃以所闻闾里长老之言:“以所”,原作“所以”,据卢文弨说校改。闾里,乡里。

⑭常民:普通老百姓。靡:奢侈,华丽。

⑮器质朴牢:器具质地俭朴牢固。

⑯易步:代步。

⑰自载:自己乘坐。

⑱合欢:聚会欢乐。湛:通“沉”,沉溺。

⑲理心:调理身心。淫:过分。

⑳宴乐:饮宴作乐。

㉑佚游:游逸过度。

㉒负羸:负担。羸,原作“赢”,据王利器说校改。

㉓则:原作“作”,据杨树达说校改。耘:锄草。

㉔本修:农业根本得到加强。

㉕宁其性:性格宁静。

㉖建元之始:“始”上原无“之”字,据王利器说校补。

㉗乂(yì)安:太平。

【译文】

贤良说:“崤山以东是天下的中心,贤士的战场。高祖皇帝像龙凤飞举一般兴起于宋、楚之间,崤山以东子弟萧何、曹参、樊哙、郦食其、夏侯婴、灌婴之辈为辅佐,虽然生活在不同年代,他们也可以说是秦末汉初的闳夭、太颠。夏禹出于西羌,周文王生于北夷,但他们的圣人美德高出世人,具有超越万人的才能,承担超群的社会责任。有些人虽然出入都市,但他们一旦不知道返回仁义根本,长此以往,最终沦为奴仆而已。我虽然不是生长于京师,才能驽钝,是下等愚人,不足参与议论国家大事,但我私下听到过乡里老人关于古代的言论。从前,普通老百姓衣服温暖而不奢华,器具质地朴实,牢固适用,衣服足可以遮蔽身体,器具足可以方便事务，马足可以代步，车足可以自己乘坐，酒足可以聚会欢乐而不至于沉湎，乐足可以调理身心而不过分，进门没有宴饮欢乐的声音，出门没有游逸无度的景观，出行就背负肩挑，在家就锄地耘草，用度俭约而财富丰饶，农业根本得到加强而民众富足，送别死者悲哀而葬礼不奢华，保健养生适度而不奢侈，大臣正派而无贪欲，执政宽缓而不苛刻；因此黎民百姓性格宁静，百官都能安于职守。汉武帝建元初年，推崇文教，修治德政，天下平安无事。

“其后，邪臣各以伎艺①，亏乱至治②，外障山海③，内兴诸利④。杨可告缗⑤，江充禁服⑥，张大夫革令⑦，杜周治狱⑧，罚赎科适⑨，微细并行，不可胜载。夏兰之属妄搏⑩，王温舒之徒妄杀⑪，残吏萌起⑫，扰乱良民。当此之时，百姓不保其首领⑬，豪富莫必其族姓⑭。圣主觉焉⑮，乃刑戮充等，诛灭残贼，以杀死罪之怨⑯，塞天下之责，然居民肆然复安⑰。然其祸累世不复，疮痍至今未息。故百官尚有残贼之政⑱，而强宰尚有强夺之心⑲。大臣擅权而击断⑳，豪猾多党而侵陵㉑，富贵奢侈，贫贱篡杀㉒，女工难成而易弊㉓，车器难就而易败，车不累期㉔，器不终岁㉕，一车千石㉖，一衣十钟㉗。常民文杯画案㉘，机席缉蹯㉙，婢妾衣纨履丝㉚，匹庶粺饭肉食㉛。

【注释】

①伎艺：手段。

②亏乱至治：损害太平盛世。

③外障山海：对外垄断山海利益，指盐铁官营。

④内兴诸利：对内兴办各种牟利事业，指均输、平准、算缗、告缗等。

⑤杨可告缗：《史记·平准书》：“杨可告缗遍天下，中家以上，大抵

皆遇告。”公元前119年，汉朝颁布算缗令，征收商人、手工业者的财产税和车船税。由于许多人隐匿财产，因此公元前114年，汉武帝颁布告缗令，下令百姓告发偷漏缗钱者，凡告发属实，将罚没财产的一半赏给告发者。此事由杨可主持。按，“可”下原有“胜”字，据张敦仁说校删。

⑥江充禁服：《汉书·江充传》载：“上以充为谒者，使匈奴还，拜为直指绣衣使者，督三辅盗贼，禁察踰侈，贵戚近臣多奢僭，充皆举劾，奏请没入车马，令身侍北军击匈奴。”禁服，禁止服饰僭越。

⑦张大夫革令：御史大夫张汤改革法令。

⑧杜周治狱：廷尉杜周治理案件。

⑨罚赎：罚款赎罪。科：判罪。适：通“谪”。

⑩夏兰：汉武帝时绣衣直指官，为汉武帝时期有名酷吏。妄搏：随意逮捕人。

⑪王温舒之徒妄杀：王温舒为汉朝中尉，以狂捕滥杀著称，事迹见于《史记·酷吏列传》。

⑫残吏萌起：残暴的官吏层出不穷。

⑬首领：脑袋。

⑭莫必其族姓：没有人肯定能够保全宗族性命。

⑮圣主：指汉武帝。觉焉：觉察。

⑯杀：减轻。

⑰肆然：明显。

⑱残贼：残忍贼害。

⑲强宰：强势宰相，指御史大夫桑弘羊。

⑳击断：施刑于人。原作“断击”，据王利器说校改。

㉑豪猾：豪强。侵陵：侵犯欺压。

㉒篡杀：掠夺杀人。

㉓女工：妇女手工制品。难成而易弊：难以制成却容易损坏。

㉔车不累期(jī):车子使用不到两年。累期,两年。期,一年。

㉕器不终岁:器具使用不满一年。

㉖石(dàn):容量单位。

㉗钟:容量单位,六石四斗为一钟。

㉘文杯画案:在杯上画文采,在几案上画图画。

㉙机:通"几",几案。席:坐席。缉蹈(xiè):通"杂遝",丰盛。按,此句言酒宴丰盛。

㉚衣纨(wán):穿绸缎。履丝:著丝鞋。

㉛匹庶:平民。粺(bài)饭:精米饭。粺,一石糙米舂成九斗的精米。

【译文】

"到了后来,奸臣各施手段,损害太平盛世,对外垄断山海利益,对内兴办各种牟利事业。杨可主持告缗,江充禁止僭越的服饰,张汤大夫改革法令,杜周治理刑狱,罚款,赎罪,判刑,贬谪,连细微的罪行也不放过,史书简直记载不完。酷吏夏兰之辈随意拘捕民众,中尉王温舒之徒狂捕滥杀,残暴的官吏层出不穷,扰乱了良民的正常生活。那个时候,老百姓连自己脑袋都保不住,豪强富人没有人肯定能够保全自己宗族的性命。圣明君主武帝终于有所觉察,于是杀死奸臣江充等人,诛灭残忍贼害的人,以此来减少民众对杀人过多的怨恨,避免天下民众的谴责,这样民众才明显地重归安宁。然而遗留的祸患多年不能消除,创伤至今未能痊愈。因而百官还要施行残忍害人的政治,铁腕宰相仍然有强取豪夺的心理。朝中大臣独揽大权施刑于人,豪强结党欺陵弱者,富贵人家奢侈僭越,贫贱之人掠夺杀人。妇女手工制品难于制作而容易损坏,车辆器具难于做成而容易破损,车子使用不到两年,器具使用不满一年,一辆车价值千石粮食,一件衣服值十钟米。普通老百姓在杯上画文采,在几案上画图,几案上酒宴丰盛,奴婢穿绸衣丝鞋,平民吃精米饭和肉菜。

“里有俗[①]，党有场[②]，康庄驰逐[③]，穷巷蹋鞠[④]，秉耒抱臿、躬耕身织者寡[⑤]，聚要敛容、傅白黛青者众[⑥]。无而为有，贫而强夸，文表无里[⑦]，纨袴枲装[⑧]，生不养，死厚送，葬死殚家[⑨]，遣女满车[⑩]，富者欲过[⑪]，贫者欲及[⑫]，富者空减[⑬]，贫者称贷[⑭]。是以民年急而岁促，贫即寡耻，乏即少廉，此所以刑非诛恶而奸犹不止也。故国有严急之征[⑮]，即生散不足之疾矣[⑯]。”

【注释】

①里：二十五家为里。

②党：乡党。场：娱乐场所。

③康庄：宽阔大道。驱逐：骑马追逐。

④蹋鞠(tà jū)：古代一种习武的游戏。

⑤耒、臿(chā)：两种耕种农具。臿，原作“插”，据姚范说校改。

⑥聚要：束腰。聚，原作“娶”，“敛”下原有“从”字，据张敦仁说校改。要，通“腰”。敛容：修饰容貌。傅白：涂抹白粉。傅，通“敷”。黛青：用青色画眉毛。

⑦文表无里：外表漂亮，却没有里子。

⑧纨袴：绸裤。袴，原作“跨”，据王利器说校改。枲(xǐ)装：里面装的是牡麻。

⑨葬死殚(dān)家：埋葬死人要耗尽家财。殚，耗尽。

⑩遣女满车：嫁女要置办满车嫁妆。

⑪过：超过礼节标准。

⑫及：赶上礼节标准。

⑬空减：财产空虚。

⑭称贷：借贷。

⑮严急之征：严厉急迫的征敛。“严”下原有“不”字，据卢文弨说校删。

⑯散不足：财富分散，不够使用。散，原作“前”，据黄侃说校改。“足”下原无“之”字，据卢文弨校补。

【译文】

“里巷有自己的风俗，乡党有自己的娱乐场所，人们在宽阔大道上骑马追逐，连偏僻小巷也有人做蹋鞠的游戏，手持耒臿农具、亲身耕织的人少，束腰整容、抹粉画眉的人多。无而强装为有，贫而强夸为富。外表漂亮，却没有里子，绸裤子里面装的是牡麻。父母活着的时候不赡养，死后却要隆重地送葬。葬一个死人几乎要耗尽全部家财，嫁一个女儿要置办满车嫁妆。富人想超过礼节标准，穷人想赶上礼节标准，结果导致富人财产空虚，穷人靠借贷度日。所以民众生活一年比一年窘迫，贫穷就会缺少羞耻，空乏就会不讲廉洁，这就是处罚为非作歹、诛杀邪恶而奸邪仍然不止的原因。因此国家有严厉急迫的征敛，就会产生财富分散、不够使用的毛病。”

卷　六

散不足第二十九

【题解】

本篇是全书中篇幅最大、难度最大、内容最丰富的篇章。文章由丞相“愿闻散不足”引发，贤良从衣食住行丧祭各个层面铺陈古今社会风尚的变化，以古代的节俭与当今社会的奢侈相对照，说明当今社会财富分散、用度不足完全是由弥漫全社会的豪奢风气造成的。文章展现了一幅幅古代社会生活的多彩画卷，对后人认识古代社会风尚特别是汉代生活风习很有帮助。贤良高举复古的旗帜，批判当时社会的豪奢之风，试图以此矫正社会弊病，用心良苦。全文三十二由“古者”领起的段落蝉联而下，每一段均以上古时代的简朴风尚与近现代的豪奢之风进行对比，按照“富者”、“中者”、“庶人”分层次，极为排奡纵恣。

大夫曰：“吾以贤良为少愈①，乃反其幽明②，若胡车相随而鸣③。诸生独不见季夏之蟧乎④？音声入耳，秋至而声无。者生无易由言⑤，不顾其患，患至而后默，晚矣。”

【注释】

①少愈:稍微好一些。

②反其幽明:颠倒了黑暗和光明。

③胡车:匈奴的车子。相随而鸣:胡车因其粗糙简陋,前后的车都吱呀作响,比喻文学、贤良相互呼应。

④蟋(xī):即蟪蛄,一种春生夏死、夏生秋死的蝉。

⑤者:通"诸"。无易由言:不要轻易地由着性子乱说。《诗经·小雅·小弁》:"君子无易由言。"

【译文】

大夫说:"我原以为贤良会稍微好一些,谁知道他们颠倒了黑暗和光明,文学与贤良,就像两辆匈奴破车,一前一后吱吱呀呀作响。诸位儒生难道看不见夏末的蟪蛄么?夏天它鸣叫的声音声声入耳,秋天来了,声音就全没了。诸位儒生不要轻易地由着性子乱说,不顾后患,要是等到祸患来了而后沉默,那就晚了。"

贤良曰:"孔子读史记①,喟然而叹②,伤正德之废③,君臣之危也。夫贤人君子,以天下为任者也。任大者思远④,思远者忘近。诚心闵悼⑤,恻隐加尔⑥,故忠心独而无累⑦。此诗人所以伤而作⑧,比干、子胥遗身忘祸也⑨。其恶劳人⑩,若斯之急⑪,安能默乎?《诗》云:'忧心如惔,不敢戏谈。'⑫孔子栖栖⑬,疾固也⑭。墨子遑遑⑮,闵世也⑯。"

大夫默然。

【注释】

①史记:在《史记》成为司马迁史书的专称之前,"史记"是史书的通称。

②喟(kuì)然:叹息貌。

③正德:正统道德。

④任大:责任重大。

⑤闵悼:伤悼。

⑥恻隐:同情。尔:通“耳”。

⑦独:孤独。累:牵挂。

⑧诗人:指《诗三百》各篇作者。

⑨比干:殷纣王叔父,因劝谏纣王而被剖心致死。子胥:吴国大夫伍子胥,因劝谏吴王夫差不要与北方齐晋争锋,而被夫差赐剑自杀,尸体被装进皮口袋而浮于江上。

⑩恶:丑恶事情。劳人:使人忧愁。

⑪斯:如此,指像比干、伍子胥一样。

⑫忧心如惔(tán),不敢戏谈:见于《诗经·小雅·节南山》。惔,火烧。戏谈,开玩笑。

⑬栖栖:忙碌不安的样子。

⑭疾固:痛恨社会弊病。

⑮墨子:墨家创始人墨翟,提出兼爱、非攻等主张,并为救世而奔走。遑遑:匆忙的样子。

⑯闵世:忧伤世道混乱。

【译文】

贤良说:“孔子读史书时,往往喟然长叹,他忧伤的是正统道德的废弃,君臣之道的危机。自古贤人君子,都是以天下为己任。责任重大的人思虑深远,思虑深远的人就会忘记近祸。他们以真诚之心伤悼现实,对天下寄予同情之心,因此忠心孤独而无牵挂。这就是《诗三百》作者感时伤世而创作诗篇,比干、伍子胥舍身忘祸的原因。丑恶现实让人忧愁,如同诗人、比干、伍子胥一样急迫,怎么能保持沉默呢?《诗经·小雅·节南山》说:‘忧愁之心似火烧,不敢戏谑开玩笑。’孔子忙忙碌碌,这是因为他痛恨社会弊病。墨子匆匆忙忙，这是因为他忧伤世道混乱。”

大夫沉默不言。

丞相曰：“愿闻散不足。”

贤良曰：“宫室舆马①，衣服器械，丧祭食饮，声色玩好②，人情之所不能已也③。故圣人为之制度以防之④。间者⑤，士大夫务于权利⑥，怠于礼义；故百姓仿效，颇逾制度⑦。今故陈之曰⑧。

【注释】

①舆：车。

②声色：音乐歌舞。玩好：包括狗马宠物以及各种游戏娱乐。

③已：止。

④防：防止僭越。

⑤间者：近来。

⑥务：追求。权利：权力财利。

⑦颇：相当。逾：僭越。

⑧陈：陈述。

【译文】

丞相说：“我想听一听关于财富分散、不够使用的问题。”

贤良说：“宫室、车马、衣服、器械、丧葬、祭祀、饮食、声色、玩好，这些都是人的性情所不能禁止的东西。因此圣人为此设立制度，以防止僭越。近来，士大夫追求权力财利，轻怠礼义；因而招致老百姓纷纷仿效，大大地僭越制度。现在特地将古代制度陈述如下。

"古者，谷物菜果，不时不食[①]，鸟兽鱼鳖，不中杀不食[②]。故徼罔不入于泽[③]，杂毛不取[④]。今富者逐驱歼罔罝[⑤]，掩捕麑鷇[⑥]，耽湎沈酒铺百川[⑦]。鲜羔狣[⑧]，几胎肩[⑨]，皮黄口[⑩]。春鹅秋雏[⑪]，冬葵温韭[⑫]，浚茈蓼苏[⑬]，丰薁耳菜[⑭]，毛果虫貉[⑮]。

【注释】

①不时：不到成熟季节。《礼记·王制》："五谷不时，果实未熟，不粥于市。"

②不中杀：不到该杀的时候。《礼记·王制》："禽兽鱼鳖不中杀，不粥于市。"

③徼：借为"缴(zhuó)"，射鸟时系在箭上便于收回的生丝绳。罔：同"网"。

④杂毛：各种毛色的幼小野兽。

⑤罔罝(jū)：猎捕鸟兽的罗网。

⑥掩捕：围猎。麑(ní)：幼鹿。鷇(kòu)：待母哺食的幼鸟。

⑦耽湎沈酒：沉溺于酗酒。酒，原作"犹"，据王利器说校改。铺百川：酒店像百条江河一样多。

⑧鲜羔狣(zhào)：新鲜的羊羔肉。

⑨几：割。原作"刏"。胎肩：小猪。肩，原作"扁"，据张敦仁说校改。

⑩皮：剥皮。黄口：雏鸟。

⑪春鹅：春天的小鹅。秋雏：秋天的小鸡。

⑫冬葵：冬天生长的一种蔬菜。温韭：温室种的韭菜。

⑬浚：一种香菜。茈(zǐ)：子姜。蓼(liǎo)：辛菜。苏：紫苏。以上四种均为调味品。

⑭蕈：原作“奕”。孙诒让说，“奕”当为“茜”，“丰茜”疑为“蕈茜（xùn ér）”，即木耳。耳菜：各种菌菜的总名。

⑮毛：毛虫。果：通“倮（luǒ）”，指身上没有羽毛和鳞甲的动物。貉：外貌像狐狸的哺乳动物。

【译文】

“古时候，谷物蔬菜水果，不到成熟的时节不吃，鸟兽鱼鳖，不到该杀的时候不吃。因此弓箭罗网不进山泽，各种毛色的幼小野兽不猎取。现在有钱人追杀网捕，围捕幼鹿和小鸟，他们沉溺于酗酒之中，酒店像百条江河一样多。吃新鲜的羊羔肉，割杀小猪仔，剥黄口小鸟的皮。春天吃小鹅，秋天吃小鸡，冬天吃葵菜和温室种的韭菜，加上香菜、子姜、辛菜和紫苏等调味品，此外还吃木耳香菇，连毛虫、倮虫、狐貉都吃。

“古者，采椽茅茨①，陶桴复穴②，足御寒暑、蔽风雨而已。及其后世，采椽不斫③，茅茨不翦④，无斫削之事，磨砻之功⑤。大夫达棱楹⑥，士颖首⑦，庶人斧成木构而已⑧。今富者井干增梁⑨，雕文槛楯⑩，垩幔壁饰。

【注释】

①采椽：用栎木做的承瓦木条。采，栎木。茅茨（cí）：用茅草盖的屋顶。

②陶：陶器。桴（fú）：屋梁。复穴：窟室。

③斫（zhuó）：砍。

④翦：剪去参差不齐的茅草。

⑤磨砻（lóng）：打磨光滑。

⑥达棱楹（yíng）：做成有棱角的柱子。达，达到。棱，棱角。楹，柱子。

⑦颖首：把椽子、大梁的头部砍细。

⑧斧成木构：用斧子砍伐木头盖成房屋。

⑨井干：天井，藻井。增梁：屋梁，屋顶。

⑩雕文槛楯(shǔn)：门槛、栏杆上雕刻花纹。槛楯，门槛、栏杆。楯，原作"修"，据张敦仁说校改。

⑪垩(è)：白土。㰎(nán)：原作"忧"，据卢文弨说校改，粉刷。

【译文】

"古时候，用栎树做椽子，用茅草盖屋顶，制陶瓦，挖地洞，这些足可以抵御寒暑，遮蔽风雨。到了后来，栎树椽子不砍，茅草屋不修翦，没有砍斫、劈削的事务，也没有木材打磨光滑的工夫。大夫家做成有棱角的柱子，士家将柱子头部砍细，庶人用斧子砍伐木头盖成房屋而已。如今富贵人家屋顶上有藻井，门槛和栏杆上雕刻花纹，用白灰粉刷墙壁。

"古者，衣服不中制[①]，器械不中用，不粥于市[②]。今民间雕琢不中之物[③]，刻画玩好无用之器[④]。玄黄杂青，五色绣衣，戏弄蒲人杂妇[⑤]，百兽马戏斗虎，唐锑追人[⑥]，奇虫胡妲[⑦]。

【注释】

①中：符合。

②粥(yù)：通"鬻"，卖。

③不中之物：不中用的物件。

④刻画玩好无用之器："玩好"二字原在下句"玄黄"之上，据杨树达说校改。

⑤戏弄蒲人杂妇：模仿僰人妇女生活的戏剧。蒲，通"僰"，僰是西汉时居住在云南地区的少数民族。杂妇，村妇。

⑥唐锑(tī)追人:木偶、泥人爬高竿的游戏。

⑦奇虫:指鱼龙之类杂技。胡妲:花旦。

【译文】

"古时候,衣服不符合规定,器械不适合使用,不准拿到市上去卖。如今民间雕琢不中用的物品,刻画无用的好玩器具。一些艺人穿着黑色、黄色、杂青色以及五颜六色锦绣彩衣,演出模仿僰人妇女生活的戏剧,有的艺人玩弄各种野兽、马戏、斗虎,有的艺人玩木偶、泥人爬竿,或玩鱼龙杂技,花旦唱戏等等。

"古者,诸侯不秣马①,天子有命,以车就牧②。庶人之乘马者,足以代其劳而已。故行则服桅③,止则就犁④。今富者连车列骑⑤,骖贰辎軿⑥。中者微舆短毂⑦,繁髦掌蹄⑧。夫一马伏枥⑨,当中家六口之食⑩,亡丁男一人之事。⑪

【注释】

①诸侯不秣(mò)马:"马"字原在"者"字下,据王先谦说校改。秣马,喂马。

②以车就牧:随车所在,就地放牧。

③行则服桅(è):出行时就将马套上车。桅,通"軛",驾车时套在牲口脖子上的曲木。

④止则就犁:不出行就用马拉犁。

⑤连车列骑:车马排成行列。

⑥骖(cān):三匹马驾一辆车。贰:两匹马拉一辆车。辎(zī):有帷盖的载重大车。軿(píng):四面有帏的车,多供妇人使用。

⑦微舆短毂(gǔ):指小车。微舆,小车箱。短毂,短车轴。

⑧繁髦:马鬣装饰。原作"烦尾",据王利器说校改。掌蹄:给马蹄

钉铁掌。

⑨一马伏枥(lì):指喂一匹马。枥,马槽。

⑩中家:中产家庭。

⑪亡丁男一人之事:陪上一个壮年男子的劳力。亡,消耗。丁男,壮年男子。

【译文】

"古时候,诸侯不喂马,天子有命出征,随车就地放牧。庶人乘马出行,足可以代其步行、免其劳累而已。因此出行时就将马匹套上车,不出行就用马拉犁。如今富贵的人车马排成行列,有用三匹马驾一辆车,有用两匹马拉一辆车,有人乘坐有帷盖的辎车,妇人乘坐四面有帷的车。中等人家也有小车,马鬣上有装饰,马蹄钉有铁掌。喂一匹马,需要中产家庭六口人的粮食,还要陪上一个壮年男子的劳力。

"古者,庶人耋老而后衣丝①,其余则麻枲而已②,故命曰布衣③。及其后,则丝里枲表④,直领无袆⑤,袍合不缘⑥。夫罗纨文绣者⑦,人君后妃之服也。茧䌷缣练者⑧,婚姻之嘉饰也。是以文缯薄织⑨,不粥于市⑩。今富者缛绣罗纨⑪,中者素绨冰锦⑫。常民而被后妃之服,亵人而居婚姻之饰⑬。夫纨素之贾倍缣⑭,缣之用倍纨也⑮。

【注释】

①耋(dié)老:年老。衣丝:穿丝绸衣服。

②麻枲(xǐ):麻布衣服。

③命:取名。布衣:指平民。

④丝里枲表:丝绸做面子,麻枲做里子。

⑤直领:古代长袍衣领,从脖子后曲领向前,相并直下。袆(huī):

蔽膝。

⑥袍合不缘：袍子合缝，但不必修饰边缘。

⑦罗纨文绣：轻软丝绢上绣上花纹。

⑧茧紬(chóu)：粗丝绸。缣(jiān)：细绢。练：白绢。

⑨文缯(zēng)：带有文采的丝织品。薄织：细薄的丝织品。

⑩粥：通"鬻"。

⑪缛绣：繁杂文绣。

⑫素绨：光滑厚实的白色丝织品。冰锦：如冰的白色丝织品。原作"锦冰"，据王先谦说校改。

⑬亵人：卑贱妇女。居：穿。

⑭纨素：细绢。贾：同"價"(价)。缣：粗绢。

⑮用：用处，使用价值。

【译文】

"古时候，平民百姓要到老年才穿丝绸衣服，其余的平民只能穿麻布衣服，因此称平民为布衣。到了后来，人们的衣服是用丝绸做面子，麻枲做里子，斜直衣领而没有蔽膝，袍子合缝，但不必修饰边缘。轻软丝绢上绣上花纹，这是君主后妃的衣服。粗绸和细绢，是结婚时才穿的好看衣服。所以那些带有文采的细薄丝织品，不会拿到集市上去卖。如今富贵人家穿的是绣有繁缛花纹的轻软细绢，中产阶层穿的是光滑厚实的白丝或洁白如冰的锦衣。普通老百姓穿上后妃才穿的衣服，卑贱妇女穿上结婚时才穿的服饰。细绢的价格比粗绢价格贵一倍，而粗绢的使用价值比细绢大一倍。

"古者，椎车无柔[①]，栈舆无植[②]。及其后，木軨不衣[③]，长毂数幅[④]，蒲荐苙盖[⑤]，盖无漆丝之饰[⑥]。大夫士则单椱木具[⑦]，盘韦柔革[⑧]。常民漆舆大軨蜀轮[⑨]。今庶人富者银黄华左搔[10],结绥韬杠[11]。中者错镳涂采[12],珥靳飞軨[13]。

【注释】

①椎车:独轮车。柔:通"鍒",车轮边框。

②栈舆:竹木车。植:通"直",直木。

③軨(líng):车厢上的木栅栏。衣:修饰。

④长毂:长长的轮轴。数幅:密集的辐条。

⑤蒲荐:为防振动而把蒲草绑在车轮上。苙盖:用草编成的车盖。

⑥漆:油漆。原作"染",据孙诒让说校改。丝:丝绸。

⑦单複:洪颐煊说,当作"蝉攫",即车轮的边框。木具:蝉攫用木料制造。

⑧盘韦柔革:用软熟兽皮盘在车轮的边框之上。韦、革,经过加工制作的兽皮。

⑨漆舆:油漆的车厢。漆,原作"染",据孙诒让说校改。大軨:长的横木。蜀轮:独轮。蜀,通"独"。

⑩银:白银。黄:黄金。华:装饰。搔:通"瑵",车盖上的玉饰。

⑪结绥:登车拉手用绳子打成花结。绥,登车时拉手用的绳子。韬(tāo)杠:用熟皮裹着的车辕。

⑫错镳(biāo):镶金的马嚼子。涂采:涂上色彩。

⑬珥:本指女子的珠玉耳环,这里用作动词,意为装饰。靳:马肚带,这里指代马。飞軨:车厢的窗子。軨,原作"铃",据张敦仁、王先谦说校改。

【译文】

"古时候,独轮车没有边框,竹木车没有栏杆。到了后来,车厢有了栏杆但不加装饰,长长的轮轴,密集的辐条,把蒲草绑在车轮上,用草编成车盖,车盖上没有油漆、丝绸的修饰。大夫和士的车是用木料制成的车轮边框,用软熟兽皮盘在车轮的边框之上。普通老百姓的车是油漆的车厢，独轮车加上长长的横木。如今平民和富贵人家，车盖上装饰着用白银、黄金镶嵌的玉瑵，登车拉手用绳子打成花结，用熟皮缠裹车辕。中产人家的车马是镶金的涂有色彩的马嚼子，用珠玉装饰马肚带，用珠玉装饰马和车窗。

"古者，鹿裘皮冒①，蹄足不去②。及其后，大夫士狐貉缝腋③，羔麑豹祛④。庶人则毛绔䘵彤⑤，羝䙚皮𧞤⑥。今富者鼲貂⑦，狐白凫翁⑧。中者罽衣金缕⑨，燕鴼代黄⑩。

【注释】

①鹿裘：鹿皮制作的衣裘。冒：通"帽"。

②蹄足不去：兽皮上的蹄足没有除去。

③缝腋：王利器说，疑作"逢掖"，即大袖衣。

④羔麑豹祛（qū）：王利器说，疑作"羔裘豹祛"，见于《诗经·唐风·羔裘》。羔裘豹祛，意为用羊羔皮做皮袄，用豹皮做袖口。祛，袖口。

⑤毛绔：用毛做的套裤。绔，"袴"的本字。䘵（zhōng）：短裤。彤：朱红色。王利器说，彤，疑作裥（tǒng），短袖衣。

⑥羝䙚（fú）皮𧞤（bó）：原作"朴羝皮傅"，据王利器说校改。羝䙚，公羊皮皮袄。皮𧞤，杂兽皮的短皮袄。

⑦鼲（hún）貂：原作"鼲鼯"，据王利器说校改。鼲貂，灰鼠皮和貂皮制作的皮袄。

⑧狐白：白狐皮袄。凫翁：鸭绒。凫，野鸭。翁，鸟颈上的毛。原作"翥"，据孙诒让说校改。

⑨罽（jì）衣：绒衣。金缕：金丝线。

⑩鴼（lè）：老鼠的一种，皮可制皮袄。代黄：代郡的黄貂。

【译文】

“古时候，人们穿鹿皮制作的衣裘，戴兽皮帽，连兽皮上的蹄足都没有除去。到了后来，大夫和士穿狐貉皮毛制成的大袖衣，用羊羔皮做皮袄，用豹皮做袖口。平民百姓穿毛皮制作的套裤和短袖衣，有的穿公羊皮袄和杂兽皮制作的短袄。如今富贵人家穿灰鼠皮和貂皮制作的皮袄，有的穿白狐皮袄或鸭绒袄。中产人家穿金丝线缝制的绒衣，有的穿燕地鼢鼠皮袄和代地黄貂皮袄。

“古者，庶人贱骑绳控①，革鞮皮荐而已②。及其后，革鞍牦成③，铁镳不饰④。今富者鞼耳银镊䪉⑤，黄金琅勒⑥，罽绣弇汗⑦，垂珥胡鲜⑧。中者漆韦绍系⑨，采画暴干⑩。

【注释】

①贱骑绳控：不用鞍勒，只凭绳控。

②鞮（dī）：皮鞋。皮荐：指马背上垫的一块皮子。荐，原作“鹰”，据王先谦说校改。

③革鞍：皮革马鞍。牦成：用牦牛毛制成。

④铁镳（biāo）不饰：铁制的马镳不加修饰。镳，勒马的用具。与马嚼子合用，衔在马口中，镳是两头露在外的部分。

⑤鞼（xù）耳：用革做的马的耳饰。银镊䪉（liè）：银制的马头饰。

⑥琅（láng）：光彩。勒：马笼头。

⑦罽（jì）绣：绣花毛毡。弇（yǎn）汗：马身防汗的用品。

⑧垂珥：用垂棘美玉作马的耳饰。胡鲜：鲜卑腰带。

⑨漆韦：涂漆的熟皮。漆，原作“染”，据孙诒让说校改。绍系：拴结。漆韦绍系，用油漆的皮绳拴结。

⑩采画：彩绘。暴干：日光暴晒。

【译文】

“古时候，平民百姓骑马不用鞍勒，只凭绳子控制，骑手脚穿特制皮靴，在马背上加块皮垫子而已。到了后来，马鞍用皮革和牦牛毛制成，铁制的马镳不加修饰。如今富贵人家用皮革做马的耳饰，用白银做马的头饰，用黄金做成闪闪发光的马笼头，用绣花毛毡做马的防汗布，用垂棘美玉作马的耳饰，用鲜卑腰带作马的肚带。中产人家的马匹用油漆的皮绳拴结，在马具上作彩绘后在日光下晒干。

“古者，污尊抔饮①，盖无爵觞樽俎②。及其后，庶人器用即竹柳陶匏而已③。唯瑚琏觞豆而后雕文彤漆④。今富者银口黄耳⑤，金罍玉钟⑥。中者野王纻器⑦，金错蜀杯⑧。夫一文杯得铜杯十⑨，贾贱而用不殊⑩。箕子之讥，始在天子⑪，今在匹夫。

【注释】

①污尊：凿地为樽。尊，同“樽”。抔（póu）饮：用手捧水喝。抔，原作“坏”，据王利器说校改。

②爵、觞、樽：三种酒杯。俎：祭祀时盛祭品的器皿。

③竹柳：用竹子、柳条编织的器具。陶：陶器。匏（páo）：葫芦瓢。原作“瓠”，据卢文弨说校改。

④瑚琏（hú liǎn）：古代祭祀时用来盛黍稷的器皿。豆：古代食器，形似高脚盆。雕文：雕刻花纹。彤漆：涂上红色油漆。

⑤银口：以白银装饰器物口部。黄耳：即金铜耳，以金铜装饰器具两耳。

⑥金罍（léi）：用黄金做的酒器。玉钟：玉制酒杯。

⑦野王：地名，在今河南沁阳。原作“舒玉”，据王先谦说校改。纻

器：以苎麻为胎的漆器。

⑧金错蜀杯：镶金的蜀郡出产酒杯。

⑨一文杯得铜杯十：一个绘有花纹的杯子的价钱相当于十个铜杯。

⑩贾贱：指铜杯价格低廉。贾，同"價"（价）。用不殊：用途没有两样。

⑪箕子之讥，始在天子：《史记·十二诸侯年表》："纣为象箸而箕子唏。"天子，指殷纣王。

【译文】

"古时候，人们挖个小坑当水池，用手捧水喝，没有酒杯和盛菜器皿。到了后来，平民百姓用竹子、柳条编织器具，用泥土制作陶器，用葫芦当水瓢。只有用做祭祀的瑚、琏、酒杯、豆盘才雕刻花纹，涂上红色油漆。如今富贵人家以白银装饰器物口部，以金铜装饰器具两耳，用黄金、珠玉制作酒杯。中产之家用野王出产的苎麻制造漆器，用蜀郡器材制作镶金的酒杯。一个绘有花纹的杯子的价钱相当于十个铜杯，铜杯价格低廉，而用途没有两样。箕子讥刺殷纣王使用象牙筷子，讽刺对象是天子，如今平民百姓也像天子一样豪奢了。

"古者，燔黍食稗①，而捭豚以相飨②。其后，乡人饮酒，老者重豆③，少者立食④，一酱一肉，旅饮而已⑤。及其后，宾婚相召⑥，则豆羹白饭⑦，綦脍熟肉⑧。今民间酒食，殽旅重叠⑨，燔炙满案⑩，臑鳖脍鲤⑪，麑卵鹑鷃橙枸⑫，鲐鳢醯醢⑬，众物杂味⑭。

【注释】

①燔（fán）黍：烧烤黄米。食稗：吃稗子饭。

②捭（bǎi）：原作"爆"，据王先谦说校改。捭，通"焷"，煮。豚：小猪。

相飨(xiǎng):用食物招待客人。

③重(chóng)豆:几盘肉食。《礼记·乡饮酒义》:“乡饮酒之礼:六十者坐,五十者立侍以听政役,所以明尊长也;六十者三豆,七十者四豆,八十者五豆,九十者六豆,所以明养志也。”

④立食:站着吃饭。

⑤旅饮:多人在一起按序饮酒。

⑥宾婚相召:举行婚礼招待客人。

⑦豆羹白饭:用豆盘盛肉汤,加上米饭。

⑧綦脍(qí kuài)熟肉:切细的肉块和熟肉。綦脍,细切的肉块。

⑨殽旅重叠:鱼肉重迭。殽,通“肴”,熟的鱼、肉。旅,陈列。

⑩燔炙满案:烤肉摆满食案。

⑪臑(ér)鳖:炖熟的甲鱼。臑,同“胹”,煮熟煮烂。脍鲤:细切的鲤鱼肉片。鲤,原作“腥”,据孙诒让说校改。

⑫麑卵:鹿胎。鹑鷃:鹌鹑。橙枸:原作“撜拘”,据张敦仁说校改。橙,香橙。拘,枸酱。

⑬鲐(tái)、鳢(lǐ):两种鱼名。醢(hǎi):肉酱。醯(xī):醋。

⑭杂味:各种味道。

【译文】

“古时候,人们烧烤黄米,吃稗子杂粮,招待客人才杀猪。到了后来,乡里的人在一起饮酒,老人吃的是几盘肉食,年轻人站着吃饭,一盘酱一盘肉,在一起按序喝酒而已。再到后来,人们举行婚礼招待客人,用豆盘盛肉汤,加上米饭,还有切细的肉块和熟肉。如今民间招待酒食,鱼肉重迭,烤肉摆满食案,炖熟的甲鱼,细切的鲤鱼肉片,还有鹿胎、鹌鹑、枸酱、鲐鱼、鳢鱼、肉酱、酸醋,各种味道杂陈。

“古者,庶人春夏耕耘,秋冬收藏,昏晨力作①,夜以继日。《诗》云:‘昼尔于茅,宵尔索绹,亟其乘屋,其始播百谷。'[②]非膢腊不休息[③]，非祭祀无酒肉。今宾昏酒食[④]，接连相因[⑤]，析酲什半[⑥]，弃事相随[⑦]，虑无乏日[⑧]。

【注释】

①昏晨力作：从早晨到黄昏努力耕作。

②昼尔于茅，宵尔索绹(táo)，亟其乘屋，其始播百谷：见于《诗经·豳风·七月》。昼，白天。尔，语助词。于茅，割茅草。宵，夜。索，用作动词，搓。绹，绳子。亟，急，赶快。乘屋，登屋覆盖房顶。

③膢、腊：两个祭祀节日。

④昏：同"婚"。

⑤相因：一个接一个。

⑥析酲(chéng)：原作"折酲"，据卢文弨、孙诒让说校改。析，解。酲，酒醉。什半：十个人醉倒五个。

⑦弃事相随：抛弃了正事，相互奉陪。

⑧虑无乏日：几乎没有一天不是这样。

【译文】

"古时候，平民百姓春夏季节耕耘，秋冬季节收藏，从早晨到黄昏都在努力耕作，夜以继日地干活。《诗经·豳风·七月》说：'白天去割茅草，夜里去搓绳索，赶快登屋盖房，开始播种百谷。'不是膢腊节日就不得休息，不是祭祀就没有酒肉。如今结婚宴请宾客，一个接着一个，喝酒喝得大醉，十个人醉倒五个，抛弃了正事也要相互奉陪，几乎没有一天不是这样。

"古者，庶人粝食藜藿[①]，非乡饮酒膢腊祭祀无酒肉[②]。故诸侯无故不杀牛羊，大夫士无故不杀犬豕[③]。今闾巷县佰[4],阡伯屠沽[5],无故烹杀,相聚野外。负粟而往[6],挈肉而归[7]。夫一豕之肉,得中年之收[8],十五斗粟,当丁男半月之食[9]。

【注释】

①粝食:粗粮。藜藿:两种野菜。

②乡饮酒:古代有乡人聚集饮酒礼俗。

③故诸侯无故不杀牛羊,大夫士无故不杀犬豕:《礼记·王制》:"诸侯无故不杀牛,大夫无故不杀羊,士无故不杀犬豕。"

④县佰:通"枭伯",意为豪强。一说,枭伯,意为屠夫。

⑤阡伯:即阡陌,田间小路。屠:屠户。沽:酒家。

⑥负粟:背着粮食。

⑦挈(qiè)肉:提着肉食。

⑧夫一豕之肉,得中年之收:一头小猪的肉,相当于中等年景的收成。

⑨当丁男半月之食:相当于壮年男子半个月的口粮。

【译文】

"古时候,平民百姓吃粗粮野菜,如果不是乡人饮酒、媵腊祭祀节日,就没有酒肉。因此诸侯无事不杀牛羊,大夫和士无事不杀狗猪。如今乡里闾巷豪强,农村屠夫和酒家,无事也会随意烹杀牲畜,在野外相聚吃喝。背着粮食出去,提着肉食回来。一头小猪的肉,价值相当于中等年景一亩地的收成,等于十五斗小米,相当于壮年男子半个月的口粮。

"古者,庶人鱼菽之祭[1],春秋修其祖祠[2]。士一庙,大夫三[3],以时有事于五祀[4],盖无出门之祭[5]。今富者祈名岳,望山川⑥，椎牛击鼓⑦，戏倡儛像⑧。中者南居当路⑨，水上云台⑩，屠羊杀狗，鼓瑟吹笙。贫者鸡豕五芳⑪，卫保散腊⑫，倾盖社场⑬。

【注释】

①鱼菽之祭：用鱼和豆类祭祀。

②祖祠：祖宗宗庙。

③士一庙，大夫三：《礼记·礼器》："天子七庙，诸侯五，大夫三，士一。"《礼记·王制》："大夫三庙，一昭一穆，与大祖之庙而三。士一庙。"

④以时：按照一定时节。有事：从事祭祀活动。五祀：司命、中溜(liù)、国门、国行、公厉。《礼记·王制》："大夫祭五祀。"

⑤出门之祭：指家门外的祭祀。

⑥望：祭祀山川之神曰望。《尚书·尧典》："望于山川。"

⑦椎牛：击杀耕牛。

⑧戏倡：演戏。儛：通"舞"，舞蹈。像：木偶。

⑨南居当路：南向祭神。当路，汉代神名。

⑩水上云台：在水上搭起高台。云台，高台。

⑪鸡豕五芳：祭祀用鸡猪五味。

⑫卫保：祈求保佑。散腊：疑指腊祭后，割肉散发(用王利器说)。

⑬倾盖：本指两车路上相遇，接近说话，车盖相倾。此处形容祭祀时车马很多。盖，车盖。社场：祭祀场所。

【译文】

"古时候，平民百姓用鱼和豆类祭祀，春秋季节修治祖庙。士人一座宗庙，大夫三座宗庙，按照一定时间举行户、灶、中霤、门、行五神的祭祀，没有家门以外的祭礼。如今富贵人家祈祷著名的五岳，望祭山川神灵，击杀耕牛，敲锣打鼓，演戏跳舞，表演木偶。中产人家南向祭神，在水上搭建高台，屠羊杀狗，鼓瑟吹笙。贫苦人家祭祀时也用鸡猪五味，祈求神灵保佑，祭后散发祭肉，祭祀时车盖如云，挤满祭场。

"古者，德行求福①，故祭祀而宽②。仁义求吉③，故卜筮而希④。今世俗宽于行而求于鬼⑤，怠于礼而笃于祭⑥，嫚亲而贵势⑦，至妄而信日⑧，听訑言而幸得⑨，出实物而享虚福⑩。

【注释】

①德行求福：用自己德行求得福报。

②宽：放松。

③仁义求吉：用自己的仁义行为求得吉利。

④希：同"稀"，稀少。

⑤宽于行：行为放松，指不注重德行仁义。

⑥怠：怠惰。笃：厚。

⑦嫚(màn)亲而贵势：轻侮父母双亲，看重权势。

⑧至妄而信日：极端狂妄却迷信占卜。日，日者。

⑨訑(tuó)言：欺骗之言。幸得：侥幸得福。

⑩出实物：给占卜者报酬及其祭品都是实物。享虚福：享受虚无幸福。

【译文】

"古时候，人们用自己的德行求得福报，因此祭祀祖宗神灵时心理放松。用自己的仁义行为求得吉利，因此卜筮次数稀少。如今世俗放松自己行为，而去求鬼神保佑，怠慢礼义而厚于祭祀，轻侮父母双亲而看重权势，极端狂妄却迷信占卜的日者，听信占卜人的欺骗言论，侥幸获得好运，付出的是实物，享受的却虚无的幸福。

“古者，君子夙夜孳孳思其德[①]；小人晨昏孜孜思其力。故君子不素餐[②]，小人不空食。今世俗饰伪行诈[③]，为民巫祝[④]，以取厘谢[⑤]，坚额健舌[⑥]，或以成业致富，故惮事之人[⑦]，释本相学[⑧]。是以街巷有巫，闾里有祝。

【注释】

①夙夜：早晚。孳孳：通“孜孜”，勤勉努力。

②素餐：白吃饭。

③今世俗饰伪行诈：饰伪行诈，弄虚作假，招摇撞骗。按，“今”字原无，据王利器说校补。

④巫：女巫，以舞事神。祝：男祝，从事祷告诅咒。

⑤厘谢：拿剩余祭肉来作报酬。厘，祭祀时剩下的祭肉。

⑥坚额(é)：坚实的前额，善于磕头。一说，坚额，犹言厚脸皮。健舌：健康的舌头，指能说会道。

⑦惮事之人：不愿干活的人。

⑧释本相学：抛弃农活去学巫祝。

【译文】

“古时候，君子早晚勤奋地思考如何提高德行；小人昼夜努力地思考如何使用劳力。因此君子不会白吃饭，小人也不会不劳而食。如今世俗弄虚作假，招摇撞骗。女巫男祝替人求神祷告，拿剩余祭肉来作报酬。他们有坚实的脑门善于磕头，有强健的舌头能说会道。有的人巫祝为业，发家致富。因此有些不愿干农活的人，放弃务农根本，去学做巫祝。所以大街小巷都有女巫，乡里都有男祝。

"古者,无杠樠之寝[①],床移之案[②]。及其后世,庶人即采木之杠[③],牒桦之樠[④]。士不斤成[⑤],大夫苇莞而已[⑥]。今富者黼绣帷幄[⑦],涂屏错跗[⑧]。中者锦绨高张[⑨],采画丹漆[⑩]。

【注释】

①杠:床沿。樠(mán):床板。寝:睡觉之处,即床。

②床移(yí)之案:炕桌。

③采木之杠:床板床沿是用柞木做的。

④牒桦:原作"叶华",据王利器说校改。据《方言》,东齐、海岱之间将杠称为桦,卫之北郊、赵、魏之间将床板称为牒。

⑤士不斤成:士人的床不用斧子加工。斤,斧。

⑥苇莞(guǎn):指用芦苇、蒲草编织的席子。莞,蒲草。

⑦黼(fǔ)绣:黑白花纹。黼,古代礼服、礼器上绘、绣的黑白相间的斧形花纹。帷幄:帷帐。

⑧涂屏:描有花纹的屏风。错跗(fū):镶有金边的屏风底座。跗,脚背。此处指屏风底座。

⑨锦绨:丝织物。张:通"帐"。

⑩采画丹漆:红漆彩画。

【译文】

"古时候,没有木制的床架,床上也没有炕桌。到了后代,平民百姓用柞木做床沿和床板,士人的床不用斧子加工,大夫只是睡芦苇、蒲草席子而已。如今富贵人家张设绣有黑白花纹的帷帐、描有花纹的屏风以及镶有金边的屏风底座。中产人家用丝锦缝制高大的帷帐,床上绘有彩色图画,涂上红漆。

"古者,皮毛草蓐[①],无茵席之加[②],旃蒻之美[③]。及其后，大夫士复荐草缘[④]，蒲平单莞[⑤]。庶人即草蓐索经单蔺蘧蒢而已[⑥]。今富者绣茵翟柔[⑦]，蒲子露床[⑧]。中者獏皮代旃[⑨]，阘坐平莞[⑩]。

【注释】

①草蓐：草席。

②茵(yīn)席：茵草垫子。

③旃(zhān)：通"毡"。蒻(ruò)：蒲草。蒲草所编的席叫做蒻席。

④复荐草缘：铺边缘粗糙的两层草席。

⑤蒲平：用香蒲编成的席子。单莞：用莞草编成的单席。

⑥草蓐(rù)：草垫子。索经：用细绳子做经线。单蔺：用蔺草编成的单席。蔺，比蒲草细的一种草。一说，单，疑作"簟"。蘧蒢(qú chú)：用竹或苇编的粗席。

⑦绣茵翟(dí)柔：用野鸡毛制成的有花纹的柔软褥子。翟，野鸡毛。

⑧蒲子露床：蒲子：蒲草席子。露床，没有帷幕的床。原作"露林"，据王利器说校改。

⑨獏皮：滩羊皮。獏，疑通"滩"(用王利器说)。旃：通"毡"。

⑩阘坐：古代床前备上床用的东西。阘，通"榻"。坐，张敦仁说，应作"登"。平莞：平滑莞席。

【译文】

"古时候，人们铺的是野兽皮毛和草席，没有茵草席子，也没有美丽的毛毡和蒲草席。到了后来，大夫和士铺的是边缘粗糙的两层草席，有的是用香蒲编成的席子或用莞草编成的单席。平民百姓铺的是用细绳做经线编成的草席，有的是用蔺草编成的单席，或者是用竹或苇编的粗席。如今富贵人家铺的是用野鸡毛制成的绣花软褥，露床上铺着蒲席。中产人家铺的是滩羊皮或代地毛毡，床前的踏脚板上都铺着莞草垫。

“古者，不粥饪[①]，不市食[②]。及其后，则有屠沽[③]，沽酒市脯鱼盐而已[④]。今熟食遍列，肴施成市[⑤]，作业堕怠[⑥]，食必趣时[⑦]，杨豚韭卵[⑧]，狗腤马朘[⑨]，煎鱼切肝[⑩]，羊淹鸡寒[⑪]，挏马酪酒[⑫]，蹇脯胃脯[⑬]，胹羔豆赐[⑭]，彀腤雁羹[⑮]，臭鲍甘瓠[⑯]，熟梁貊炙[⑰]。

【注释】

①粥饪：卖熟食。饪，原作“纴”，据张敦仁说校改。粥，通“鬻”，卖。

②市食：在市场上买食物。

③屠沽：屠户和酒家。

④沽、市：卖。脯（fǔ）：熟肉。

⑤肴施成市：好吃的东西形成市场。肴施，张敦仁说，当作“肴旅”。

⑥作业堕怠：生产荒废懈怠。

⑦食必趣时：吃东西务求赶时令。趣，通“趋”。

⑧杨豚：杨：王利器说，疑为“炀”，炙。炀豚，烤小猪。韭卵：韭菜炒鸡蛋。

⑨狗腤（zhé）：切得很细的狗肉。腤，切成薄片的肉。马朘（juān）：切细的马肉。

⑩煎鱼：油煎的鱼。切肝：切好的肝。

⑪羊淹：腌制羊肉。淹，通“腌”。鸡寒：凉的酱鸡。

⑫挏（dòng）马酪酒：汉武帝时一种用马奶做的酒。原作“蛔马骆日”，据王利器说校改。

⑬蹇脯：蹇驴肉干。胃脯：将动物的胃制成肉干。胃，原作“庸”，据孙诒让说校改。

⑭胹（ér）羔：煮烂的羊羔肉。豆赐：豆豉。

⑮彀膹（kòu fèn）：炖小鸟。雁羹：雁肉汤。

⑯臭：原作“自”，据王利器说校改。鲍：鲍鱼。瓠（hù）：瓠子，类似葫芦的瓜。

⑰熟粱：精米饭。熟，原作“热”，据卢文弨说校改。貊炙：烤猪。原作“和炙”，据王利器说校改。

【译文】

“古时候，不卖熟食，不在市场上买卖食物。到了后来，就有了屠户和酒家，只卖酒、肉脯、鱼和盐而已。如今卖熟食的遍地都是，好吃的东西摆满市场，有些人产业虽然荒废懈怠，但吃东西却务求赶时令：烤小猪，韭菜炒鸡蛋，切细的狗肉和马肉，油煎的鱼，切好的肝，腌制的羊肉，凉的鸡肉，用马奶做的酒，蹇驴肉干，动物的胃脯，煮烂的羊羔肉，加上豆豉，炖小鸟，雁肉汤，臭鲍鱼，甜瓠子，精熟的米饭，烧烤的猪肉。

“古者，土鼓块枹[①]，击木拊石[②]，以尽其欢。及其后[③]，卿大夫有管磬[④]，士有琴瑟。往者，民间酒会，各以党俗[⑤]，弹筝鼓缶而已[⑥]。无要妙之音[⑦]，变羽之转[⑧]。今富者钟鼓五乐[⑨]，歌儿数曹[⑩]。中者鸣竽调瑟，郑舞赵讴[⑪]。

【注释】

①土鼓：堆土做鼓身。块枹（fú）：敲击土块。

②击木拊石：敲木头，拍打石头。

③及其后：“其”字原无，据王利器说校补。

④管：古代用竹子制作的吹奏乐器。磬（qìng）：用石头或玉制作的打击乐器。

⑤党俗：乡党习俗。

⑥筝（zhēng）：古筝，古代一种弦乐器。缶（fǒu）：瓦制的打击乐器。

⑦要妙：美妙悦耳。

⑧变羽之转：指乐调的转换。

⑨五乐：指曲调齐全。

⑩歌儿：歌手。数曹：分成若干队。曹，辈，引处指队。

⑪郑舞：郑地舞蹈。赵讴：赵地歌曲。《史记·货殖列传》："今夫赵女郑姬，设形容，揳鸣琴，揄长袖，蹑利屣，目挑心招，出不远千里，不择老少者，奔富厚也。"

【译文】

"古时候，人们堆土为鼓，敲打土块，敲击木棍，拍打石头，以尽情欢乐。到了后来，卿大夫有竹管吹奏，石磬敲打，士人有琴瑟弹奏。从前，民间举办酒宴聚会，各自以不同的乡党习俗，弹筝鼓缶而已。没有美妙悦耳之音，也没有曲调的转换。如今富贵人家有钟有鼓，五乐齐全，歌手分列几队。中产人家吹竽弹瑟，表演郑地舞蹈和赵地歌曲。

"古者，瓦棺容尸①，木板堲周②，足以收形骸，藏发齿而已。及其后，桐棺不衣③，采椁不斫④。今富者绣墙题凑⑤。中者梓棺楩椁⑥，贫者画荒衣袍⑦，缯囊缇橐⑧。

【注释】

①瓦棺容尸：用陶土烧成的棺材收殓尸体。《礼记·檀弓上》："有虞氏瓦棺，夏后氏堲周。"

②堲(jí)周：夏朝埋葬死人，用烧好的砖附在棺木的周围。

③桐棺不衣：桐木棺材不加修饰。

④采椁不斫：用柞木做外棺，木材不再加工。

⑤绣墙：灵柩车辆布帷上绣花纹。题凑：用木材在棺外累积，木头内向，叫做题凑。

⑥梓(zǐ)、楩(pián)：两种珍贵木材。椁(guǒ)：外棺。

⑦画荒：盖在棺材上面布上的画。

⑧缯（zēng）囊缇（tí）橐（tuó）：把尸体装在丝织袋里面。缯，丝织品。缇，橘红色的丝织品。囊、橐，口袋。

【译文】

“古时候，用陶土烧成的棺材收殓尸体，或在木棺周围砌土砖，足可以收藏死人的形骸、头发和牙齿。到了后来，桐木棺材不加修饰，用柞木做外棺，木材不再加工。如今富贵人家灵柩车辆布帷上绣有花纹，棺椁四周堆积木材，木头向内聚拢。中产人家用珍贵的梓木和楩木做棺椁。贫穷人家埋葬死人，棺材上盖着有画的布罩，或者把尸体装在丝织袋里面。

“古者，明器有形无实[①]，示民不可用也[②]。及其后，则有醯醢之藏[③]，桐马偶人弥祭[④]，其物不备[⑤]。今厚资多藏[⑥]，器用如生人[⑦]。郡国繇吏[⑧]，素桑楺[⑨]，偶车橹轮[⑩]，匹夫无貌领[⑪]，桐人衣纨绨[⑫]。

【注释】

①明器：古代随葬的物品。有形无实：只有形状，不能实用。

②示民不可用也：“可”字原无，据王利器说校补。

③醯（xī）：醋。醢：酱。《礼记·檀弓上》：“宋襄公葬其夫人，醯醢百瓮。曾子曰：‘明器也，而又实之。’”

④桐马：桐木制作的马。偶人：陶俑或木俑。弥祭：完成祭礼。

⑤其物：指祭祀物品。

⑥厚资多藏：花巨资买很多东西随葬。

⑦器用如生人：指随葬的器物如同活人用的一样。

⑧繇吏：管徭役的小官吏。

⑨素桑楺：意谓平素乘坐桑木制作的车子。素，平素。楺，通“辏”，指车轮。

⑩偶车：殉葬的木偶和车辆模型。橹轮：有楼可以望高的车子。

⑪貌领：张敦仁说，当作“绕领”，即披肩。

⑫纨绨：丝绸。

【译文】

“古时候，随葬的明器仅有形状而不实用，以此告诉民众，明器不可用。到了后来，随葬物之中有了醋、酱，还有桐木制作的马和陶俑，以此完成祭礼，祭品并不完备。如今斥巨资多买东西随葬，随葬器物如同活人用的一样。郡国管徭役的小官吏，生前平常乘坐的是桑木车，而死后随葬的木俑车却有高楼大轮。平民活着没有披肩，死后随葬的桐木俑却穿丝绸。

“古者，不封不树①，反虞祭于寝②，无坛宇之居③，庙堂之位④。及其后，则封之，庶人之坟半仞⑤，其高可隐⑥。今富者积土成山，列树成林，台榭连阁，集观增楼⑦。中者祠堂屏合⑧，垣阙罘罳⑨。

【注释】

①封：堆土为坟。树：墓旁植树。

②反：同“返”，回家。虞祭：祭名，指埋葬之后回家安顿亡亲灵魂的祭祀。寝：指家停尸之处。

③坛宇：古代举行祭祀时用土建筑的祭坛。

④庙堂：供奉祖先的祖庙。

⑤半仞：大约四尺。

⑥隐：人站在坟边可以将手肘放在坟上，作为凭依。

⑦集观：庙宇成群。增楼：几重高楼。

⑧屏合：月照壁。

⑨垣：宫室的围墙。阙：宫室门前两边的望楼。罘罳（fú sī）：宫门外的屏风，上刻云气、虫兽，镂空可透视。

【译文】

“古时候，不堆土为坟，墓旁不栽树，下葬之后，回家在停尸之处祭祀，没有祭坛，也没有祖庙。到了后来，人们就堆土为坟，平民的坟大约四尺高，站在坟边可以把手放在坟顶上。如今富贵人家下葬时积土成山，列树成林，高台亭榭连成一片，庙宇成群，高楼入云。中产人家祠堂外有月照壁，还有墙垣、望楼和屏风。

“古者，邻有丧，舂不相杵[①]，巷不歌谣。孔子食于有丧者之侧，未尝饱也；子于是日哭，则不歌[②]。今俗因人之丧以求酒肉[③]，幸与小坐而责辨[④]，歌舞俳优[⑤]，连笑伎戏[⑥]。

【注释】

①相：舂米的声音。杵（chǔ）：本指舂米的木棒。这里用作动词，即舂米时唱号子。《礼记·曲礼上》：“邻有丧，舂不相；里有殡，不相歌。”

②孔子食于有丧者之侧，未尝饱也；子于是日哭，则不歌：见于《论语·述而》。

③因：借。

④幸与：碰巧。责辨：要求别人置办酒菜。辨，通“办”。

⑤俳（pái）优：演员。

⑥连笑：一种滑稽戏。伎戏：杂技。

【译文】

“古时候，邻居有丧事，舂米时不唱劳动的号子，里巷不唱歌谣。孔子在死了亲属的人旁边吃饭，未尝吃饱过；孔子在这一天哭泣过，就不再唱歌。如今风俗，借别人家的丧事来求得酒肉，碰巧到办丧事人家小坐，就要求人家置办酒菜。别人丧事期间，有人唱歌跳舞演戏，滑稽搞笑，观看杂技。

“古者，男女之际尚矣①，嫁娶之服，未之以记②。及虞、夏之后，盖表布内丝③，骨笄象珥④，封君夫人加锦尚褧而已⑤。今富者皮衣硃貉⑥，繁露环佩⑦。中者长裾交袆⑧，璧瑞簪珥⑨。

【注释】

①男女之际：男女之间的关系，指婚姻。尚：久远。

②未之以记：没有记载下来。

③表布内丝：婚嫁服装外面穿布的，里面穿丝的。

④骨笄（jī）：用兽骨做发簪。象珥（ěr）：用象牙做耳环。

⑤封君夫人：受封的君主夫人和贵族女子。加锦尚褧（jiǒng）：在锦衣之上再加一件麻布罩衣。尚，同“上”。褧，用麻布做的单罩衣。《诗经·卫风·硕人》：“衣锦褧衣。”

⑥皮衣硃貉：大红的貉皮衣服。

⑦繁露：即冕旒，古代贵族戴的垂着和露珠一样的帽子。露，原作“路”，据孙诒让说校改。环佩：佩玉。

⑧长裾（jū）交袆（huī）：长襟下摆与蔽膝交接。裾，衣服的大襟。袆，蔽膝。

⑨璧瑞簪珥：以瑞玉为簪珥。瑞，原作“端”，据陈遵默说校改。

【译文】

“古时候，男女之间的婚姻关系已经很久远了，但上古时期的嫁娶服饰，未能记载下来。到虞、夏以后，婚嫁服饰是外面穿布的，里面穿丝的，用兽骨做发簪，用象牙做耳环，受封的君主夫人和贵族女子的婚服，也只是在锦衣之上再加一件麻布罩衣而已。如今富贵人家嫁娶穿大红的貉皮衣服，佩戴的珠玉如同露珠。中产人家长襟的下摆与蔽膝相交接，以瑞玉为簪珥。

“古者，事生尽爱①，送死尽哀②。故圣人为制节③，非虚加之④。今生不能致其爱敬，死以奢侈相高⑤；虽无哀戚之心，而厚葬重币者⑥，则称以为孝，显名立于世，光荣著于俗。故黎民相慕效⑦，至于发屋卖业⑧。

【注释】

①事生尽爱：父母活着的时候，对父母尽爱慕之心。

②送死尽哀：父母去世，为父母送丧尽悲哀之心。

③制节：规定礼节。

④虚加：无故地强加。

⑤相高：攀比高低。

⑥重币：花钱多。

⑦慕效：羡慕仿效。

⑧发屋卖业：出卖房屋和家产。

【译文】

“古时候，父母活着的时候，对父母尽爱慕之心；父母去世，为父母送丧尽悲哀之心。因此圣君事奉父母规定礼节，并不是凭空强加。如今父母活着，不能对父母表达爱敬之心；父母死后，却互相以奢侈攀比高低。虽然没有悲哀之心，但那些花大钱大操大办的人，被人们称之为孝子，在社会上树立了显赫名声，在世俗面前无上光荣。因此平民相互羡慕仿效，甚至于出卖房屋和产业。

“古者，夫妇之好，一男一女，而成家室之道[①]。及后，士一妾，大夫二，诸侯有侄娣九女而已[②]。今诸侯百数，卿大夫十数，中者侍御[③]，富者盈室。是以女或旷怨失时[④]，男或放死无匹[⑤]。

【注释】

①成家室之道：组成家庭。

②侄娣九女：侄女和妹妹九个女子。《春秋公羊传·庄公十九年》：“媵(yìng)者何？诸侯娶一国，则二国往媵之，以姪娣从。姪者何？兄之子也；娣者何？弟也。诸侯一聘九女。”

③侍御：婢妾。

④旷怨失时：女子因为多妻制而难见夫君，怨恨失去青春。

⑤放死无匹：到死也没有配偶。

【译文】

“古时候，夫妇相好，一男一女，组成一个家庭。到了后来，士人有一妾，大夫有二妾，诸侯也只有侄女、妹妹九个女子而已。如今诸侯妻妾上百人，卿大夫妻妾几十个，中产人家有一些婢妾，富贵人家妻妾满室。所以有些女子怨恨失去青春，有些男子到死也没有配偶。

“古者，凶年不备[①]，丰年补败[②]，仍旧贯而不改作[③]。今工异变而吏殊心[④]，坏败成功[⑤]，以匿厥意[⑥]。意极乎功业[⑦]，务存乎面目[⑧]。积功以市誉[⑨]，不恤民之急。田野不辟[⑩]，而饰亭落[⑪]，邑居丘墟[⑫]，而高其郭[⑬]。

【注释】

①凶年不备：凶年没有储备。

②丰年补败：丰年把不足的粮食补上。

③仍旧贯而不改作：按照老规矩办事而不改变。《论语·先进》："鲁人为长府，闵子骞曰：'仍旧贯，如之何？何必改作！'"仍，按照。旧贯，老规矩，老一套。改作，改变。

④工异变：工匠有变化。吏殊心：官吏心思不同。

⑤坏败成功：抛弃过去成功做法。

⑥匿：藏匿。厥意：自己的私心。

⑦意：心思。极乎功业：全部放在功利之上。

⑧务存乎面目：务求保存脸面。

⑨积功：积累功劳。市誉：换取声誉。

⑩辟：开垦。

⑪亭落：村落房屋。汉代十里一亭。

⑫邑居：城邑住宅。丘墟：成为荒丘废墟。

⑬郭：城郭。

【译文】

"古时候，凶年没有储备，丰年把不足的粮食补上，按照老规矩办事而不改变。如今工匠有变化，官吏变了心思，抛弃过去成功的做法，来藏匿自己真实的私心。心里想得最多的是功利，却要务求保存淡泊名利的面目。积累功劳来换取名誉，不体恤民众的困苦。田野不去开垦，却去修饰来往必经的村落，城邑住宅变成荒丘废墟，却不断增高城郭。

"古者，不以人力徇于禽兽①，不夺民财以养狗马，是以财衍而力有余②。今猛兽奇虫不可以耕耘③，而令当耕耘者养食之。百姓或短褐不完④，而犬马衣文绣，黎民或糟糠不接[5]，而禽兽食粱肉[6]。

【注释】

①徇：伺候。

②衍：丰饶。

③奇虫：奇兽。

④短褐：粗布短衣。完：完备，齐全。

⑤接：接触，指吃。

⑥而禽兽食粱肉："粱"字原脱，据王利器说校补。

【译文】

"古时候，人们不会以人力去伺候禽兽，不掠夺民众财产来养狗马，所以财富丰饶而劳力有余。如今猛兽奇禽不可以用来耕耘，却命令耕耘者去养食它们。有的老百姓粗布短衣都不齐全，而富贵人家的犬马却穿绣花衣服，有的平民连糟糠都吃不上，而富贵人家饲养的禽兽却喂食大米肉类。

"古者，人君敬事爱下[1]，使民以时[2]，天子以天下为家，臣妾各以其时供公职，古今之通义也[3]。今县官多畜奴婢[4]，坐禀衣食[5]，私作产业[6]，为奸利，力作不尽[7]，县官失实[8]。百姓或无斗筲之储[9]，官奴累百金[10]；黎民昏晨不释事[11]，奴婢垂拱遨游也[12]。

【注释】

①敬事：严肃恭敬地处理政事。

②使民以时：按照空闲时节使用民力。

③通义：通行的道理。

④县官：朝廷，官府。畜：通“蓄”。汉代剥夺犯罪人员家属的自由人身份，让他们作为官府奴婢。

⑤坐廪：坐享。禀，读为“廪”。

⑥私作：私自经营。

⑦力作不尽：干私活无限卖力。

⑧县官失实：官府失去实际利益。实，指财货。

⑨无斗筲之储：没有升斗的粮食储备。

⑩官奴累百金：官府奴婢积累了百金家私。

⑪不释事：不停地劳动。

⑫垂拱遨游：垂衣拱手，到处闲逛。

【译文】

“古时候，君王严肃恭敬地处理政事，爱护下民，按照空闲时节使用民力。天子以天下为自己的家庭，臣下妻妾各自按照规定时间供奉公职，这是古今通行的道理。如今各级官府蓄养了许多奴婢，坐享衣食，私自经营产业，谋取不正当利益，干私活无限卖力，官府失去实际利益。有的老百姓家中没有升斗粮食储备，而官府奴婢却积累百金家私；平民从早到晚不停地干活，奴婢却垂衣拱手，四处闲逛。

“古者，亲近而疏远，贵所同而贱非类①。不赏无功，不养无用。今蛮、貊无功②，县官居肆③，广屋大第④，坐禀衣食。百姓或旦暮不赡⑤，蛮、夷或厌酒肉⑥。黎民泮汗力作⑦，蛮、夷交胫肆踞⑧。

【注释】

①所同：指本民族。非类：异族。

②蛮、貊(mò)：指边疆地区少数民族。

③居肆：傲慢放肆。居，读为“倨”。

④广屋大第：宽广大宅。

⑤赡：丰足。

⑥厌酒肉：酒足饭饱。

⑦泮(pàn)：散。泮汗：流汗。

⑧交胫肆踞：交叉两腿放肆地坐着。

【译文】

“古时候，亲近邻而疏远人，看重本民族，贱视其他民族。不奖赏无功之人，不供养无用之辈。如今蛮、貊少数民族没有功劳，却在官府里傲慢放肆，住在宽广的大宅里，坐享官府提供的衣食。有的老百姓吃了上顿没下顿，蛮夷少数民族却酒足饭饱。平民汗流浃背努力劳作，蛮夷少数民族却交叉两腿放肆地坐着。

“古者，庶人麁菲草芰①，缩丝尚韦而已②。及其后，则綦下不借③，鞔鞮革舄④。今富者革中名工⑤，轻靡使容⑥，纨里紃下⑦，越端纵缘⑧。中者邓、里闲作蒯苴⑨。蠢竖婢妾⑩，韦沓丝履⑪。走者茸芰绚绾⑫。

【注释】

①麁(cū)：原作“鹿”，据张敦仁说校改。菲：借为“扉”。芰(jì)：通“屦”。麁、菲、芰，都是草鞋。

②缩丝尚韦：用绳子加皮条系着鞋。缩丝，用丝绳约束。尚，同“上”。韦，熟皮，此处指皮鞋带。

③綦(qí)下不借：指结带的麻鞋。綦，鞋带。不借，方言称麻鞋为不借。

④鞔(mán)：鞋带。鞮(dī)：皮鞋。革舄(xì)：加木底的皮鞋。

⑤革中名工：请著名鞋匠加工皮革。

⑥轻：轻软。靡：美丽。使容：使式样好看。容，鞋的样式。

⑦纨里紃（xún）下：用细绢做鞋里，用绦带装饰鞋底。紃，圆形绦带。

⑧越端：以绒布装饰鞋的前后。越，通“绒”。纵缘：以绒布缘鞋口。纵，绒的一种。

⑨邓、里闲作蒯苴：邓、里都是河南地名，出产优质苞草，当地人用苞草做草鞋。里，当作“鄄”（用孙人和说）。蒯苴，用蒯草做鞋垫。

⑩蠢竖：愚蠢的童仆。原作“秦坚”，用孙人和、王利器说校改。

⑪韦沓：革鞜，皮鞋。

⑫走者：跑腿的人。茸芰（jì）：细软的鞋。绚绾（qú wǎn）：鞋头的装饰。原作“狗官”，据王绍兰说校改。

【译文】

“古时候，平民百姓穿的是草鞋，用丝绳和皮条系着鞋。到了后来，就穿结带的麻鞋，或穿系鞋带、加木底的皮鞋。如今富贵人家聘请著名鞋匠，制作轻软美观的皮鞋，用细绢做鞋里，用绦带装饰鞋底，用绒布修饰鞋头、鞋跟和鞋口。中产人家用邓、鄄苞草做草鞋，用蒯草做鞋底。愚蠢单仆和婢妾，都穿皮鞋或丝鞋。跑腿的人穿软底鞋，鞋头上有装饰。

“古圣人劳躬养神[①]，节欲适情[②]，尊天敬地，履德行仁[③]。是以上天歆焉[④]，永其世而丰其年[⑤]。故尧秀眉高彩[⑥]，享国百载。及秦始皇览怪迂[⑦]，信禨祥[⑧]，使卢生求羡门高[⑨]，徐市等入海求不死之药[⑩]。当此之时，燕、齐之士，释锄耒，争言神仙。方士于是趣咸阳者以千数[⑪]，言仙人食金饮珠[12]，然后寿与天地相保[13]。于是数巡狩五岳、滨海之馆[14]，以求神仙蓬莱之属。数幸之郡县[15]，富人以赀佐[16]，贫者筑道旁。其后，小者亡逃，大者藏匿；吏捕索掣顿[17]，不以道理。名宫之旁，庐舍丘落[18]，无生苗立树[19]；百姓离心，怨思者十有半[20]。《书》曰：'享多仪，仪不及物曰不享。'[21]故圣人非仁义不载于己[22]，非正道不御于前[23]。是以先帝诛文成、五利等[24]，宣帝建学官[25]，亲近忠良，欲以绝怪恶之端，而昭至德之涂也[26]。

【注释】

①躬：身体。

②适情：性情表达适中。

③履德：践行道德。

④歆：心动，感动。

⑤永其世：让他统治的时代长久。丰其年：保佑他长寿。

⑥秀眉高彩：眉清目秀，满面红光。《淮南子·修务训》："尧眉八彩，九窍通洞，而公正无私。"

⑦怪迂：怪诞迂腐。

⑧禨（jī）祥：吉凶预兆。禨，吉兆。祥，凶兆。

⑨使卢生求羡门高：据《史记·秦始皇本纪》记载，公元前215年，秦始皇到河北碣石山巡视，派燕人卢生寻找仙人羡门高。

⑩徐市（fú）等入海求不死之药：据《史记·秦始皇本纪》记载，公元前219年，齐人徐市等人上书秦始皇，说海中有蓬莱、方丈、瀛洲三座仙山，有不死之药。秦始皇派徐市带着数千童男童女出海求仙人，结果一去不复返。

⑪趣：奔赴。

⑫食金：食金丹。饮珠：饮珠丸。

⑬相保：共存亡。

⑭巡狩：古代帝王巡视。五岳：中岳嵩山，东岳泰山，西岳华山，北岳恒山，南岳天柱山（后改为衡山）。

⑮幸：皇帝驾临叫幸。

⑯赀：资财。佐：资助。

⑰掣顿：强迫别人服从自己。掣，拉。顿，停止。

⑱庐舍丘落：房屋空虚衰落。

⑲生苗：活着的树苗。立树：立着的树木。

⑳怨思：怨恨。十有半：十人中有五人。

㉑享多仪，仪不及物曰不享：《尚书·洛诰》："享多仪，仪不及物，惟曰不享。"享多仪，享礼有多种礼节仪式。仪不及物，礼物丰盛而礼仪疏略。曰不享，叫做不遵守享礼。

㉒不载于己：不往自己身上拉。

㉓不御于前：不再前行。御，原作"禦"，据卢文弨说校改。

㉔文成：文成将军，这是汉武帝给方士少翁的封号，后来少翁伪造牛腹中帛书，事发被诛。五利：五利将军，汉武帝给方士栾大的封号，后以其方多不验被诛。事见《史记·封禅书》。

㉕宣帝：张敦仁说，当作"皇帝"。

㉖涂：同"途"。

【译文】

"古代圣人勤劳身体，保养精神，节制欲望，表达性情适中，尊敬天神地祇，践行道德，修行仁义。所以上天为之感动，让他长期统治下民，保佑他延年益寿。因此帝尧眉清目秀，满面红光，享有国家长达百年。到了秦始皇，喜欢怪诞迂腐，相信吉凶征兆，派燕人卢生去追求仙人羡门高，又派徐市等人进入大海，替他寻求不死之药。那个时候，燕、齐的方士，放下锄头耒臿，争先恐后地谈论神仙。方士于是奔赴都城咸阳的人多达数千，他们说仙人食金丹，饮珠丸，这样人的寿命与天地同在。于是秦始皇屡次巡狩五岳和海边行宫，以此寻求蓬莱等仙山神仙。屡次驾临到全国各郡县，富人用资财提供费用，穷人为皇帝修路。后来，小户人家逃亡，大户人家躲藏；官吏搜捕，强迫他们驯服，不讲任何道理。著名行宫之旁，平民房屋空虚衰落，没有活着的树苗，也没有立着的树木；老百姓离心离德，十个人中就有五人怨恨。《尚书·洛诰》说：'享礼有多种礼节仪式，如果礼物丰盛而礼仪疏略，那就叫做不遵守享礼。'因此圣人不是仁义的事决不去做，不是正道就不再向前走。所以已故武帝诛灭文成将军、五利将军等方士。皇帝建立学官，亲近忠良之臣，就是想以此断绝怪诞邪恶的端绪，彰显最高道德的途径。

"宫室奢侈，林木之蠹也①。器械雕琢，财用之蠹也。衣服靡丽②，布帛之蠹也。狗马食人之食，五谷之蠹也。口腹从恣③，鱼肉之蠹也。用费不节，府库之蠹也。漏积不禁④，田野之蠹也。丧祭无度⑤，伤生之蠹也。堕成变故伤功⑥，工商上通伤农⑦。故一杯棬用百人之力⑧，一屏风就万人之功⑨，其为害亦多矣！目修于五色⑩，耳营于五音⑪，体极轻薄⑫，口极甘脆，功积于无用⑬，财尽于不急。口腹不可为多⑭。故国病聚不足即政怠⑮，人病聚不足则身危。"

丞相曰："治聚不足奈何？"

【注释】

①蠹：蛀虫。

②靡丽：华丽。

③从恣：放纵随意。从，同"纵"。

④漏积：漏水淤积。禁：堵塞。

⑤丧：丧礼。祭：祭礼。无度：没有节制。

⑥堕成变故：毁坏成规，改变旧法。伤功：伤害事功。

⑦上通：指官营。

⑧杯棬(quān)：杯、盘、盆的总称。

⑨就：耗费。

⑩修：张敦仁说，当作"脩"，意为沉迷。

⑪营：沉醉。

⑫极：极尽。

⑬积：花费。

⑭不可为多：不能吃得太多。

⑮病聚不足：聚积不足的弊病。

【译文】

"宫室奢侈，是林木的蛀虫。器械雕琢，是财用的蛀虫。衣服华丽，是布帛的蛀虫。狗马吃人的粮食，是五谷的蛀虫。口腹放纵恣意，是鱼肉的蛀虫。用费不节制，是府库的蛀虫。漏水淤积不堵塞，是田野的蛀虫。丧礼祭礼无节制，是伤害活人的蛀虫。毁坏成规，改变旧法，会伤害事功，工商官营，就会伤害农业。因此，制作一个杯盘，需要花费上百人的气力，一扇屏风的制作，需要耗费上万人的工夫，它们所造成的祸害也够多了！眼睛沉迷于五色，耳朵沉醉于五音，身体穿尽轻薄衣服，嘴巴吃尽甜脆食物，工夫都花在无用之事上，财富全用在不急事务上。口腹不能吃得太多。因此，国家有聚积不足的弊病，就会造成政事懈怠，一个人如果有聚积不足的毛病，身体就会危险。"

丞相说："如何治理聚积不足的弊病呢？"

救匮第三十

【题解】

本篇记载大夫与贤良就如何挽救财政匮乏问题而展开的论争。贤良认为导致国家财政匮乏的根本原因是权贵阶层的豪奢之风，要求公卿大夫子孙做到节制车马，衣着适当，亲身节俭，以敦厚朴实作为民众表率，罢弃园林池苑，减少良田豪宅。大夫举公孙弘、倪宽为例，说明朝廷大臣垂范节俭并不能解决财政匮乏问题。大夫进而指出，贤良作为旁观者，很容易品头论足，但却解决不了实际问题。对此，贤良认为财政匮乏的重要原因之一是吏治腐败，朝臣权贵丧失了礼义廉耻之心，争名于朝，争利于市。如果不杜绝权贵豪奢之风，即使是伊尹、吕望再世，也不能扭转当前的匮乏颓势。

贤良曰："盖桡枉者以直①，救文者以质②。昔者，晏子相齐③，一狐裘三十载。故民奢，示之以俭；民俭，示之以礼④。方今公卿大夫子孙，诚能节车舆⑤，适衣服⑥，躬亲节俭，率以敦朴⑦，罢园池，损田宅，内无事乎市列⑧，外无事乎山泽⑨，农夫有所施其功，女工有所粥其业⑩；如是，则气脉和平，无聚不足之病矣⑪。"

【注释】

①桡(náo)枉者以直：原作"桡枉者过直"，据王利器说校改。桡，弯曲，矫正。枉，曲。

②文：文彩，指典章制度形式。质：与"文"相对，质朴。

③晏子：春秋后期齐国国相晏婴，以节俭、力谏著称。

④民奢，示之以俭；民俭，示之以礼：《礼记·檀弓下》："国奢则示之以俭，国俭则示之以礼。"

⑤节车舆：节制车舆豪奢之风。

⑥适衣服：衣服适当，指避免过度华丽。

⑦率：作表率。敦朴：敦厚朴实。

⑧内：都邑之内。无事：不要从事。市列：列肆，店铺。

⑨外：野外。山泽：指山林园池。

⑩粥：通“鬻”，卖掉。业：指女工的纺织品。

⑪聚：指气脉不畅。不足：气虚血亏。

【译文】

贤良说：“应该用直来矫正弯曲，用质朴来纠正文彩过盛。从前，晏婴担任齐国国相，一件狐裘穿了三十年。因此，如果民风豪奢，当政者就应该以俭朴示民；民风俭朴，当政者就应该以礼仪示民。现在公卿大夫的子孙，如果真能做到节制车舆豪奢之风，衣着适当，亲身节俭，以敦厚朴实作为民众表率，罢弃园林池苑，减少良田豪宅，官府在都邑内不要开店经商，在野外不要开辟山林池苑，这样，农夫就能有田种，妇女就能卖出纺织品；就如同一个气脉和平的人，没有气脉不畅或气虚血亏的毛病。”

大夫曰：“孤子语孝①，躄者语杖②，贫者语仁，贱者语治。议不在己者易称③，从旁议者易是④，其当局则乱⑤。故公孙弘布被⑥，倪宽练袍⑦，衣若仆妾，食若庸夫⑧。淮南逆于内⑨，蛮、夷暴于外⑩，盗贼不为禁⑪，奢侈不为节⑫；若疫岁之巫⑬，徒能鼓口耳⑭，何散不足之能治乎？”

【注释】

①孤子：孤儿。

②躄（bì）者：跛脚的人。杖：手杖。

③议不在己：议论焦点不在自己。易称：容易评头论足。

④从旁议者：站在一边议论他人。易是：容易指出怎样做才对。

⑤当局则乱：即当局者迷。

⑥公孙弘：汉武帝时期丞相。《史记·平津侯主父列传》载："弘为布被，食不重肉。"

⑦倪宽：汉武帝时期御史大夫。练袍：素袍。

⑧庸夫：雇工。庸，通"佣"。

⑨淮南：淮南王刘安。逆于内：指淮南王刘安谋反叛逆。

⑩蛮、夷：指周边少数民族。外：指边境。

⑪不为禁：不因为公孙弘、倪宽俭朴而停止偷盗。

⑫节：节制。

⑬疫岁：瘟疫之年。巫：以舞降神替人治病的人。

⑭徒：仅仅。鼓口：摇唇鼓舌。

【译文】

大夫说："孤儿喜欢谈论孝道，跛子喜欢谈论拐杖，穷人喜欢谈论仁慈，贱人喜欢谈论治理国家。由于他们所议论的对象不是自己，因此他们容易夸夸其谈，站在一旁议论他人容易讲得头头是道，而当局者就容易陷入迷乱。因此，公孙弘盖布被，倪宽穿素袍，衣着如同仆妾，食物宛若雇工。可是国内有淮南王刘安叛逆，境外有蛮夷横暴骚扰，盗贼并不因为公孙弘、倪宽俭朴而停止偷盗，社会奢侈之风并不因为他们俭朴而得到节制；这就如同瘟疫之年的巫师一般，仅能摇唇鼓舌，哪能解决财物耗散、财用不足的问题呢？"

贤良曰："高皇帝之时，萧、曹为公[①]，滕、灌之属为卿[②]，济济然斯则贤矣[③]。文、景之际，建元之始[④]，大臣尚有争引守正之义[⑤]。自此之后，多承意从欲[⑥]，少敢直言面议而正刺，因公而徇私。故武安丞相讼园田[⑦]，争曲直人主之前。夫九层之台一倾[⑧]，公输子不能正[⑨]；本朝一邪[⑩]，伊、望不能复[⑪]。故公孙丞相、倪大夫侧身行道[⑫]，分禄以养贤，卑己以下士，功业显立，日力不足[13]，无行人子产之继[14]。而葛绎、彭侯之等[15]，隳坏其绪[16]，纰乱其纪[17]，毁其客馆议堂，以为马厩妇舍，无养士之礼，而尚骄矜之色，廉耻陵迟而争于利矣[18]。故良田广宅，民无所之；不耻为利者满朝市[19]，列田畜者弥郡国[20]，横暴掣顿[21]，大第巨舍之旁[22]，道路且不通，此固难医而不可为工[23]。”

大夫勃然作色[24]，默而不应。

【注释】

①萧、曹：萧何、曹参，为汉家首任和第二任相国。公：汉初以丞相、御史大夫、太尉为三公。

②滕：夏侯婴，被刘邦封为滕公，曾为汉家太仆。灌：灌婴，被刘邦封为车骑将军，文帝时先后任太尉、丞相。汉初有九卿建制，位在三公之下。

③济济然：众多的样子。

④建元：汉武帝年号，时在公元前140年至公元前135年。

⑤争引：谏争辅导。守正：坚守正道。

⑥承意：奉承上意。从欲：顺从皇帝欲望。

⑦武安丞相：武安侯田蚡（fěn）。讼园田：《史记·魏其武安侯列传》载田蚡与魏其侯窦婴争城南田地，后因矛盾激化而闹到汉武帝面前。

⑧台：楼台。倾：倾斜。

⑨公输子：公输班，又名公输盘、公输般，生活于战国前期，因其为鲁地人，故又称鲁班，为著名的能工巧匠。

⑩本朝：朝廷。

⑪伊：伊尹，为商朝开国贤相。望：姜太公吕望，辅佐周武王灭殷。

复：匡复。

⑫侧身：形容戒慎恐惧，不敢安身。

⑬日力不足：指年老精力不济。

⑭行人子产：《论语·宪问》："子曰：为命，裨谌草创之，世叔讨论之，行人子羽修饰之，东里子产润色之。"行人，春秋时期掌管出使应对的官员。子产没有担任过行人一职，此处"行人子产"是约括"行人子羽修饰之，东里子产润色之"而言。继：继承人。

⑮葛绎：葛绎侯公孙贺。彭侯：澎侯刘屈氂（máo）。彭，通"澎"。

⑯隳（huī）坏：毁坏。绪：事业。

⑰纰（pī）乱：搞乱。纪：纲纪。

⑱陵迟：衰败。

⑲朝市：朝廷和集市。

⑳弥：满。

㉑掣顿：牵曳，拖拉。

㉒大第：高大宅第。

㉓工：通"功"，功效。

㉔作色：因发怒而面容变动。

【译文】

贤良说："高祖皇帝时，有萧何、曹参为朝廷三公，有滕公、灌婴等人为九卿，人才济济，这些人都堪称是贤能之士。文帝、景帝之际，武帝建元初期，朝廷大臣还具有谏争辅导、坚守正道的精神。建元之后，朝廷大臣大多奉承皇帝旨意，顺从君主欲望，很少有人敢于说真话，不能当面谏争讽刺，而是假公济私。像武安侯田蚡身为丞相，却与同僚争夺园田，到皇帝面前争辩是非曲直。九层楼台一旦倾斜，即使是公输班也不能修正；朝政一旦走上邪路，即使是伊尹、吕望也不能匡复。因此公孙弘丞相、倪宽大夫谨慎戒惧，遵行正道，分出自己的俸禄来养贤士，放下身段，礼贤下士，功业显著，可惜的是他们年老，精力不足，没有像春秋郑国行人子羽、东里子产那样的继承人。而葛绎侯公孙贺、彭侯刘屈氂等人，毁坏公孙弘、倪宽的礼贤下士事业，扰乱朝廷纲纪，毁坏当年公孙丞相礼待贤士的客馆议堂，作为马厩和妇人宿舍，丢弃养士之礼，崇尚骄傲怠慢之色，礼义廉耻日趋衰败，大臣纷纷争利于朝。因此到处是权贵豪强的良田广宅，民众没有容身之所；朝廷和集市都充满了不知羞耻、追名逐利的小人，园田牧场充斥了天下各个郡县和封国，权贵们态度横暴，对民众动辄拖拉牵曳，豪门大宅的旁边，连道路都不准通行，这种情况本来就难以医治，不可能做出治理功效。”

大夫突然变了脸色，默不出声。

箴石第三十一

【题解】

本篇原题“盐铁箴石”，据张敦仁说校删。箴石是治病的工具，此处用以比喻治国手段。丞相批评文学、贤良像剑客、博弈者一样言辞过激，态度不够谦逊，让朝廷官员蒙受不仁不义、吃白饭的恶名，使主管官员在感情上不能接受文学、贤良的建议。丞相进一步指出，即使让这些文学、贤良当朝理政，他们也未必能够对症下药，医好社会的疾病。贤良则认为，贤士无论是建言献策还是付诸行动，都非常不易：如果对社会痼疾痛下针砭，则可能招来杀身之祸；如果将治国韬略收藏起来，又会被人们视为缺乏才能。对此，贤良发出君子人生道路本来就十分狭窄的感叹。

丞相曰：“吾闻诸郑长者曰[①]：‘君子正颜色，则远暴嫚；出辞气，则远鄙倍矣。’[②]故言可述[③]，行可则[④]。此有司夙昔所愿睹也[⑤]。若夫剑客论、博奕辩[⑥]，盛色而相苏[⑦]，立权以不相假[8]，使有司不能取贤良之议，而贤良、文学被不逊之名[9]，窃为诸生不取也。公孙龙有言[10]：‘论之为道辩[11]，故不可以不属意[12]，属意相宽[13]，相宽其归争[14]，争而不让[15]，则入于鄙[16]。’今有司以不仁，又蒙素餐[17]，无以更责雪耻矣[18]。县官所招举贤良、文学，而及亲民伟仕[19]，亦未见其能用箴石而医百姓之疾也[20]。”

【注释】

①郑长者：《汉书·艺文志》诸子略道家类著录《郑长者》一篇，今佚。班固自注：“六国时，先韩子，韩子称之。”但丞相下文所引语录见于《论语》。者，原作“孙”，据张敦仁说校改。

②君子正颜色，则远暴嫚；出辞气，则远鄙倍矣：《论语·泰伯》载曾子曰：“君子所贵乎道者三：动容貌，斯远暴慢矣；正颜色，斯近信矣；出辞气，斯远鄙倍矣。”正颜色，端正脸色。暴嫚，粗暴懈怠。嫚，通“慢”。辞气，言辞语气。鄙倍，鄙陋错误。倍，通“背”。

③言可述：言论可以称述。

④行可则：行为可以效法。

⑤有司：主管官吏，有关方面负责人。夙昔：一向。

⑥剑客论：《史记·太史公自序》：“非信廉仁勇不能传兵论剑。”剑客论剑往往非常激烈。博奕辩：《论语·阳货》载孔子曰：“不有博弈者乎？为之，犹贤乎已。”博弈者经常争得面红耳赤。奕，通“弈”。

⑦盛色：言辞脸色严厉。苏：读“傃”，指相向辩论。原本作“盛色而相苏秦”，据孙诒让说而校删“秦”字。

⑧立权：建立各自权威。假：宽容。

⑨被：蒙受。不逊：不谦逊。

⑩公孙龙:《汉书·艺文志》诸子略名家类著录《公孙龙子》十四篇,班固自注:“赵人。”《史记·仲尼弟子列传》载:“公孙龙字子石,少孔子五十三岁。”这说明战国有两个公孙龙,本文所指当为名家公孙龙,而不是孔门弟子公孙龙。

⑪论:辩论。为道辩:为大道而辩论。

⑫属(zhǔ)意:留意,注意。

⑬相宽:相互纠正。宽,疑通“匡”,纠正。

⑭归争:归于争论。

⑮让:退让。

⑯鄙:鄙陋,粗野。

⑰素餐:白吃饭。

⑱更责:偿债。责,同“债”。

⑲而:如。亲民:汉代推举文学、贤良的基本要求是“可亲民”。伟仕:高官。

⑳箴石:指治病。箴,治病用的针。石,砭石,即石箴。

【译文】

丞相说:“我听《郑长者》一文说过:‘君子端正自己的脸色,就可以避免别人的粗暴和怠慢;说话时注意言辞语气,就可以避免粗野和错误。’因此君子的言论可以称述,行为可以效法。这是主管官员向来愿意看到的。至于像剑客那样激烈地争论高下,像博弈者那样犀利地指责对方,辞色俱厉,互相辩论,试图建立自己的话语霸权,不能互相宽容,这让主管官员不能采纳贤良的建议,而贤良、文学也因此蒙受了不谦逊的名声,我私下认为各位先生的态度不可取。名家公孙龙说过:‘辩论是为大道而辩,因此辩论时不可以不注意,双方注意互相纠正,结果归于争辩,争辩而不相让,就会进入粗野。’如今主管官员被文学、贤良视为不仁,又蒙受白吃饭的恶名,看来我们是没有办法来弥补雪耻了。朝廷征召你们这些贤良、文学,如果等到你们以亲民的名义当了高官,也不见得你们有高超手段来医治老百姓的疾病。”

贤良曰:“贾生有言[①]:‘恳言则辞浅而不入[②],深言则逆耳而失指[③]。’故曰:‘谈何容易[④]。’谈且不易,而况行之乎?此胡建所以不得其死[⑤],而吴得几不免于患也[⑥]。语曰:‘五盗执一良人,枉木恶直绳。’[⑦]今欲下箴石,通关鬲[⑧],则恐有盛、胡之累[⑨],怀箴橐艾[⑩],则被不工之名[⑪]。‘狼跋其胡,载疐其尾。’[⑫]君子之路,行止之道固狭耳[⑬]。此子石所以叹息也[⑭]。”

【注释】

①贾生:汉初有两个贾生,一是贾谊,另一是贾山。《汉书·贾邹枚路传》载贾山上疏汉文帝曰:“臣闻忠臣之事君也,言切直,则不用而身危。不切直,则不可以明道。”语意与本文相近。故此处贾生似为贾山。

②恳言:恳切言论。辞浅:言辞浅显。不入:对方听不进去。

③深言:深刻言论。逆耳:不中听。失指:由于忠言逆耳,对方不愿听,这样就达不到劝谏目的。指,同“旨”。

④谈何容易:言谈之道何曾容易。

⑤胡建所以不得其死:胡建生活于汉武帝、汉昭帝时期,以正直敢为著称,后因得罪权贵丁外人、盖长公主、上官桀等,最后被迫自杀。

⑥吴得几不免于患:吴得之事不见于史籍,王利器怀疑吴得即汉初向刘邦推荐刘敬的虞将军。

⑦五盗执一良人,枉木恶直绳:五个盗贼就可以控制住一个良民,弯曲的树木讨厌笔直的准绳。这两句比喻正不压邪。

⑧关：关节。鬲(gé)：通“膈”，胸腔与腹腔之间的膜状肌肉。

⑨盛：王先谦认为是成颙，如此则“盛”通“成”。胡：胡建。累：连累。

⑩怀箴橐(tuó)艾：将医药收藏起来。怀，怀揣。箴，针。橐，袋。艾，针灸用的燃料。

⑪被：蒙受。不工：指医术不高明。

⑫狼跋其胡，载踕(jié)其尾：见于《诗经·豳风·狼跋》。形容老狼进退失据，处境狼狈。跋，踩。胡，颈下垂肉。载，则。踕，绊倒。

⑬行止：前行或停止。

⑭子石所以叹息：据《说苑·杂言》记载，公孙龙曾经登上吴山，想起伍子胥、伯嚭故事，感叹君子之道狭窄，无论是进忠还是苟合都不容易。子石，公孙龙的字。

【译文】

贤良说：“贾山说过：‘说话恳切，就会因为言辞浅显，对方听不进去；说话深刻，就会忠言逆耳，达不到劝谏目的。’因此俗话说：‘言谈何曾容易。’言谈尚且不容易，何况去行动呢？这就是胡建不得好死，吴得差点不免于祸患的原因啊。谚语说：‘五个盗贼就可以制服一个良民，弯曲树木厌恶取直的准绳。’现在即使想下药治病，打通关节和横膈膜，也怕有类似于成颙、胡建的连累，如果将医药收藏起来，又会蒙受医术不高的恶名。《诗经·豳风·狼跋》说：‘老狼前行就会踩着颈下垂肉，后退就会被尾巴绊倒。’君子的道路，无论是前行还是止步，路本来就狭窄啊。这就是公孙龙当年叹息的原因。”

除狭第三十二

【题解】

在《箴石》中，贤良感叹“君子之路，行止之道固狭耳”。本篇紧承上文，大夫以郡守、国相为例，说他们处于古代方伯的地位，接受天子之命，独断专行，统治千里之地，不受朝廷钳制。大夫进而指出，人之善恶穷通全在自己，不能说人生道路狭窄。贤良则认为，当代朝廷已经抛弃了古代层层选拔贤能的优良传统，选吏之道混乱，公开卖官鬻爵，一批无才无德的封疆大吏统治千里之域，独揽民众生杀大权，这是造成社会混乱的根本原因。贤良提出，朝廷选贤要出自公心，悬赏以等待民众立功，排列爵位来等候贤能，推举善人如恐不足，罢免恶人如同对待仇敌，这样才能建立清明的吏治。

大夫曰："贤者处大林①，遭风雷而不迷②。愚者虽处平敞大路，犹暗惑焉。今守、相亲剖符赞拜③，莅一郡之众④，古方伯之位也⑤。受命专制⑥，宰割千里⑦，不御于内⑧；善恶在于己，己不能故耳⑨，道何狭之有哉？"

【注释】

①大林：大麓，大山深林。

②遭风雷不迷：《尚书·尧典》："纳于大麓，烈风雷雨弗迷。"此处用舜入大麓典故。

③守：郡守。相：国相。亲：亲自。剖符：古代天子分封诸侯功臣，在长六寸的竹片上书写封委命令，然后将竹片一分为二，天子与诸侯功臣各执一半，两片相合作为凭证。赞：指赞礼之人。拜：拜官。

④莅(lì)：莅临，君临。

⑤方伯：商周时期的诸侯之长。

⑥专制：独断。

⑦宰割：本指分割牲畜，此处指统治。

⑧御：节制。内：指朝廷。

⑨故：缘故。

【译文】

大夫说："贤士处于大山深林，遭遇暴风雷雨而不会迷失方向。愚昧的人即使是走在平坦宽敞的大路上，仍然会感到昏暗迷惑。现在，郡守、国相亲自与天子分剖信符，接受赞礼拜官，他们莅临一郡民众之上，这相当于古代诸侯方伯的地位啊。他们受天子之命，独断专行，统治千里之地，不受朝廷钳制；名声或善或恶，全在于自己，恶名是由于自己没有能力的缘故，哪里有什么道路狭窄之说呢？"

贤良曰："古之进士也①，乡择而里选②，论其才能，然后官之，胜职任然后爵而禄之③。故士修之乡曲④，升诸朝廷，行之幽隐⑤，明足显著⑥。疏远无失士⑦，小大无遗功⑧。是以贤者进用，不肖者简黜⑨。今吏道杂而不选⑩，富者以财贾官⑪，勇者以死射功⑫。戏车鼎跃⑬，咸出补吏⑭，累功积日⑮，或至卿相。垂青绳⑯，擐银龟⑰，擅杀生之柄⑱，专万民之命⑲。弱者，犹使羊将狼也⑳，其乱必矣。强者，则是予狂夫利剑也，必妄杀生也。是以往者，郡国黎民相乘而不能理㉑，或至锯颈杀不辜而不能正㉒。执纲纪非其道，盖博乱愈甚㉓。古者，封贤禄能，不过百里㉔；百里之中而为都，疆垂不过五十㉕，犹以为一人之身，明不能照㉖，聪不得达㉗，故立卿、大夫、士以佐之，而政治乃备㉘。今守、相或无古诸侯之贤，而莅千里之政，主一郡之众，施圣主之德，擅生杀之法，至重也。非仁人不能任，非其人不能行。一人之身，治乱在己，千里与之转化㉙，不可不熟择也。故人主有私人以财㉚，不私人以官，悬赏以待功，序爵以俟贤[31]，举善若不足，黜恶若仇雠[32]，固为其非功而残百姓也。夫辅主德[33]，开臣途，在于选贤而器使之[34]，择练守、相然后任之[35]。”

【注释】

①进士：选拔贤士。

②乡、里：古代基层行政单位，其管辖范围历代不同。《周礼·地官·大司徒》载一万二千五百家为乡。《周礼·地官·遂人》："五家为邻，五邻为里。"以上为周代制度。《国语·齐语》："五家为轨，轨为之长；十轨为里，里有司；四里为连，连为之长；十里为乡，乡有良人焉。"这是春秋齐国制度。

③爵、禄：用做动词，授予爵位与俸禄。

④修：修养。乡曲：偏僻的地方，引申为乡里。

⑤幽隐：昏暗隐蔽，指偏远之地。

⑥明足显著：指贤士出仕之后处于众人瞩目的显著地位。明足，意为当官。

⑦疏远无失士：即使与朝廷关系疏远，也不要漏掉贤士。

⑧小大无遗功：无论功劳大小都不会遗漏。

⑨不肖：不似乃父，指不贤的人。简：检查。黜：罢免。

⑩杂：原作"壅"，据卢文弨说校改。选：挑选，选择。

⑪贾（gǔ）：买。

⑫以死射功：用死战来搏取功名。射，逐取。

⑬戏车：玩车技。鼎跃：举鼎。

⑭补吏：充当官吏。

⑮累功积日：一天天积累功劳资历。

⑯垂：垂挂。青绳：一本作"青绶"，系官印的青色绶带。

⑰擐（huàn）：贯，穿。银龟：《太平御览》六八三引《汉旧仪》："御史，

二千石，银印，龟纽，文曰章。”

⑱擅：独揽。杀生：犹言生死。柄：权柄。

⑲专：专断，与“擅”意同。

⑳羊将狼：比喻弱者统治强者。《史记·留侯世家》：“且太子所与皆诸将，皆尝与上定天下，今使太子将之，此无异使羊将狼也。”将，统率。

㉑黎民：老百姓。乘：侵陵。理：治理。

㉒锯颈：汉代锯脖子的酷刑。不辜：无罪。

㉓博乱：动乱。

㉔不过百里：《礼记·王制》：“公侯田方百里。”

㉕疆垂：边境。垂，通“陲”。

㉖明：视力。照：看到。

㉗聪：听力。

㉘政治：行政治理。备：完备。

㉙转化：随之变化。

㉚私人以财：用财富来奖赏所偏爱的人。《荀子·君道》：“故明主有私人以珠玉，无私人以官职事业。”私，个人偏爱。

㉛序爵：排列爵位。俟：等待。

㉜黜恶：罢免。仇雠：仇敌。

㉝辅：原作“傅”，据王利器说校改。

㉞器使：重用。

㉟择练：挑选。

【译文】

贤良说：“古代推贤进士，从乡到里，层层选择，评论其人的才能，然后给他官职，若能胜任职位，然后再封爵授禄。因此，贤士在乡里修炼道德才能，通过选择升到朝廷；在偏远之处修行，出仕之后则处于众人瞩目的显著地位。即使与朝廷关系疏远，录用时也不要漏掉贤士；无论功劳小大，奖赏时也不要有所遗漏。由此贤才得到提拔重用，不贤的人经检查后予以罢免。如今任用官吏之道杂乱无章，丢弃了传统的选拔做法，富人用钱买官，勇士通过死战求功。戏车玩鼎的杂技之人，都出来补任官吏，一天天积累功劳资历，有的人官至卿相。他们佩带青绶，贯穿银龟官印，独揽杀生权柄，专断万民性命。如果这些官员性格懦弱，那就如同让一只羊统率狼群，肯定会酿出混乱。如果这些官员性格强悍，那就等于授利剑给狂夫，肯定会胡乱杀人。因而过去郡县、侯国老百姓相互侵陵而得不到治理，有时候甚至锯脖子、杀无罪而得不到纠正。执掌国家纲纪的官员不由正道，大概社会混乱会越来越厉害。古时候，天子封爵贤能，方园不超过百里；在百里中心建立都城，从都城到边境不超过五十里，天子还以为仅凭诸侯一人之身，视力有看不到的地方，听力有达不到的地方，因而设立卿、大夫、士来辅佐诸侯，这样诸侯国的行政治理才算完备。如今郡守、国相可能不及古代诸侯贤能，却让他们主管千里政务，主宰一郡民众，要求他们广施圣主恩德，独揽生杀法令，使命极为重大啊。如果不是仁人就不能胜任郡守和国相，如果不是贤人就不能施行正确的治理。郡守、相国以一人之身，治和乱全在于郡守、国相自己，方园千里的治乱都随着郡守、国相一人才德而变化，这样的职位是不可以不认真选择的。所以人主可以用财富来奖赏他所偏爱的人，而不是用官爵来奖赏他所偏爱的人，朝廷悬赏以等待民众立功，排列爵位来等候贤能，推举善人如恐不足，罢免恶人如同对待仇敌，这本来就是因为恶人没有功劳而残害百姓啊。辅佐君主的德政，开通臣民的仕途，在于选用贤能，重用他们，挑选郡守、国相然后加以任用。”

疾贪第三十三

【题解】

本篇论辩的主题是官员贪鄙问题。贤良认为古代官吏俸禄优厚，各级官员可以依靠俸禄过上体面生活，不必通过贪污来谋取利益。汉代官员俸禄微薄，造成官员上下贪鄙成风。解决贪鄙的方法是朝廷高官率先垂范，“贪鄙在率不在下，教训在政不在民”。大夫认为，官员是廉洁还是贪鄙，都是出于各人的天性，“贤不肖有质，而贪鄙有性，君子内洁己而不能纯教于彼”。对此贤良进一步指出，贪鄙根源在朝廷上层，不要把贪鄙责任推给下层百姓，朝廷应该通过教化，适当辅以刑诛，来改变官员贪鄙之风。

大夫曰：“然。为医以拙矣①，又多求谢②。为吏既多不良矣，又侵渔百姓③。长吏厉诸小吏④，小吏厉诸百姓。故不患择之不熟⑤，而患求之与得异也⑥；不患其不足也⑦，患其贪而无厌也。”

【注释】

①以：通“已”。拙：拙劣。

②谢：酬谢，酬金。

③侵渔：侵吞牟利。

④厉：病，残害。诸：之于。

⑤患：担忧。择：选择官员。熟：慎重。

⑥求之：所想要的人才。得：实际录用的官员。

⑦不足：指选拔人才数量不够。

【译文】

大夫说：“是的。譬如医生，医术已经够拙劣了，还想多得酬金。做官已经做了很多缺德事了，还想进一步侵夺老百姓。大官残害小官，小官残害老百姓。因此不必担忧朝廷选择官员不慎重，而应该担忧人们心目中所求贤才与实际录用的官员不一样；不必担忧朝廷的人才选拔不够，而应该担忧官员贪得无厌。”

贤良曰：“古之制爵禄也，卿大夫足以润贤厚士[1]，士足以优身及党[2]，庶人为官者，足以代其耕而食其禄[3]。今小吏禄薄，郡国繇役[4]，远至三辅[5]，粟米贵，不足相赡[6]。常居则匮于衣食[7]，有故则卖畜粥业[8]。非徒是也[9]，繇使相遣[10]，官庭摄追[11]，小计权吏[12]，行施乞贷[13]，长吏侵渔，上府下求之县[14]，县求之乡，乡安取之哉？语曰：‘货赂下流，犹水之赴下，不竭不止。’[15]今大川江河饮巨海[16]，巨海受之[17]，而欲溪谷之让流潦[18]；百官之廉，不可得也。夫欲影正者端其表[19]，欲下廉者先之身[20]。故贪鄙在率不在下[21]，教训在政不在民也[22]。”

【注释】

①润贤：资助贤才。厚士：厚待贤士。

②士：原本无“士”，据张敦仁说校补。优身：优待自己。党：同党，亲族。

③庶人为官者，足以代其耕而食其禄：《孟子·万章下》：“下士与庶人在官者同禄，禄足以代其耕也。”代其耕而食其禄，食用做官的俸禄，代替耕田收入。

④繇：通“徭”。

⑤三辅：西汉时本指治理首都的三位官员——京兆尹、左冯翊、右扶风，后指这三位官员管辖的首都地区。

⑥相赡：养活自己。

⑦常居：日常家居生活。匮：匮乏。

⑧故：事故，变故。卖畜：卖掉家中的牲畜。粥业：变卖产业。粥，

通“矈”。

⑨非徒是也：不仅如此。

⑩繇使相遣：充当徭役差使。

⑪官庭：地方官府。摄追：持械追索财物。

⑫小计：负责上报统计的小官。权吏：有权的官吏。

⑬行施：要求民众布施。乞贷：借贷。

⑭上府：上级官府，指郡国衙门。

⑮货赂下流，犹水之赴下，不竭不止：货赂，贿赂。下流，流行。竭，枯竭。

⑯饮：喝，此处意为“流向”。巨海：大海。

⑰受之：接纳大川江河。

⑱溪谷：小溪河谷。让：拒绝。流潦：路边流淌的雨水。

⑲影正：影子正直。端其表：端正标杆。表，标杆。

⑳下：下级。先之身：首先自身作表率。

㉑率：即“帅”，长官。

㉒政：朝政。

【译文】

贤良说：“古代制定官爵俸禄，卿和大夫的俸禄足可以资助贤士，士的俸禄足可以优待自身和亲族，普通人做官，足可以代替耕种，依靠俸禄生活。如今小吏俸禄微薄，各地郡国徭役出差，有时要远赴三辅地区，粟米价贵，俸禄不足以养活自己。日常家居开支就感到衣食匮乏，家中若有变故就要卖掉家畜产业。不仅如此，他们还要充当徭役差使，不时遭到地方官府追索财物，那些上报统计的小官和有权的大吏，或要求民众布施，或强行借贷，长官侵夺，郡国衙门向下级县衙索求，县府向乡索求，乡又从哪里索取呢？谚语说：‘贿赂流行，如同水向下流，不流尽就不会停止。’大川江河流向大海，大海接纳了，而要小溪河谷拒绝路边雨水；在朝政腐败形势下要想百官廉洁，是不可能的。要想影子正，先端正标杆，要想下级廉洁，长官先要自身做表率。因此贪污粗鄙根源在长官而不在下级，教诲训示的重点在朝政而不在民众。”

大夫曰：“贤不肖有质[①]，而贪鄙有性[②]，君子内洁己而不能纯教于彼[③]。故周公非不正管、蔡之邪[④]，子产非不正邓皙之伪也[⑤]。夫内不从父兄之教，外不畏刑法之罪，周公、子产不能化，必也。今一一则责之有司[⑥]，有司岂能缚其手足而使之无为非哉[⑦]？”

【注释】

①质：品质。

②性：天性。

③内洁己：对内做到自己廉洁。纯教：纯洁教育。彼：指那些贪污官吏。

④周公：姬姓，名旦，为西周初年大政治家，被儒家视为圣人，在中国历史与孔子并称周孔。管：名叔鲜，为周文王第三子，周武王之弟，周公之兄。武王伐纣后，将叔鲜封于管，世称管叔。后挟武庚作乱，被周公所杀。蔡：名叔度，为周文王第五子，周武王、周公之弟。武王伐纣后，将叔度封于蔡，世称蔡叔。后参与武庚叛乱，被周公流放。

⑤子产：姬姓，名侨，字子产，为春秋时期郑国贤相，被孔子称为“古之遗爱”。邓皙：又作“邓析”，子产同时人，他提出“两可”之说，以是为非，以非为是，混淆视听，被子产杀死。一说，杀死邓析的人是驷歂。

⑥一一：原作“一二”，据王利器说校改。

⑦无为非：不要为非作歹。

【译文】

大夫说："贤与不贤各有品质，贪婪粗鄙自有天性，君子可以做到自己廉洁，而不能教育那些贪鄙之人纯洁。因此，周公并不是没有矫正管叔、蔡叔的邪恶，子产也不是没有纠正邓析的邪说。像管、蔡那样不听从家中父兄教诲，像邓析那样不怕国家刑法定罪，周公、子产不能教化他们，这是肯定的。现在你们将官吏贪污归责于朝廷官员，朝廷官员总不能把贪官污吏手脚绑起来，不让他们为非作歹吧？"

贤良曰："驷马不驯①，御者之过也②。百姓不治，有司之罪也。春秋刺讥不及庶人③，责其率也④。故古者大夫将临刑⑤，声色不御⑥，刑以当矣⑦，犹三巡而嗟叹之⑧。其耻不能以化而伤其不全也⑨。政教闇而不著⑩，百姓颠蹶而不扶⑪，犹赤子临井焉⑫，听其入也。若此，则何以为民父母？故君子急于教，缓于刑。刑一而正百，杀一而慎万。是以周公诛管、蔡，而子产诛邓皙也。刑诛一施，民遵礼义矣。夫上之化下，若风之靡草⑬，无不从教。何一一而缚之也？"

【注释】

①驷马：古代一车四马。驯，驯服。

②御者：驾车人。

③春秋刺讥不及庶人：《春秋》不刺讥庶人，是因为礼不下庶人。

④率：帅。

⑤临刑：监督执行死刑。

⑥声色：指歌舞娱乐。御：用。

⑦以当：指已经被执行死刑。以，通"已"。当，罪有应得。

⑧三巡：多次。

⑨化：教化。全：尸身不全。

⑩政教：政治教化。闇：同“暗”。著：显明。

⑪颠蹶：跌倒。扶：搀扶。《论语·季氏》：“危而不持，颠而不扶。”

⑫赤子：婴儿。临井：走到井边。

⑬夫上之化下，若风之靡草：陆贾《新语·无为》：“上之化下，犹风之靡草。”风之靡草，大风吹过，杂草为之倒伏。

【译文】

贤良说：“驾车的驷马未能驯服，这是驾车人的罪过。老百姓得不到治理，这是主管官员的罪责。《春秋》的刺讥对象不涉及庶人，仅追究长官的责任。因此，古时候大夫监督执行死刑，停止歌舞娱乐，死刑执行完毕，还多次为之嗟叹。这是官员耻于不能教化、感伤罪犯尸身不全啊。政治教化昏暗不明，老百姓跌倒而不去扶起，如同婴儿走到井边，听任婴儿跌进井内。如果像这样，拿什么去做民众的父母官？所以，君子急于教化，缓于用刑。对一个人用刑，要起到纠正一百个人的作用，杀一个人，要使一万个人小心谨慎。所以周公才诛杀管叔、蔡叔，子产才诛杀邓析。刑罚诛杀一旦施行，老百姓就会遵循礼义了。在上的官员教化下民，如同大风吹过、杂草倒伏一样，老百姓没有不顺从教化的。何必要一一将他们手足捆绑起来呢？”

后刑第三十四

【题解】

本篇聚焦用刑问题。大夫认为“人君不畜恶民，农夫不畜无用之苗”，主张杀一儆百，“刑一恶而万民悦”，强调以严刑治国，从中可以看出大夫的法家思想立场。贤良虽然也认为刑罚对于治国不可或缺，但并不赞成一味地依靠刑杀，而是主张通过制定刑罚来起到威慑、警戒的作用，以期收到“威厉而不杀，刑设而不犯”的效果。贤良认为治国要先德而后刑，把政治教化放在第一位，并特别强调统治者自身的表率作用，提倡“民乱反之政，政乱反之身，身正而天下定”。

大夫曰：“古之君子，善善而恶恶[1]。人君不畜恶民[2]，农夫不畜无用之苗。无用之苗，苗之害也；无用之民，民之贼也。钼一害而众苗成[3]，刑一恶而万民悦[4]。虽周公、孔子不能释刑而用恶[5]。家之有姐子[6]，器皿不居[7]，况姐民乎[8]！民者敖于爱而听刑[9]。故刑所以正民，钼所以别苗也。”

【注释】

①善善：肯定善人。恶(wù)恶：厌恶恶人。

②畜：通“蓄”，养。

③钼：同“锄”。

④刑：用做动词，诛杀。

⑤虽：即使。释刑：放弃刑罚。用恶：任用恶人。

⑥姐子：娇子。姐，原作“钼”，据陈遵默说校改。

⑦居：保存。

⑧姐民：娇民。

⑨敖：同“傲”。原作“教”，据张敦仁说校改。

【译文】

大夫说：“古代的君子，肯定善人，厌恶恶人。君主不愿蓄养坏人，农夫不愿保留无用的莠苗。无用的莠苗，是禾苗的祸害；无用的坏人，是民众的祸害。锄除一株害苗，众多禾苗就健康成长；杀掉一个坏人，万民为之喜悦。即使是周公、孔子当政，也不能放弃刑罚而任用坏人。家中有娇子胡闹，器皿就不能保存，何况国家有娇民呢！老百姓受到怜爱就会骄傲，面对刑罚就会听从。因此刑罚是用来矫正老百姓不法行为的，锄头是用来辨别良苗与莠草的。”

贤良曰：“古者，笃教以导民[①]，明辟以正刑[②]。刑之于治，犹策之于御也[③]。良工不能无策而御[④]，有策而勿用。圣人假法以成教[⑤]，教成而刑不施。故威厉而不杀[⑥]，刑设而不犯。今废其纪纲而不能张[⑦]，坏其礼义而不能防[⑧]。民陷于罔从而猎之以刑[⑨]，是犹开其阑牢[⑩]，发以毒矢也[⑪]，不尽不止[⑫]。曾子曰：‘上失其道，民散久矣。如得其情，即哀矜而勿喜。’[⑬]夫不伤民之不治，而伐己之能得奸[⑭]，犹弋者睹鸟兽挂罻罗而喜也[⑮]。今天下之被诛者，不必有管、蔡之邪，邓晳之伪，恐苗尽而不别[⑯]，民欺而不治也[⑰]。孔子曰：‘人而不仁，疾之已甚，乱也。’[⑱]故民乱反之政[⑲]，政乱反之身[⑳]，身正而天下定。是以君子嘉善而矜不能[㉑]，恩及刑人[㉒]，德润穷夫[㉓]，施惠悦尔[㉔]，行刑不乐也。”

【注释】

①笃教：厚于教化。笃，厚。导民：引导民众。

②明辟：公布法令。辟，法。正刑：端正刑罚。

③策：鞭子。御：驾车。

④良工：优秀车夫。

⑤假法：借助刑罚。成教：完成教化。

⑥威厉：威猛严厉。《荀子·议兵》：“威厉而不试，刑措而不用。”

⑦张：施张。

⑧防：防范。

⑨罔：同“网”，法网。猎：猎杀。《孟子·滕文公上》：“及陷乎罪，然

后从而刑之。”

⑩阑牢：栏圈。

⑪发：射出。毒矢：毒箭。

⑫尽：杀尽。

⑬上失其道，民散久矣。如得其情，即哀矜而勿喜：见于《论语·子张》。散，离心离德。得其情，审出罪犯的真情。哀矜，同情。

⑭伐：自夸。

⑮弋者：射猎者。罻（wèi）罗：捕鸟的小网。

⑯苗尽而不别：苗锄尽了，还不能区别良莠。

⑰民欺而不治：民众狡诈而不能治理。

⑱人而不仁，疾之已甚，乱也：见于《论语·泰伯》。疾，痛恨。已甚，太厉害。乱，祸乱。

⑲反之政：返回到政治上来。反，同“返”。

⑳反之身：返回到自身修养上来。

㉑矜不能：同情无能的人。《论语·子张》：“君子尊贤而容众，嘉善而矜不能。”

㉒刑人：受刑之人。

㉓德润：恩德润泽。穷夫：穷人。

㉔尔：语尾助词。

【译文】

贤良说：“古时候，厚于教化来引导民众，公布法令来端正刑罚。刑罚对于治国，如同鞭子对于驾车。优秀车夫不能不带鞭子就去驾车，也不能有鞭子而不使用。圣人借助法令来完成教化，教化成功了，刑罚就不必施用。因此法令威猛严厉但不一定要杀人，刑罚设置就没有人敢于触犯。如今纪纲坏废而不能施张，毁坏礼义而不能防范。民众陷于法网，官府随后用刑捕猎，这如同打开其猎物栏圈大门，再射出毒箭，不杀尽就不停止。曾子说：‘在上位的失去正确的治道，民心离散已经很久了。如果你审出罪犯真情，就哀怜同情而不要窃窃自喜。'不去感伤民众得不到治理，反而夸耀自己能够审出真情，这就如弋猎者看到鸟兽闯入罗网而自喜。现在天下被诛杀的人，不一定有管叔、蔡叔那样的邪恶，或邓析的伪学，恐怕是禾苗锄尽了还辨别不出良莠，民众狡诈而得不到治理。孔子说：'一个人如果不仁，痛恨他太厉害，这是致乱之源。'所以，民众出了乱子，就返回到政治，政治出了乱子，就返回到自身修养，身子正了，天下安定。因此君子表彰善良而同情无能的人，恩惠施及受刑之人，德惠润泽到穷人，施予恩惠是令人高兴的事，执行刑杀并不让人快乐。"

授时第三十五

【题解】

本篇讨论如何对待农民贫困问题。大夫首先指出，部分民众贫穷是由于他们懒惰奢侈造成的，朝廷不应该同情此类懒惰之人。贤良指出，民众的勤懒完全有赖于朝廷的政治教化。大夫进一步申辩，以为部分民众贫穷困乏是由于他们干活不卖力，用财不节制。贤良按照孔子提出的从"庶之""富之"到"教之"的治民路线，主张先让民众富裕起来，再对他们进行礼义教化。大夫诉苦说，朝廷已经实施劝农、赈贷政策，可是仍然解决不了民众贫穷问题。贤良认为，鼓励农耕关键在于不误农时，而不是搞一些悬挂青旗、鞭策土牛的劝农形式。

大夫曰："共其地[①]，居是世也[②]，非有灾害疾疫，独以贫穷，非惰则奢也；无奇业旁入[③]，而犹以富给，非俭则力也。今曰施惠悦尔[④]，行刑不乐；则是闵无行之人[⑤]，而养惰奢之民也。故妄予不为惠[⑥]，惠恶者不为仁[⑦]。"

【注释】

①共其地：共同居住在一个地方。

②居是世：处于同一个时代。

③奇业：指农工商以外的其他产业。旁入：额外收入。

④曰：原作“日”，据王利器说校改。

⑤闵：同“悯”，同情。无行之人：品行恶劣、懒惰奢侈的人。

⑥妄予：胡乱赐予。惠：恩惠。

⑦惠恶：施惠给恶人。

【译文】

大夫说：“共同居住在一个地方，处于同一个时代，如果不是遇到天灾、疾病、瘟疫，唯独有少数人贫穷，那么这些人不是因为懒惰就是由于奢侈；没有特殊产业和额外收入，而仍然生活富裕，那么这些人不是因为勤俭就是由于力耕。如今你说什么‘施予恩惠是令人高兴的事，执行刑杀并不让人快乐’；这是同情品行恶劣之人，养活懒惰奢侈之民。所以，胡乱赐予不能叫恩惠，施惠给恶人不能叫仁爱。”

贤良曰：“三代之盛无乱萌①，教也；夏、商之季世无顺民②，俗也。是以王者设庠序③，明教化，以防道其民④，及政教之洽⑤，性仁而喻善⑥。故礼义立，则耕者让于野；礼义坏，则君子争于朝⑦。人争则乱，乱则天下不均，故或贫或富。富则仁生，赡则争止⑧。昏暮叩人门户，求水火，贪夫不恡⑨，何则？所饶也。夫为政而使菽粟如水火⑩，民安有不仁者乎！”

【注释】

①三代：夏、商、周。萌：通“民”。

②季世：末世。顺民：逆来顺受的良民。

③庠(xiáng)：周代学校。序：商代学校。

④防道：预防疏导。道，同“導”(导)。

⑤洽：和谐。

⑥喻：知晓。

⑦君子争于朝：《战国策·秦策上》：“争名者于朝。”

⑧赡则争止：赡，富足。“则”下原有“民”字，据张敦仁说校删。

⑨贪夫：贪婪的人。悋：通“吝”，吝啬。

⑩菽粟：菽是豆，粟是谷子。菽粟泛指粮食。《孟子·尽心上》：“民非水火不生活，昏暮叩人之门户，求水火，无弗与者，至足矣。圣人治天下，使有菽粟如水火。菽粟如水火，而民焉有不仁者乎？”

【译文】

贤良说：“夏、商、周三代兴盛之际没有叛乱民众，这是教化的结果；夏、商末世没有顺从民众，这是出于末世的风俗。因此王者设立学校，宣明王道教化，用来预防疏导民众，等到政治教化和谐的时候，人民品性就会变为仁义，知道什么是善。因此，如果礼义得以确立，那么耕田的人就会在田野礼让；如果礼义败坏，那么君子就会争于朝廷。人人相争，社会就陷入混乱；社会混乱，就会导致天下财富不平均；因此有人贫穷，有人富裕。富裕就容易产生仁义之心，丰足就会使争夺停止。薄暮黄昏时去敲人门户，向人求借水火，即使是贪婪的人也不会吝啬，这是为什么呢？是由于经济富饶啊。执政的人如果使粮食像水火一样充足，那么民众哪里会有不仁的呢！”

大夫曰：“博戏驰逐之徒①，皆富人子弟，非不足者也。故民饶则僭侈②，富则骄奢，坐而委蛇③，起而为非，未见其仁也。夫居事不力④，用财不节，虽有财如水火，穷乏可立而待也[5]。有民不畜[6]，有司虽助之耕织，其能足之乎？”

【注释】

①博戏：古代的一种棋戏。驰逐：驱马追逐，即赛马。

②僭(jiàn)：越礼。侈：奢侈。

③委蛇(yí)：从容自得的样子。

④居事不力：办事不尽力。

⑤立：立即。

⑥畜：通“蓄”，储蓄。

【译文】

大夫说：“下棋赌博、驱马追逐的人，都是富人子弟，并不是衣食不足的人。因此民众丰足就会僭越礼制，富裕就会骄傲奢侈，他们坐下来从容自得，站起来就为非作歹，没有见到过他们有什么仁义举动。办事不尽力，用财不节制，即使家财如同水火一般多，贫穷困乏也会指日可待的。民众不从事储蓄，主管官员即使帮助他们耕田织布，他们能够富足吗？”

贤良曰：“周公之相成王也[1]，百姓饶乐[2]，国无穷人[3]，非代之耕织也。易其田畴[4]，薄其税敛，则民富矣。上以奉君亲[5]，下无饥寒之忧，则教可成也。《语》曰[6]：‘既富矣，又何加焉？曰，教之。’[7]教之以德[8]，齐之以礼，则民徙义而从善[9]，莫不入孝出悌，夫何奢侈暴慢之有？管子曰：‘仓廪实而知礼节，百姓足而知荣辱。’[10]故富民易与适礼[11]。”

【注释】

①相：辅佐。

②饶乐：富饶快乐。

③国无穷人："穷"下原有"乏"字，据卢文弨、王先谦说校删。

④易：修治。田畴：田地。《孟子·尽心上》："易其田畴，薄其税敛，民可使富也。"

⑤奉：事奉。君：君主。亲：父母双亲。

⑥《语》：《论语》。

⑦既富矣，又何加焉？曰，教之：见于《论语·子路》。加，再做什么。

⑧教之：此二字原脱，据王利器说校补。《论语·为政》："道之以德，齐之以礼，有耻且格。"

⑨徙义：向正义迁移。原作"从义"，据王利器说校改。

⑩仓廪实而知礼节，百姓足而知荣辱：见于《管子·牧民》。

⑪富民：原本"故"下无"富"字，据王利器说校补。适礼：向往礼义。

【译文】

贤良说："周公辅佐成王时，老百姓丰饶快乐，国家没有穷人，周公并没有代替老百姓耕田织布。让民众修治田地，减轻他们的赋税，这样民众就自然富足了。老百姓对上可以事奉君主和父母双亲，对下没有饥寒之忧，这样教化就可以成功。《论语》说：'老百姓已经富裕了，又该做什么呢？孔子说，教化他们。'用道德教化他们的思想，用礼仪整齐他们的行为，那么民众就会向往礼义追随善良，没有人不做到进家孝顺父母出门尊敬兄长，这样哪里会有什么奢侈、粗暴、怠慢的事？管仲说：'仓库储满粮食，民众就会知道礼节；老百姓丰衣足食，就会知道荣辱。'所以富裕的民众容易向往礼义。"

大夫曰："县官之于百姓，若慈父之于子也：忠焉能勿诲乎？爱之而勿劳乎①？故春亲耕以劝农②，赈贷以赡不足③，通滀水④，出轻系⑤，使民务时也。蒙恩被泽，而至今犹以贫困，其难与适道若是夫[⑥]！”

【注释】

①忠焉能勿诲乎？爱之而勿劳乎：见于《论语·宪问》，但语序颠倒。诲，教诲。而，读为“能”。

②亲耕：古代有天子藉田制度，在立春之日亲耕，以此鼓励天下民众勤于耕种。劝：劝勉。

③赈贷：赈济借贷。赡：补助。

④滀（chù）水：积水。

⑤出轻系：中国古代在冬天行刑，进入来年孟夏以后，将那些来不及行刑的轻罪犯人予以释放。轻系，犯轻罪而被囚系的人。

⑥难与适道：难以教他们走上正道。若是：像这样。

【译文】

大夫说：“朝廷对于老百姓，就像慈父对待子女一样：对他忠心，能不教诲他吗？对他疼爱，能不让他勤劳吗？因此立春季节，天子亲耕籍田来劝勉农夫，赈济借贷来补助那些衣食不足的人，疏通积水，放出牢房中罪轻的犯人，以便让民众抓紧农时。老百姓蒙受天子的恩泽，但至今仍然贫困，让他们走上正道是如此的困难啊！”

贤良曰：“古者，春省耕以补不足[①]，秋省敛以助不给[②]。民勤于财则贡赋省[③]，民勤于力则功筑罕[④]。为民爱力[⑤]，不夺须臾[⑥]。故召伯听断于甘棠之下[⑦]，为妨农业之务也[⑧]。今时雨澍泽[⑨]，种悬而不得播[⑩]，秋稼零落乎野而不得收。田畴赤地[⑪]，而停落成市[⑫]，发春而后[⑬]，悬青幡而策土牛[⑭]，殆非明主劝耕稼之意，而春令之所谓也[⑮]。”

【注释】

①省耕:省视春耕情况。补不足:补助农具、种子的不足。《孟子·梁惠王下》:“春省耕而补不足,秋省敛而助不给。”

②省敛:省视秋收状况。助不给:补助缺粮的不足。

③勤:枯竭。省:减轻。

④功筑罕:原作“功业牢”,据王利器说校改。功筑,土木徭役。罕,罕用。

⑤爱力:爱惜劳力。

⑥须臾:片刻时光。

⑦召伯听断于甘棠之下:这是关于《诗经·召南·甘棠》的故事。《韩诗外传》载:“昔者,周道之盛,邵伯在朝,有司请营邵以居,邵伯曰:‘嗟!以吾一身而劳百姓,此非吾先君文王之志也。’于是出就蒸庶于阡陌陇亩之间而听断焉。邵伯暴处远野,庐于树下。百姓大说,耕桑者倍力以劝。于是岁大稔,民给家足。其后在位者骄奢,不恤元元,税赋繁数,百姓困乏,耕桑失时。于是诗人见邵伯之所休息树下,美而歌之。《诗》曰:‘蔽芾甘棠,勿剪勿伐,召伯所茇。’此之谓也。”召伯,召公奭。

⑧妨:妨碍。

⑨澍(shù)泽:雨水滋润万物。澍,时雨。

⑩悬:悬挂。

⑪赤地:自然灾害造成田地寸草不生。

⑫停落:一作“亭落”,村落。

⑬发春:开春。

⑭悬青幡(fān):悬挂青色的旗幡。策土牛:鞭打泥土雕塑的牛。按,悬青幡,策土牛,是中国古代鼓励农耕的一种宗教仪式。

⑮春令:颁布春耕令,表示劝勉农耕。

【译文】

贤良说："古时候，到了春天，官员省视春耕，补助农夫工具、种子的不足，到了秋天，官员省视秋收，补助粮食歉收的农户。民众财源枯竭，就减少赋税；民众劳力缺少，就减少土木徭役。为民众爱惜劳力，不争夺农夫片刻时光。因此，西周召伯在甘棠树下听讼断案，他是担心妨碍农业事务啊。如今时雨滋润万物，可是农夫的种子悬挂在墙上而不能及时播种，秋天庄稼凋落在田野里而得不到收获。在荒年田地寸草不生，村落却成为集市，开春之后，官府悬挂青色旗幡，鞭策泥土雕塑的牛，这恐怕不是英明君主劝勉耕稼的本意，也不符合朝廷颁布春耕令的精神。"

水旱第三十六

【题解】

本篇记载了大夫与贤良三轮论辩。在第一轮中，大夫提出水旱灾害是自然现象，而不能归咎于主管官员；贤良坚持天人感应的观点，认为天灾实出于人祸。第二轮议题转移到盐铁官营之上，大夫认为盐铁官营有利于民众务农，贤良指出，官府制作的铁器不适用农用，给民众带来很大的痛苦。在第三轮中，大夫继续为盐铁官营辩护，说官府资金充足，器具完备，铁器规格和价格统一，无论对国家还是对私人都有利；对此贤良痛陈盐铁官营弊端，如官铸铁器质量低劣，价格昂贵，铁官经常不在盐铁商店，导致民众买不到铁器，贻误农时，有些民众不得不用木器耕种，吃无盐的淡食。大夫平时高高在上，贤良列举的这些盐铁官营弊端，他是不曾想到的。

大夫曰："禹、汤圣主①，后稷、伊尹贤相也②，而有水旱之灾。水旱，天之所为，饥穰[③]，阴阳之运也[④]，非人力。故太岁之数[⑤]，在阳为旱，在阴为水。六岁一饥，十二岁一荒[⑥]。天道然，殆非独有司之罪也。”

【注释】

①禹：夏朝开国君主。汤：商朝开国君主。

②后稷：周民族始祖，被帝舜任命为掌管农事的稷官。伊尹：汤的贤相，辅佐商汤灭夏。

③饥：歉收。穰（ráng）：丰收。

④运：运行。

⑤太岁之数：太岁当年运行所至的区域。太岁，是古人虚构的一颗星，将它运行一周的轨道分为十二个区域（星纪、玄枵、诹訾、降娄、大梁、实沈、鹑首、鹑火、鹑尾、寿星、大火、析木），与十二地支（子、丑、寅、卯、辰、巳、午、未、申、酉、戌、亥）相配，以此纪年。

⑥六岁一饥，十二岁一荒：《淮南子·天文训》：“三岁而改节，六岁而易常。故三岁而一饥，六岁而一衰，十二岁而一荒。”

【译文】

大夫说：“夏禹和商汤是圣明的君主，后稷和伊尹是贤明的宰相，他们统治天下时却有水旱灾害。水旱灾害是上天造成的，饥荒和丰收是阴阳运行的结果，并非是人为因素造成的。因此，太岁运行所至的区域，位置在阳就发生旱灾，位置在阴就发生水灾。每六年来一次歉收，每十二年来一次灾荒。天道就是这样，这恐怕不是主管官员的罪过。”

贤良曰：“古者，政有德，则阴阳调，星辰理[①]，风雨时。故行修于内[②]，声闻于外，为善于下，福应于天。周公载纪而天下太平[③]，国无夭伤，岁无荒年。当此之时，雨不破块[④]，风不鸣条[5]，旬而一雨，雨必以夜[6]。无丘陵高下皆熟。《诗》曰：'有渰萋萋，兴雨祁祁。'[7]今不省其所以然[8]，而曰'阴阳之运也'，非所闻也。《孟子》曰[9]：'野有饿殍[10]，不知收也[11]；狗豕食人食[12]，不知检也[13]；为民父母，民饥而死，则曰，非我也，岁也，何异乎以刃杀之，则曰，非我也，兵也？'方今之务，在除饥寒之患，罢盐铁[14]，退权利[15]，分土地，趣本业[16]，养桑麻，尽地力也。寡功节用[17]，则民自富。如是，则水旱不能忧，凶年不能累也[18]。"

【注释】

①星辰理：星辰按照既定轨道运行。

②行修：原作"循行"，据王先谦说校改。行，德行。

③载纪：行己，从自身做起，率先垂范。纪，通"己"。一说，载纪，开始治理。

④雨不破块：小雨滋润，下雨不冲破泥块。

⑤风不鸣条：刮风不吹响树木枝条。

⑥雨必以夜：下雨一定是在夜间，不影响人们生活。以，于。

⑦有渰(yǎn)萋萋，兴雨祁祁：见于《诗经·小雅·大田》。渰，阴云。萋萋，浓云密布的样子。兴雨，下雨。祁祁，徐徐落下。

⑧今不省其所以然："以"字原无，据王利器说校补。

⑨《孟子》曰：以下文字见于《孟子·梁惠王上》。

⑩饿殍(piǎo)：饿死的人。

⑪收：收养。

⑫豕(shǐ)：猪。

⑬检：检点，检束。

⑭罢盐铁：废除盐铁官营。

⑮退权利：退还各种官营权利给老百姓。

⑯趣：通“促”。本业：指农耕。

⑰寡功：减少国家事务。

⑱累：连累。

【译文】

贤良说：“古时候，王朝政治有美德，就会阴阳调和，星辰理顺，风雨适时。因而统治者德行修于身内，声名会传播于外；对老百姓行善，福报会感应上天。周公率先垂范而天下太平，国家没有老百姓夭折伤亡，年岁没有饥荒之年。在周公时代，下雨不冲破土块，刮风不吹响树木枝条，十天下一场雨，下雨一定是在夜间。无论是丘陵还是高低田地的庄稼都会成熟。《诗经·小雅·大田》说：‘天上浓云密布，好雨徐徐降落。’如今主管官员不明白天灾产生的原因，反而说什么‘阴阳的运行’，这是我前所未闻的。《孟子·梁惠王上》说：‘田野里有饿死的人，却不知道收养饥民；猪狗吃人的饭食，却不知道检点；身为民众的父母官，民众饿死，却说，这不是我的责任，而是年成不好，这种行为，与拿刀杀人，却说不是我杀人，而是刀子杀人，有什么区别？’当今的行政要务，在于除去民众饥寒祸患，废除盐铁官营，退还官营权利给民众，分给农夫土地，促进农业生产，种养桑麻，发掘土地潜力。减少国家事务，节制国家财用，这样民众自然会富足起来。如果做到这样，那么水旱灾害不会让民众忧患，凶年也不能连累民众生活。”

大夫曰：“议者贵其辞约而指明①，可于众人之听②，不至繁文稠辞③，多言害有司化俗之计，而家人语④。陶硃为生⑤，本末异径⑥，一家数事⑦，而治生之道乃备⑧。今县官铸农器，使民务本，不营于末，则无饥寒之累。盐铁何害而罢？”

【注释】

①辞约：言辞简约。指明：宗旨明确。指，同“旨”。

②可：适宜。

③不至：不在于。稠（chóu）：多。

④家人语：家常话。

⑤陶硃：陶朱公范蠡。硃，一作“朱”。为生：治生产业。

⑥本：农业。末：商业。异径：不同途径。

⑦一家数事：一个家庭从事多种产业，有人务农，有人经商。

⑧治生：谋生。备：完备。

【译文】

大夫说：“说话的人贵在言辞简约，语意明确，适宜于众人聆听，而不在于繁文缛辞，话说多了，就妨害主管官员教化民俗的大计，不要像家常话那样啰嗦。从前陶朱公范蠡经营产业，深知农业之本与商业之末不同途径，一个家庭有人务农有人经商，这样谋生之道才算完备。如今朝廷铸造农业工具，促使农民务农，不去经营商业，这样民众就没有饥寒之苦。盐铁官营有什么害处，为什么要废除呢？”

贤良曰：“农，天下之大业也，铁器，民之大用也。器用便利，则用力少而得作多①，农夫乐事劝功。用不具②，则田畴荒，谷不殖③，用力鲜④，功自半。器便与不便，其功相什而倍也⑤。县官鼓铸铁器⑥，大抵多为大器⑦，务应员程⑧，不给民用⑨。民用钝弊⑩，割草不痛⑪，是以农夫作剧⑫，得获者少，百姓苦之矣。”

【注释】

①得作：得益，收益。一说，得作多，能耕作多。

②用：器用。不具：不完备。

③殖：生长，繁殖。

④鲜：少。

⑤功：功效。相什而倍：相差十倍。

⑥鼓：鼓风。

⑦大器：大件器具。

⑧务：务必。应：符合。员：事物数额，如铁器配料。程：功程，铸造工序。

⑨给：适合。用：适用。

⑩钝：不锋利。弊：破损。

⑪痛：切，爽。

⑫作剧：操作繁重。

【译文】

贤良说："农业是天下大业，铁器是民生大用。农具器用便利，就用力少而得益多，农夫乐于农事而努力劳作。铁器农具不完备，就会田地荒芜，稻谷不成长，力气用得少，收获自然折半。铁器便利与不便利，其间的功效相差十倍。朝廷所铸的铁器，大多是大件铁器，要求务必符合配料数量和铸造工序，但铸出来的铁器却不适合民用。民用铁器不锋利，且容易破损，割草不快，因此农夫劳作繁重，收获很少，老百姓深受其苦。"

大夫曰："卒徒工匠①，以县官日作公事②，财用饶，器用备。家人合会③，褊于日而勤于用④，铁力不销炼⑤，坚柔不和⑥。故有司请总盐铁⑦，一其用⑧，平其贾⑨，以便百姓公私⑩。虽虞、夏之为治，不易于此⑪。吏明其教⑫，工致其事⑬，则刚柔和⑭，器用便。此则百姓何苦？而农夫何疾⑮？"

【注释】

①卒徒工匠：指从事铁器铸作的官府卒隶、刑徒和匠人。

②以：按照。日作公事：每日上班劳作。

③家人合会：老百姓几家合作铸铁。

④褊(biǎn)于日：时间短促。褊，狭小，引申为短促。勤于用：缺少费用。勤，枯竭，引申为缺少。

⑤铁力不销炼：铁矿石不能销熔冶炼。

⑥坚：硬。柔：软。不和：不均匀。

⑦总盐铁：国家统一管理盐铁。

⑧一其用：统一规格。

⑨贾：同“價”(价)。

⑩便：便利。公：指国家。私：指老百姓。

⑪易：改变。此：指盐铁官营。

⑫明其教：讲明程序方法。

⑬致其事：完成冶铸任务。

⑭刚：硬。柔：软。和：调和。

⑮疾：通“嫉”，痛恨。

【译文】

大夫说：“从事冶炼的卒隶、刑徒和工匠，按照官府规程，每日上班劳作，官府财用丰饶，器用完备。此前老百姓几家合作铸铁，时间短促，费用缺少，铁矿石不能充分地销熔冶炼，炼出来的铁锭软硬不均匀。因此主管官员请求朝廷统一管理煮盐炼铁，统一规格，降低价格，以此便于老百姓和国家。即使让虞舜、夏禹来处理盐铁事务，他们也不会改变现在的办法。官吏讲明程序方法，工匠完成冶铸任务，炼出来的铁锭软硬调和，器用便利。这样老百姓有什么痛苦？农夫又有什么痛恨的呢？”

贤良曰："卒徒工匠[①]！故民得占租鼓铸、煮盐之时[②]，盐与五谷同贾，器和利而中用[③]。今县官作铁器，多苦恶[④]，用费不省，卒徒烦而力作不尽[⑤]。家人相一[⑥]，父子戮力[⑦]，各务为善器，器不善者不集[⑧]。农事急，挽运衍之阡陌之间[⑨]。民相与市买[⑩]，得以财货五谷新币易货[⑪]；或时贳民[⑫]，不弃作业[⑬]。置田器，各得所欲。更繇省约[⑭]，县官以徒复作[⑮]，缮治道桥[⑯]，诸发民便之[⑰]。今总其原[⑱]，壹其贾[⑲]，器多坚硜[⑳]，善恶无所择。吏数不在[㉑]，器难得[㉒]。家人不能多储[㉓]，多储则镇生[㉔]。弃膏腴之日[㉕]，远市田器，则后良时[㉖]。盐铁贾贵，百姓不便。贫民或木耕手耨[㉗]，土櫌淡食[㉘]。铁官卖器不售或颇赋与民[㉙]。卒徒作不中呈[㉚]，时命助之[㉛]。发征无限[㉜]，更繇以均剧[㉝]，故百姓疾苦之。古者，千室之邑，百乘之家，陶冶工商，四民之求[㉞]，足以相更[㉟]。故农民不离畦亩[㊱]，而足乎田器，工人不斩伐而足乎材木[㊲]，陶冶不耕田而足乎粟米，百姓各得其便，而上无事焉。是以王者务本不作末，去炫耀，除雕琢，湛民以礼[㊳]，示民以朴，是以百姓务本而不营于末。"

【注释】

①卒徒工匠：姚鼐认为此四字为衍文。

②故：过去。占租：交租。

③和利：便利。中用：适用。

④苦恶：质量低劣。

⑤力作不尽：工作不尽力。

⑥相一：彼此一致。

⑦戮力:合力。

⑧不集:不拿到集市出售。

⑨挽:通“輓”,拉车。衍:散。阡陌:田间小路,南北为阡,东西为陌。

⑩市:买卖。

⑪财货五谷新币:财货是总言,货指五谷,财指新币。易货:换取盐铁器具。

⑫贳(shì):赊欠。

⑬不弃作业:不耽误田作产业。

⑭更繇省约:节省了从事徭役的人。

⑮复作:对判刑的犯人提前除去刑具囚服,但仍然在官府服劳役,直到刑满而止。

⑯缮治道桥:修治道路桥梁。

⑰诸发民:各种被朝廷征发的人。便之:从中得到便利。

⑱总其原:统一管理盐铁资源。原,同“源”。

⑲壹:统一。

⑳坚硜:坚脆。

㉑吏数不在:主管盐铁的官吏经常不在办公场所。

㉒难得:难以买到。

㉓多储:指多储存盐铁器具。

㉔镇:疑为“鉎(shēng)”,生锈。

㉕膏腴之日:指农忙季节。

㉖后良时:耽误了务农大好时节。

㉗木耕:用木制家具耕种。手耨(nòu):用手除草。

㉘櫌(yōu):打碎土块的木棒。淡:原作“啖”,据张敦仁说校改。

㉙不售:卖不出去。或:有时。赋与民:摊派给农民。

㉚作不中呈:制作铁器没有完成铸作程序。呈,通“程”。

㉛时命助之：有时命令老百姓帮助他们。

㉜发征：征发民伕。无限：没有限制。

㉝更繇：让民众更替徭役。均剧：均衡繁重的劳动。

㉞四民：士、农、工、商。

㉟相更：互相交换。

㊱畦（qí）亩：田亩。

㊲足乎材木："材木"二字据郭沫若说补正。

㊳湛：通"沉"，浸润，即教化。

【译文】

贤良说："说什么卒隶、刑徒、工匠！以前民众能够交租铸铁、煮盐的时候，盐与五谷是同一个价格，铁器便利适用。如今朝廷制作铁器，很多器具质量低劣，用费却一点也不节省，卒隶、刑徒性格烦躁，不肯尽力劳作。以前几家人合作经营盐铁，相互一致，父子合力，各人都务求制作好的铁器，铁器不好的就不拿到集市上去卖。农事紧急的时候，铁器商就用车子将铁器运送到田亩之间。民众互相购买，能够用钱币或五谷换取铁器；有时还赊给民众，使民众不耽误农作产业。农夫置买耕田铁器，各得所需。节省了从事徭役的人，朝廷用男女刑徒，修治道路桥梁，各种被征发的民众都从中得到便利。如今朝廷统一控制了盐铁资源，统一价格，这些铁器很多是用又硬又脆的生铁制成，民众无从选择好坏。主管盐铁的官吏经常不在商店，铁器很难买到。农家又不能多储存铁器，因为多储存铁器就会生锈。老百姓往往在农忙时节，跑远路买耕田铁器，这会导致贻误农时。盐和铁器价格昂贵，老百姓感到不方便。有些平民百姓用木制家具耕种，用手除草，用土块去打碎土块，吃不起盐只好吃淡食。铁官器具卖不出去，就强行摊派给民众。卒隶、刑徒制作铁器没有完成铸作程序，官员有时就命令老百姓帮助。由于朝廷征发没有节制，于是就让民众更替服徭役，以便均衡繁重的劳动，老百姓对此深感痛苦。古时候，千户人家的采邑，百辆兵车的大夫之家，士、农、工、商四类民众的需求，足可以互相交换。因此农民可以不离开田亩，而获得足够的耕田器具，工匠之人可以不从事砍伐而拥有足够的木材，制陶冶铸的人不必亲自耕田而获得足够的粮食，老百姓各得其便，而在上位的人没有政事。所以君王致力于农业根本，而不去求末经商，朝廷官员应该去掉炫耀的习气，除去雕琢的做法，用礼义浸润教化民众，以俭朴示民。因此老百姓从事农业生产而不去经营商业。”

卷　七

崇礼第三十七

【题解】

本篇所论有两个要点：第一个要点是如何看待接待蛮夷邦国君主的礼仪。大夫认为，朝廷在接待蛮夷时陈列旌旗车马和珍奇野兽，是为了展示中国威武，怀柔远方异族，宣明圣主盛德："列羽旄，陈戎马，所以示威武；奇虫珍怪，所以示怀广远、明盛德，远国莫不至。"贤良指出，中国应该用"王者崇礼施德，上仁义而贱怪力"的方式来感化远方异族，而不是炫耀玩好、奇兽和游戏。第二个要点是如何看待贤才在国家的作用。大夫以晏婴相齐为例，说明贤人对国家损益关系不大。贤良则认为，贤才所在国重，所去国轻，贤才关系到国家的生死存亡。

大夫曰："饰几杖①，修樽俎②，为宾，非为主也。炫耀奇怪③，所以陈四夷④，非为民也。夫家人有客，尚有倡优奇变之乐⑤，而况县官乎？故列羽旄⑥，陈戎马⑦，所以示威武⑧；奇虫珍怪⑨，所以示怀广远、明盛德⑩，远国莫不至也。"

【注释】

①饰：装饰。几：几案，摆在座前的小桌子，用于凭靠。杖：手杖。为老人预备几杖，是中国古代优待老人的重要礼仪。《礼记·曲礼上》："大夫七十而致事，若不得谢，则必赐之几杖。"

②修：修饰。樽(zūn)：酒杯。俎(zǔ)：古代祭祀或宴会时用来盛牲的礼器。

③奇怪：奇珍异宝。

④陈：陈列，展示。四夷：东夷，南蛮，西戎，北狄。

⑤倡优：古代歌舞杂技艺人。奇变：奇异变化。

⑥羽旄：用鸟羽和旄牛尾装饰的旗帜。羽，鸟羽。旄，旄牛尾。

⑦戎马：兵车战马。

⑧所以示威武："所"字原无，据王利器说校补。

⑨奇虫：珍奇野兽。

⑩所以示怀广远、明盛德：怀广远，怀柔边远异族。"盛"字原无，据陈遵默说补正。

【译文】

大夫说："修饰几案和手杖，准备酒杯和盛牲器皿，这是为了接待宾客，而不是为了主人。炫耀地展示奇珍异宝，是为了让四方蛮夷开眼界，并不是为了本国民众。老百姓家里来了贵客，尚且有歌舞杂技奇妙变化的娱乐，何况是朝廷呢？因此陈列用鸟羽、旄牛尾装饰的旌旗，摆开兵车和战马，是用来展示大国的威武，珍奇野兽，瑰宝奇物，是用来怀柔远方异族、宣明圣主盛德，使远方邦国都来朝归附。"

贤良曰："王者崇礼施德[①]，上仁义而贱怪力[②]，故圣人绝而不言[③]。孔子曰：'言忠信，行笃敬，虽蛮、貊之邦，不可弃也。'[④]今万方绝国之君奉贽献者[⑤]，怀天子之盛德，而欲观中国之礼仪，故设明堂、辟雍以示之[6]，扬干戚、昭《雅》、《颂》以风之[7]。今乃以玩好不用之器[8]，奇虫不畜之兽[9]，角抵诸戏[10]，炫耀之物陈夸之，殆与周公之待远方殊[11]。昔周公处谦以卑士，执礼以治天下[12]，辞越裳之贽[13]，见恭让之礼也[14]；既[15]，与入文王之庙，是见大孝之礼也。目睹威仪干戚之容，耳听清歌《雅》、《颂》之声[16]，心充至德，欣然以归，此四夷所以慕义内附，非重译狄鞮来观猛兽熊罴也[17]。夫犀象兕虎，南夷之所多也；骡驴馲驼[18]，北狄之常畜也。中国所鲜[19]，外国贱之，南越以孔雀珥门户[20]，昆山之旁[21]，以玉璞抵乌鹊[22]。今贵人之所贱，珍人之所饶，非所以厚中国，明盛德也。隋、和[23]，世之名宝也[24]，而不能安危存亡。故喻德示威，惟贤臣良相，不在犬马珍怪。是以圣王以贤为宝，不以珠玉为宝。昔晏子修之樽俎之间[25]，而折冲乎千里[26]；不能者，虽隋、和满箧[27]，无益于存亡。"

【注释】

①崇礼：崇尚礼仪。施德：施行恩德。

②上：同"尚"，崇尚。贱怪力：轻视怪异和暴力。

③圣人绝而不言：《论语·述而》："子不语怪、力、乱、神。"圣人，指孔子。

④言忠信，行笃敬，虽蛮、貊之邦，不可弃也：见于《论语·卫灵公》，但最后一句不同。忠信，忠诚老实。笃敬，忠厚严肃。蛮、貊之邦，蛮荒落后的地方。

⑤绝国：绝远之国。贽（zhì）：见面礼，古代不同级别的人有不同的见面礼。

⑥明堂：古代天子举行祭祀、朝会、庆典、选士的地方。辟雍：古代天子所设立的大学，建筑呈圆形，四周有水池，前门外有便桥。

⑦扬：挥舞。干：盾。戚：斧。扬干戚为武舞。昭：明，此处指演唱。风：风化，感化。

⑧今乃以玩好不用之器：于是把仅供赏玩而不实用的器物。按，"乃"下原无"以"字，据王利器说校补。

⑨不畜：不宜蓄养。畜，通"蓄"。

⑩角抵：古代一种角力游戏，类似于现代的摔跤、拳击。

⑪殊：不同。

⑫执礼以治天下：此句原作"执礼以治下天下"，据王利器说删前一个"下"字。

⑬辞越裳之贽：传说越裳氏以珍禽白雉作为见面礼来见周成王，周公以德行不够而予以谢绝。

⑭也：此字原无，据王先谦说校补。见：同"现"。

⑮既：指见面礼完毕。

⑯清：《群书治要》作"升"。

⑰重译：经过几重翻译。狄鞮(dī)：西方少数民族对翻译官的称呼。罴(pí)：熊的一种，也叫马熊或人熊。

⑱馲(tuō)驼：骆驼。

⑲鲜：稀少。

⑳珥(ěr)：插于耳旁。

㉑昆山：山名，即昆仑山，为产玉之地。

㉒玉璞：玉石。抵：投掷。

㉓隋：隋侯之珠。传说隋侯遇到受伤的大蛇，命人救治，后来大蛇衔珠来报答隋侯。后人将这颗珍珠称为"隋侯之珠"。和：和氏之璧。楚人卞和得到一块玉璞，他献给楚厉王，厉王认为是欺骗，砍掉他的左脚。楚武王即位后，卞和又将玉璞献上，武王又

认为他是欺骗，砍掉他的右脚。楚文王即位后，卞和怀抱玉璞在楚山之下痛哭三日三夜，楚文王派玉人治璞而得奇宝，于是将这块玉璧命名为“和氏之璧”。隋侯之珠、和氏之璧由此成为中国古代绝世珍宝的代称。

㉔世之名宝也：“世”字原无，据王先谦说校补。

㉕晏子：春秋后期齐国贤相晏婴。修之樽俎之间：指在酒宴之上注重礼仪。

㉖折冲：使战车折回，指击退敌军。冲，战车。

㉗箧（qiè）：小箱子。

【译文】

贤良说：“君王崇尚礼仪，普施恩德，推崇仁义道德，轻视怪异暴力，因此圣人从来不谈论怪异、暴力、叛乱和神灵。孔子说：‘言谈忠诚老实，行为忠厚严肃，即使是在蛮荒落后地区，也不可丢弃这些品质。’如今四面八方绝远邦国的君主都来汉朝奉献见面礼，感怀天子的盛德，想来观看中国的礼仪，因此朝廷设立用来朝觐的明堂、用来讲学教化的辟雍，让那些远方君主观看，宫廷艺人跳起手执盾牌大斧的武舞、演唱《雅》、《颂》歌诗来感化他们。如今朝廷却以好玩而不实用的器物，家庭不蓄养的奇兽，以及角抵等游戏，用这些炫耀之事物向人展示，这恐怕与当年周公接待远方诸侯的方式不一样。从前周公以谦卑的态度对待贤士，用周礼来治理天下，他谢绝了越裳国奉献的白雉见面礼，以此让越裳国看到什么是恭让之礼；见面礼完毕之后，周公与越裳国君参拜文王之庙，以此让越裳国君看到什么是大孝之礼。越裳国君亲眼目睹了象征威仪、手执盾斧的武舞，亲耳聆听演唱《雅》、《颂》的歌声，心里充满了高尚的道德，高兴地回到自己邦国，这就是四方蛮夷仰慕仁义向内归附中国的原因，他们并不是通过几重翻译来观赏中国的猛兽熊罴。犀牛、大象、老虎，是南方蛮夷常见的野兽；骡子、毛驴、骆驼，是北方夷狄常见的牲畜。中国所罕见的野兽牲畜，外国却并不重视，南越人用珍贵的孔雀羽毛装饰门户，在产玉的昆山之旁，人们用宝贵的玉石来投掷乌鹊。如今朝廷把别人所轻视的东西看得很贵重，把别人多有的东西视为珍宝，这不是提高中国地位，宣明皇上盛德的好方法。隋侯之珠、和氏之璧，是世上公认的著名宝玉，但它们却不能使国家转危为安，更不能使即将灭亡的国家生存下去。因此，宣传恩德，展示威武，只有依靠贤臣良相，而不在于犬马珍宝。所以，圣王以贤才为国家珍宝，而不是以珠玉为宝。从前齐国贤相晏婴在酒宴之上展示礼仪，使千里之外敌军的战车折回；如果不能做到以礼服人，即使隋侯之珠、和氏之璧装满箱子，对国家存亡也是没有益处的。”

大夫曰：“晏子相齐三君①，崔、庆无道②，劫其君③，乱其国，灵公国围④；庄公弑死；景公之时，晋人来攻，取垂都⑤，举临菑⑥，边邑削，城郭焚，宫室隳⑦，宝器尽，何冲之所能折乎？由此观之：贤良所言，贤人为宝，则损益无轻重也。”

【注释】

①相齐三君：晏婴先后辅佐齐国灵公、庄公、景公三位君主。

②崔、庆无道：齐庄公与崔杼之妻通奸，崔杼杀死齐庄公。后来崔杼家庭发生内讧，庆封乘机围攻崔氏，崔杼上吊自杀。崔，齐国大夫崔杼。庆，齐国大夫庆封。

③劫其君：指崔杼劫持齐庄公。

④灵公国围：《史记·齐太公世家》：“二十七年，晋使中行子伐齐。齐师败，灵公走入临菑。晏婴止灵公，灵公弗从。曰：‘君亦无勇矣！’晋兵遂围临菑，临菑守不敢出，晋焚郭中而去。”灵公被围之事发生在公元前555年。国，原误作“同”，据张敦仁、杨沂孙说校改。

⑤垂都:《战国策·魏策》载“垂都焚”,垂都为魏国邑名,可能是桑弘羊记忆有误。一说,垂都,边境的都市。

⑥举:攻占。临菑:齐国都城。按,史籍未载齐景公时期晋人攻陷齐国首都之事,不知桑弘羊此说有何依据。

⑦隳(huī):毁坏。

【译文】

大夫说:“晏子先后辅佐齐灵公、齐庄公、齐景公三代君主,崔杼、庆封不遵为臣之道,劫持君主,扰乱齐国,齐灵公时期齐国被围;齐庄公被崔杼杀死;齐景公时期,晋人前来进攻,夺取垂都,攻占齐国首都临菑,齐国边邑被削,城郭被焚烧,宫室被毁坏,珍宝被抢光,哪里有什么战车折回的事呢?由此看来:贤良说“贤人为国家珍宝”,其实贤人对国家的损益无足轻重。”

贤良曰:“管仲去鲁入齐[①],齐霸鲁削,非持其众而归齐也[②]。伍子胥挟弓干阖闾[③],破楚入郢[④],非负其兵而适吴也。故贤者所在国重,所去国轻。楚有子玉得臣[⑤],文公侧席[⑥];虞有宫之奇[⑦],晋献不寐[⑧]。夫贤臣所在[⑨],辟除开塞者亦远矣[⑩]。故《春秋》曰:‘山有虎豹,葵藿为之不采;国有贤士,边境为之不害’也[⑪]。”

【注释】

①管仲:春秋前期齐国政治家,辅佐齐桓公开创霸主政治。去鲁入齐:齐襄公晚年,为了逃避齐国政治动乱,管仲奉公子纠奔鲁,鲍叔奉公子小白奔莒。齐襄公死后,公子小白抢先回国即位,是为齐桓公。齐国致书鲁国,要鲁国杀掉公子纠,送回管仲。鲁国因畏齐而照办。

②持:原作“恃”,据王利器说校改。

③伍子胥:楚国大夫伍奢之子。伍奢与大儿子伍尚被楚平王无辜杀害,伍子胥历尽千辛万苦,辗转奔吴,最终得借吴国之力报父兄之仇。挟弓:楚平王派人抓捕伍子胥,伍子胥张弓搭箭,对准使者,使者不敢近前,伍子胥因此得以逃脱。干:求。阖闾:吴王。

④破楚入郢:吴王阖闾九年,伍子胥率吴兵攻入楚国郢都。

⑤子玉得臣:春秋楚国令尹,成氏,名得臣,字子玉。他是晋文公重耳争霸的主要对手,因在晋楚城濮之战中失败而自杀。

⑥文公:晋文公重耳,是继齐桓公之后的春秋霸主。侧席:侧身而坐,表示不安。

⑦宫之奇:春秋时期虞国贤臣,曾力谏虞君不要借道给晋国,虞君不听,最后被晋国所灭。《春秋繁露·服制象》:“虞有宫之奇,晋献不寐。”

⑧晋献:晋献公,春秋时期晋国君主,姬姓,名诡诸,曾采用荀息假道伐虢之计吞并虞、虢。

⑨贤臣所在:“臣”上原脱“贤”字,据王先谦说校补。

⑩辟除:扫除障碍。开塞:开疆拓土。

⑪山有虎豹,葵藿为之不采;国有贤士,边境为之不害:此处所引文字不见于今本《春秋》,可能是出自汉代《春秋》传记。葵藿,两种野菜。采,采摘。

【译文】

贤良说:“管仲离开鲁国进入齐国,导致齐国称霸鲁国削弱,这并不是管仲劫持鲁国民众归于齐国。伍子胥挟持弓箭求助于吴王阖闾,率领吴师攻破楚国进入郢都,他没有扛着兵器跑到吴国。因此,贤才所在国家的地位重要,贤才所离开的国家地位轻微。楚国有令尹子玉得臣,晋文公为之侧席而坐;虞国有贤才宫之奇,晋献公为之睡不着。凡是贤臣所在之处,野心家要想扫除障碍、开疆拓土,这些目标都变得遥远了。因此《春秋》传记说:‘山上有虎豹,葵藿野菜无人敢去采摘;国家有贤士,边境不会遭受侵害。’”

备胡第三十八

【题解】

本篇围绕征讨匈奴问题展开辩论。大夫认为,圣明天子在上,匈奴却公然侵扰中国边境,因而必须要派兵征讨。贤良指出,匈奴住在沙漠之中,过着茹毛饮血的野兽般生活,中国没有必要用礼义去要求匈奴。大夫进一步指出,中国天子是全天下人的父母,而匈奴却没有臣服,所以中国要加强军备。贤良认为,君主只要得到治国之道,远方异族就会前来归附。大夫辩称中国在东、西、南三方边陲已经消除边患,只有北方匈奴未附,希望能够毕其功于一役,然后再解除军备。贤良以孔子执政为例,说明朝廷应该以仁德使远近归附。大夫担心如果不从事征伐和军备,就难以平息暴力侵害,将黎民百姓推向敌人。贤良痛陈征伐给人民带来的深重灾难,要求朝廷重视《春秋》所强调的“重民”传统。

大夫曰:“鄙语曰①:‘贤者容不辱②。’以世俗言之,乡曲有桀③,人尚辟之④。今明天子在上,匈奴公为寇⑤,侵扰边境,是仁义犯而藜藿采⑥。昔狄人侵太王⑦,匡人畏孔子⑧,故不仁者,仁之贼也⑨。是以县官厉武以讨不义⑩,设机械以备不仁⑪。”

【注释】

①鄙语:俗话。

②容不辱：从容不受辱。

③乡曲：乡里。桀：凶恶残暴的人。

④辟：通“避”，屏除。

⑤公：公然。寇：《左传·文公七年》：“兵作于内为乱，于外为寇。”

⑥是仁义犯而藜藿采：“采”上原有“不”字，据张敦仁说校删。

⑦太王：古公亶父，为周文王祖父。太王本居于豳，因被狄人所侵，迁到岐山定居，子孙才日益强大。《诗经·大雅·緜》歌颂他由豳迁岐的事迹。《孟子·梁惠王下》：“昔者，太王居邠，去之岐山之下居焉。”

⑧匡人畏孔子：《史记·孔子世家》载：“将适陈，过匡，颜刻为仆，以其策指之曰：‘昔吾入此，由彼缺也。’匡人闻之，以为鲁之阳虎。阳虎尝暴匡人，匡人于是遂止孔子。孔子状类阳虎，拘焉五日。”

⑨贼：贼害。

⑩厉武：整训军队。

⑪机械：军备。

【译文】

大夫说：“俗话说：‘贤者从容不受辱。’从世俗角度来说，乡里有穷凶极恶之人，人们尚且要躲避他。如今英明天子在上位，匈奴公然侵犯，骚扰中国边境，这是中国仁义受到侵犯，连藜藿野菜都被别人采摘了。从前狄人侵扰太王，匡人威胁孔子，因此不仁的人，是仁人的祸害。因此朝廷要整训军队来讨伐不义的人，加强军备来预防不仁的人。”

贤良曰：“匈奴处沙漠之中，生不食之地，天所贱而弃之，无坛宇之居①，男女之别，以广野为闾里②，以穹庐为家室③，衣皮蒙毛④，食肉饮血，会市行⑤，牧竖居⑥，如中国之麋鹿耳。好事之臣⑦，求其义，责之礼，使中国干戈至今未息，万里设备，此《兔罝》之所刺[8]，故小人非公侯腹心干城也[9]。”

【注释】

①坛：祭坛。宇：宫室。

②广野：广袤的原野。闾里：乡里。

③穹（qióng）庐：毡子制成的圆顶帐篷，即蒙古包。

④衣皮：以兽皮为衣。蒙毛：指身穿兽毛向外的衣服。

⑤会市行：像赶集市一样行走迁徙。

⑥牧竖：牧童。

⑦好事：喜欢生事。

⑧《兔罝（jū）》：《诗经·周南》中的诗篇。《文选》桓温《荐谯元彦表》刘良注：“殷纣之贤人退处山林，网禽兽而食之。文王举闳夭、泰颠于罝网之中。”这是今文《韩诗》之说，以《兔罝》为刺诗。

⑨腹心干城：见于《诗经·周南·兔罝》：“肃肃兔罝，椓之丁丁。赳赳武夫，公侯干城。肃肃兔罝，施于中林。赳赳武夫，公侯腹心。”干城，指捍卫者。干，盾牌。城，城墙。腹心，亲信，心腹。

【译文】

贤良说：“匈奴处于沙漠之中，生于不毛之地，为上天所贱视而加以抛弃，他们没有祭坛，没有宫室处所，没有男女之别，以广袤原野为乡里，以毛毡帐篷为家室，穿着兽皮，有的皮毛外翻，吃兽肉，喝兽血，像赶集市一样追逐水草，像牧童一样随牛羊居住，生活习俗如同中国的麋鹿一般。喜欢生事的朝中大臣，要求匈奴讲仁义，重礼仪，使中国大动干戈，至今没有平息，在边疆万里之外设防备胡，这些大臣就是《诗经·周南·兔罝》所讽刺的对象，所以小人不是公侯的心腹和捍卫者。”

大夫曰：“天子者，天下之父母也。四方之众，其义莫不愿为臣妾[①];然犹修城郭,设关梁[②],厉武士[③],备卫于宫室[④],所以远折难而备万方者也[⑤]。今匈奴未臣,虽无事,欲释备,如之何?”

【注释】

①臣妾:男为臣,女为妾。

②关梁:关隘和津梁。

③厉武士:训练武士。

④备卫于宫室:指宫廷宿卫。

⑤远折难:远离挫折和灾难。一说,抵御远方来犯的敌患。备万方:防备来自各方的祸患。

【译文】

大夫说:“天子是天下的父母。四面八方的民众,按道理说没有不愿意做天子的臣妾;然而还要修筑城郭,设置关隘津梁,整训武士,在皇宫周围部署御林禁卫军,这是因为要远离灾难,防备各方面的祸患。如今匈奴尚未臣服,虽然没有发生战争,但你们却想放弃防备,如果有事那该怎么办?”

贤良曰:“吴王所以见禽于越者[①],以其越近而陵远也[②]。秦所以亡者,以外备胡、越而内亡其政也。夫用军于外,政败于内,备为所患[③],增主所忧。故人主得其道,则遐迩偕行而归之[④],文王是也;不得其道,则臣妾为寇[⑤],秦王是也。夫文衰则武胜,德盛则备寡。”

【注释】

①吴王:指夫差。见:被。禽:同“擒”。

②越近：越过近邻越国。陵远：欺凌远方，与远方齐国争上风。吴王夫差不听伍子胥劝谏，放弃心腹大患越国，北上与齐、晋等国争夺霸主地位，最终被越国消灭。陵，通“凌”。

③备为所患：对外防备是为了对付所忧患的强敌。

④遐迩：远近。偕行：原作“潜行”，据王利器说校改。偕行，一道出行。

⑤臣妾为寇：指宦官赵高将秦二世杀死。

【译文】

贤良说：“吴王夫差之所以被越人消灭，是因为他越过近在身边的心腹大患越国，与远方齐国争上风。秦王朝之所以灭亡，是因为对外防备匈奴和百越，对内失去善政。对外用兵，内政失败，对外防备本来是为了对付所忧患的强敌，反而增添了君主的担忧。君主得到治国正道，那么远近民众就一同前来归附，周文王就是这样的人啊；君主不得治国正道，那么身边的臣妾都会成为敌寇，秦王就是这样的人啊。文治衰败，武功就会取胜，道德兴盛，军备就会减少。”

大夫曰：“往者，四夷俱强，并为寇虐：朝鲜逾徼①，劫燕之东地②；东越越东海③，略浙江之南④；南越内侵，滑服令⑤；氐、僰、冉、駹、巂唐、昆明之属⑥，扰陇西、巴、蜀。今三垂已平⑦，唯北边未定。夫一举则匈奴震惧，中外释备，而何寡也⑧？”

【注释】

①逾徼(jiào)：越过边境。徼，边境。

②劫：掠夺。

③东越越东海：原本无第二个“越”字，据陈遵默说校补。

④略：攻占。

⑤滑：通“猾”，扰乱。服令：地名，指岭南地区，一作“服领”。

⑥氐：古代少数民族，又称西戎，分布在今青海、甘肃、四川等地。僰(bó)：原本误分为“棘人”二字，据王利器说校改。僰是先秦时期居住在西南的少数民族。冉：古代少数民族，居住在今四川境内。駹(máng)：古代少数民族，居住在今四川境内。巂(xī)唐：古代少数民族，在今云南保山。

⑦三垂：指东、南、西三方边陲。垂，通“陲”。

⑧夫一举则匈奴震惧，中外释备，而何寡也：原作“夫一举则匈奴中外震惧，备而何寡也”，据王先谦说校改。释备，解除军备。

【译文】

大夫说：“从前，四方蛮夷都很强盛，共同成为中国的祸害：朝鲜越过边境，洗劫燕国东部地区；东越越过东海，攻占浙江南部；南越向内地侵犯，扰乱服令地区；氐人、僰人、冉人、駹人、巂唐人以及昆明等少数民族，侵扰甘肃西部、重庆、四川。如今东、西、南三方边陲已经平定，只有北边匈奴没有臣服。只要打一次胜仗，匈奴就会震慑恐惧，中国和外国军备都可以解除，你还说什么减少呢？”

贤良曰：“古者，君子立仁修义，以绥其民[①]，故迩者习善，远者顺之。是以孔子仕于鲁，前仕三月及齐平[②]，后仕三月及郑平[③]，务以德安近而绥远。当此之时，鲁无敌国之难，邻境之患。强臣变节而忠顺[④]，故季桓隳其都城[⑤]。大国畏义而合好[⑥]，齐人来归郓、讙、龟阴之田[⑦]。故为政而以德，非独辟害折冲也[⑧]，所欲不求而自得。今百姓所以嚣嚣[⑨]，中外不宁者，咎在匈奴[⑩]。内无室宇之守，外无田畴之积，随美草甘水而驱牧，匈奴不变业[⑪]，而中国以骚动矣[⑫]。风合而云解[13],就之则亡[14],击之则散,未可一世而举也[15]。”

【注释】

①绥:安定,安抚。

②前仕三月及齐平:《史记·孔子世家》载:“其后定公以孔子为中都宰,一年,四方皆则之。由中都宰为司空,由司空为大司寇。定公十年春,及齐平。”孔子于鲁定公九年(前501)为中都宰,又为司空,再为大司寇。鲁定公十四年(前496),孔子以大司寇摄相事。平,和好。

③后仕三月及郑平:《春秋公羊传·定公十一年》载:“冬,及郑平。”鲁定公十一年为公元前499年。

④强臣:指孟孙氏、叔孙氏、季孙氏三家。变节:改变节操,指三家向公室屈服。

⑤季桓:鲁国执政大夫季桓子。隳其都城:孔子执政期间,推行打击三桓政策。鲁定公十三年(前497),迫使季桓子平毁费邑,迫使叔孙氏平毁郈(hòu)邑。

⑥畏义:畏惧孔子仁义。合好:与鲁国修好。

⑦齐人来归郓(yùn)、讙(huān)、龟阴之田:《春秋·定公十年》载:“齐人来归郓、讙、龟阴田。”杜预注:“三邑皆汶阳田也。奉山县北有龟山,阴,田在其北也。会夹谷,孔子相,齐人服义而归鲁田。”

⑧辟:通“避”。折冲:本义是使战车折回,此处指挫败对手。

⑨嚣嚣(áo):即“嗷嗷”,众怨之声。

⑩咎:过错。

⑪变业:改变赖以生存的畜牧产业。

⑫以:通“已”。

⑬风合而云解:像风一样聚合,像云彩一样散开,言其聚散不定。

⑭亡：逃亡。

⑮一世：三十年。

【译文】

贤良说："古时候，君子修行仁义道德，来安定民众，因此近处的人通过习染而向善，远处的人则前来归顺。所以孔子担任鲁国大司寇，上任前三月鲁国就与齐讲和修好，后三个月与郑国讲和修好，务求用仁德安定近处的人，平定远处的人。孔子当政的时候，鲁国没有敌国灾难，也没有邻国边境的祸患。三桓强臣不得不改变节操，对公室忠诚顺从，因而季桓子平毁了都城费邑。邻近大国畏惧孔子仁义，对鲁国表示友好，齐国人前来归还郓、谨、龟阴的土地。因此为政要依靠仁德，并不仅仅是逃避祸害或挫败对手，心里所想得到的东西不去主动追求而自然得到。如今中国老百姓怨声载道，中外不能安宁，其中的过错就在于对匈奴的政策之上。匈奴内无宫室屋宇需要看守，外无种田耕地的积蓄，他们追随肥美的牧草和甘甜的水源而驱赶放牧，匈奴人不改变他们赖以生存的畜牧业，而中国早已为此纷扰骚动了。他们像阵风一样聚合，又像乌云一样解散，靠近他们，他们就逃走，攻击他们，他们就作鸟兽散，不可能几十年就征服他们。"

大夫曰："古者，明王讨暴卫弱，定倾扶危。卫弱扶危①，则小国之君悦；讨暴定倾，则无罪之人附。今不征伐，则暴害不息；不备，则是以黎民委敌也②。《春秋》贬诸侯之后③，刺不卒戍④。行役戍备，自古有之，非独今也。"

【注释】

①卫弱扶危：此四字原本所无，据王利器说校补。

②委敌：丢给敌人。

③《春秋》贬诸侯之后：指《春秋公羊传》讽刺中国诸侯为它国戍守而后至。后，后到，迟到。

④刺不卒戍：《春秋公羊传·僖公二十八年》："公子买戍卫，不卒戍，刺之。"

【译文】

大夫说："古时候，英明的君王征讨残暴的国家，保卫弱小的国家，安定衰败的国家，扶持危险的国家。保卫弱小的国家，扶持危险的国家，小国之君就会喜悦；征讨残暴的国家，安定衰败的国家，无罪之人就会归附。如今不征伐，残暴祸害就不会止息；不加强战备，就是把黎民百姓推给敌人。《春秋》讽刺中国诸侯为它国戍守而后至，讽刺没有完成戍守任务的大夫。出征兵役，戍守备战，自古以来就有，并不是只有今天才有。"

贤良曰："匈奴之地广大，而戎马之足轻利，其势易骚动也。利则虎曳①，病则鸟折②，辟锋锐而取罢极③；少发则不足以更适④，多发则民不堪其役⑤。役烦则力罢，用多则财乏。二者不息⑥，则民遗怨⑦。此秦之所以失民心、陨社稷也⑧。古者，天子封畿千里⑨，繇役五百里，胜声相闻⑩，疾病相恤。无过时之师，无逾时之役。内节于民心⑪，而事适其力。是以行者劝务⑫，而止者安业⑬。今山东之戎马甲士戍边郡者，绝殊辽远，身在胡、越，心怀老母。老母垂泣，室妇悲恨，推其饥渴，念其寒苦。《诗》云⑭：'昔我往矣，杨柳依依⑮。今我来思⑯，雨雪霏霏⑰。行道迟迟⑱，载渴载饥⑲。我心伤悲，莫之我哀⑳。'故圣人怜其如此，闵其久去父母妻子㉑，暴露中野㉒，居寒苦之地，故春使使者劳赐㉓，举失职者[24]，所以哀远民而慰抚老母也。德惠甚厚，而吏未称奉职承诏以存恤[25]，或侵侮士卒，兴之为市[26]，并力兼作[27]，使之不以理[28]。故士卒失职[29]，而老母妻子感恨也。宋伯姬愁思而宋国火[30]，鲁妾不得意而鲁寝灾[31]。今天下不得其意者，非独西宫之女、宋之老母也[32]。《春秋》动众则书[33]，重民也。宋人围长葛[34]，讥久役也。君子之用心必若是。”

大夫默然不对。

【注释】

①利则虎曳(yè)：有利之时如同老虎撕拉猎物。

②病则鸟折：不利之时就像鸟儿折翅伤翼。病，不利，失败。

③辟锋锐而取罢极：避开精锐兵锋，攻击疲惫至极的军队。辟，通“避”。取，原作“牧”，据王利器说校改。罢，同“疲”。

④少发：少派出征军队。更适：轮流更换执行任务。

⑤堪：承受。役：兵役。

⑥二者：指役烦、用多。

⑦遗怨：留下怨恨。

⑧此秦之所以失民心、陨社稷也：“以”字原无，据王利器说校补。

⑨封畿(jī)：指京都及其四周的土地。

⑩胜声：传出的声音。胜，通“媵”，传。一说，胜声，胜利的消息。

⑪内节：内部调节。

⑫行者：出征将士。劝务：勉力完成任务。

⑬止者：征人留在家中的家属。

⑭《诗》云：此诗见于《诗经·小雅·采薇》。

⑮依依：柳条随风披拂的样子。

⑯思：语尾助词。

⑰雨:用做动词,落。霏霏:雪大的样子。

⑱迟迟:行走缓慢的样子。

⑲载渴载饥:又渴又饥。

⑳之:当作“知”。

㉑闵:同“悯”,怜悯。

㉒中野:原野之中。

㉓劳赐:慰劳赏赐。

㉔举失职者:举用失所的人。

㉕未称:不称职。奉职:奉行职责。承诏:接受诏书。存恤:存问,体恤,关怀。

㉖兴之为市:在军中设立集市。

㉗并力:合力。兼作:一人同时兼负数人责任。

㉘使之不以理:不按道理使用士卒。

㉙故士卒失职:“故”下原有“也”字,且属上为句,写作“使之不以理故也”,现据俞樾说校删“也”字,“故”属下句。

㉚宋伯姬愁思而宋国火:《汉书·五行志上》:“董仲舒以为伯姬如宋,五年,宋恭公卒,伯姬幽居守节,三十余年,又忧患国家之患祸,积阴生阳,故火生灾也。”

㉛鲁妾不得意而鲁寝灾:鲁僖公娶楚女为夫人,结果齐女在楚女之先嫁到鲁国,齐国胁迫鲁僖公以齐女为夫人,以楚女为妾。鲁寝,鲁国宫寝,指楚妾居住的西宫。

㉜西宫之女:即楚女,鲁僖公之妾。宋之老母:宋伯姬。

㉝动众:动用民众从事徭役。书:记载。

㉞宋人围长葛:《春秋公羊传·隐公六年》:“冬,宋人取长葛。外取邑不书,此何以书?久也。”

【译文】

贤良说:“匈奴所居地域广大,骑兵行动轻便敏捷,就其形势来说容易骚扰中国。有利之时他们如同老虎撕拉猎物，不利之时就像鸟儿折翅伤翼，作战时往往避开精锐兵锋，攻击疲惫至极的军队；中国如果少派出征军队就不足轮流更换执行任务，如果多派军队民众又难以承受兵役。兵役繁多民众就会精疲力竭，军事费用太多就会导致财用匮乏。繁重的兵役和军费两者如果不停息，民众就会心生怨恨。这就是秦王朝失去民心、陨灭社稷的原因啊。古时候，天子直辖的王畿方圆千里，服徭役的地方在方圆五百里以内，民众的声音互相可以听到，有了疾病也可以互相关心。没有超越时限的军队，也没有超过时间的徭役。朝廷根据民心在内部调节计划，徭役事务适合民众的承受能力。所以行役的征夫勉力完成任务，留在家里的人安居乐业。现在，来自崤山以东的戎马将士戍守边疆，路途遥远，他们身在胡、越之地，心里怀念家中的老母。老母在家中流泪，妻子伤悲离别，推想良人的饥渴，念叨征夫的寒苦。《诗经·小雅·采薇》写道：'从前我到前方去，杨柳依依复般般。如今战罢把家归，落雪霏霏伤人心。我在路上慢慢走，又是口渴又是饥。我的心里真痛苦，无人知我心中哀。'因此圣主同情征人如此悲苦，怜悯他们久久离开父母妻子，身体暴露于旷野之中，住在寒苦之地，所以春天派使者到前线慰劳赏赐，举用失所的人，这是明主悲哀远方征人、抚慰老母的办法。皇上仁德恩惠是十分丰厚的，可是不称职的官吏却不能按照诏书来关怀战士，有的官员侵犯侮辱士卒，在军中设立集市，让一人兼负多人责任，不按照道理使唤士卒。因此士卒失去应得的待遇，家中的老母妻子感怀愤恨。宋国伯姬幽愁悲思而导致宋国失火，鲁君楚妾不得意而招致鲁国西宫生灾。当今天下不得意的人，远不止像西宫楚妾、宋国老媪那样的人。《春秋》的记载体例是，诸侯如果兴师动众就载于史册，这是体现重视民众的宗旨。《春秋》记载宋人包围长葛，就是讥刺宋国徭役时间太久。君子的用心必定是像这般良苦。"

大夫沉默，不作回答。

执务第三十九

【题解】

本篇记载丞相与贤良探讨什么是当今政治急务的问题。丞相认为，贤良、文学所描述的上古先王之道高深遥远，无法在现实政治中施行，要求这些书生能够谈一些现实政治的急务，提出切实可行的方案。贤良指出，先王之道并不遥远，关键在于执政官员是否去追求："思贤慕能，从善不休，则成、康之俗可致，而唐、虞之道可及。"贤良高举理想主义旗帜，进一步描述了上古时代政清人和、民生安乐、灾害不生的美好情景，痛斥当代官员徇私枉法的贪鄙之风，指出官府无穷无尽的徭役给人民带来的深重灾难。

丞相曰："先王之道，轶久而难复①，贤良、文学之言，深远而难行。夫称上圣之高行②，道至德之美言，非当世之所能及也。愿闻方今之急务，可复行于政：使百姓咸足于衣食，无乏困之忧；风雨时③，五谷熟，螟螣不生④；天下安乐，盗贼不起；流人还归⑤，各反其田里；吏皆廉正，敬以奉职⑥，元元各得其理也⑦。"

【注释】

①轶：通"佚"，失传。久：原作"人"，据王利器说校改。难复：难以恢复。

②上圣：古代圣人。高行：高尚行为。

③时：适时。

④螟螣(tè)：害虫。

⑤流人：流浪民众。

⑥敬：恭敬严肃。原作"故"，据俞樾说校改。

⑦元元：老百姓。理：合理的处所。

【译文】

丞相说："先王的大道，失传已久而难以恢复，贤良、文学的话，高深遥远而难以施行。称颂古代圣人的高尚行为，称说最高道德的美好言论，这些都不是当今朝廷所能做到的。我们愿意听到当今社会的紧急要务，能够在政治上付诸实施：使老百姓都能丰衣足食，没有匮乏贫困的忧愁；风雨适时，五谷蕃熟，害虫不生；天下安乐，盗贼不起；流浪人口还归家乡，各自返回到田里；官吏都能廉洁守正，恭敬严肃地履行职责，老百姓都能得到合理的安置。"

贤良曰："孟子曰：'尧、舜之道，非远人也，而人不思之耳。'[①]《诗》云：'求之不得，寤寐思服。'[②]有求如《关雎》[③]，好德如《河广》[④]，何不济不得之有[⑤]？故高山仰止，景行行止[⑥]，虽不能及，离道不远也。颜渊曰：'舜独何人也，回何人也？'[⑦]夫思贤慕能，从善不休，则成、康之俗可致[⑧]，而唐、虞之道可及[⑨]。公卿未思也，先王之道，何远之有？齐桓公以诸侯思王政[⑩]，忧周室，匡诸夏之难[⑪]，平夷、狄之乱[⑫]，存亡接绝[⑬]，信义大行，著于天下。邵陵之会[⑭]，予之为主[⑮]。《传》曰[⑯]：'予积也[⑰]。'故土积而成山阜[⑱]，水积而成江海，行积而成君子。孔子曰：'吾于《河广》，知德之至也。'[⑲]而欲得之，各反其本，复诸古而已。古者，行役不逾时，春行秋反，秋行春来，寒暑未变，衣服不易[⑳]，固已还矣。夫妇不失时[㉑]，人安和如适[㉒]。狱讼平，刑罚得，则阴阳调，风雨时。上不苛扰，下不烦劳，各修其业，安其性[㉓]，则螟螣不生，而水旱不起。赋敛省而农不失时，则百姓足，而流人归其田里。上清静而不欲[24]，则下廉而不贪。若今则繇役极远，尽寒苦之地，危难之处，涉胡、越之域[25]，今兹往而来岁旋[26]，父母延颈而西望，男女怨旷而相思[27]，身在东楚[28]，志在西河[29]，故一人行而乡曲恨[30]，一人死而万人悲。《诗》云：‘王事靡盬，不能艺稷黍，父母何怙？’[31]‘念彼恭人，涕零如雨。岂不怀归？畏此罪罟。’[32]吏不奉法以存抚[33]，倍公任私[34]，各以其权充其嗜欲[35]，人愁苦而怨思，上不恤理[36]，则恶政行而邪气作；邪气作，则虫螟生而水旱起。若此，虽祷祀雩祝[37]，用事百神无时[38]，岂能调阴阳而息盗贼矣？”

【注释】

①尧、舜之道，非远人也，而人不思之耳：不见于今本《孟子》。《礼记·中庸》载：“子曰：‘道不远人，人之为道而远人，不可以为道。’”《论语·子罕》载：“子曰：‘未之思也，夫何远之有？’”王利器疑本文合《中庸》、《论语》而言之，“孟子”疑作“孔子”。

②求之不得，寤寐思服：见于《诗经·周南·关雎》。寤，醒来。寐，睡着。思服，思念。

③有求如《关雎》：《关雎》描写一个男子对采摘荇菜女子的追求。

④好德如《河广》：《河广》为《诗经·卫风》中的作品。《毛诗序》：“《河广》，宋襄公母归于卫，思而不止，故作是诗也。”《毛诗》认为《河广》是宋襄公母亲思归卫国之作，从中看不出有任何“好德”的意义。《鲁诗》认为，宋襄公兹父以太子位让其弟目夷，目夷逃到卫国，兹父也跟着逃到卫国。兹父之母为卫人，被休之后居卫。兹父在卫期间，母子经常相见。宋襄公回国即位之后，不能到卫国见母，其母思念儿子，故作《河广》一诗。按照《鲁诗》之

说，宋襄公与目夷如同伯夷、叔齐一样让国，这大概是《河广》“好德”涵义之所在。

⑤不济：《诗经·卫风·河广》有“谁谓河广，一苇杭之”诗句，“济”指渡河，“不济”指不能成功渡河。不得：《诗经·周南·关雎》有“求之不得”诗句，“不得”，指得不到。

⑥高山仰止，景行行止：这两句诗见于《诗经·小雅·车舝（xiá）》。仰，仰望。止，语气助词。景行，大道。行，前行。

⑦舜独何人也，回何人也：见于《孟子·滕文公上》：“舜何人也？予何人也？有为者亦若是。”孟子引颜渊此语，说明人皆可以为尧舜。

⑧成、康之俗：周成王、周康王时期的风俗。《史记·周本纪》载：“故成康之际，天下安宁，刑错四十余年不用。”可致：可以实现。

⑨唐、虞之道：唐尧、虞舜的政治。可及：可以赶上。

⑩齐桓公：春秋时期第一位霸主，他在贤相管仲的辅佐之下，高举尊王攘夷的旗帜，开创了春秋霸主政治的新局面。

⑪匡：匡救。诸夏：华夏各诸侯国。难：指四夷对华夏诸侯国的侵犯。

⑫夷：春秋时期以楚国为代表的南方民族。狄：北方少数民族。

⑬存亡：存亡国。接绝：继绝世。

⑭邵陵之会：鲁僖公四年（前656年），齐桓公率兵伐楚，齐与楚盟于邵陵。邵，史籍作“召”。

⑮予之为主：《春秋公羊传·僖公四年》：“其言来何？与桓为主也。前此者有事矣，后此者有事矣，则曷为独于此焉与桓公为主？序绩也。”予，通“与”，赞许。为主，齐楚盟会，以齐为主。

⑯《传》：指《春秋公羊传》。

⑰予积也：这是赞许齐桓公的功绩。积（積），通“绩（績）”。

⑱山阜：土山。《荀子·劝学》：“积土成山，风雨兴焉；积水成渊，蛟

龙生焉;积善成德,而神明自得,圣心备焉。”

⑲吾于《河广》,知德之至也:孔子此语未见出处。

⑳易:更换。

㉑夫妇不失时:夫妻能过正常的家庭生活,没有“外有旷夫,内有怨女”的状况。

㉒安和:安定,和谐。如:而。适:适意。

㉓性:通“生”,民生。

㉔上清静:在上位的人不扰民。不欲:不施行多欲政治。

㉕胡:泛指北方。越:泛指南方。

㉖今兹:今年。旋:返回。

㉗怨:女子无夫。旷:男子无妻。

㉘东楚:指今天江浙一带。

㉙西河:黄河以西地区。

㉚乡曲:乡里。

㉛王事靡盬(gǔ),不能艺稷黍(shū),父母何怙(hù):见于《诗经·唐风·鸨羽》。王事,指徭役。靡盬,没有止息。艺,种植。稷,谷子。黍,黄米。怙,依靠。

㉜念彼恭人,涕零如雨。岂不怀归?畏此罪罟(gǔ):见于《诗经·小雅·小明》。恭人,恭谨的人。涕,眼泪。零,落。怀归,想着回家。罪罟,法网。

㉝存抚:慰问,抚慰。

㉞倍:通“背”。

㉟充:满足。

㊱恤理:体恤审理。

㊲雩(yú):祈雨。祝:祝祷。

㊳无时:无时无刻,指频繁。

【译文】

贤良说:“孟子说过:‘尧、舜的大道,并非远离常人,而只是人们不去思考尧、舜之道罢了。'《诗经·周南·关雎》写道:'思求而不可得,醒来睡着都想她。'如果人们像《诗经·周南·关雎》那样倾心追求,像《诗经·卫风·河广》那样爱好美德,哪有不成功、得不到的道理?因此,如同《诗经·小雅·车舝》所说,那是一座令人仰望的高山,我沿着大道向它进发。即使攀登不上高山顶峰,那么距离大道也不远了。《孟子·滕文公上》载颜渊说:'舜是什么人?我颜回是什么人?'思慕贤能,随从善道永不休止,那么周成王、周康王时代的良风善俗就可以实现,而唐尧、虞舜政治也可以追攀。现在朝廷公卿不去想唐、虞、成、康之治,如果想追求先王之道,那又有什么遥远的呢?齐桓公以诸侯之身,思王室之政,为周王室忧劳,匡救华夏各诸侯国的危难,平定南夷、北狄之乱,存亡国,继绝世,忠信道义大行于世,声名传遍天下。齐国在召陵与楚国盟会,《春秋》赞许齐桓公执盟会牛耳。《春秋公羊传》说:'赞许齐桓公的功绩。'因此,堆积层土而形成山坡,累积河水而形成江海,积累善行而成为君子。孔子说:'我从《诗经·卫风·河广》这首诗,了解到什么是道德的最高境界。'如果想达到这种境界,那就要返回根本,恢复到古代而已。古时候,服行徭役不会超过既定时间,春天出行秋天就返回,秋天出行春天就归来,寒暑季节没有改变,随身带的衣服不必更换,人就已经归来了。夫妇不会长久远离,人人安乐和谐适意。刑狱诉讼公平,刑罚轻重得当,那么就会阴阳调和,风雨适时。在上位的人不去苛求烦扰老百姓,在下位的人不会感麻烦劳苦,民众各自从事自己的产业,安于生产,这样虫灾就不会发生,水旱灾害也不会兴起。如果国家赋税减少,农民不误农时,那么就会百姓充足,流浪人口就会回归故里。在上位的人保持清静,不搞多欲政治,那么在下位的人就会廉洁而不贪婪。如今徭役都在极远之处,尽是寒冷艰苦之地和危难之处,有些徭役是在南北边疆,头年出征,第二年才能归来,父母伸长脖子向西眺望,男女失时怨旷,两地相思,思妇身在江浙,心系西北的西河,因此一个人出征,整个乡里都会怨恨,一人死于他乡,万人都会悲伤。《诗经·唐风·

鸨羽》说：'徭役无穷无尽，不能种植稷黍，父母靠什么生存？'《诗经·小雅·小明》说：'想着那恭顺的人，眼泪零落如雨。我难道不想回家？怕的是触犯罗网。'官吏不按照国法去慰问安抚，反而背着公家以徇私情，各人都凭借手中的权力，满足自己的嗜欲，民众愁苦而怨恨思念，在上位的人不去体恤处理，那么就会恶政盛行，邪气兴起；邪气一旦兴起，虫灾、水灾、旱灾就会发生。如果这样，即使是祈求祷告，祭祀求雨，时时刻刻敬奉百神，又怎么能够调和阴阳、平息盗贼呢？"

能言第四十

【题解】

本篇记载大夫与文学贤良激辩"能言"与"能行"的问题。大夫尖锐地批评文学贤良只会高谈阔论而无治国实际才能。文学贤良则针锋相对地指出，既"能言"又"能行"当然最好，但"能言不能行"、"能行不能言"的人同样是国家的瑰宝，因此儒生"能言不能行"并非可忧、可耻之事。在回击大夫指责之后，文学贤良奉劝大夫能够采纳儒生建议，不与民争利，这样国家就会出现太平盛世，儒生也不必担忧国家的治乱问题了。

大夫曰："盲者口能言白黑，而无目以别之。儒者口能言治乱，而无能以行之①。夫坐言不行，则牧童兼乌获之力②，蓬头苞尧、舜之德③。故使言而近④，则儒者何患于治乱，而盲人何患于白黑哉？言之不出，耻躬之不逮⑤。故卑而言高，能言而不能行者，君子耻之矣⑥。"

【注释】

①而无能以行之："而"字原无，据王利器说校补。

②兼：兼有，指有双倍。乌获：战国时期秦国大力士，后用来泛指力士。

③蓬头：原作"逢须"，据王利器说校改。蓬头，指蓬头垢面的下层民众。苞：通"包"，包含，义同"兼"。

④近：切近实际（用白兆麟说）。

⑤言之不出，耻躬之不逮：见于《论语·里仁》。躬，身。逮，及。

⑥故卑而言高，能言而不能行者，君子耻之矣：《孟子·万章下》："位卑而言高，罪也。立乎人之本朝而道不行，耻也。"

【译文】

大夫说："盲人口能说白与黑，却没有眼睛来辨别。儒生口能说治与乱，却没有能力来施行。如果光坐着谈论而去不施行，那么牧童可以说他有两个乌获的气力，蓬头垢面的人也能说他同时具备尧、舜的德行。如果使言谈切合实际，那么儒生又怕什么治与乱，而盲人又怕什么辨别白与黑呢？古人不轻易说话，怕的是说出之后不能身体力行。因此，地位卑下却高谈阔论，能说而不能做，这是君子为之羞耻的事。"

贤良曰："能言而不能行者，国之宝也。能行而不能言者，国之用也①。兼此二者，君子也。无一者，牧童、蓬头也②。言满天下，德覆四海，周公是也③。口言之，躬行之，岂若默然载施其行而已④。则执事亦何患何耻之有？今道不举而务小利，慕于不急以乱群意，君子虽贫，勿为可也。药酒，病之利也；正言，治之药也。公卿诚能自强自忍⑤，食文学之至言⑥，去权诡⑦，罢利官⑧，一归之于民⑨，亲以周公之道，则天下治而颂声作。儒者安得治乱而患之乎？"

【注释】

①能言而不能行者，国之宝也。能行而不能言者，国之用也：《荀子·大略》："口能言之，身能行之，国宝也；口不能言，身能行之，国器也；口能言之，身不能行，国用也；口言善，身行恶，国妖也。治国者，敬其宝，爱其器，任其用，除其妖。"

②牧童：原作"乌获"，据俞樾说校改。蓬头：原作"逢须"，据王利器说校改。

③言满天下，德覆四海，周公是也：《孝经》："言满天下无口过，行满天下无怨恶。"

④载：语助词。

⑤强：勉强，引申为"克制"。

⑥食：食用，引申为"接纳"。

⑦权诡：权变诡诈。

⑧利官：逐利之官，指盐官、铁官、均输官、平准官等人。

⑨一：同，全部。

【译文】

贤良说："能说出正确思想而不能施行的人，是国家的珍宝。能施行正确思想而不善言谈的人，是国家的有用之人。既能说又能行的人，堪称君子。言和行两者无一，就是牧童或蓬头垢面之类的人。言论充满天下，德惠覆盖四海，周公就是如此。口出言谈，身体力行，还不如像古代君子那样不吭声埋头去做。这样的话，大夫您又有什么可怕与可羞的呢？如今有些人不施大道而追求小利，追慕那些非急需的事务来扰乱众人思想，君子即使贫困，也不应该这样做。药酒有利于治病，正确的言论是治国良药。公卿大夫如果真能做到自我克制忍耐，采纳文学贤良的肺腑之言，去掉权变诡诈，罢免逐利之官，将盐铁之利全部归还于民，那么天下就会得到治理，太平歌颂之声就会兴起。儒生哪里会有治乱问题而为之忧患呢？"

取下第四十一①

【题解】

本篇堪称是大夫与文学、贤良的巅峰对决。篇题为“取下”，点明本篇讨论的核心是如何把握朝廷使用民力的问题。大夫严辞指斥不法刁民希望占有山泽盐铁资源，批评文学、贤良损上利下、亏主利臣，认为他们违背了君臣上下之礼。贤良慷慨陈词，认为在上古三代时期，君臣上下互相礼让，天下太平，只是到了王朝末世，在上位的人欲望膨胀，苛求无已，使老百姓陷入贫困境地。随后，贤良接连用了14个排比句，将权贵豪奢生活与底层贫民悲惨境遇进行对比，批评以大夫为代表的朝廷官员“不知”黎民百姓的艰难。朝廷官员只好上奏皇帝，暂时停止郡国酒类专卖和关内铁官。盐铁会议论辩以文学、贤良的部分胜利而结束。本篇以下，是文学、贤良与御史大夫等人在其他场合辩论伐胡及刑法等问题。

大夫曰：“不轨之民②，困桡公利③，而欲擅山泽④。从文学、贤良之意，则利归于下，而县官无可为者。上之所行则非之，上之所言则讥之，专欲损上徇下⑤，亏主而适臣，尚安得上下之义，君臣之礼？而何颂声能作也？”

【注释】

①取下：“取下”上原有“盐铁”二字，据张敦仁说校删。

②轨：法度。

③困桡(náo)：困扰、削弱。桡，通“挠”。公利：国家利益，指盐铁等资源。

④擅：占有。山：指山中蕴藏的盐铁矿产。泽：指漕运。

⑤徇：谋求。

【译文】

大夫说："一些不守法的庶民，困扰削弱国家利益，想占有山泽资源。如果顺从文学、贤良的意见，那么山泽资源利益就会归于下民，朝廷就没有什么作为了。朝廷所推行的政策你们就非难，朝廷官员说话你们就反唇相讥，一心想损害朝廷，谋取下层利益，亏损君主，迎合臣民，哪里还有什么尊卑上下的大义？哪里有什么君臣的礼仪？太平盛世的颂声又怎么能够兴作呢？"

贤良曰："古者，上取有量①，自养有度②，乐岁不盗③，年饥则肆④，用民之力，不过岁三日，籍敛⑤，不过十一⑥。君笃爱，臣尽力，上下交让，天下平。'浚发尔私'⑦，上让下也。'遂及我私'⑧，先公职也。《孟子》曰：'未有仁而遗其亲，义而后其君也。'⑨君君臣臣，何为其无礼义乎？及周之末途，德惠塞而嗜欲众，君奢侈而上求多，民困于下，怠于上公⑩，是以有履亩之税⑪，《硕鼠》之诗作也⑫。卫灵公当隆冬兴众穿池⑬，海春谏曰⑭：'天寒，百姓冻馁，愿公之罢役也。'公曰：'天寒哉？我何不寒哉？'人之言曰：'安者不能恤危，饱者不能食饥。'故余粱肉者难为言隐约⑮，处佚乐者难为言勤苦⑯。

【注释】

①量：一定数量。

②度：限度。

③不盗：没有盗贼现象。一说，盗，当为"盈"，意谓不多征税。

④肆：延缓征税。

⑤籍敛：征用民力耕种公田。籍，通"藉"，指藉田。敛，征发民力。

⑥十一：十分之一。

⑦浚发尔私：见于《诗经·周颂·噫嘻》。浚，今本《诗经》作“骏”，大。发，开发，耕种。私，私田。

⑧遂及我私：见于《诗经·小雅·大田》，意谓先耕公田，然后再耕私田。

⑨未有仁而遗其亲，义而后其君也：见于《孟子·梁惠王上》。

⑩上公：原作“公乎”，据张敦仁说校改。

⑪履亩之税：按土地面积征收赋税。鲁宣公十五年（前594），鲁国实行“初税亩”，按土地面积征税，此即履亩之税。

⑫《硕鼠》之诗作：《硕鼠》是《诗经·魏风》中的作品，《鲁诗》认为《硕鼠》是讽刺履亩税的诗篇，王符《潜夫论·班禄》说：“履亩税而《硕鼠》作。”

⑬卫灵公：春秋时期卫国君主，姬姓，名元，是当时有名昏君。穿池：开凿水池。

⑭海春：一作“宛春”。

⑮隐约：穷困。

⑯佚：通“逸”，安逸。

【译文】

贤良说：“古时候，在上位者征税有限定的数量，官员自己俸养有节度，好年成不会有盗贼，遇到荒年就延缓征税，使用民众的劳力，一年不超过三日，征用民力耕种公田，不超过十分之一。君主厚爱民众，臣民尽力效忠，上下互相礼让，天下因而太平。《诗经·周颂·噫嘻》说：‘快耕种你的私田’，说的就是上司礼让下民。《诗经·小雅·大田》说：‘耕完公田后再耕私田’，说的就是老百姓以公职为先。《孟子·梁惠王上》中说：‘从来没有孝子仁义而遗弃双亲，也从来没有臣民忠义而把君主事业放在私事之后。’君主像君，臣子像臣，又怎么会没有礼义呢？到了周朝的末代，仁德恩惠受阻，在上之人欲壑难填，君主奢侈，对民众要求太多，民众在下面饱受困苦，于是怠慢上边公事，因此朝廷决定按田亩面积征税，刺贪的《诗经·魏风·硕鼠》为此而作。卫灵公在严冬之际，兴师动众，兴修池苑，宛春劝谏说：‘天气寒冷，老百姓饥寒交迫，希望您能够停修池苑。’卫灵公却问：‘天气寒冷吗？我为什么不感到寒冷呢？’有人说过这样的话：‘安全的人不能体恤危险的人，吃饱的人不能喂食饥饿的人。’因此对于有余粮剩肉的人，很难对他谈论穷困，身处安逸快乐的人，很难对他谈论劳苦。

“夫高堂邃宇、广厦洞房者，不知专屋狭庐、上漏下湿者之瘖也①。系马百驷、货财充内、储陈纳新者，不知有旦无暮、称贷者之急也②。广第唐园、良田连比者③，不知无运踵之业、窜头宅者之役也④。原马被山，牛羊满谷者⑤，不知无孤豚瘠犊者之窭也⑥。高枕谈卧、无叫号者，不知忧私责与吏正戚者之愁也⑦。被纨蹑韦、搏粱啮肥者⑧，不知短褐之寒、糠粝之苦也⑨。从容房闱之间、垂拱持案食者⑩，不知蹠耒躬耕者之勤也⑪。乘坚驱良、列骑成行者，不知负檐步行者之劳也⑫。匡床旃席、侍御满侧者⑬，不知负辂挽船、登高绝流者之难也⑭。衣轻暖、被美裘、处温室、载安车者⑮，不知乘边城、飘胡、代、乡清风者之危寒也⑯。妻子好合、子孙保之者⑰，不知老母之憔悴、匹妇之悲恨也。耳听五音、目视弄优者⑱，不知蒙流矢、距敌方外者之死也⑲。东向伏几、振笔如调文者⑳，不知木索之急、棰楚者之痛也㉑。坐旃茵之上㉒，安图籍之言若易然㉓，亦不知步涉者之难也㉔。昔商鞅之任秦也㉕，刑人若刈菅茅㉖，用师若弹丸；从军者暴骨长城，戍漕者辇车相望㉗，生而往，死而旋，彼独非人子耶？故君子仁以恕㉘，义以度㉙，所好恶与天下共之，所不施不仁者。公刘好货[30]，居者有积，行者有囊。大王好色[31]，内无怨女，外无旷夫。文王作刑，国无怨狱。武王行师，士乐为之死，民乐为之用。若斯，则民何苦而怨，何求而讥？”

【注释】

①憯（cǎn）：原本作“瘤”，据王利器说校改，惨痛。

②不知有旦无暮、称贷者之急也：“急”下原脱“也”字，据张敦仁、王利器说校补。

③唐园：田园。连比：连片。

④运踵之业：立足的产业。运踵，旋踵。窜头宅者：王利器疑为“窜头冤颈”，意为伸头缩颈，形容不得志的小人物委琐样子。

⑤原马被山：马匹满山。原，通“騵”，赤毛白腹的马。

⑥孤豚：一头小猪。瘠犊：瘦牛。窭（jù）：贫穷。

⑦责：同“债”。吏：官吏。正：里正。戚：王利器说，“戚”借“蹙”，谓蹙迫。

⑧被纨：身穿丝绸。纨，白色的细绢。蹑韦：脚穿用熟牛皮制作的鞋。蹑，穿鞋。韦，熟牛皮。搏粱：用手抓高粱米饭。啮（niè）肥：咬肥肉。

⑨糠粝：糠皮。

⑩垂拱：垂衣拱手，形容不亲理事务。持案：端着食盘。

⑪蹠（zhí）：通“摭”，拾，操。耒：一种耕田农具。躬耕：亲自耕种。

⑫檐（yán）：一本作“擔”，即“担”。劳：原作“难”，据《群书治要》校改。

⑬匡床：原作“同床”，据俞樾说校改。匡，安。旃（zhān）席：毛毯。

⑭负辂（lù）：拉车。挽舩（chuán）：用纤绳拉船。舩，同“船”。绝流：直渡河流。

⑮美：原作“英”，据王利器说校改。

⑯乘边城：登上边塞城垣。飘：漂泊。胡、代：泛指北方。乡：通“向”。清风：北风。

⑰妻子好合、子孙保之者：好合，和好。保，保养。按，“保之”下原无“者”字，据王利器说校补。

⑱五音：宫、商、角、徵、羽，此处泛指音乐。弄优：供狎玩的倡优。

⑲蒙：冒着。距：通“拒”。方外：远方。者：原在“死”字之下，据王利器说校改。

⑳振笔如调文：挥笔书写公文。如，通“而”。调文，原作“文调”，据王利器说校改。

㉑木索：枷锁。原作“求索”，据王利器说校改。棰：木杖。楚：荆条。者：原在“痛”字之下，据王利器说校改。

㉒旃：毛毯。茵：车中蓐垫。

㉓安图籍：按照地图。安，一本作“按”。

㉔步涉：徒步跋涉。

㉕任秦：在秦国执政。

㉖刈(yì)：割。菅(jiān)茅：一种多年生草本植物。原作“菅芳”，据王先谦说校改。

㉗戍漕：从水道运输边防物资，此处兼水陆漕运而言。辇车：运输物资的车。

㉘仁以恕：仁爱而宽恕。以，而。

㉙义以度：正义而揣度他人心理。

㉚公刘：后稷曾孙。相传公刘遭夏朝之乱，迁居豳地。《诗经·大雅·公刘》歌咏他的事迹。公刘好货：《孟子·梁惠王下》载孟子曰：“昔者，公刘好货。《诗》云：‘乃积乃仓，乃裹餱粮，于橐于囊，思戢用光，弓矢斯张，干戈戚扬，爰方启行。’故居者有积仓，行者有裹囊也，然后可以爰方启行。”

㉛大王好色：《孟子·梁惠王下》载孟子曰：“昔者，太王好色，爱厥

妃。《诗》云：'古公亶父，来朝走马，率西水浒，至于岐下。爰及姜女，聿来胥宇。'当是时也，内无怨女，外无旷夫。"大王，即太王，古公亶父。

【译文】

"家有高大厅堂、深邃屋宇、宽广楼房、明亮房间的人，不了解身处狭小茅棚、上面漏雨、下面潮湿环境的人的惨痛。厩中拴马几百匹、货物充满室内、储藏旧谷收纳新谷的人，不了解吃了早饭无晚饭、依靠借贷为生的人的焦急。拥有广阔宅第田园、良田连片的人，不了解没有立足之地、伸头缩颈的穷人的苦役。良马遍山，牛羊满谷的人，不了解连一头小猪或一头瘦牛都没有的人的贫困。高枕无忧、卧床谈笑、不被号叫声打扰的人，不了解那些担忧私人债务与官吏逼迫的人的愁苦。穿着丝绸皮靴、吃细粮嚼肥肉的人，不了解穿粗布短衣人的寒冷和吃野菜吞糟糠人的痛苦。在房间优游从容、垂衣拱手、等着仆人端着食案的人，不了解身执耒锸、亲耕田亩人的辛勤。乘坚车驱良马、身后跟随成队骑兵的人，不了解挑担子步行人的劳苦。安适的床上铺着毛毯、侍从站满身边的人，不了解身负纤绳拉船、登高渡河人的艰难。穿着又轻又暖的衣服、身披美丽貂裘、处于温室之中、坐着安稳轩车的人，不了解那些登上边塞城垣、漂泊在胡代异乡、迎着刺骨寒风人的危险苦寒。妻子和好、子孙受到良好保养的人，不了解征人家中老母亲的憔悴和思妇的悲恨。耳听音乐、目观倡优的人，不了解那些冒着枪林箭雨、在边疆抗拒敌人的将士的牺牲。向东伏案、挥笔书写公文的人，不了解囚徒身披枷锁的焦急和遭到木杖荆条痛打的切肤之痛。坐在车内毛毯垫子上面，按照地图所说去走似乎很容易，却不了解步行跋涉的艰难。从前商鞅在秦国执政，杀人像割茅草一样轻率，用兵像弹泥丸一样随意；参军的士卒尸骨暴露在长城，水陆漕运的车船相望于道，活着出去，死了回来，他们难道不是父母生养的儿子吗？因此君子仁爱而宽恕，正义而以理度人，所喜好所厌恶都与天下人相同，不将不仁施予他人。从前公刘爱好财货，结果国内居家的人有积蓄，出行的人袋中有干粮。太王爱好女色，结果国内老百姓家中没有嫁不出去的怨女，家外没有娶不到妻子的旷夫。文王制作刑法，国中没有冤假错案。武王出兵伐纣，士卒乐于为他死战，民众乐于为他征用。如果在上位的人都像这样，那么民众还有什么愁苦和怨愤，又有什么要求和讥刺？”

公卿愀然[①]，寂若无人。于是遂罢议止词[②]。

奏曰：“贤良、文学不明县官事，猥以盐铁为不便[③]。请且罢郡国榷沽、关内铁官[④]。”

奏[⑤]：“可。”

【注释】

①愀(qiǎo)然：脸色忧惧严肃的样子。

②罢议：会议中止。止词：停止辩论。

③猥(wěi)以盐铁为不便：“盐铁”下原有“而”字，据卢文弨说校删。猥，随便，苟且。不便，对老百姓不便利。

④榷沽：酒类专卖。关内：函谷关以内。

⑤奏：臣下向君主进言或上书。

【译文】

公卿们一脸严肃，厅堂内静寂得像没有人一样。于是宣布散会，停止辩论。

公卿向皇帝上奏说：“贤良、文学不清楚朝廷事务，随便认为盐铁官营对老百姓不方便。请求皇上暂时取消各郡县封国的酒内专卖、函谷关以内铁器官营。”

报告皇帝后，皇帝批示说：“可以。”

击之第四十二

【题解】

本篇探讨要不要继续征讨匈奴的问题。匈奴一直是汉家最大的外来威胁，汉初致力于医治战争的创伤，对匈奴采取委曲求全的和亲政策。汉武帝利用文景时期积蓄的巨大国力，举全国之力，征讨匈奴达四十年之久，奠定了汉胜匈奴败的基本格局。但由于匈奴具有广阔的战略回旋余地，因而汉武帝终其一生也没有实现彻底臣服匈奴的理想。本篇中大夫提出要猛追穷寇，继续征讨匈奴，以短痛换取汉家的长治久安，不能让伐胡事业半途而废。文学认为，连年伐胡导致士死民疲，主张与民休息。大夫与文学的观点，代表了当时朝野对伐胡的两种思想倾向。

贤良、文学既拜①，咸取列大夫②，辞丞相、御史③。

大夫曰："前议公事，贤良、文学称引往古，颇乖世务④。论者不必相反⑤，期于可行⑥。往者，县官未事胡、越之时⑦，边城四面受敌⑧，北边尤被其苦。先帝绝三方之难⑨，抚从方国⑩，以为蕃蔽⑪，穷极郡国⑫，以讨匈奴。匈奴壤界兽圈⑬，孤弱无与⑭，此困亡之时也⑮。辽远不遂⑯，使得复喘息⑰，休养士马，负给西域⑱。西域迫近胡寇⑲，沮心内解⑳，必为巨患。是以主上欲扫除，烦仓廪之费也㉑。终日逐禽㉒，罢而释之㉓，则非计也㉔。盖舜绍绪㉕，禹成功。今欲以《军兴》击之㉖，何如？"

【注释】

①贤良、文学既拜：原本在"贤良"之下衍一"曰"字，据卢文弨、张敦

仁说校删。拜,拜受官职。

②列大夫:列位大夫。列大夫之职起于战国,是当时诸侯对诸子学者的尊宠,让他们享受大夫的官爵待遇,没有具体的行政职责,专门进行学术探讨。《史记·孟子荀卿列传》:“于是齐王嘉之,自如淳于髡以下,皆命曰列大夫,为开第康庄之衢,高门大屋,尊宠之。”

③辞:辞行。

④乖:违背。世务:现实事务。

⑤论者:参与讨论的双方。相反:相互反对。

⑥期:期待。可行:可以付诸实施。

⑦事胡、越:指汉武帝征讨匈奴、东越、闽越和南越。

⑧四面受敌:指汉家外伐四夷。

⑨先帝:汉武帝。绝三方之难:指汉武帝平定东越、南越和西南夷。

⑩抚从:安抚。方国:指东越、南越和西南夷各诸侯国。

⑪蕃蔽:藩国屏障。蕃,通“藩”。

⑫穷极郡国:调动各个郡国的所有力量。

⑬壤界:接壤交界。兽圈:野兽生活地区。

⑭与:盟国。

⑮困亡:困难危亡。

⑯不遂:没有实现彻底臣服匈奴的愿望。遂,称心如意。

⑰得复喘息:得到重新喘息的机会。

⑱负:亏。绐(dài):欺骗。西域:指玉门关以西地区。

⑲迫近:接近。胡寇:指匈奴。

⑳沮心:归附汉朝之心沮坏。内解:内附之意解散。

㉑仓廪:国库。

㉒终日逐禽:以整天追猎禽兽来比喻征讨匈奴。

㉓罢:停止追猎。释:放走猎物。

㉔非计：不是好主意。

㉕绍：继承。绪：治水事业。据《尚书·尧典》和《皋陶谟》记载，尧开始治水，未能成功，舜继承尧未竟事业，派禹平治水土，终获成功。

㉖军兴：军法。原作“小举”，据王利器说校改。

【译文】

贤良、文学已经拜官，都获得列大夫爵位，他们向丞相、御史辞行。

大夫说：“日前议论公事，贤良、文学称道引述古代王道政治，与现实事务多有背离。参与讨论的双方最好不要相互反对，朝廷期待的是你们提出切实可行的建议。以前，朝廷尚未征讨匈奴、百越的时候，中国边境四面受敌，北方边境尤其深受匈奴侵扰之苦。已故武帝平定东越、南越和西南夷，从根本上解决了东、南、西三个方向的边境难题，朝廷安抚那些归附汉家的方国，使它们成为保卫汉家的藩国屏障，然后调动汉家各个郡国的所有力量，来征讨匈奴。匈奴与荒凉的野兽生活地区接壤交界，孤立衰弱，没有盟友帮助，这是他们的困难危亡的关键时刻。可惜的是匈奴地域辽阔遥远，汉家没有实现彻底臣服匈奴的愿望，使匈奴得到恢复喘息的机会，他们休养士卒战马，欺负哄骗西域各国。西域各国接近匈奴，归附汉朝之心受到干扰破坏，内附汉家之意涣散，肯定会成为汉家大患。因此当今皇上想扫荡匈奴，而这又要耗费国库财富。从早到晚追逐禽兽，但却停止追猎，放走猎物，这不是好主意。从前帝舜继承帝尧的治水事业，直到大禹才获得成功。如今朝廷想以《军兴》兵法，出击匈奴，诸位觉得怎么样？”

文学曰：“异时①，县官修轻赋②，公用饶③，人富给。其后，保胡、越④，通四夷，费用不足。于是兴利害⑤，算车舡⑥，以訾助边⑦，赎罪告缗⑧，与人以患矣⑨。甲士死于军旅⑩，中士罢于转漕⑪，仍之以科适⑫，吏征发极矣⑬。夫劳而息之，极而反本，古之道也，虽舜、禹兴⑭，不能易也。”

【注释】

①异时：以前，指汉文帝、汉景帝时期。

②修：修订。轻赋：减轻赋税。

③公用：国家开支。饶：充足。

④保：防卫。

⑤兴利害：即“兴利”，“利害”为偏义复词，词义落到“利”上。“兴利”是指盐铁官营等举措。

⑥算车舡：征收车船税。如淳引《汉仪注》：“民年十五以上至五十六，出赋钱人百二十为一算，为治库兵车马。”算，征税。舡，船。

⑦訾(zī)：通“资”，经费。助边：支持边境作战。

⑧赎罪：允许罪犯用钱赎罪。告缗(mín)：元狩四年(前119)，汉武帝发布算缗令和告缗令，向民众征收财产税。算缗令规定，商人财产每二千钱为一算(一算为一百二十钱)，手工业者财产四千钱为一算；不是三老和北边骑士而有轺车者，每辆征收一算，商人的车征收二算；船五丈以上的，每只船抽税一算。隐瞒不报或自报不实者，鼓励知情者揭发，叫做“告缗”。凡揭发属实，即没收被告者全部财产，并罚戍边一年，告发者奖给被没收财产的一半。缗，成串的钱，一千钱为一缗。

⑨与人以患：即以患与人，给人带来祸患。

⑩甲士：披甲之士。

⑪中士：与“甲士”相对，指留在中国境内的征夫走卒。罢：同“疲”。转：陆运。漕：水运。

⑫仍：继续。科适：因触犯科条律令而遭贬谪。科，科条。适，通“谪”。

⑬征发：征税、发送。极：达到极点。

⑭兴：起，再世。

【译文】

文学说："以前，朝廷修正并减轻赋税，公家费用充足，百姓人人富裕。后来，防止匈奴和百越，凿通四夷，国家费用就不足了。朝廷于是想办法生财，征收车船赋税，用以资助边境征战，允许罪犯用钱赎罪，鼓励百姓告发偷漏税，这些措施给百姓带来祸患。将士战死在军旅，征夫为军用物资的水陆漕运而疲于奔命，再加上因触犯朝廷科条律令而被贬谪，官吏征收赋税、发送民伕已经达到极点了。疲劳了就要休息，事物发展到极点就要返回根本，这是自古以来的道理，即使是舜、禹再生，也是不能改变的。"

大夫曰："昔夏后底洪水之灾①，百姓孔勤②，罢于笼臿③，及至其后，咸享其功④。先帝之时⑤，郡国颇烦于戎事⑥，然亦宽三陲之役⑦。语曰：'见机不遂者陨功⑧。'一日违敌⑨，累世为患⑩。休劳用供⑪，因弊乘时⑫。帝王之道，圣贤之所不能失也。功业有绪⑬，恶劳而不卒⑭，犹耕者倦休而困止也⑮。夫事辍者无功⑯，耕怠者无获也。"

【注释】

①夏后：夏王朝君主，指大禹。底：止。

②孔：很，非常。

③罢：同"疲"。笼：装土的竹笼，用来防水筑堤。臿（chā）：锹，后写作"锸"。

④享其功：指不再蒙受水灾之苦。功，功用，功效。

⑤先帝：指汉武帝。

⑥戎事：战事，指外伐四夷。

⑦三陲之役：东、南、北三方边陲的战役。一说，三陲指陇西、北地、上郡。

⑧见机不遂：见到机会不去行动。陨功：失去功劳，前功尽弃。

⑨违敌：放过敌人。

⑩累世：数世，几代。《左传·僖公三十三年》："一日纵敌，数世之患。"

⑪休劳：让劳者休息。用供：用以供来日行动。

⑫因弊：借敌人疲弊。乘时：抓住有利时机。因，原作"困"，据陈遵默说校改。

⑬绪：继续。

⑭卒：最后完成。

⑮倦休而困止：因困倦而休止。

⑯辍：中止。

【译文】

大夫说："从前夏禹治理洪水灾害，老百姓非常勤劳，疲于用臿挖土用笼盛土，到了后来，老百姓都享受大禹治水功效。已故武帝时期，各个郡国都为外伐四夷战事而烦恼，但东、南、北三方边陲战役也给大家带来了宽松的边疆环境。谚语说：'见到机会不行动就会前功尽弃。'一日放走敌人，就构成数世祸患。让劳者休息是用以供来日行动，在敌人疲敝之际要趁时动手。这是完成帝王事业的道理，是圣贤所不能丢掉的。前人功业有待于后人继承，厌恶劳苦，不完成伐胡大业，就如同耕种的人因困倦而停止劳动。做事半途而废的人没有功劳，耕种怠惰的人不会有收获。"

文学曰："地广而不德者国危[①]，兵强而凌敌者身亡[②]。虎兕相据[③]，而蝼蚁得志。两敌相抗[④]，而匹夫乘闲[⑤]。是以圣王见利虑害,见远存近[⑥]。方今为县官计者,莫若偃兵休士[⑦],厚币结和亲,修文德而已。若不恤人之急,不计其难,弊所恃以穷无用之地[⑧],亡十获一,非文学之所知也。"

【注释】

①德:原本作"得",据王利器说校改。

②凌敌:侵犯敌人。

③兕(sì):犀牛。相据:相持不下。

④抗:原本作"机",据陈遵默说校改。

⑤乘闲:乘机钻空子。闲,通"间"。

⑥存:存恤。

⑦偃兵:息兵。

⑧弊所恃:原本作"弊持",据俞樾说校改,疲弊中国所恃的人众。穷:穷尽。无用之地:指匈奴所据北方草原荒漠。

【译文】

文学说:"地域广阔而不修德的国家危险,兵强马壮而凌犯敌人的人身遭伤亡。老虎与犀牛相持不下,蝼蛄蚂蚁得行其志。两个强敌相互抗衡,匹夫就会趁虚而入。因此圣王见到利益就会考虑害处,见到远处就要存问近人。现在我们替朝廷考虑,不如息兵休士,用重礼与匈奴缔结和亲,致力于修文德而已。如果不体恤人民的危急,不考虑老百姓的困难,疲弊中国所依靠的人众,来征讨北方无用之地,丢失十分收获一分,这不是我们文学所能理解的。"

卷 八

结和第四十三

【题解】

本篇就汉家与匈奴是和是战的问题展开探讨。大夫认为，历史事实证明汉家一度奉行的和亲政策是不成功的，因为匈奴根本没有诚意与汉家修好，所以征讨匈奴是朝廷唯一的选择，他充分肯定了汉武帝征讨匈奴的历史功绩，并从长远角度，主张汉家必须继续伐胡，为后代根除祸患。文学则主张汉家与匈奴修好，肯定和亲政策，反对汉家兴师动众去征讨北方无用之地，认为伐胡会导致民众疲惫，严重者会造成国家覆灭的恶果。从双方观点来看，大夫与文学各有偏颇：大夫看到了伐胡在一定历史时期内的必要性与合理性，却没有考虑到汉家在几十年伐胡之后已经国穷民疲，当时的国家要务是与民休息；文学看到了人民为伐胡所作出的巨大牺牲，在汉昭帝时代他们倡导朝廷休兵，这无疑反映了广大人民的要求，但是他们连此前汉武帝伐胡业绩一并否定，只知道一味地讲修文德怀柔，这反映了他们的迂腐和不知变通。

大夫曰：“汉兴以来，修好结和亲[①]，所聘遗单于者甚厚[②]；然不纪重质厚赂之故改节[③]，而暴害滋甚[④]。先帝睹其可以武折[⑤]，而不可以德怀，故广将帅，招奋击[⑥]，以诛厥罪；功勋粲然[⑦]，著于海内，藏于记府[⑧]，何命'亡十获一'乎[⑨]？夫偷安者后危，虑近者忧迩，贤者离俗，智士权行[⑩]，君子所虑，众庶疑焉。故民可与观成[⑪]，不可与图始[⑫]。此有司所独见，而文学所不睹。"

【注释】

①和亲：讲和结亲。这是汉初刘敬给刘邦提出的对待匈奴的策略：将汉家公主嫁给匈奴单于，生下的孩子就是汉家天子的外孙，天下没有外孙反对外公的道理。刘邦采纳了刘敬的建议。此后将中国与少数民族缔结姻亲的举措称为和亲。

②聘：以礼物订婚，此处指陪嫁财物。遗(wèi)：赠送。

③纪：通"记"，念记。重质：庄重的盟约。厚赂：优厚的财物。改节：改变行为节操。

④暴害：暴力侵害。滋甚：越来越厉害。

⑤先帝：汉武帝。武折：武力折服。

⑥奋击：勇敢的士兵。

⑦粲然：显著的样子。

⑧记府：国家档案馆。

⑨命：名，说。

⑩权行：权变。

⑪观成：看到成功。《史记·商君列传》："民不可与虑始，而可与乐成。"

⑫图始：谋划开始。

【译文】

大夫说："汉家建国以来，与匈奴修好讲和，缔结姻亲，给匈奴单于的陪嫁礼物和赠送金钱财物非常丰厚；但是匈奴不念记与汉家庄重的盟约以及汉家赠送的厚礼，不改变侵扰行为，以暴力侵害中国边境越来越厉害。已故武帝认识到，对待匈奴只能以武力折服，而不能以仁德怀柔，因此广泛选派将帅，征召勇敢的士兵，来诛讨匈奴侵扰中国的罪行；武帝伐胡的功勋卓著，为海内所著称，有关记功文献收藏在国家档案馆，怎么能说‘伤亡十个获取一个’呢？苟且偷安的人日后危险，只考虑眼前，忧患很快到来，贤明的人脱离世俗，智慧的人善于权变，君子所考虑的问题，普通庶民总是疑惑。因此民众可以和他们一起看到成功，但不能与他们图谋开始。这是主管官员个人的独到见识，是你们文学认识不到的。”

文学曰：“往者，匈奴结和亲，诸夷纳贡，即君臣外内相信，无胡、越之患。当此之时，上求寡而易赡，民安乐而无事，耕田而食，桑麻而衣，家有数年之稸①，县官余货财，闾里耆老②，咸及其泽③。自是之后，退文任武，苦师劳众，以略无用之地④，立郡沙石之间⑤，民不能自守，发屯乘城⑥，挽辇而赡之⑦。愚窃见其亡，不睹其成。”

【注释】

①稸：同“蓄”。

②耆(qí)：六十曰耆。

③咸：都。及：蒙受。泽：恩泽。

④略：征伐。

⑤立郡沙石之间：指汉武帝在边塞沙漠之地设置武威、酒泉、张掖、敦煌、朔方等郡。

⑥发屯：派兵驻守。乘城：登城。

⑦挽辇：拉车。赡：补充给养。

【译文】

文学说："以前，汉家与匈奴缔结和亲，其他周边蛮夷邦国向汉家纳贡称臣，君臣上下、国外国内都彼此相信，没有胡、越的祸患。在那个时候，朝廷索求很少且容易充足，民众安居乐业，相安无事，依靠种田吃饭，通过种植桑麻穿衣，老百姓家中有数年的积蓄，朝廷有富余的货财，连乡里那些老人，都蒙受朝廷的恩泽。从那以后，朝廷不用文治而任武功，兴师动众，来征伐西北边塞无用之地，在沙漠里设郡，民众不能自己守卫，只好派兵屯驻，登城守望，通过拉车来补充给养。我私下只看到损失，没有看到成功。"

大夫曰："匈奴以虚名市于汉[①]，而实不从；数为蛮、貊所绐[②]，不痛之，何故也？高皇帝仗剑定九州[③]；今以九州而不行于匈奴[④]。闾里常民，尚有枭散[⑤]，况万里之主与小国之匈奴乎？夫以天下之力勤何不摧[⑥]？以天下之士民何不服？今有帝名，而威不信于长城之外[⑦]，反赂遗而尚踞敖[⑧]，此五帝所不忍[⑨]，三王所毕怒也[⑩]。"

【注释】

①虚名：虚假名义。市：做交易。

②蛮貊：蛮荒落后地区，此处指匈奴。绐（dài）：欺骗。

③高皇帝仗剑定九州：《史记·高祖本纪》载有"吾以布衣持三尺剑取天下"之语，为大夫所本。

④不行于匈奴：指汉家政令不能推行到匈奴。

⑤枭（xiāo）散：古代博戏中的两种棋子，主棋为枭，余为散棋。

⑥力勤：力量。摧：原作"权"，据卢文弨说校改。

⑦威不信于长城之外：原作“威不信长城之外”，据王先谦说补“于”字。信，通“伸”。

⑧赂遗：赠送财物。尚：助长。踞敖：傲慢。踞，通“倨”。敖，通“傲”。

⑨五帝：黄帝、颛顼、帝喾、尧、舜。

⑩三王：夏禹、商汤、周文王。此外还有其他说法。毕怒：必定愤怒。毕，一本作“必”。

【译文】

大夫说：“匈奴以虚假名义与汉家做交易，实际上并不顺从汉家；汉家屡次被这些蛮夷所欺骗，你们对此不感到痛恨，这是什么缘故呢？从前高祖皇帝手持三尺剑定天下，如今汉家政令仅限于中国九州，而不能推行到匈奴。乡里普通民众，尚且有主次之分，何况是中国万里江山之主与小国匈奴呢？举中国之力，何坚不摧？凭借中国全体将士民众，何人不服？如今中国天子虽然拥有帝名，但威望却不能伸张到长城之外，反而赠送匈奴财物，助长他们的傲慢，这是五帝所不能容忍、三王必定感到愤怒的事情。”

文学曰：“汤事夏而卒服之①，周事殷而卒灭之。故以大御小者王②，以强凌弱者亡。圣人不困其众以兼国③，良御不困其马以兼道④。故造父之御不失和⑤，圣人之治不倍德⑥。秦摄利衔以御宇内⑦，执修棰以笞八极⑧，骖服以罢⑨，而鞭策愈加，故有倾衔遗棰之变⑩。士民非不众，力勤非不多也，皆内倍外附而莫为用。此高皇帝所以仗剑而取天下也。夫两主好合⑪，内外交通⑫，天下安宁，世世无患，士民何事？三王何怒焉？”

【注释】

①服:征服。

②以大御小:周文王时期,三分天下有其二,仍然侍奉殷朝。御,侍奉。

③兼国:兼并他国。

④兼道:加倍赶路。

⑤造父:西周穆王时期最善驾车的人,曾载穆王周游天下。和:和谐,协调。

⑥倍:通“背”。

⑦摄:操持。利:便利。衔:马嚼子。原作“衡”,据王先谦说校改。

⑧修棰:长鞭。八极:八方。

⑨骖服:驾车的马。居中驾辕的马称为服,位于两侧的马称为骖。以:通“已”。罢:同“疲”。

⑩倾衔遗棰:马匹倒仆,丢失马鞭。衔,原作“衡”,据王先谦说校改。

⑪两主:汉家天子和匈奴单于。好合:和好。

⑫交通:交流。

【译文】

文学说:“汤侍奉夏朝而最终征服了夏朝,周侍奉殷朝而最终消灭了殷朝。因此,以势力强大的身份侍奉弱小王朝的最终称王天下,以强国地位欺凌弱国的政权最终灭亡。圣明的君主不会困乏一国之众去兼并他国,优秀的车夫不会困乏马匹来加倍赶路。因而造父驾车不失和谐,圣君治国不背仁德。秦王朝攥紧便利的马嚼来统治天下,手执长鞭抽打八方,驾车的马匹早已疲惫不堪,可是鞭子仍然抽打得越来越厉害,因此才有马匹倒仆、马鞭丢失的变故。秦王朝的士兵民众不可谓不众,力量不可谓不多,但民众都内叛秦朝外附诸侯,没有人肯为秦朝所用。这就是高祖皇帝仗剑夺取天下的原因啊。汉家天子与匈奴单于和好，中国与匈奴互通有无，天下晏然安宁，世世代代没有战争祸患，这样的话士兵民众哪有什么战事？三王又能有什么愤怒呢？”

大夫曰：“伯翳之始封秦①，地为七十里。穆公开霸②，孝公广业③。自卑至上，自小至大。故先祖基之④，子孙成之⑤。轩辕战涿鹿⑥，杀两皞、蚩尤而为帝⑦，汤、武伐夏、商，诛桀、纣而为王。黄帝以战成功，汤、武以伐成孝⑧。故手足之勤，腹肠之养也⑨。当世之务，后世之利也。今四夷内侵，不攘⑩，万世必有长患。先帝兴义兵以诛强暴，东灭朝鲜，西定冉、駹，南擒百越，北挫强胡，追匈奴以广北州⑪，汤、武之举，蚩尤之兵也⑫。故圣主斥地⑬，非私其利，用兵，非徒奋怒也⑭，所以匡难辟害⑮，以为黎民远虑。”

【注释】

①伯翳(yì)之始封秦：《史记·秦本纪》载：“于是孝王曰：‘昔伯翳为舜主畜，畜多息，故有土，赐姓嬴。今其后世亦为朕息马，朕其分土为附庸。’邑之秦，使复续嬴氏祀，号曰秦嬴。”伯翳，又作“伯益”、“大费”，秦人始祖。

②穆公：秦穆公，春秋秦国君主，嬴姓，赵氏，名任好，史载称霸西戎，为春秋五霸之一。

③孝公：战国时期秦国君主，名渠梁，在位期间重用商鞅实行变法，奖励耕战，为秦国富强打下基础。广业：拓展强国大业。

④基之：打下基础。

⑤成之：最后完成。

⑥轩辕战涿鹿：《史记·五帝本纪》载：“蚩尤作乱，不用帝命。于是黄帝乃征师诸侯，与蚩尤战于涿鹿之野，遂禽杀蚩尤。而诸侯咸

尊轩辕为天子，代神农氏，是为黄帝。”轩辕，黄帝之名。

⑦两皞：太皞、少皞。史载黄帝擒蚩尤，不闻黄帝诛太皞、少皞之事。两皞，原作“两曋”，据王利器说校改。

⑧汤、武以伐成孝：《史记·周本纪》载：“九年，武王上祭于毕。东观兵，至于盟津。以文王为木主，载以车，中军。武王自称太子发，言奉文王以伐，不敢自专。”商汤以伐成孝之事未闻。成孝，成就孝的名声。

⑨手足之勤，腹肠之养：手足的勤劳是为了奉养腹肠。

⑩攘：排斥，排除。

⑪追匈奴以广北州：此句之上原有“李牧”二字，据王先谦说校删。广北州，拓广北方边地。

⑫蚩尤之兵：意谓汉家征讨匈奴如同黄帝伐蚩尤的战役。一说，汉人以蚩尤作为善于用兵的典型，故将蚩尤与汤武相提并论。

⑬斥地：开拓疆域。

⑭奋怒：发泄愤怒。

⑮匡难：匡救危难。辟：通“避”。

【译文】

大夫说：“秦人始祖伯翳最初封于秦地的时候，土地面积仅为七十里。春秋秦穆公开创秦国霸业，战国秦孝公拓广霸业。秦国地位从低到高，势力从小到大。因而先祖奠定基业，到子孙取得最后成功。轩辕黄帝战于涿鹿，杀死太皞、少皞和蚩尤，成为帝王，商汤伐夏，武王伐商，诛讨夏桀、殷纣王而成为帝王。黄帝依靠战争获得成功，商汤和周武王通过征伐而成就孝道。所以，手足的勤劳是为了奉养腹肠。当代人的战事，可以成为后人的利益。如今四夷内侵中国，如果不外攘四夷，那么后代万世必定有长久祸患。已故武帝发动正义之师，来诛讨强暴的四夷，东边消灭朝鲜，西边平定冉駹，南边讨平百越，北边挫败强大的匈奴，追逐匈奴，拓广北边的疆域，这是类似于商汤伐桀、武王伐纣的举动，类似于黄帝擒蚩尤的战役。因而圣明君主开疆拓土，并不是为了私利，对外用兵，也不是仅仅为了发泄愤怒，而是为了匡救危难，远避祸害，以此为黎民百姓作长远的考虑。”

文学曰：“秦南禽劲越[①]，北却强胡，竭中国以役四夷[②]，人罢极而主不恤[③]，国内溃而上不知；是以一夫倡而天下和[④]，兵破陈涉，地夺诸侯，何嗣之所利[⑤]？《诗》云：‘雍雍鸣鳱，旭日始旦。’[⑥]登得前利[⑦]，不念后咎[⑧]。故吴王知伐齐之便[⑨]，不知干遂之患[⑩]。秦知进取之利，而不知鸿门之难[⑪]。是知一而不知十也。周谨小而得大[⑫]，秦欲大而亡小[⑬]。语曰：‘前车覆，后车戒。’[⑭]‘殷鉴不远，在夏后之世’矣[⑮]。”

【注释】

①禽：同“擒”。劲：强劲。

②役：兵役，此处用做动词，征讨。

③人：老百姓。罢：同“疲”。

④一夫：陈涉。倡：首倡。

⑤嗣：继嗣，后代子孙。

⑥雍雍鸣鳱(gān)，旭日始旦：见于《诗经·邶风·匏有苦叶》。雍雍，雁鸣声，今本作“雝雝”。鳱，即“雁”。《毛诗》作“雁”，三家诗作“鳱”。旦，日出，天明。

⑦登得：贪得。前利：眼前利益。

⑧后咎：后来的危害。

⑨吴王知伐齐之便：据《国语·吴语》记载，吴王夫差不听伍子胥之谏，执意要北上伐齐。

⑩干遂之患：《史记·苏秦列传》载：“臣闻越王句践战敝卒三千人，

擒夫差于干遂。”干遂，一作“干隧”。

⑪鸿门之难：项羽入关后，在鸿门设宴招待刘邦，这标志着江山易主。

⑫周谨小而得大：周国谨慎小心而得天下。

⑬秦欲大而亡小：秦朝欲望太大，结果亡于小民之手。

⑭前车覆，后车戒：前车倾覆，后车戒慎。

⑮殷鉴不远，在夏后之世：见于《诗经·大雅·荡》。鉴，镜子。夏后，夏君，指夏桀。

【译文】

文学说：“秦王朝在南边平定强越，在北边驱逐匈奴，竭尽中国之力来征讨四夷，民众疲惫至极而君主不加体恤，国内已经崩溃而皇上却不知情；因此，一介民伕陈涉首倡而天下响应，秦兵被陈涉击破，秦国土地被山东诸侯侵夺，这对秦王子孙有什么好处？《诗经·邶风·匏有苦叶》说：‘鸿雁雍雍鸣，旭日始东升。’贪得眼前利益，不念及后来灾难。因此吴王夫差只知道北伐齐国的便利，没有料到干遂的灭顶之灾。秦朝只知道进攻夺取的好处，而没有想到鸿门宴上的江山新主。这是只知其一，不知其十啊。周国谨慎小心而得天下，秦朝欲望太大而亡于小民之手。俗语说：‘前面车子倾覆了，后面车子就要戒慎。’‘殷朝的镜子不远，就在夏后桀的时代’。”

诛秦第四十四

【题解】

本篇以“诛秦”为题，实际上双方所论远不止秦朝功罪问题，而是探讨中国历代王朝的少数民族政策问题。大夫认为用礼义道德治国会导致国家削弱乃至危亡，只有像秦皇汉武那样武力征讨，才能征服少数民族。文学认为，德治才是使四夷归附的最好政策，要通过累世积德，达到不劳而王的效果。双方论争的实质是王霸之争，即究竟是以仁德感化还是以武力征伐的方式来处理夷夏矛盾。

大夫曰：“秦、楚、燕、齐，周之封国也①；三晋之君②，齐之田氏③，诸侯家臣也；内守其国，外伐不义，地广壤进④，故立号万乘⑤，而为诸侯。宗周修礼长文⑥，然国翦弱⑦，不能自存，东摄六国⑧，西畏于秦，身以放迁⑨，宗庙绝祀⑩。赖先帝大惠⑪，绍兴其后⑫，封嘉颍川⑬，号周子男君。秦既并天下，东绝沛水⑭，并灭朝鲜，南取陆梁⑮，北却胡、狄，西略氐、羌⑯，立帝号，朝四夷。舟车所通，足迹所及，靡不毕至。非服其德，畏其威也。力多则人朝，力寡则朝于人矣。”

【注释】

①秦、楚、燕、齐，周之封国也：秦是周平王分封的诸侯国，楚是周成王分封的诸侯国，燕、齐是周武王分封的诸侯国。

②三晋：赵、魏、韩。三家本为晋国之卿，后瓜分晋国成为诸侯，赵、魏、韩三国被人称为三晋。

③田氏：陈公子完逃到齐国避难，被齐桓公封为工正，为田氏，陈完的第八世孙田常篡夺姜齐政权。

④地广：土地广阔。壤进：疆域推进。

⑤立号：号称。万乘：拥有万辆兵车的诸侯大国。

⑥宗周修礼长文：“宗周”下原有“室”字，据陈遵默说校删。宗周，本指丰、镐，此处宗周指周王朝。因周王是诸侯的宗主，故亦称宗周。修礼，推行礼制。长文：典章制度丰富。

⑦翦弱：削弱。

⑧东摄六国：东边畏惧齐、楚、燕、赵、魏、韩六国。摄，通“慑”，

畏惧。

⑨身以放迁:周王被流放迁徙。

⑩宗庙绝祀:在中国古代,宗庙是王朝存在的象征,宗庙断了香火,表示王朝覆灭。

⑪先帝:指汉武帝。大惠:大恩惠。

⑫绍兴其后:《史记·周本纪》载:“汉兴九十有余载,天子将封太山,东巡狩至河南,求周苗裔,封其后嘉三十里地,号曰周子南君,比列侯,以奉其先祭祀。”绍,接续。兴,起。

⑬嘉:周王室后裔姬嘉。颍川:地名,在今河南许昌。

⑭绝:横渡。沛水:或为“浿水”之误。关于浿水的地理位置,有各种不同说法。

⑮陆梁:地名,泛指岭南地区。《史记·秦始皇本纪》载:“略取陆梁地为桂林、象郡、南海。”

⑯氐、羌:中国古代两个西北少数民族。

【译文】

大夫说:“秦、楚、燕、齐都是周天子的封国;战国时期赵、魏、韩三国君主,齐国田氏,他们最初都是晋、齐两国诸侯的家臣;他们对内严守国土,对外讨伐不义,地域宽广,疆土推进,所以都号称为拥有万辆兵车的大国,成为诸侯。周王室修行礼教,富于礼乐典章,但国家削弱,不能自我生存,东边畏惧齐、楚、燕、赵、魏、韩六国,西边害怕强秦,周君自身被秦国流放迁徙,周王室宗庙就这样断了香火。依靠已故武帝的大恩大德,接续周王室后裔,将周室一位名叫姬嘉的后人封于颍川,号称周子男君。秦国兼并天下,东边渡过沛水,吞并消灭朝鲜,南边夺取陆梁,北边驱逐匈奴,西边攻占氐羌,自立帝号,受到四夷朝贡。凡是车船所能通达的地方,人的足迹所至之处,没有人不前来称臣。他们并不是佩服秦王朝的仁德,而是畏惧秦王朝的声威。威力强大就会有人前来朝贡,威力弱小就会向别人朝贡。”

文学曰："禹、舜，尧之佐也①，汤、文，夏、商之臣也②，其所以从八极而朝海内者③，非以陆梁之地、兵革之威也④。秦、楚、三晋号万乘，不务积德而务相侵，构兵争强而卒俱亡。虽以进壤广地，如食荝之充肠也⑤，欲其安存，何可得也？夫礼让为国者若江、海⑥，流弥久不竭，其本美也。苟为无本，若蒿火暴怒而无继⑦，其亡可立而待，战国是也。周德衰，然后列于诸侯⑧，至今不绝。秦力尽而灭其族，安得朝人也？"

【注释】

①禹、舜，尧之佐也：禹被舜封为司空，此处说禹是尧臣，是出于行文的方便。舜生活于民间，因孝顺而被推举为尧的接班人。

②汤、文，夏、商之臣也：汤原为夏桀之臣，后起兵伐桀而成为天子。周文王为殷纣王之臣，在位期间不断扩张疆域，达到三分天下有其二的程度，其子周武王继承他的遗志，最终消灭殷朝。

③从：使动词，使之顺从。朝：使动词，使之朝贡。

④兵革：兵器。

⑤荝（cè）：一种有毒的多年生植物。

⑥为：治。

⑦蒿：一种艾类野草。暴怒：指火势猛烈。无继：烧不下去。

⑧后：后代，后裔。郭沫若说，"然后"之间应该有一个"其"字。

【译文】

文学曰："禹和舜是帝尧的辅佐大臣，商汤是夏桀的臣子，周文王是殷纣王的臣子，他们之所以能够使八方顺从、海内朝拜，并不是凭借陆梁地域的广阔，也不是因为兵器、革车的威力。秦、楚、赵、魏、韩号称万乘大国，他们不致力于积累德行，而是互相侵犯，彼此交战争强，最后全都亡国。虽然他们能够拓展疆土,增广地盘,但这些行为如同吃进有毒的蓟子一样,希望安全生存,怎么可能呢?以礼让治国的人像大江大海,长久流淌而不会枯竭,这是因为江海本身深厚美好啊。如果失去根本,就像点燃一堆野蒿一样,虽然火力一时猛烈,但却烧不下去,火势熄灭可以立等而待,战国就是这种情况啊。周王室虽然德行衰败,但周室后裔仍然列于诸侯,国脉至今不绝。秦王朝势力散尽之后,被人灭族,又怎么能够使别人朝拜呢?"

大夫曰:"中国与边境,犹支体与腹心也①。夫肌肤寒于外,腹心疾于内,内外之相劳,非相为赐也②!唇亡则齿寒,支体伤而心憯怛③。故无手足则支体废,无边境则内国害④。昔者,戎狄攻太王于邠⑤,逾岐、梁而与秦界于泾、渭⑥,东至晋之陆浑⑦,侵暴中国,中国疾之。今匈奴蚕食内侵,远者不离其苦⑧,独边境蒙其败。《诗》云:'忧心惨惨,念国之为虐。'⑨不征备,则暴害不息。故先帝兴义兵以征厥罪,遂破祁连、天山⑩,散其聚党,北略至龙城⑪,大围匈奴,单于失魂,仅以身免,乘奔逐北,斩首捕虏十余万。控弦之民⑫,旃裘之长⑬,莫不沮胆⑭,挫折远遁,遂乃振旅⑮。浑耶率其众以降⑯,置五属国以距胡⑰,则长城之内,河、山之外,罕被寇灾⑱。于是下诏令,减戍漕,宽徭役。初虽劳苦,卒获其庆。"

【注释】

①支:同"肢"。腹心:原作"腹肠",据王利器说校改。

②赐:赏赐,引申为帮助,施惠。原作"助",据王利器说校改。

③憯怛(cǎn dá):忧伤哀痛。

④内国：内地。

⑤邠(bīn)：古国名，通“豳”，在今陕西旬邑、彬县一带，为公刘所建。

⑥逾岐、梁：《孟子·梁惠王下》载太王受狄人侵扰，“去邠，逾梁山，邑于岐山之下居焉。”泾、渭：两条水名，发源于甘肃，在陕西高陵合流。

⑦陆浑：地名，在今河南嵩县东北一带。

⑧离：通“罹”，遭受。

⑨忧心惨惨，念国之为虐：见于《诗经·小雅·正月》。意谓忧虑不安，想到国家蒙受虐政。

⑩祁连：山名，在中国青海东部和甘肃西部。天山：山脉名，横亘中国新疆的中部、吉尔吉斯斯坦、乌兹别克斯坦、哈萨克斯坦四国。

⑪龙城：汉时匈奴单于祭天之处，地点在今蒙古鄂尔浑河西侧和硕柴达木湖附近。

⑫控弦：引弓。

⑬旃裘：匈奴人穿的毡袍。

⑭沮胆：吓破了胆。

⑮振旅：整顿军队。

⑯浑耶率其众以降：公元前121年，霍去病袭破陇西，匈奴单于欲杀浑邪王，浑邪王率其众向汉朝投降，被汉武帝封为漯阴侯。浑耶，又作“浑邪王”、“昆邪王”。

⑰五属国：陇西、北地、上郡、朔方、云中。浑邪王降汉之后，汉武帝将其四万部属安置在陇西等五郡，各因其本国之俗而属于汉，因此称之为属国。

⑱被：遭受。

【译文】

大夫说：“中原与边境的关系，如同肢体与腹心一样。外面的肌肤受寒，内部的腹心就会生病，身体内外互相影响，这不是内外互动吗？

嘴唇没有了，牙齿就裸露在外而受寒，肢体受伤，心里就忧伤哀痛。因此没有手足，肢体就残废了，国家没有边境，国内就会受害。从前，戎狄进攻居于邠地的太王，太王率部越过梁山来到岐山之下定居，泾水、渭水成为周秦的交界，戎狄往东一直到达晋国的陆浑地区，侵扰中原诸侯，中原诸侯为此非常痛恨。如今匈奴不断蚕食，向内地侵犯，距离匈奴遥远的地区可以免遭其苦，唯独边境地区蒙受挫败。《诗经·小雅·正月》写道：'心中忧虑不安，想到国家受虐。'如果不征伐备战，那么匈奴的侵害就不会止息。因此已故武帝征发义兵，征讨匈奴之罪，于是攻破祁连山和天山，冲散匈奴聚集的党羽，向北一直打到匈奴单于祭天的龙城，汉家大军合围匈奴，单于丧魂落魄，只身脱逃，汉军乘胜追击匈奴败军，斩首和俘虏匈奴十多万。匈奴引弓的民众，身穿毡袍的君长，莫不吓破了胆，受挫之后便远远遁逃，汉军这才整军回师。匈奴浑邪王率领其众投降汉朝，汉家将其部属安置在陇西、北地、上郡、朔方、云中五个属国，以此抵御匈奴，这样，长城之内，河山之外，从此很少再遭受匈奴侵害。皇上于是颁发诏令，减少征戍漕运，放宽徭役。在征讨匈奴之初，汉家虽然劳苦，但最终获得喜庆。"

文学曰："周累世积德①，天下莫不愿以为君，故不劳而王，恩施由近而远，而蛮、貊自至。秦任战胜以并天下②，小海内而贪胡、越之地③，使蒙恬击胡，取河南以为新秦④，而忘其故秦⑤，筑长城以守胡，而亡其所守⑥。往者，兵革亟动⑦，师旅数起，长城之北，旋车遗镞相望⑧。及李广利等轻计——计还马足⑨，莫不寒心；虽得浑耶，不能更所亡⑩。此非社稷之至计也。"

【注释】

①累世：世世代代。

②任:凭借。

③小海内:以海内为小。

④河南:黄河以南。新秦:地名,在河套地区。《汉书·食货志》注引应劭曰:“秦始皇遣蒙恬攘却匈奴,得其河南造阳之北千里,地甚好,于是为筑城郭,徙民充之,名曰新秦。”

⑤故秦:与“新秦”相对,指秦国原有土地。

⑥所守:指中国土地人民。

⑦亟:屡次。

⑧旋车:倾覆之车,一说为归师之车。遗镞:遗落箭头。相望:一眼看去,路上很多。

⑨及李广利等轻计——计还马足:李广利,汉武帝宠妃李夫人之兄,被封为贰师将军,屡征大宛,后投降匈奴。轻计,轻率谋划。计还马足,《史记·大宛列传》载李广利率师伐宛,“汉军取其善马数十匹,中马以下牡牝三千余匹,而立宛贵人之故待遇汉使善者名昧蔡以为宛王,与盟而罢兵。终不得入中城,乃罢而引归”。按,此句第二个“计”字原无,据张敦仁说校补。

⑩更:抵偿。

【译文】

文学说:“周王朝世世代代积德,天下没有人不愿意以周王为君主,因此周不必劳师动众而称王,周王朝施行恩德由近而远,蛮荒落后邦国自己前来朝贡。秦王朝凭借战争胜利而吞并天下,秦始皇嫌中原太小而贪得匈奴、百越之地,派蒙恬出击匈奴,夺取黄河以南河套地区作为新秦,反而忘记秦国故有的土地,秦朝修筑长城来防备匈奴,结果丢掉了本来最应该守住的中国土地人民。往日,汉家屡次发动征战,频繁调动军队,在长城之北,大路上到处都是倾覆的战车和遗落的箭头。到了李广利等人轻率谋划——统计归来的马匹,没有人不为此感到寒心;汉家虽然得到浑邪王归降,但是不能抵偿所遭受的损失。这不是国家的上策啊。”

伐功第四十五

【题解】

本篇题为“伐功”，并不是自夸功劳，而是如何评价汉家征伐匈奴四十多年的功效。大夫认为，以前齐、赵、燕、秦都曾建立过伐胡的功业，如今汉家久久未能彻底征服匈奴，是由于朝野不能同心协力的缘故。文学指出，齐、赵、燕、秦之所以伐胡成功，是由于当时匈奴处于分裂、离散状态。到汉代匈奴已经变得统一强盛，因此难以制服。文学讥刺大夫给汉武帝出谋划策，导致国库空虚，生民凋敝。汉武帝当初集全国之力征讨匈奴，有它的合理性与正确性。但是后来在基本打败匈奴、汉家民生凋敝的情况下，继续征伐匈奴，就未必是上策了。汉武帝晚年对自己穷兵黩武已有所检讨，后来主政的霍光也意识到这一点，但大夫桑弘羊在此时继续主张伐胡，显然不是正确的主张。

大夫曰：“齐桓公越燕伐山戎[①]，破孤竹[②]，残令支[③]。赵武灵王逾句注[④]，过代谷[⑤]，略灭林胡、楼烦[⑥]。燕袭走东胡[⑦]，辟地千里，度辽东而攻朝鲜。蒙公为秦击走匈奴[⑧]，若鸷鸟之追群雀[⑨]。匈奴势慑[⑩]，不敢南面而望十余年。及其后，蒙公死而诸侯叛秦，中国扰乱，匈奴纷纷，乃敢复为边寇。夫以小国燕、赵，尚犹却寇虏以广地[⑪]，今以汉国之大，士民之力，非特齐桓之众，燕、赵之师也；然匈奴久未服者，群臣不并力，上下未谐故也。”

【注释】

①山戎：北方少数民族，为鲜卑的前身。由于当时山戎对燕国威胁很大，因此在公元前663年，身为霸主的齐桓公率兵征讨山戎。

②孤竹：北方小国，为山戎盟国，在今河北卢龙一带。

③残：翦灭。令支：又作“离枝”，北方小国，为山戎盟国，在今河北迁安一带。

④赵武灵王：战国中后期赵国君主，赵氏，名雍，曾提倡胡服骑射。逾：越过。句注：山名，后世称雁门山，在山西代县。《汉书·匈奴传》载赵襄子逾句注，不载赵武灵王逾句注之事。

⑤代谷：山名，在雁门。

⑥略：侵占。林胡：地名，即儋林，为赵将李牧所灭。楼烦：地名，属雁门。

⑦燕袭走东胡：《史记·匈奴列传》载：“其后，燕有贤将秦开，为质于胡，胡甚信之，归而袭破走东胡，东胡却千余里。”

⑧蒙公：秦将蒙恬。

⑨挚鸟：凶猛的鸟。

⑩势慑：为蒙恬之势所威慑。

⑪却：打退。寇虏：对敌人的蔑称。

【译文】

大夫说：“齐桓公率兵越过燕国，讨伐山戎，攻破孤竹，消灭令支。赵武灵王率兵越过句注山，经过代谷，夺取林胡和楼烦。燕国派兵奇袭，赶走东胡，开辟疆土一千多里，度过辽东，攻占朝鲜。蒙恬为秦国驱逐匈奴，像猛鸟驱赶一群燕雀一样。匈奴被蒙恬之势所威慑，不敢向南面窥视，达十余年之久。到了后来，蒙恬被胡亥赐死，诸侯反叛秦朝，中国处于战乱之中，匈奴纷纷蠢动，才敢于重新成为中国边疆的敌寇。以燕、赵这样的小国，尚且敢于击退敌寇，拓展疆土，如今凭借如此强大的汉国，如此雄厚的军民力量，已经不仅仅是齐桓公的兵力和燕、赵的军队了；然而匈奴久未征服，这是由于群臣不能齐心协力，朝野上下未能和谐的缘故啊。”

文学曰：“古之用师，非贪壤土之利，救民之患也。民思之，若旱之望雨，箪食壶浆[①]，以逆王师[②]。故忧人之患者，民一心而归之，汤、武是也。不爱民之死[③]，力尽而溃叛者，秦王是也。孟子曰：‘君不乡道，不由仁义，而为之强战，虽克必亡。’[④]此中国所以扰乱，非蒙恬死而诸侯叛秦。昔周室之盛也[⑤]，越裳氏来献[⑥]，百蛮致贡[⑦]。其后周衰，诸侯力征[⑧]，蛮、貊分散[⑨]，各有聚党[⑩]，莫能相一[⑪]，是以燕、赵能得意焉。其后，匈奴稍强，蚕食诸侯，故破走月氏[⑫]，因兵威[⑬]，徙小国，引弓之民[⑭]，并为一家，一意同力，故难制也。前君为先帝画匈奴之策[⑮]：‘兵据西域，夺之便势之地[⑯]，以候其变。以汉之强，攻于匈奴之众，若以强弩溃痈疽[⑰]；越之禽吴[⑱]，岂足道哉！’上以为然。用君之义，听君之计，虽越王之任种、蠡不过[⑲]。以搜粟都尉为御史大夫，持政十有余年，未见种、蠡之功，而见靡弊之效[⑳]，匈奴不为加俛[㉑]，而百姓黎民以敝矣[㉒]。是君之策不能弱匈奴，而反衰中国也。善为计者，固若此乎？”

【注释】

①箪(dān)食壶浆：用竹筐装饭，用壶装米汤。箪，竹筐。浆，米汤。

②逆：迎接。

③爱：怜惜。

④君不乡道，不由仁义，而为之强战，虽克必亡：见于《孟子·告子

下》:“君不乡道,不志于仁,而求为之强战,是辅桀也。”乡,通“向”。

⑤昔周室之盛也:“之”字原无,据王利器说校补。

⑥越裳氏:越裳国,在今越南、老挝一带。献:献贡物。

⑦百蛮:泛指南方少数民族。致贡:进贡。

⑧力征:以武力征伐。

⑨蛮、貊(mò):蛮荒落后部族。

⑩聚党:聚集的党羽。

⑪相一:互相统一。

⑫月氏(ròu zhī):居于河西走廊、祁连山的古代游牧部族,公元前二世纪为匈奴所败,西迁于伊犁河、楚河一带。原本在“月氏”上衍一“支”字,据毛扆、张敦仁、俞樾说校删。

⑬因:凭借。

⑭引弓之民:善于射箭的牧民。

⑮前:以前。君:指大夫桑弘羊。先帝:汉武帝。

⑯便势之地:军事战略要地。

⑰强弩:强弓硬弩。弩是一种用机械射箭的弓。溃:击破。痈疽(yōng jū):毒疮。

⑱禽:同“擒”。

⑲越王:春秋末年越王勾践。种:越大夫文种,为勾践重要谋臣。蠡(lǐ):越大夫范蠡,勾践重要谋臣。

⑳靡:浪费。弊:疲敝。

㉑加:更加。俛:通“俯”,俯首。

㉒以:通“已”。敝:破败。

【译文】

文学说:“古代用兵,并不是贪图疆土的利益,而是要拯救民众的苦难。人民思念王师,如同大旱之年盼望及时雨,老百姓用竹篮盛着饭食，用陶壶盛着米汤，来迎接王师。因此，为人民苦难而忧虑的人，老百姓会全心归附他，商汤和周武王就是这样的人啊。不怜惜黎民百姓的死亡，老百姓被折磨得精疲力竭，最后众叛亲离，秦王就是这样的人啊。孟子说过：‘君主不走正道，不遵循仁义道德，硬要人民为他作战，即使一时战胜了，最终也会灭亡。’这就是秦朝末年中国发生战乱的原因，并不是蒙恬身死而导致诸侯反叛秦朝。从前西周王朝兴盛的时候，南方的越裳国前来献贡，周边少数民族纷纷敬献贡物。后来周室衰微，诸侯相互以武力征伐，那些蛮荒部落分崩离析，各自聚有党羽，不能相互一致，因而燕、赵才能得意取胜。到了后来，匈奴逐渐变强，蚕食邻近诸侯，他们赶跑月氏国，凭借兵马之威，迁徙小国，使北方善于骑射的牧民，合并为匈奴一家，他们团结一心，协同力量，因而难以彻底制服。以前您替已故武帝筹划抗击匈奴策略：‘汉家兵马占领西域，夺取战略要地，以静候时局变化。凭借汉家之强，来攻击匈奴之众，如同以强弓硬弩击溃毒疮；好比越国擒灭吴国，还有什么可说的吗！’皇帝认为您说得对。皇帝用您的思想，听您的计谋，即使是当年越王勾践任用大夫文种、范蠡也不能超过。您从搜粟都尉升迁为御史大夫，主持朝政十多年，却没有见到类似于文种、范蠡的功劳，只看见浪费钱财、朝政弊坏的效果，匈奴并不为之更加俯首听命，而全国百姓黎民已经家业破败了。这说明您的策略不能使匈奴衰弱，反而使中国衰弱。善于替国家策划的人，难道就像您这样吗？”

西域第四十六

【题解】

本篇讨论汉家的西域政策。汉家为了取得征讨匈奴的胜利，采取了一系列经营西域的举措，如屯田、设置边郡等等，这些举措在经济上有效地充实了汉家的国库，使边疆出现“马牛放纵，蓄积布野”的局面，在军事上等于斩断匈奴的右臂，切断了匈奴与西域其他国家的联系。但是汉武帝在经营西域过程中也掺杂了个人的侈心，如不惜动用重兵去获取大宛的汗血马。大夫充分肯定汉家的西域政策，希望汉家在西域乘胜追击，彻底臣服匈奴。文学则认为匈奴地理条件特殊，根本不可能彻底臣服匈奴，并以汉家伐大宛为例，说明万里伐宛，实在是失策之举。文学进一步指出，征伐四夷已经激化了社会矛盾，导致山东农民起义反叛，因此再也不能继续征伐四夷。

大夫曰："往者，匈奴据河、山之险①，擅田牧之利②，民富兵强，行入为寇③，则句注之内惊动④，而上郡以南咸城⑤。文帝时，虏入萧关⑥，烽火通甘泉⑦，群臣惧不知所出，乃请屯京师以备胡⑧。胡西役大宛、康居之属⑨，南与群羌通⑩。先帝推让斥夺广饶之地⑪，建张掖以西⑫，隔绝羌、胡，瓜分其援。是以西域之国，皆内拒匈奴，断其右臂，曳剑而走，故募人田畜以广用，长城以南，滨塞之郡⑬，马牛放纵，蓄积布野，未睹其计之所过⑭。夫以弱越而遂意强吴⑮，才地计众非钧也⑯，主思臣谋⑰，其往必矣⑱。"

【注释】

①河、山：黄河、阴山。

②擅：独占。田牧：田猎、放牧。

③行入：随机入侵。

④句注：关塞名，即山西代县雁门关。

⑤上郡：郡名，在陕西榆林东南。城：用做动词，筑城。

⑥萧关：关塞名，在今宁夏固原东南。

⑦甘泉：地名，汉代在甘泉建立离宫，在今陕西淳化甘泉山。

⑧屯：驻兵。《史记·匈奴列传》记载："又置三将军军长安西细柳、渭北棘门、霸上以备胡。"

⑨大宛(yuān)：国名，在今乌兹别克斯坦费尔干纳盆地。康居：国名，在今哈萨克斯坦南部。

⑩群羌：指甘肃、青海、四川地区各支羌族。

⑪推让：驱逐。让，通"攘"。斥夺："斥"意为排斥、驱逐，"夺"意为夺回，此处用做偏义复词，重点在"夺"。

⑫张掖：地名，位于甘肃张掖。公元前121年，霍去病进军河西，击败匈奴，汉家设置张掖郡。

⑬滨塞：靠近边塞。

⑭其计：指凿通西域、征讨匈奴。过：过错。

⑮遂意：满足心意。

⑯才地：估算土地。才，通"裁"。计众：计算人口。非钧：并非均衡。钧，通"均"。

⑰主思：指勾践苦思灭吴。臣谋：指范蠡、文种为之谋划。

⑱往：指越人出征灭吴。

【译文】

大夫说："以前，匈奴占据黄河、阴山的险要位置，独占田猎、畜牧的便利，民众富足，兵马强壮，不时入侵中国边境骚扰，雁门关以内为之惊动，上郡以南地区都筑城防胡。文帝时期，匈奴入侵萧关，烽火直通陕北甘泉，朝廷群臣恐惧，不知如何是好，便请求在京师驻兵来防备匈奴。匈奴在西边役使大宛、康居这些小国，在南边与各支羌族勾通。已故武帝驱逐匈奴，夺回中国宽广富饶的土地，在张掖以西建置州郡，将羌人与匈奴隔绝开来，切断匈奴的外援。所以西域各国，都纷纷抗拒匈奴，这等于斩断了匈奴的右臂，匈奴只好拖着刀剑逃跑。汉家招募民众到河西种田放牧，以便增加国家的财用，长城以南地区，靠近边塞的郡县，民众可以随意牧马放牛，蓄积布满原野。我没有看到朝廷凿通西域、征伐匈奴的计策有什么过错。春秋时期，弱小的越国能够满足心意消灭强吴，估算土地，计算人众，吴越并非均等，越王勾践苦思灭吴，名臣范蠡、文种为之谋划，越人出征灭吴就势在必行了。”

文学曰：“吴、越迫于江、海①，三川循环之②，处于五湖之间③，地相迫，壤相次④，其势易以相禽也⑤。金鼓未闻⑥，旌旗未舒⑦，行军未定，兵以接矣⑧。师无辎重之费⑨，士无乏绝之劳，此所谓食于厨仓而战于门郊者也⑩。今匈奴牧于无穷之泽，东西南北，不可穷极，虽轻车利马，不能得也，况负重羸兵以求之乎⑪？其势不相及也。茫茫乎若行九皋未知所止⑫，皓皓乎若无网罗而渔江、海⑬，虽及之⑭，三军罢弊⑮，适遗之饵也⑯。故明王知其无所利⑰，以为役不可数行⑱，而权不可久张也⑲，故诏公卿大夫、贤良、文学，所以复枉兴微之路⑳。公卿宜思百姓之急，匈奴之害，缘圣主之心㉑，定安平之业。今乃留心于末计㉒，摧本议㉓，不顺上意，未为尽于忠也。”

【注释】

①迫：蹙迫，局限。

②三川：吴江、钱塘江、浦阳江。一说，三江是松江、钱塘江和浦阳江。循环：环绕。《国语·越语上》载伍子胥说：“夫吴之与越也，仇雠敌战之国也。三江环之，民无所移，有吴则无越，有越则无吴，将不可改于是矣。”

③五湖：长荡湖、太湖、射贵湖、上湖、滆(gé)湖。

④次：接近。

⑤禽:同“擒”。

⑥金鼓:古代击鼓进攻,鸣金收兵。

⑦舒:展开。

⑧兵:兵器。以:通“已”。接:接触,格杀。

⑨辎重:军用物资,如器械、粮草等。

⑩厨仓:厨房。门郊:门口近郊。

⑪赢兵:扛着兵器。赢,原作“羸”,据张敦仁说校改。

⑫茫茫:广远的样子。九皋:九折辽阔之泽。

⑬皓皓:通“浩浩”,广阔辽远的样子。

⑭及:赶上。

⑮罢:同“疲”。

⑯适:恰好。遗:送给。之:指匈奴。饵:食物。

⑰无所:“无所”原作“所无”,据卢文弨说校改。

⑱役:战役。数行:多次进行。

⑲权:权威。张:扩张。

⑳复枉:纠正弯曲。兴微:从微小之处做起。

㉑缘:依据。

㉒末计:下策,指征伐匈奴。

㉓摧:原作“虽”,据张敦仁说校改。本议:根本方针,指息兵。

【译文】

文学说:“吴国和越国为江河湖海所局限,松江、钱塘江和浦阳江三江环绕,处于长荡湖、太湖、射贵湖、上湖、滆湖这五湖之间,土地相连,边境接壤,这种形势使吴越容易互相冲突。军队金鼓之声未起,旌旗尚未舒展,行军部署尚未决定,双方兵器已经交接了。军队不需要军用物资费用,士卒没有精疲力竭的劳苦,这就是人们所说的在厨房吃完饭再到门外近郊去作战。如今匈奴在广阔无边的水泽草地放牧,东西南北,四方都是无边无际,即使你有轻捷的战车和飞快的战马,也不能追得上他们，何况汉兵是背着沉重的兵器去追赶他们呢？从情势来看汉兵是赶不上的。汉兵奔波在茫茫无际的水泽草原上，不知该停在哪儿，如同在浩淼无边的江海上徒手捕鱼，即使赶上匈奴，三军将士已经疲弊，恰好成为送到匈奴口边的食物。因此，当今英明的君王深知伐胡无利可图，认为不能屡次发动战役，不能无限制地扩张权威，因而下诏让公卿大夫、贤良、文学讨论，提出纠正弯曲、从细微处复兴汉家的路径。你们身为汉家公卿，应该思考百姓之所急，匈奴之所害，根据圣明君主的心意，确定安乐太平的大业。可是现在你们却仍然留心于伐胡的下策，摧败与民休息的根本大计，不顺从皇上心意，不能说你们对皇上尽了忠心。”

大夫曰：“初，贰师不克宛而还也①，议者欲使人主不遂忿②，则西域皆瓦解而附于胡③，胡得众国而益强。先帝绝奇听④，行武威⑤，还袭宛⑥，宛举国以降，效其器物，致其宝马。乌孙之属骇胆⑦，请为臣妾。匈奴失魄，奔走遁逃，虽未尽服，远处寒苦硗埆之地⑧，壮者死于祁连、天山，其孤未复。故群臣议以为匈奴困于汉兵，折翅伤翼，可遂击服⑨。会先帝弃群臣⑩，以故匈奴不革⑪。譬如为山⑫，未成一篑而止⑬，度功业而无继成之理⑭，是弃与胡而资强敌也⑮。辍几沮成⑯，为主计若斯⑰，亦未可谓尽忠也。”

【注释】

①贰师不克宛而还：《史记·大宛列传》载：“贰师将军军既西过盐水，当道小国恐，各坚城守，不肯给食。攻之不能下。下者得食，不下者数日则去。比至郁成，士至者不过数千，皆饥罢。攻郁成，郁成大破之，所杀伤甚众。贰师将军与哆、始成等计：‘至郁

成尚不能举,况至其王都乎?'引兵而还。往来二岁。还至燉煌,士不过十一二。"贰师,贰师将军李广利。

②欲使:原作"故使",据张敦仁说校改。遂忿:发泄忿恨。

③则西域皆瓦解而附于胡:议者不希望李广利伐宛事件重演,以免西域有心归附汉家的各国意志瓦解,转而依附匈奴。《史记·大宛列传》载:"公卿及议者皆愿罢击宛军,专力攻胡。"

④绝奇听:拒绝听从这些奇谈怪论。

⑤行武威:施行军事威力。

⑥还袭宛:《史记·大宛列传》载:"天子业已诛宛,宛小国而不能下,则大夏之属轻汉,而宛善马绝不来,乌孙、仑头易苦汉使矣,为外国笑。乃案言伐宛尤不便者邓光等,赦囚徒材官,益发恶少年及边骑,岁余而出燉煌者六万人,负私从者不与。"

⑦乌孙:西域古国。乌孙人最初在敦煌、祁连一带游牧,后迁至伊犁河流域。骇胆:吓破了胆。

⑧硗埆(qiāo què):土地贫瘠。

⑨遂:成功。

⑩会:恰逢。先帝弃群臣:汉武帝死于公元前87年。

⑪不革:没有变化。

⑫为山:堆土成山。《论语·子罕》:"譬如为山,未成一篑,止,吾止也。"

⑬篑(kuì):盛土的竹筐。

⑭度:揣度,引申为谋划。继:原作"断",据杨沂孙说校改。

⑮资:资助,帮助。

⑯辍:中止。几:接近成功的事。沮:破坏。成:成功。

⑰若斯:如此。

【译文】

大夫说:"当初,贰师将军李广利未能战胜大宛而退还敦煌,朝廷议政的公卿想让皇上不要为发泄忿恨而继续伐宛，认为这样会使有心归汉的西域各国意志瓦解，转而依附匈奴，而匈奴得到西域各国支持之后会变得更加强大。已故武帝拒绝听从这些奇谈怪论，决定施展军事威力，回过头来继续攻袭大宛，大宛举国投降，献上贵器宝物，奉上汗血宝马。乌孙等西域各国闻风丧胆，请求为汉天子臣妾。匈奴失魂落魄，四散奔逃隐藏，虽然未能完全臣服汉家，但他们都住在寒苦贫瘠之地，青壮年都战死在祁连山或天山，他们的孤儿还没有长大。因此群臣经过讨论后以为，匈奴困于汉兵，翅膀折伤，可以成功地将其彻底征服。恰逢武帝弃群臣而去，因而匈奴方面的战事没有什么变化。譬如堆土成山，只差一筐土就停止了，谋划伐胡功业，没有继续将其推向成功的理念，这是将功业丢弃给匈奴而去帮助强敌。中止接近成功的事业，败坏事业的成功，为君主作如此谋划，这也不能说是对皇上尽忠。”

文学曰：“有司言外国之事，议者皆儌一时之权①，不虑其后。张骞言大宛之天马汗血②，安息之真玉大鸟③，县官既闻如甘心焉④，乃大兴师伐宛，历数期而后克之⑤。夫万里而攻人之国，兵未战而物故过半⑥，虽破宛得宝马，非计也。当此之时，将卒方赤面而事四夷⑦，师旅相望，郡国并发，黎人困苦⑧，奸伪萌生，盗贼并起，守尉不能禁，城邑不能止。然后遣上大夫衣绣衣以兴击之⑨。当此时，百姓元元，莫必其命⑩，故山东豪杰⑪，颇有异心⑫。赖先帝圣灵斐然⑬。其咎皆在于欲毕匈奴而远几也⑭。为主计若此，可谓忠乎？”

【注释】

①儌（jiào）：求。原作“激”，据张敦仁说校改。权：权宜之计。《史记·匈奴列传》：“世俗之言匈奴者，患其儌一时之权。”

②张骞言大宛之天马汗血:《史记·大宛列传》载张骞对汉武帝说:“大宛在匈奴西南,在汉正西,去汉可万里。其俗土著,耕田,田稻麦。有蒲陶酒。多善马,马汗血,其先天马子也。”

③安息:西方作“帕提亚(Parthia)”,伊朗高原古代国家,中国史籍称“安息”。《史记·大宛列传》载张骞对汉武帝说:“条枝在安息西数千里,临西海。暑湿。耕田,田稻。有大鸟,卵如甕。”真玉:未闻。大鸟:驼鸟。

④如:而。甘心:快意。原作“甘水”,据杨沂孙、张敦仁说校改。

⑤数期:数年。

⑥物故:指死亡。一说,“物”当作“殁”,意为终。

⑦赤面:红脸,形容将士与敌厮杀时血脉贲张的面容。事:讨伐。

⑧黎人:黎民。

⑨衣绣衣:穿着绣花衣,这是汉朝派去镇压农民起义的使者的服饰。兴击:以军兴之法去攻击。

⑩必其命:保障生命。必,判定。

⑪山东豪杰:指农民起义军。

⑫异心:反叛之心。

⑬斐然:有文采的样子,引申为有威望的样子。

⑭毕匈奴:完成征服匈奴大业。远几:远离庶几可以休战的大计。

【译文】

文学说:“主管官员谈论外国之事,议论者都追求一时的权宜之计,不考虑它的后果。张骞对武帝说,大宛国的天马流汗般红如血,安息国的真玉鸵鸟,朝廷听说之后,便想得到这些异物以快心意,于是大举兴师,征伐大宛,经历几年之后才战胜大宛。途经万里之遥而去攻打他人之国,士兵尚未交战就已死亡过半,虽然攻破大宛得到宝马,但这绝非国之良计。在那个时候,中国将士正在艰苦地征伐四夷,道路上到处都是军队,各郡与封国同时征发,黎民百姓困苦不堪,奸诈之徒开始出现,盗贼四处兴起，郡守与县尉不能禁止，城郭村落无法阻挡。此后朝廷派遣上大夫穿着特使的绣花衣，用军兴之法去讨伐。在那个时候，老百姓没有人能够保障自己的生命，因此山东起义军都有反叛之心。幸赖已故武帝在天圣灵的威力才转乱为治。这其中的过错，都在于主管官员一心想完成征服匈奴大业，不考虑庶几可以休战的大计。像这样为君主谋划，能够称得上忠诚吗？”

世务第四十七

【题解】

本篇讨论汉家当世要务。大夫认为，匈奴对于汉家来说如同树木中的蛀虫，必须予以清除。他批评文学关于以仁德怀柔匈奴的说法，认为这种观点在现实中根本无法施行。根据匈奴贪得无厌、行动迅速的特点，大夫主张汉家要加强军事防备。文学高举崇德旗帜，要求汉家去武行文，废力尚德，认为这样就可以使远方异族通过几重翻译前来朝贡，收到永无寇虏的功效。对照双方言论，可以看出文学富于理想主义色彩，大夫则保持清醒的现实主义精神。

大夫曰：“诸生妄言①！议者令可详用②，无徒守椎车之语③，滑稽而不可循④。夫汉之有匈奴，譬若木之有蠹⑤，如人有疾，不治则浸以深⑥。故谋臣以为击夺以困极之⑦。诸生言以德怀之，此有其语而不可行也。诸生上无以似三王⑧，下无以似近秦，令有司可举而行当世⑨，安蒸庶而宁边境者乎⑩？”

【注释】

①妄言：胡说。

②令可详用：让人可以具体落实。令，使。

③徒：只。守椎车之语：比喻说过时的老话。椎车，一种原始的独轮车。

④滑稽：圆转自如。循：遵循。原作“修”，据陈遵默说校改。

⑤蠹(dù)：蛀虫。

⑥浸以深：渐渐加深。

⑦击夺：出击取胜。以困极之：使匈奴陷入极端困境。

⑧无以：没有办法。

⑨可举：可以拿来。行当世：在当世施行。

⑩蒸庶：广大庶民。蒸，众。

【译文】

大夫说：“诸位儒生在胡说！议政的人所提的意见应该让人可以具体落实，不要只是说一些过时的话，圆转自如而不可遵循。汉家边境之有匈奴，譬若树木之有蛀虫，又如人有疾病，不治疗就会逐渐加深。因此，谋臣认为汉家应该出击取胜，使匈奴陷入极端困境。诸位儒生说以仁德怀柔匈奴，这只能口头上说而不可施行。诸位儒生上没有类似于三王那样治国安邦的策略，下没有类似近代秦朝富国强兵的方法，你们有办法让主管官员可以拿来在当世施行，能够安定庶民并使边境宁静吗？”

文学曰：“昔齐桓公内附百姓，外绥诸侯[①]，存亡接绝[②]，而天下从风[③]。其后，德亏行衰，葵丘之会[④]，振而矜之，叛者九国[⑤]。《春秋》刺其不崇德而崇力也[⑥]。故任德，则强楚告服[⑦]，远国不召而自至；任力[⑧]，则近者不亲，小国不附。此其效也。诚上观三王之所以昌，下论秦之所以亡，中述齐桓所以兴，去武行文，废力尚德，罢关梁⑨，除障塞⑩，以仁义导之，则北垂无寇虏之忧⑪，中国无干戈之事矣。”

【注释】

①绥：安定。

②存亡接绝：存亡国，继绝世。前者如保存邢、卫、杞等国，后者如平定鲁国庆父之乱，立僖公为君。

③从风：像风行草偃一般迅速顺从。

④葵丘之会：公元前651年，齐桓公在葵丘与诸侯会盟，与会国有鲁、宋、卫、郑、许、曹等国。这是齐桓公九合诸侯中规模最大的一次盟会。

⑤振而矜之，叛者九国：《春秋公羊传·僖公七年》：“葵丘之会，桓公震而矜之，叛者九国。震之者何？犹曰振振然。矜之者何？犹曰莫我若也。”振振然，趾高气扬的样子。矜，骄傲自夸。九国，多国。

⑥崇德：崇尚仁德。崇力：崇尚武力。

⑦强楚告服：指公元前656年齐楚召陵会盟。《左传·僖公四年》载楚国使者屈完对齐桓公说：“君若以德绥诸侯，谁敢不服？君若以力，楚国方城以为城，汉水以为池，虽众，无所用之。”

⑧任力：凭借武力。

⑨罢关梁：撤除关卡，以便于货物流通。

⑩除障塞：除掉屏障要塞。

⑪垂：通“陲”，边陲。

【译文】

文学说：“从前，齐桓公对内亲附百姓，对外安定诸侯，存亡国，继绝世,天下诸侯像风行草偃一般迅速顺从。后来,齐桓公德行亏损衰败,在葵丘诸侯大会上,趾高气扬,骄傲自夸,由此多国诸侯叛离齐国。《春秋》讽刺齐桓公不崇尚仁德而崇尚武力。因此,当齐桓公崇尚仁德的时候,连强大的南楚也宣告服从,远方诸侯国不召而自来;凭借武力,附近的诸侯国不会亲近,就连小国也不会归附。这就是崇尚仁德与崇尚武力的效验。如果朝廷真正向上观察夏、商、周三王政治为什么会昌盛,向下讨论秦朝为什么会灭亡,中间阐述齐桓公为什么会兴起,如果朝廷放弃武力施行文教,废除暴力崇尚仁德,撤除关卡,除掉屏障要塞,用仁义来引导天下,那么北方边陲就没有匈奴的忧患,中国就没有干戈战事了。"

大夫曰:"事不豫辨①,不可以应卒②。内无备③,不可以御敌。《诗》云:'诰尔民人,谨尔侯度,用戒不虞。'④故有文事,必有武备⑤。昔宋襄公信楚而不备⑥,以取大辱焉,身执囚而国几亡⑦。故虽有诚信之心,不知权变,危亡之道也。《春秋》不与夷、狄之执中国⑧,为其无信也。匈奴贪狼⑨,因时而动,乘可而发,飙举电至⑩。而欲以诚信之心,金帛之宝,而信无义之诈,是犹亲跖、蹻而扶猛虎也⑪。"

【注释】

①豫辨:事先辨别。豫,通"预"。

②应卒:应对猝然变化。卒,通"猝"。

③内:国内。

④诰尔民人,谨尔侯度,用戒不虞:见于《诗经·大雅·抑》。诰,通"告",告诫。今本《诗经》作"质"。民人,民众。谨,严谨。侯度,诸侯所守的法度。用,以。戒,戒备。虞,虑。

⑤有文事,必有武备:《史记·孔子世家》载孔子说:"臣闻有文事者必有武备,有武事者必有文备。"

⑥信:原作"倍",据张敦仁说校改。

⑦身执囚:公元前 639 年秋,宋襄公以霸主身份主持盂地会盟,被楚成王抓起来,带回楚国囚禁。

⑧《春秋》不与夷、狄之执中国:此句原作"《春秋》不与夷狄中国为礼",据张敦仁说校改。《春秋公羊传·僖公二十一年》:"执宋公以伐楚。孰执之?楚子执之。曷为不言楚子执之?不与夷狄之执中国也。"与,赞同。夷、狄,指楚国。中国,中原诸侯国,此处指宋国。

⑨贪狼:贪如狼。

⑩飙举:像狂飚一样行动。电至:像闪电一样突然到来。

⑪跖、蹻:古代传说中的两个大盗。

【译文】

大夫说:"事情如果不事先辨识,就不可以应付猝然变化。国内没有军事防备,就不可以防御敌人。《诗经·大雅·抑》写道:'告诉你们民众,谨守诸侯法度,戒备意外事变。'因此国家有文事,一定要有武备。从前宋襄公盲目相信楚国而不预为防备,以至于招致奇耻大辱,被楚人抓住囚禁,宋国差点灭亡。因而即使有诚信之心,但不知道权变,这是危亡之道啊。《春秋》不赞同身为夷狄的楚国抓捕中原诸侯宋襄公,这是因为楚国没有信用。匈奴贪如虎狼,借时行动,乘机出击,像狂飙一样而来,如闪电一般而去。你们却试图以诚信之心去对待他们,赠给他们黄金丝绸宝物,盲目相信没有仁义的欺诈,这如同亲近盗跖、庄蹻而扶助猛虎一样。"

文学曰:"《春秋》'王者无敌①。'言其仁厚,其德美,天下宾服,莫敢交也②。德行延及方外③,舟车所臻④,足迹所及,莫不被泽。蛮、貊异国，重译自至[⑤]。方此之时，天下和同，君臣一德，外内相信，上下辑睦[⑥]。兵设而不试，干戈闭藏而不用。老子曰：‘兕无所用其角’，‘螫虫无所输其毒。’[⑦]故君仁莫不仁，君义莫不义。世安得跖、跻而亲之乎？”

【注释】

①《春秋》“王者无敌”：《春秋公羊传·成公元年》载：“秋，王师败绩于贸戎。孰败之？盖晋败之。或曰贸戎败之。然则曷为不言晋败之？王者无敌，莫敢当也。”

②莫敢交也：“交”上原衍“受”字，据张敦仁说校删。交，通“较”，较量。

③方外：国境之外。

④臻：至。

⑤重译：几重翻译。

⑥辑睦：和睦。

⑦兕无所用其角，螫虫无所输其毒：上句见于《老子》第五十章，下句见于《老子》第五十五章。兕，犀牛。

【译文】

文学说：“《春秋》说‘天子没有匹敌’。意思是说天子仁厚，道德美好，天下归顺服从，没有人敢与天子较量。天子的德行延展到国境之外，凡是舟车所到的地方，足迹所至之处，没有人不蒙受天子恩泽。蛮荒落后的异族邦国，通过几重翻译自己前来归附。在那个时候，天下和平统一，君臣同心同德，国外与国内互相信任，上下和睦相处。建立军队但不需作战，兵器收藏而不使用。老子说：‘犀牛没有使用牛角之处’，‘毒虫没有地方输放毒液。’因此，如果君主仁，没有人不仁，如果君主义，没有人不义。世上哪里有盗跖、庄跻可去亲近呢？”

大夫曰："布心腹[①]，质情素[②]，信诚内感[③]，义形乎色[④]。宋华元、楚司马子反之相睹也[⑤]，符契内合[⑥]，诚有以相信也。今匈奴挟不信之心，怀不测之诈，见利如前[⑦]，乘便而起，潜进市侧[⑧]，以袭无备。是犹措重宝于道路而莫之守也[⑨]。求其不亡，何可得乎？"

【注释】

①布心腹：说话推心置腹。

②质：对证，引申为对话。情素：情实。

③内感：内心感动。

④义形乎色：内有仁义，而外见于颜色。

⑤宋华元、楚司马子反之相睹：《左传·宣公十五年》载："宋人惧，使华元夜入楚师，登子反之床。起之曰：'寡君使元以病告，曰：敝邑易子而食，析骸以爨；虽然，城下之盟，有以国毙，不能从也。去我三十里，唯命是听！'子反惧，与之盟，而告王，退三十里。宋及楚平。"相睹，相互见面。

⑥符契内合：如同契约凭证相合。古代契约凭证一分为二，当事双方各执一半，兑约时以契约相合为据。

⑦如：而。

⑧潜进市侧：偷偷潜藏到市场旁边。

⑨措：放置。

【译文】

大夫说："说话推心置腹，对话展现真情，内有真实诚恳之心，外形见于颜色。春秋宋国大夫华元、楚国司马子反见面的时候，两个人的心理像符契一样相合，这的确是他们互相信任啊。如今匈奴抱有不讲信用的心理，胸怀不可预测的欺诈，见了利益就上前，抓住便利就行动，他们偷偷地潜藏到市场旁边，来袭击没有防备的中国民众。这就如同将贵重宝物放在道路上而没有人看守。如此而求得其不灭亡，怎么能做到呢？”

文学曰：“诚信著乎天下①，醇德流乎四海②，则近者哥讴而乐之③，远者执禽而朝之④。故正近者不以威⑤，来远者不以武⑥，德义修而任贤良也。故民之于事也，辞佚而就劳⑦，于财也，辞多而就寡。上下交让，道路雁行⑧。方此之时，贱货而贵德，重义而轻利，赏之不窃，何宝之守也！”

【注释】

①著：彰显。

②醇：通“纯”。

③哥讴：歌颂。哥，通“歌”。

④执禽：《周礼·春官·大宗伯》：“以禽作六挚，以等诸臣。孤执皮帛，卿执羔，大夫执雁，士执雉，庶人执鹜，工商执鸡。”

⑤正近：纠正近处民众言行。

⑥来远：招来远人。

⑦佚：通“逸”。

⑧雁行：指排列有序。

【译文】

文学说：“君主诚信彰显于天下，纯德流布于四海，那么近处的人就会通过歌颂而使他快乐，远方的人就会手执见面礼而来朝贡。因此纠正近处的人不靠威风，招来远方的人不凭武力，靠的是修德行义，任用贤良。因而民众对于事务，辞去安逸而选择劳苦，对于财物，辞去多的而选择少的。上下相互交让，道路上行人像雁行一样有序。到了这个时候，人们轻贱财货而重视德行，重视道义而轻视利益，即使用奖赏的办法让他盗窃他也不会干，还看守什么宝物呢！”

和亲第四十八

【题解】

本篇以“和亲”为题，但所论不局限于“和亲”，而是汉家对匈奴的政策。大夫认为，对匈奴决不能放弃军事防备而侈谈仁义，因为匈奴是从来不讲信用的禽兽之国，屡和屡叛，反复无常，这是他们不可改变的自然天性。文学不赞成汉武帝征讨匈奴的决策，认为汉家伐胡几十年来，边境民众因受战争影响而无法过上和平生活。他希望汉家像公刘、太王、周公一样对戎狄致力于仁德教化。双方的分歧仍然体现在现实主义与理想主义之上。

大夫曰：“昔徐偃王行义而灭，鲁哀公好儒而削①。知文而不知武，知一而不知二。故君子笃仁以行，然必筑城以自守，设械以自备，为不仁者之害己也。是以古者，蒐狝振旅而数军实焉②，恐民之愉佚而亡戒难③。故兵革者国之用，城垒者国之固也；而欲罢之，是去表见里④，示匈奴心腹也。匈奴轻举潜进，以袭空虚，是犹不介而当矢石之蹊⑤，祸必不振⑥。此边境之所惧，而有司之所忧也。”

【注释】

①昔徐偃王行义而灭，鲁哀公好儒而削：原作“昔徐偃行王义而灭，好儒而削”，据王利器说校改。徐偃王，徐国君主。关于徐偃王行仁义而亡的故事，先秦两汉古籍多有论及，但彼此说法差异很

大。《淮南子·人间训》:“徐偃王为义而亡。”鲁哀公,姬姓,名蒋,为鲁国第二十六任君主。在任期间,鲁国权力掌握在三桓手中。《礼记》和《大戴礼记》中记载了鲁哀公与孔子的几次谈话,被人视为鲁哀公“好儒”的证据。《淮南子·人间训》:“哀公好儒而灭。”

②蒐(sōu)狝(xiǎn)振旅而数军实:《左传·隐公五年》:“故春蒐、夏苗、秋狝、冬狩,皆于农隙以讲事也。三年而治兵,入而振旅,归而饮至,以数军实。”杜预注:“蒐,索,择取不孕者。狝,杀也,以杀为名,顺秋气也。振,整也。旅,众也。饮于庙,以数车徒器械及所获也。”春天打猎叫蒐,秋天打猎叫狝。振旅,整治军队。数军实,统计军队的器械、人员、粮饷及俘获物。

③佚:通“逸”。愉(tōu):苟且偷安。亡戒难:忘记戒备灾难。亡,通“忘”。

④见:同“现”。

⑤介:通“甲”。石:矢弩,一说,发石。蹊(xī):路径。

⑥振:救。

【译文】

大夫说:“从前徐偃王施行仁义而灭亡,鲁哀公好儒生而公室削弱。他们只知文治而不知武功,只知一个方面而不知两个方面。因此君子厚于仁爱来行事,但一定要修筑城墙来自我守卫,设置器械来自我防备,为的是防止不仁的人坑害自己。所以在古代,春秋打猎,整顿军队,检查车马士卒器械,怕的是民众只顾苟且偷安而忘记戒备灾难。因此兵器、盔甲是用来保卫国家的,城墙、营垒是用来巩固国防的。你们却想取消兵革城垒,这是要去掉国防的外表,展现内里,将自己的心腹要害暴露给匈奴。匈奴人轻装行动,秘密前进,来偷袭国防空虚之处,这如同不披盔甲而站在箭石所射的道路上,灾祸必定不能避免。这是边境所恐惧的事,也是主管官员所担忧的事。”

文学曰："往者，通关梁①，交有无②，自单于以下③，皆亲汉内附，往来长城之下。其后，王恢误谋马邑④，匈奴绝和亲，攻当路塞⑤，祸纷拏而不解⑥，兵连而不息，边民不解甲弛弩⑦，行数十年，介胄而耕耘⑧，锄耰而候望⑨，燧燔烽举⑩，丁壮弧弦而出斗⑪，老者超越而入葆⑫。言之足以流涕寒心，则仁者不忍也。《诗》云：'投我以桃，报之以李。'⑬未闻善往而有恶来者。故君子敬而无失，与人恭而有礼⑭，四海之内，皆为兄弟也。故内省不疚，夫何忧何惧⑮！"

【注释】

①关梁：关卡和桥梁。《史记·匈奴列传》载："孝景帝复与匈奴和亲，通关市。"

②交有无：与匈奴互通有无。

③单(chán)于：匈奴君主。

④王恢误谋马邑：《史记·匈奴列传》载："汉使马邑下人聂翁壹奸兰出物与匈奴交，详为卖马邑城以诱单于。单于信之，而贪马邑财物，乃以十万骑入武州塞。汉伏兵三十余万马邑旁，御史大夫韩安国为护军，护四将军以伏单于。单于既入汉塞，未至马邑百余里，见畜布野而无人牧者，怪之，乃攻亭。是时雁门尉史行徼，见寇，葆此亭，知汉兵谋。单于得，欲杀之，尉史乃告单于汉兵所居。单于大惊曰：'吾固疑之。'乃引兵还。出曰：'吾得尉史，天也，天使若言。'以尉史为'天王'。汉兵约，单于入马邑而纵。单于不至，以故汉兵无所得。汉将军王恢部出代击胡辎重，闻单于还，兵多，不敢出。汉以恢本造兵谋而不进，斩恢。自是之后，匈奴绝和亲，攻当路塞，往往入盗于汉边，不可胜数。"王恢谋马邑事发生在公元前133年。

⑤攻当路塞：原作“故当路结”，据陈遵默说校改。这句是说，进攻交通要道上的关塞。

⑥纷拏（ná）：纠缠联接。

⑦弛弩：放松弓弦。

⑧介胄（zhòu）：此处用做动词，穿着铠甲，戴着头盔。介，甲。胄，头盔。

⑨钽：同“锄”。櫌（yōu）：一种榔头状的农具，用于捣碎土块，平整土地。候望：守望观察。

⑩燧（suì）：边关上用来告警的烽火。燔（fán）：焚烧。

⑪丁壮弧弦而出斗：青壮年挟持弓箭出去战斗。弧，木弓。

⑫超越：快速。葆：通“堡”。

⑬投我以桃，报之以李：见于《诗经·大雅·抑》。

⑭故君子敬而无失，与人恭而有礼：见于《论语·颜渊》。敬，恭敬严肃。失，失礼。

⑮故内省不疚，夫何忧何惧：见于《论语·颜渊》。内省，内心反省。

【译文】

文学说：“以前，汉家与匈奴开通关卡桥梁，彼此交换有无，从单于到以下的匈奴人，都亲近汉家，愿意内附，与汉家往来于长城之下。后来，王恢错误地谋划马邑之役，于是匈奴断绝和亲，进攻交通要道上的关塞，灾祸纠缠连结而难解，战争连年不息，边塞居民不解盔甲，不敢放松弓弩，经历几十年，穿着铠甲、戴着头盔而耕耘，手里拿着锄头木櫌而守望观察敌情，边关上烽火连片，青壮年挟持弓箭出去战斗，老人赶快躲入堡垒。这些话说起来足以让人流涕寒心，仁义的人是不忍心这样做的。《诗经·大雅·抑》写道：‘投给我一只桃，报答你一只李。’我从来没有听说过以善交往而招来以恶来回报的。因此君子恭敬严肃而没有失礼之处，如果做到与人恭敬而有礼貌，那么四海之内，大家都是兄弟。所以自我内心反省而无愧疚，有什么可忧，又有什么可怕呢！”

大夫曰："自春秋诸夏之君①，会聚相结②，三会之后③，乖疑相从④，伐战不止；六国从亲⑤，冠带相接⑥，然未尝有坚约⑦。况禽兽之国乎！《春秋》存君在楚⑧，诘鼬之会书公⑨，绐夷、狄也⑩。匈奴数和亲，而常先犯约，贪侵盗驱，长诈之国也。反复无信，百约百叛，若硃、象之不移⑪，商均之不化⑫。而欲信其用兵之备⑬，亲之以德，亦难矣。"

【注释】

①诸夏：中原各诸侯国。

②会聚相结：会盟结约。

③三会：多次会盟。

④乖：不一致。疑：猜疑。相从：随之而来。

⑤从亲：即合纵。这是战国纵横家苏秦提出来的国际战略，山东齐、楚、燕、韩、赵、魏山东从南到北，组成一个战略联盟，共同对抗西方的秦国。从，同"纵"。

⑥冠带：戴帽束带，指官吏服饰，此处指山东六国派出的合纵使者。相接：相望于道。

⑦坚约：坚定的盟约。

⑧《春秋》存君在楚：《春秋公羊传·襄公二十九年》载："春，王正月，公在楚。何言乎公在楚？正月以存君也。"当时情势是楚强鲁弱，鲁襄公到楚国参加会盟，正好赶上楚康王病逝，鲁襄公遂赴楚吊唁。存，存问，慰问。

⑨诘鼬（yòu）之会书公：《春秋·定公四年》载："五月，公及诸侯盟于皋鼬。"鲁定公四年为公元前506年。诘鼬，《左传》作"皋鼬"，《公羊传》作"浩油"，地名，在河南临颍县南。

⑩绐：通"殆"，危。一说，殆，绥靖。

⑪硃：一作“朱”，尧之不肖子丹朱。象：舜弟，为人骄傲，曾欲谋杀舜。不移：天性难移。

⑫商均：舜之不肖子。不化：不能感化。

⑬而欲信其用兵之备：此句似有阙文，结合上下文来看，此句应为“而欲信其言，弃其用兵之备”。录以备考。

【译文】

大夫说：“自春秋以来，中原各诸侯国君主，会盟结约，多次会盟之后，彼此乖异怀疑随之而来，互相攻伐，战斗不止；战国时期山东六国合纵抗秦，使者冠带相望于道，但是从来就不曾有坚定的盟约。中原如此，何况是像匈奴这样的禽兽之国呢！《春秋·襄公二十九年》慰问羁留在南蛮楚国的鲁襄公，《春秋·定公四年》记载鲁定公参加诰鼬会盟，都是认为夷、狄危险。匈奴屡次与汉家和亲，常常先犯盟约，贪婪侵扰，盗掠得手后撤走，是擅长欺诈的国家。他们反复无信，一百次盟约便有一百次背叛，像尧的不肖子丹朱、舜的不肖弟象一样劣性难移，像舜的不肖子商均一样不能感化。要听信匈奴作用兵的准备，又依靠仁德来亲近他们，这也太难了。”

文学曰：“王者中立而听乎天下①，德施方外，绝国殊俗②，臻于阙廷③，凤皇在列树④，麒麟在郊薮⑤，群生庶物⑥，莫不被泽。非足行而仁办之也⑦，推其仁恩而皇之⑧，诚也。范蠡出于越⑨，由余长于胡⑩，皆为霸王贤佐。故政有不从之教，而世无不可化之民。《诗》云：‘酌彼行潦，挹彼注兹。’⑪故公刘处戎、狄，戎、狄化之⑫。太王去豳，豳民随之⑬。周公修德，而越裳氏来⑭。其从善如影响⑮。为政务以德亲近，何忧于彼之不改？”

【注释】

①中立：立于天下的中心。听：听政。

②绝国：绝远之国。殊俗：不同风俗。

③臻：至。阙廷：宫阙朝廷。

④皇：通“凰”。列树：成行的树。《荀子·哀公》：“凤在列树，麟在郊野。”

⑤麒麟：中国传说中的神兽，往往作为盛世祥瑞出现。郊薮(sǒu)：郊野。

⑥群生庶物：各种生物。

⑦足行：亲自跑路。仁：一本作“人”。

⑧皇：大。

⑨范蠡：春秋末年越国大夫，辅佐越王勾践灭吴，功成之后泛舟五湖。

⑩由余：来自西戎，后辅佐秦穆公称霸西戎。

⑪酌彼行潦(lǎo)，挹(yì)彼注兹：见于《诗经·大雅·泂(jiǒng)》。酌，取。行潦，路上积水。挹，舀。注，注入。兹，此。

⑫公刘处戎、狄，戎、狄化之：《史记·周本纪》载：“公刘虽在戎狄之间，复修后稷之业，务耕种，行地宜，自漆、沮度渭，取材用，行者有资，居者有畜积，民赖其庆。百姓怀之，多徙而保归焉。周道之兴自此始，故诗人歌乐思其德。”

⑬太王去豳(bīn)，豳民随之：《史记·周本纪》载太王因受戎狄侵扰，“乃与私属遂去豳，度漆、沮，逾梁山，止于岐下。豳人举国扶老携弱，尽复归古公于岐下。及他旁国闻古公仁，亦多归之”。

⑭周公修德，而越裳氏来：据《尚书大传》载，周公居摄六年，制礼作乐，天下和乐，越裳氏重译来朝，而献白雉。

⑮如影响：如影随形，如响随声。

【译文】

文学说："天子居于天下之中而听天下之政，仁德施于国外，远方不同风俗的邦国，都来到天子宫阙朝廷，凤皇停在树上，麒麟在郊野游玩，天下各种生物，没有不蒙受天子恩泽。这并不是天子亲自跑路经办的，而是天子推广仁恩而加以扩大，这是出于天子的诚心啊。范蠡出于东夷越国，由余生长在西戎，他们后来都成为霸王贤明的辅佐。因此只有朝廷发布不可遵从的教令，而世间没有不可教化的民众。《诗经·大雅·泂》说：'取来路边积水，舀水注到这里。'因此公刘居于戎狄之间，戎狄被公刘所感化。太王离开豳地，豳地民众跟随他迁到岐下。周公修德行义，越裳氏前来朝贡。人们从善如流，如同影之随形，响之随声。朝廷为政，务求以仁德亲近匈奴，那还担忧什么他们天性不改呢？"

卷　九

繇役第四十九

【题解】

本篇题为“徭役”，其实文中也涉及兵役。汉武帝外伐四夷，不可避免地要征发大量民众从事兵役和徭役。大夫认为，自古以来，明君圣王都要从事征伐和防御。他特别指出，不仅民众要为战争付出劳苦，就是汉武帝本人为了战争也拿出皇家经费，解下车舆上的骖马，减少音乐娱乐，降低伙食标准，来赈济贫困，补给边疆费用。文学主张汉家应该实行文治，不要炫耀武功，因为兵役和徭役给人民带来了无尽的痛苦。

大夫曰：“屠者解分中理①，可横以手而离也②；至其抽筋凿骨③，非行金斧不能决④。圣主循性而化，有不从者，亦将举兵而征之，是以汤诛葛伯⑤，文王诛犬夷⑥。及后戎、狄猾夏⑦，中国不宁，周宣王、仲山甫式遏寇虐⑧。《诗》云：‘薄伐猃狁，至于太原。’⑨‘出车彭彭，城彼朔方。’⑩自古明王不能无征伐而服不义，不能无城垒而御强暴也。”

【注释】

①解分:解割肉骨。中理:合于腠理。

②横:旁侧。离:分离,指撕开。

③凿骨:砍断骨头。

④金斧:金属刀斧。马非百说,“金”当为“斤”,其说较长。决:解决。

⑤汤诛葛伯:《孟子·梁惠王下》载孟子引《书》曰:“汤一征,自葛始。”葛,古国名,在今河南兰考东北。

⑥文王诛犬夷:《史记·周本纪》载:“明年,伐犬戎。”

⑦猾:乱。夏:指中原诸侯国。

⑧周宣王:姬姓,名静,西周第十一任君主,曾派兵征讨四夷并取得胜利,史称“宣王中兴”。仲山甫:周宣王卿士,辅佐宣王理政,《诗经·大雅·烝民》歌颂他的事迹。式:语助词。遏:制止。寇虐:侵扰。

⑨薄伐猃狁(xiǎn yǔn),至于太原:见于《诗经·小雅·六月》。薄,语助词。猃狁,古代族名,又叫犬戎,活动于陕甘一带。

⑩出车彭彭,城彼朔方:《诗经·小雅·出车》:“王命南仲,往城于方。出车彭彭,旂旐央央。天子命我,城彼朔方。”大夫从中取其两句。彭彭,兵车行进的声音。城,筑城。朔方,北方。

【译文】

大夫说:“屠夫解割肉骨时只要合于腠理,就可以从旁侧用手撕开;至于抽筋砍骨,不用斧头是不能解决问题的。圣明君主遵循人性而进行教化,如果有不服从的,也要出兵征伐,所以商汤诛讨葛伯,文王诛讨犬夷。到了后来戎狄扰乱华夏,中国不能安宁,周宣王、仲山甫遏止戎狄侵扰。《诗经·小雅·六月》写道:‘出兵讨伐猃狁,一直打到太原。’《诗经·小雅·出车》说:‘战车出行彭彭,到那北方筑城。’自古以来,英明君王不能不通过征伐而征服不义之人,不能不修筑城垒而防御强暴。”

文学曰："舜执干戚而有苗服①，文王底德而怀四夷②。《诗》云：'镐京辟雍，自西自东，自南自北，无思不服。'③普天之下，惟人面之伦④，莫不引领而归其义⑤。故画地为境，人莫之犯。子曰：'白刃可冒，中庸不可入。'⑥至德之谓也。故善攻不待坚甲而克，善守不待渠梁而固⑦。武王之伐殷也，执黄钺，誓牧之野⑧，天下之士莫不愿为之用。既而偃兵⑨，搢笏而朝⑩，天下之民莫不愿为之臣。既以义取之，以德守之。秦以力取之，以法守之，本末不得，故亡。夫文犹可长用，而武难久行也。"

【注释】

①舜执干戚而有苗服：《韩非子·五蠹》："当舜之时，有苗不服，禹将伐之，舜曰：'不可。上德不厚而行武，非道也。'乃修教三年，执干戚舞，有苗乃服。"有苗，古代南方少数民族，又称"三苗"。

②底：一本作"宣"。

③镐(hào)京辟雍，自西自东，自南自北，无思不服：见于《诗经·大雅·文王有声》。镐京，西周首都，为周武王所营建，又称西都，故址在今西安市长安区西北。辟雍，西周学宫，为圆形建筑，四周环水。服，服从。

④人面：长有人的形状。伦：辈，类。

⑤引领：伸长脖子。

⑥白刃可冒，中庸不可入：见于《礼记·中庸》。冒，冒犯。入，侵入。

⑦渠：沟渠，护城河。梁：堤，工事。

⑧誓牧之野：在牧野誓师，《尚书·牧誓》记载了周武王的誓词。牧野，地名，在今河南淇县。

⑨偃兵：休兵。《史记·周本纪》载周武王伐纣之后，“纵马于华山之阳，放牛于桃林之阴；偃干戈，振兵释旅，示天下不复用也”。

⑩搢(jìn)：插。笏(hù)：朝笏，古时君臣朝见时手中所执的狭长板子，用玉、象牙或竹片制成，用以比画或在上面记事，以备遗忘。

【译文】

文学说：“帝舜让人手执盾牌大斧跳武舞而有苗驯服，文王宣示仁德而怀柔四夷。《诗经·大雅·文王有声》说：‘镐京建了辟雍，从西方到东方，从南方到北方，无人想到不服。’普天之下，只要是人类，没有人不伸长脖子而归顺道义。因而只要在地上画个界限，就没有人敢侵犯。孔子说：‘白刀子可以冒犯，但中庸不可侵入。’说的就是最高道德啊。因此善于进攻的人不需要坚固的盔甲而能攻克，善于守卫的人不需要护城沟渠而能固守。周武王讨伐殷纣王，手执黄钺，在牧野誓师，天下士兵没有人不愿为他所用。不久休兵，大臣们插朝笏上朝，天下民众没有人不愿意做他的臣民。周王朝以正义取得政权，以仁德守卫政权。秦王朝以暴力夺取天下，以严刑峻法守卫天下，本末倒置，因而灭亡。文治可以长用，武功难以久行。”

大夫曰：“《诗》云：‘猃狁孔炽，我是用戒。’①‘武夫潢潢，经营四方。’②故守御征伐，所由来久矣。《春秋》大戎未至而豫御之③。故四支强而躬体固④，华叶茂而本根据⑤。故饬四境所以安中国也⑥，发戍漕所以审劳佚也⑦。主忧者臣劳，上危者下死⑧。先帝忧百姓不赡，出禁钱⑨，解乘舆骖⑩，贬乐损膳⑪，以赈穷备边费⑫。未见报施之义，而见沮成之理⑬，非所闻也。”

【注释】

①猃狁孔炽(chì),我是用戒:见于《诗经·小雅·六月》。孔,很。炽,盛。是用,因此。戒,《毛诗》作“急”,紧急。

②武夫潢潢,经营四方:见于《诗经·大雅·江汉》。潢潢,《毛诗》作“洸洸”,威武的样子。

③《春秋》大戎未至而豫御之:此句原作“《春秋》讥戎骊未至豫御之”,据张敦仁说校改。《春秋公羊传·庄公十八年》:“夏,公追戎于济西。此未有言伐者,其言追何?大其为中国追也。此未有伐中国者,则其言为中国追何?大其未至而豫御之也。”豫,通“预”。

④支:同“肢”。躬体:身体。

⑤华:花。据:盛。

⑥饬:整治。

⑦发:征发。戍:戍边。漕:漕运。审:仔细考虑。佚:通“逸”。

⑧主忧者臣劳,上危者下死:《国语·越语下》:“为人臣者,君忧臣劳,君辱臣死。”

⑨禁钱:皇家金钱。

⑩解乘舆骖:解下皇帝车舆上的骖马。乘舆,皇帝的车辆。

⑪贬乐:减少音乐娱乐。损膳:降低伙食标准。

⑫赈穷:赈济贫困。备边费:供给边境费用。

⑬沮成:沮毁成就。

【译文】

大夫说:“《诗经·小雅·六月》写道:‘猃狁气焰很盛,形势因此紧急。’《诗经·大雅·江汉》说:‘武士英勇威武,讨伐四面八方。’因此守御边疆,征伐四夷,由来已久。《春秋》充分肯定戎狄尚未侵犯就事先防御。因而四肢强壮就会身体强健,花叶茂盛就会树大根深。因此整治四境是为了安定中原内地,征发戍边漕运是考虑到一劳永逸。君主忧虑时臣下应该多操劳,在上位者危险,在下位者应该为之献身。已故武帝担忧老百姓不富足,便拿出皇家经费,解下皇帝车舆上的骖马,减少音乐娱乐,降低伙食标准,来赈济贫困,补给边疆费用。没有看到你们表达报答先皇施的意思,反而听到你们发表沮毁先帝成就的歪理,这是我没有听说过的。”

文学曰:“周道衰,王迹熄,诸侯争强,大小相凌。是以强国务侵,弱国设备。甲士劳战阵,役于兵革,故君劳而民困苦也。今中国为一统,而方内不安①,徭役远而外内烦也。古者,无过年之繇②,无逾时之役。今近者数千里,远者过万里,历二期③。长子不还,父母愁忧,妻子咏叹,愤懑之恨发动于心,慕思之积痛于骨髓④。此《杕杜》、《采薇》之所为作也⑤。”

【注释】

①方内:国内。

②繇:通“徭”,徭役。

③二期:两年。

④积痛:马非百说,当为“痛积”。

⑤《杕(dì)杜》:《诗经·唐风》中的诗篇。《毛诗序》:“刺时也。君不能亲其宗族,骨肉离散,独居而无兄弟,将为沃所并尔。”《采薇》:《诗经·小雅》中的作品。《毛诗序》:“《采薇》,遣戍役也。文王之时,西有昆夷之患,北有玁狁之难。以天子之命,命将率遣戍役,以守卫中国。”

【译文】

文学说:“西周王道衰微,圣王事迹消亡,诸侯争强称霸,大国欺凌小国。因此强国致力侵犯弱国,弱国设防备战。披甲之士劳于战争,为征战所役使,因而君主辛劳,民众困苦。如今中国成为一统天下,但国内却不安定,因为民众所服徭役的地方很远,境外境内都让人烦心。古时候,没有超过一年的徭役,也没有超过时限的兵役。如今近的徭役有数千里,远的徭役甚至超过万里,历时两年之久。长子不回来,父母就忧愁,妻子就长叹,心里产生愤懑之恨,思念之痛深于骨髓。这就是《诗经·唐风·杕杜》、《诗经·小雅·采薇》创作的原因啊。"

险固第五十

【题解】

本篇围绕国家依靠什么来保证安全的问题展开辩论。大夫认为,国家安全取决于两个要素:一是地理险要;二是战略防备。他以秦国为例,说明秦国之所以吞并山东六国,就是由于秦国处于四塞之地,而蒙恬修筑长城,可以拒敌于国门之外。文学不赞成大夫的观点,认为仁义道德才是保证国家长治久安的根本手段,主张"以仁义为阻,道德为塞,贤人为兵,圣人为守"。论辩双方各有偏颇,而文学的观点过于迂腐,如果将双方意见合起来,即既重视国防建设,又注重以德服人,那么就可以构成一个比较全面的国家安全观。

大夫曰:"虎兕所以能执熊罴、服群兽者,爪牙利而攫便也[①]。秦所以超诸侯、吞天下、并敌国者,险阻固而势居然也[②]。故龟猬有介[③],狐貉不能禽[④];蝮蛇有螫[⑤],人忌而不轻[⑥]。故有备则制人,无备则制于人。故仲山甫补衮职之阙[⑦],蒙公筑长城之固[⑧],所以备寇难,而折冲万里之外也[⑨]。今不固其外,欲安其内,犹家人不坚垣墙[⑩],狗吠夜惊,而暗昧妄行也[11]。”

【注释】

①攫(jué):野兽用爪抓取。

②势居:地位。

③猬:张敦仁说当为“猬”字之误,俞樾说当为“瑁”字之误。译文采用张敦仁说。介:甲。

④貉(hé):哺乳动物。外貌像狐狸,昼伏夜出。禽:同“擒”。

⑤蝮(fù)蛇:一种毒蛇。《艺文类聚》九六引《广志》:“蝮蛇与土色相乱,长三四尺。其中人,以牙啮之,截断皮,出血,则身尽痛,九窍血出而死。”螫(shì):毒蛇咬人。

⑥忌:害怕。轻:轻视。

⑦仲山甫补衮职之阙:《诗经·大雅·烝民》:“衮职有阙,维仲山甫补之。”衮职,天子之职。衮,天子的龙袍。阙,通“缺”,缺失。

⑧蒙公:蒙恬。

⑨折冲:使敌人战车折回。冲,战车。

⑩垣(yuán):墙。

⑪暗昧:黑暗。

【译文】

大夫说:“老虎犀牛之所以能够抓捕熊罴、镇服群兽,是因为它们爪牙锋利,抓捕猎物方便。秦国之所以能够超越山东六国诸侯、吞并天下、兼并敌国,是因为它险阻稳固,地理位置有利。因此乌龟、刺猬有甲壳,狐貉不能捕捉它们;蝮蛇能咬人,所以人类忌怕而不敢轻视。所以有军事防备就控制他人,没有军事防备就受制于他人。因而周宣王名臣仲山甫能够弥补天子履职的缺失,蒙恬修筑长城险固,是用来防备来寇的灾难,从而退敌于万里之外。如今不巩固国家防御,却想安定国内,这就如同老百姓不去修筑坚固的院墙,夜里一听到狗吠便会惊起,在黑夜中乱跑躲灾。”

文学曰：“秦左殽、函[1]，右陇阺[2]，前蜀、汉[3]，后山、河[4]，四塞以为固[5]，金城千里[6]，良将勇士，设利器而守陉隧[7]，墨子守云梯之械也[8]。以为虽汤、武复生，蚩尤复起，不轻攻也[9]。然戍卒陈胜无将帅之任[10]，师旅之众，奋空拳而破百万之师[11]，无墙篱之难[12]。故在德不在固。诚以仁义为阻[13]，道德为塞，贤人为兵，圣人为守，则莫能入。如此则中国无狗吠之警，而边境无鹿骇狼顾之忧矣[14]。夫何妄行而之乎[15]？”

【注释】

①殽：殽山，中国古代军事战略要地，以地势险峻、关隘坚固著称。地址在今河南洛宁北。函：函谷关，为中国古代雄关要塞，是进入秦国的咽喉之地。地址在今河南灵宝。

②陇阺(dī)：即陇山，又作“陇坻”，地处宁夏南部，为军事要塞。

③蜀：地名，为今天四川一部分。汉：汉中。

④山：泛指群山。河：黄河。

⑤四塞：东有函谷关，南有武关，西有散关，北有萧关。

⑥金城：犹言“铜墙铁壁”。

⑦利器：锐利的兵器。陉(xíng)：山路关隘。隧：深险之处的小道。

⑧墨子守云梯之械：据《墨子·公输》记载，云梯是公输般为楚国制造的攻城器械，墨子为此专门设计了破解云梯的方案。

⑨轻攻：轻易进攻。

⑩任：委任，任职。

⑪奋空拳：犹言“赤手空拳”。奋，举。

⑫墙：围墙。篱：篱笆。

⑬仁:原作“行”,据徐复、王利器说校改。

⑭鹿骇:鹿性胆怯,易于受惊。狼顾:狼为了自身安全,走路时常回头看。

⑮夫何妄行而之乎:马非百说,此句当为“夫何妄而行之乎”。

【译文】

文学说:“秦国东边有殽山和函谷关,西边有陇山,前边有蜀郡和汉中,后边是群山和黄河,四面要塞形成坚固堡垒,如同千里铜墙铁壁,加上良将勇士,手持锐利兵器防守山陉关隘,就像墨子防守云梯一样守护边塞。秦人认为,即使是商汤、周武王再世,蚩尤重生,也绝不敢轻易进攻秦国。但是,有一个名叫陈胜的戍卒,他既无将帅身份,也没有率领众多军队,只是凭借赤手空拳,就打败了秦朝百万之师,仿佛连围墙、篱笆这样的障碍都没有遇到。所以保卫国家的关键在于仁德,而不在于江山险固。如果真能做到以仁义为险阻,以道德为关塞,以贤人为兵器,以圣人为守将,那么就没有人能够入侵。这样中国就没有狗吠报警,边境也没有像鹿受惊骇、狼行回顾那样的担忧。又怎么会在黑夜中乱跑躲灾呢?”

大夫曰:“古者,为国必察土地、山陵阻险、天时地利,然后可以王霸。故制地城郭,饬沟垒,以御寇固国。《春秋》曰:‘冬浚洙。’①修地利也。三军顺天时,以实击虚,然困于阻险②,敌于金城。楚庄之围宋③,秦师败崤嶔崟④,是也。故曰:‘天时不如地利。’⑤羌、胡固,近于边,今不取⑥,必为四境长患。此季孙之所以忧颛臾⑦,有句贱之变⑧,而为强吴之所悔也。”

【注释】

①冬浚洙：见于《春秋·庄公九年》。浚，深挖河道，使水疏通。洙，水名，源出今山东新泰东北，西流至泰安东南，折西南至泗水县北与泗水合流，西至曲阜城东北又与泗水分流，西经兖州至济宁合洸水，折南注入泗水。

②困：原作“固”，据张敦仁说校改。

③楚庄之围宋：《史记·楚世家》载：“庄王二十年，以杀楚使也。围宋五月，城中食尽，易子而食，析骨而炊。宋华元出告以情。庄王曰：‘君子哉！’遂罢兵去。”

④秦师败崤嶔崟(qīn yín)：公元前627年，晋兵在崤山设伏，全歼秦军。嶔崟，高大险峻的样子。

⑤天时不如地利：此语见于《孟子·公孙丑下》。按，此句原作“天时地利”，据张敦仁说校改。

⑥今不取：此句原作“今不敢取”，据卢文弨、张敦仁说删“敢”字。

⑦季孙之所以忧颛臾：据《论语·季氏》记载，鲁国执政大夫季孙肥想扩大领土，派兵征讨鲁国附属小国颛臾。季孙氏派家臣冉有、子路就此事咨询孔子，孔子不赞成，冉有说：“今夫颛臾，固而近于费(季孙氏采邑)；今不取，后世必为子孙忧。”

⑧句贱之变：指句践灭吴。句，一作“勾”。

【译文】

大夫说：“古时候，治理国家一定要考察土地、山陵、阻险、天时、地利，然后才可以称王称霸。因此要根据地理形势建造内城外郭，修治沟渠堡垒，以此防御敌寇巩固国防。《春秋·庄公九年》记载：‘冬天疏浚洙水。’这就是修整地利啊。三军顺应天时，以实击虚，然而有时会被险阻所困，被坚固城墙所挡。楚庄王围攻宋国，秦军在险峻的崤山惨败，就属于这种情形。因而孟子说：‘天时不如地利。’西羌和匈奴顽固，接近中国边境，现在不把它们打下来，一定会成为中国四境长久的祸患。

这就是季孙肥之所以担忧颛臾,勾践变强而为强吴所懊悔的原因啊。”

文学曰:“地利不如人和,武力不如文德。周之致远,不以地利,以人和也。百世不夺,非以险,以德也。吴有三江、五湖之难,而兼于越①。楚有汝渊、两堂之固②,而灭于秦。秦有陇阺、崤塞,而亡于诸侯。晋有河、华、九阿③,而夺于六卿④。齐有泰山、巨海,而胁于田常⑤。桀、纣有天下,兼于滈亳⑥。秦王以六合困于陈涉⑦。非地利不固,无术以守之也。释迩忧远,犹吴不内定其国,而西绝淮水与齐、晋争强也;越因其罢⑧,击其虚。使吴王用申胥⑨,修德,无恃极其众⑩,则句践不免为藩臣海崖⑪,何谋之敢虑也?”

【注释】

①兼于越:被越国兼并。

②汝渊:汝水,因回流水深而称汝渊。两堂:楚国地名,未详所在。堂,通“棠”。

③河:黄河。华:华山。九阿:一本作“九河”,据王利器说校改。

④六卿:晋国赵氏、韩氏、魏氏、智氏、范氏、中行氏六家权臣。

⑤胁:原作“负”,据王利器说校改。田常:又称田成子,齐国田氏第八代传人,采用大斗贷出小斗收进的方法,得到齐国民心拥护。后杀死齐简公,在齐国专权。

⑥滈:通“镐”,周文王都城。原作“济”,据孙诒让说校改。亳(bó):商汤都城。

⑦六合:上下和东南西北,指天下。

⑧罢:同“疲”。

⑨吴王:夫差。申胥:伍子胥,为吴国大夫,曾力谏夫差释齐伐越,

夫差不听。

⑩恃极其众：依仗兵多。

⑪籓臣：籓国之臣。海崖：海边。

【译文】

文学说："地利不如人和，武力不如文德。周朝能够招来远方异族，不是依靠地利，而是依靠人和。政权几百年不被人夺走，不是依靠江河险阻，而是依靠德政。吴国有三江、五湖的地理形胜，结果被越国兼并。楚国有汝渊、两棠的险要，结果被秦国消灭。秦国有陇阺、崤山关塞，结果被山东六国诸侯推翻。晋国有黄河、华山、九阿险塞，政权被六卿所篡夺。齐国有泰山、大海之险，结果被权臣田常所威胁。夏桀、殷纣王拥有天下，却被商汤、周文王所取代。秦王拥有天下，却被戍卒陈涉所困。以上这些君王并不是地利不够稳固，而是因为没有正确的方法来守卫政权。放弃近处而担忧远方，像吴国一样，不去对内安定国家，而西渡淮河，与齐国、晋国争强；越国利用吴国的疲惫，攻击它的虚弱之处。假使吴王能够重用申胥，修治德政，不去依仗兵多，那么勾践免不了要做吴王海边的籓国之臣，如何敢图谋吴国呢？"

大夫曰："楚自巫山起方城①，属巫、黔中②，设扞关以拒秦③。秦包商、洛、崤、函④，以御诸侯。韩阻宜阳、伊阙⑤，要成皋、太行⑥，以安周、郑⑦。魏滨洛筑城、阻山带河⑧，以保晋国⑨。赵结飞狐、句注、孟门⑩，以存邢、代⑪。燕塞碣石⑫，绝邪谷⑬，绕援辽⑭。齐抚阿、甄⑮，关荣、历⑯，倚太山⑰，负海、河⑱。关梁者⑲，邦国之固，而山川者⑳，社稷之宝也。徐人灭舒，《春秋》谓之'取'，恶其无备，得物之易也㉑。故恤来兵㉒，仁伤刑㉓。君子为国，必有不可犯之难。《易》曰：'重门击柝，以待暴客。'㉔言备之素修也㉕。"

【注释】

①巫山：山名，在重庆、湖北两省边境。方城：山名，在今河南叶县南部。

②属：连接。巫：汉郡名，在今四川巫山县一带。黔中：战国时期楚国设置黔中郡，汉代亦设黔中郡，郡治在今湖南怀化南部的黔城。

③扞(hàn)关：地名，在今四川巴山，一说在四川奉节。

④商、洛：商山洛水，地处秦岭山地，在陕西东南部。

⑤宜阳：地名，韩国曾在宜阳建县。伊阙：即今河南洛阳市南的龙门，这里香山、龙门山相对，伊水中流，如同门阙。

⑥成皋：又称虎牢，在今河南荥阳西，为军事要地。太行：山名，又名五行山、王母山、女娲山，位于河北与山西交界处，跨越北京、河北、河南、山西四省。

⑦周、郑：指韩国吞并的周、郑故地。

⑧滨洛筑城：在洛水之滨筑城。阻山带河：以华山为险阻，以黄河为纽带。

⑨晋国：此处指魏国，魏原为三晋之一。

⑩飞狐：飞狐口，位于张家口蔚县，为军事要地。句注：句注山，即雁门山。孟门：孟门山，地名，在今山西吕梁的黄河之滨，一说，在今河南辉县西。

⑪邢：原作“荆”，据王利器说校改。此处邢、代指赵国。

⑫塞碣石：以碣石山为关塞。碣石，山名，在河北昌黎。

⑬邪谷：未详所在。一本作“斜谷”，斜谷在今陕西眉县，在战国属于秦国。

⑭绕：围绕。援：未详。辽：辽水。

⑮抚：镇抚。阿：东阿，地处鲁西平原，东依泰山，南临黄河，为战略要地。甄：甄城，在山东荷泽境内。

⑯荣:荣成山。历:历山,为中条山脉的一段。

⑰太山:即泰山。

⑱负:依仗。海:大海。河:黄河。

⑲关梁:原作"梁关",据孙诒让说校改。

⑳而山川者:"者"字原无,据孙诒让说校补。

㉑徐人灭舒,《春秋》谓之"取",恶其无备,得物之易也:《春秋公羊传·僖公三年》:"徐人取舒。其言取之何?易也。"徐、舒都是先秦诸侯国。

㉒恤来兵:体恤招来战争。

㉓仁伤刑:仁义伤害刑罚。

㉔重门击拓,以待暴客:见于《周易·系辞下》。重门,双重大门。拓,一本作"柝",巡更的梆子。击柝,巡更时敲梆子。暴客,指盗贼。

㉕素:平素,平时。修:指防备。

【译文】

大夫说:"楚国从巫山起修筑方城,连接巫山和黔中,设立扞关来抗拒秦国。秦国拥有商山、洛水、崤山和函谷关,以此防御山东诸侯。韩国以宜阳、伊阙为险阻,以成皋、太行山为要塞,以此来安定韩国。魏国在洛水之滨筑城,以华山为险阻,以黄河为纽带,以此来保卫魏国。赵国连接飞狐口、句注山和孟门山,以此来保存赵国。燕国以碣石山为关塞,以邪谷为绝险,围绕辽水来保卫燕国。齐国镇抚东阿和甄城,以荣成山和历山为关隘,背靠泰山,依仗大海和黄河。关隘要塞是国家的坚固屏障,高山大川是社稷的珍宝。徐国人消灭舒国,《春秋·僖公三年》称之为'取',这是厌恶舒国没有战略防备,徐国得到舒国是如此容易啊。因此体恤他人会招致外敌来侵,仁义道德会伤害刑罚。君子治理国家,一定要有不可侵犯的战略防范。《周易·系辞下》说:'设置双重大门,派人敲梆巡更,为的是防范盗贼。'这是说平时要加强防备啊。"

文学曰："阻险不如阻义[①]，昔汤以七十里[②]，为政于天下，舒以百里，亡于敌国。此其所以见恶也[③]。使关梁足恃，六国不兼于秦；河、山足保，秦不亡于楚、汉。由此观之：冲隆不足为强[④]，高城不足为固。行善则昌，行恶则亡。王者博爱远施，外内合同，四海各以其职来祭[⑤]，何击拓而待？《传》曰[⑥]：'诸侯之有关梁，庶人之有爵禄[⑦]，非升平之兴[⑧]，盖自战国始也。'"

【注释】

①阻险：以地理险要为关塞。阻义：以仁义为关塞。

②汤以七十里：《孟子·公孙丑上》载孟子曰："以德行仁者王，王不待大：汤以七十里，文王以百里。""十"原作"千"，据王利器说校改。

③见恶：被《春秋》所厌恶。

④冲隆：战车。

⑤四海各以其职来祭：见于《孝经》。职，职分。祭，助祭。

⑥传：解释经典的著作被称为"传"或"记"。此《传》未知出处。

⑦庶人之有爵禄：汉代庶人可以授爵。

⑧升平：太平盛世。兴：兴起。

【译文】

文学说："以地理险要为关塞，不如以仁义为关塞。从前商汤以七十里封地起家，最终作为天子执政天下。舒国有百里封地，却被敌国灭亡。这就是舒国被《春秋》厌恶的原因啊。假使关隘要塞足以依赖，那么山东六国就不会被秦国兼并；如果大河高山足以保国，那么秦国就不会被楚、汉灭亡。由此看来：战车高大不足以称为强盛，城垒高耸不足以称为稳固。行善就会昌盛，行恶就会灭亡。天子广博仁爱，恩泽远施，朝野内外同心同德，四海诸侯各以自己的职份前来助祭，还需要什么敲梆巡更防备盗贼呢？经典传记上说：‘诸侯国有关隘要塞，庶人拥有爵禄，这不是起于太平盛世，而是从战国乱世开始的。’”

论勇第五十一

【题解】

本篇讨论克敌制胜的两个问题：一是国家安全究竟是靠金城利兵还是靠仁义道德，大夫持前一种观点，而文学坚持后者；二是能否通过勇士刺客行刺来保卫国家安全，大夫认为可以通过勇士刺杀单于的方法来制服匈奴，文学坚决反对动用刺客，主张通过圣贤治国来怀柔远方异族。文学的观点显然是一种理想主义，大夫强调金城利兵本有一定道理，但他想用刺客来臣服匈奴，则未免有失汉家大国风范。

大夫曰：“荆轲怀数年之谋而事不就者①，尺八匕首不足恃也②。秦王惮于不意③，列断贲、育者④，介七尺之利也⑤。使专诸空拳⑥，不免于为禽⑦；要离无水⑧，不能遂其功⑨。世言强楚劲郑，有犀兕之甲⑩，棠溪之铤也⑪。内据金城，外任利兵⑫，是以威行诸夏，强服敌国。故孟贲奋臂，众人轻之；怯夫有备，其气自倍。况以吴、楚之士，舞利剑，蹶强弩⑬，以与貉虏骋于中原⑭？一人当百，不足道也！夫如此，则貉无交兵⑮，力不支汉，其势必降。此商君之走魏⑯，而孙膑之破梁也⑰。”

【注释】

①荆轲：战国末期刺客，受燕太子丹之托刺秦王，失败后被杀。

②尺八：原作“三尺”，据卢文弨说校改。战国一尺约合现在七寸。

③惮：畏惧。不意：意外。

④列断贲、育者：列断，斩断。列，同“裂”。贲、育，战国勇士孟贲、夏育的并称，此处以孟贲、夏育指代荆轲。按，“者”字原无，据王利器说补正。

⑤介：恃。七尺：指宝剑。

⑥专诸：春秋末年吴国刺客，受公子光之托刺杀吴王僚。

⑦为：被。禽：同“擒”。

⑧要离：春秋末年吴国刺客，阖闾派他刺杀庆忌。无水：庆忌乘船伐吴，要离在船头上刺杀庆忌。

⑨遂：成功，如意。

⑩犀兕之甲：用犀牛皮制作的铠甲。

⑪棠溪之铤(dìng)：棠溪以生产宝剑著称。铤，本指未经冶铸的铜铁，后人将铜铁铸成的兵器也叫做铤。

⑫任：依靠。

⑬蹶(jué)：踏，踩。

⑭貉(mò)虏：对匈奴的蔑称。貉，通“貊”，泛指北方民族，此处指匈奴。

⑮交兵：双方兵器相接，指交战。

⑯商君之走魏：据《史记·商君列传》载，公元前340年，商鞅用欺诈手法袭破魏将公子卬，迫使魏国迁都。

⑰孙膑之破梁：据《史记·孙子吴起列传》载，公元前341年，孙膑采用围魏救赵战略，在桂陵大破梁军。后在马陵道上伏击魏将庞涓，再破梁军。

【译文】

大夫说：“荆轲胸怀数年的刺杀谋略而事情不能成功，是因为他的一尺八寸匕首不足依赖。秦王虽然面对意外刺杀而惊恐万状，但他最终斩杀勇如孟贲、夏育的荆轲，这是因为他依靠手中的七尺长剑。假使专诸赤手空拳，那么他不免会被吴王僚所擒；如果要离没有水上乘船的便利，那么也不能行刺庆忌成功。世上人都说强大的楚国、强劲的郑国，这是因为楚国、郑国有犀牛皮制作的铠甲和锋利的棠溪宝剑。对内依靠铜墙铁壁，对外依赖锐利的兵器，因此声威震撼中原诸侯国，强盛降服了敌对国家。因此孟贲挥动空拳，众人都会轻视；胆小鬼有备在身，勇气自然加倍。何况是以勇猛著称的吴、楚之士，挥舞利剑，脚踩强弩，与匈奴在中原驰骋作战呢？以一当百，是不在话下的！如果这样的话，那么匈奴就不能与汉家交战，兵力敌不过汉家，其情势一定会向汉家投降。这就如同商鞅逼迫魏国迁都、孙膑两次袭破梁军一样。”

文学曰：“楚、郑之棠溪、墨阳①，非不利也，犀胄兕甲，非不坚也，然而不能存者，利不足恃也。秦兼六国之师，据崤、函而御宇内，金石之固，莫耶之利也②。然陈胜无士民之资，甲兵之用，钼櫌棘橿③，以破冲隆。武昭不击④，乌号不发⑤。所谓金城者，非谓筑壤而高土，凿地而深池也。所谓利兵者，非谓吴、越之铤，干将之剑也⑥。言以道德为城，以仁义为郭，莫之敢攻，莫之敢入。文王是也。以道德为胄⑦，以仁义为剑，莫之敢当⑧，莫之敢御，汤、武是也。今不建不可攻之城，不可当之兵，而欲任匹夫之役⑨，而行三尺之刃，亦细矣⑩！”

【注释】

①棠溪：地名，在今河南西平，以生产宝剑闻名。墨阳：地名，出产宝剑。

②莫耶：又作“莫邪”，宝剑名。

③钼：同“锄”。檑：一种形似榔头的木制农具。棘：酸枣树木棍。橿(jiāng)：锄柄，《释名·释用器》：“锄……齐人谓其柄曰橿。”

④武昭：汉人习用语，形容军容盛大，此处指代秦兵。

⑤乌号：传说是黄帝乘龙上天时遗落的良弓。

⑥干将：著名宝剑。

⑦胄：头盔。

⑧当：通“挡”。

⑨匹夫：此处指刺客。

⑩细：细小。

【译文】

文学说：“楚国、郑国出产的棠溪剑和墨阳剑，并非不锋利，用犀牛皮制作的盔甲，并非不坚固，然而不能使自己生存，这说明利剑是不足以依赖的。秦国兼并山东六国军队，占据崤山、函谷关有利地形而统治天下，如同金石一般坚固，莫耶宝剑一般锋利。然而陈胜没有统治民众的资本，没有坚甲利兵的装备，他们的武器是锄头、木棒、棘棍、锄柄，以此打败秦人高大的战车。秦兵盛大却不堪一击，乌号良弓也不起作用。人们所说的铜墙铁壁，并不是指用土壤高筑城墙，不是指挖掘很深的护城河。人们所说的锐利兵器，不是指吴、越兵器和干将宝剑。铜墙铁壁说的是以道德为内城，以仁义为外郭，没有人敢于进攻，没有人敢于入侵。周文王就是这样的啊。锐利兵器指的是以道德为头盔，以仁义为利剑，没有人敢于抵挡，没有人敢于防御，商汤和周武王就是这样的啊。如今朝廷不去建筑不可进攻之城，不去铸造不可抵挡的兵器，却想依靠一两个匹夫刺客，施行三尺之刃，这种谋略也太细小了！”

大夫曰：“荆轲提匕首入不测之强秦；秦王惶恐失守备，卫者皆惧。专诸手剑摩万乘[①]，刺吴王，尸孽立正[②]，镐冠千里[③]。聂政自卫[④]，由韩廷刺其主[⑤]，功成求得，退自刑于朝[6]，暴尸于市[7]。今诚得勇士，乘强汉之威，凌无义之匈奴[8]，制其死命，责以其过，若曹刿之胁齐桓公[9]，遂其求[10]。推锋折锐[11]，穹庐扰乱[12]，上下相遁[13]，因以轻锐随其后[14]。匈奴必交臂不敢格也[15]。”

【注释】

①靡：近。原作“历”，据王利器说校改。万乘：拥有万辆兵车的大国君主，指吴王僚。

②尸：陈尸。孽：庶子，指吴王僚。立正：立真正王嗣公子光。《史记·刺客列传》载公子光说：“使以兄弟次邪，季子当立；必以子乎，则光真嫡嗣，当立。”

③镐冠：白色丧帽。镐，通“缟”，白色丝。

④聂政：战国刺客，受严仲子之托刺杀韩相侠累。自卫：从卫国出发。

⑤由韩廷刺其主：《史记·刺客列传》载：“杖剑至韩，韩相侠累方坐府上，持兵戟而卫侍者甚众。聂政直入，上阶刺杀侠累。”廷，指相府。主，指冤主侠累。

⑥退自刑于朝：《史记·刺客列传》载：“聂政大呼，所击杀者数十人，因自皮面决眼，自屠出肠，遂以死。”

⑦暴尸于市：《史记·刺客列传》载：“韩取聂政尸暴于市，购问莫知谁子。”

⑧凌：凌驾。

⑨曹刿之胁齐桓公：《史记·刺客列传》载：“齐桓公许与鲁会于柯而盟。桓公与庄公既盟于坛上，曹沫执匕首劫齐桓公，桓公左右莫敢动，而问曰：‘子将何欲？’曹沫曰：‘齐强鲁弱，而大国侵鲁亦以甚矣。今鲁城坏即压齐境，君其图之。’桓公乃许尽归鲁之侵

地。”曹刿，一作“曹沫”。胁，原作“负”，据卢文弨说校改。

⑩遂：满足。

⑪推锋折锐：打击锋芒，挫折锐气。折，原作“附”，据王引之说校改。

⑫穹庐：毡子制作的圆顶帐篷，此处指代匈奴。

⑬遁：遁逃。

⑭轻锐：轻装精锐军队。

⑮交臂：束手就擒。格：格斗，抵抗。

【译文】

大夫说：“荆轲手持匕首，进入祸福难测的强秦；秦王惶恐万分，毫无防备，卫士们都很恐惧。专诸手持利剑，接近万乘之君，刺杀吴王僚，使庶子吴王僚陈尸于朝，立真正王嗣公子光为吴王，穿着丧服为专诸送葬的人绵延千里。聂政从卫国出发，到韩国朝廷刺杀冤主侠累，大功告成，所求已得，于是退下来在朝廷上自我施刑，被韩国暴陈尸体于市。当今如果真能得到勇士，乘借强盛汉家的威风，凌驾于不讲信义的匈奴，控制他们的生死，对他们的罪过进行责问，就像当年曹刿胁迫齐桓公一样，满足自己的要求。打击匈奴的锋芒，挫折他们的锐气，这样那些住在穹庐的匈奴人就会乱作一团，君臣上下相互遁逃，汉家接着以轻装精锐军队跟随匈奴之后。匈奴人一定会束手就擒，不敢抵抗汉家。”

文学曰：“汤得伊尹[①]，以区区之亳兼臣海内[②]，文王得太公[③]，廓酆、鄗以为天下[④]，齐桓公得管仲以霸诸侯[⑤]，秦穆公得由余[⑥]，西戎八国服。闻得贤圣而蛮、貊来享，未闻劫杀人主以怀远也。《诗》云：‘惠此中国，以绥四方。’[⑦]故‘自彼氐、羌，莫不来王。’[⑧]非畏其威，畏其德也。故义之服无义[⑨]，疾于原马良弓[⑩]；以之召远，疾于驰传重驿[⑪]。”

【注释】

①汤得伊尹:《史记·殷本纪》载:“伊尹名阿衡。阿衡欲干汤而无由,乃为有莘氏媵臣,负鼎俎,以滋味说汤,致于王道。或曰:伊尹处士,汤使人聘迎之,五反,然后肯往从汤,言素王及九主之事。汤举任以国政。”

②区区:小貌。亳:商汤都城,在今河南商丘。

③文王得太公:《史记·齐太公世家》载:“吕望盖尝穷困,年老矣,以渔钓奸周西伯……于是周西伯猎,果遇太公于渭之阳,与语大悦,曰:‘自吾先君太公曰:当有圣人适周,周以兴。子真是邪?吾太公望子久矣。’故号之曰‘太公望’,载与俱归,立为师。”太公,姜姓,吕氏,名尚,一名望,辅佐周文王、周武灭商,被周武王封于齐。

④廓:开拓,扩大。酆:一作“丰”,周文王都城。鄗:一作“镐”,周武王都城。丰、镐故址在今西安市长安区,丰邑在沣河的西岸,镐京在沣河的东岸。

⑤齐桓公得管仲以霸诸侯:《史记·管晏列传》载:“已而鲍叔事齐公子小白,管仲事公子纠。及小白立为桓公,公子纠死,管仲囚焉。鲍叔遂进管仲。管仲既用,任政于齐,齐桓公以霸,九合诸侯,一匡天下,管仲之谋也。”

⑥秦穆公得由余:《史记·秦本纪》载:“三十七年,秦用由余谋伐戎王,益国十二,开地千里,遂霸西戎。”

⑦惠此中国,以绥四方:见于《诗经·大雅·民劳》。中国,京师。绥,安定。四方,中原诸侯国。

⑧自彼氐、羌,莫不来王:《诗经·商颂·殷武》:“自彼氐羌,莫敢不来享,莫敢不来王。”氐、羌,古代西北两个少数民族。王,朝见商王。

⑨义:仁义。

⑩原:通“騵”,赤毛白腹的马。

⑪驰传:飞驰的传车。传,传车,古代用来传递朝廷文书,或接送官员。重驿:两匹快马拉的邮车,一说,是指沿途各驿站依次传送。驿,驿马。

【译文】

文学说:“商汤得到伊尹,以小小的亳都统治海内,周文王得到姜太公,疆域由丰、镐而扩大到天下,齐桓公得到管仲后称霸诸侯,秦穆公得到由余,西戎八个国家臣服秦国。我只听说过得到圣贤之后而落后边远邦国前来献享,从未听说过劫杀别国君主来达到怀柔远人的目标。《诗经·大雅·民劳》写道:‘惠爱京师民众,来安定中原诸侯国。’因此《诗经·商颂·殷武》说:‘从那个氐羌,没有人不来朝见商王。’他们并不畏惧中国军威,而是畏惧中国天子的仁德。因此仁义征服不义,比騵马良弓还要快;用仁义招来远人,比飞奔的驿马传车还要迅速。”

论功第五十二

【题解】

本篇围绕征讨匈奴问题展开三轮辩论。第一轮讨论匈奴的难易,大夫从城池、兵器、粮食、礼义、智慧各个层面,力证汉家征伐匈奴之易,而文学则强调征讨匈奴之难。第二轮辩论汉武帝伐匈奴的功过,大夫充分肯定汉武帝征讨不义的匈奴,认为是“圣王累年仁义之积”,文学认为应该效法圣王以道德感化远人的方式,提出在战胜之后就应该退修仁义,不宜穷兵黩武。第三轮讨论要不要继续征伐匈奴,大夫认为要为汉家万世子孙考虑,根绝国家的外患,文学则举亡秦为例,说明战争不仅带来长治久安,反而可能导致国家灭亡。

大夫曰："匈奴无城廓之守[1]，沟池之固[2]，修戟强弩之用[3]，仓廪府库之积，上无义法[4]，下无文理[5]，君臣嫚易[6]，上下无礼，织柳为室[7]，旃廗为盖[8]。素弧骨镞[9]，马不粟食[10]。内则备不足畏，外则礼不足称。夫中国天下腹心，贤士之所总[11]，礼义之所集，财用之所殖也[12]。夫以智谋愚，以义伐不义，若因秋霜而振落叶[13]。《春秋》曰："桓公之与戎、狄，驱之尔。"[14]况以天下之力乎？"

【注释】

①廓：通"郭"，外城。

②沟池：指护城河。

③修：长。

④义法：礼义法则。

⑤文理：文教理规。

⑥嫚(màn)易：轻慢。

⑦织柳为室：纺织柳条作为房屋。

⑧旃(zhān)廗为盖：用毡席做屋顶。旃，通"毡"。廗，通"席"。

⑨素弧：不加修饰的木弓。骨镞：用兽骨做的箭头。

⑩不粟食：不用谷子喂。

⑪总：聚合。

⑫殖：繁殖。

⑬振：振动，振击。

⑭桓公之与戎、狄，驱之尔：《春秋公羊传·庄公三十年》："齐人伐山戎。此齐侯也，其称人何？贬。曷为贬？子司马子曰：'盖以操之为已蹙矣。'此盖战也，何以不言战？《春秋》敌者言战，桓公之与戎狄，驱之尔。"大夫征引《公羊传》，是说汉家与匈奴不是对

等的敌手，而应该像当年桓公驱逐山戎一样，将匈奴赶走。

【译文】

大夫说："匈奴没有内城外郭的防守，没有护城河的固垒，没有长戟强弩的兵器，也没有仓廪府库的积蓄，他们上无礼义法则，下无文教理规，君臣轻慢，上下无礼，编织柳条为房屋，用毡席做屋顶。他们的兵器是没有修饰的木弓和用兽骨制作的箭头，马不用谷子喂。在国内他们的防备不足畏惧，在国外他们的礼俗不足称道。中国是天下的中心，为贤士聚合之处，礼义汇集之所，财用繁殖之地。以智慧的中国谋伐愚蠢的匈奴，以仁义的中国讨伐不义的匈奴，就如同秋霜扫落叶一般。《春秋公羊传·庄公三十年》说：'齐桓公讨伐戎狄，不过是将戎狄驱逐而已。'何况汉家是以天下之力征讨匈奴呢？"

文学曰："匈奴车器无银黄丝漆之饰[①]，素成而务坚[②]，丝无文采裙袆曲襟之制[③]，都成而务完[④]。男无刻镂奇巧之事[⑤]，宫室城郭之功。女无绮绣淫巧之贡[⑥]，纤绮罗纨之作[⑦]。事省而致用[⑧]，易成而难弊。虽无修戟强弩，戎马良弓；家有其备，人有其用，一旦有急，贯弓上马而已[⑨]。资粮不见案首[⑩]，而支数十日之食[⑪]，因山谷为城郭[⑫]，因水草为仓廪。法约而易辨，求寡而易供。是以刑省而不犯，指麾而令从[⑬]。嫚于礼而笃于信[⑭]，略于文而敏于事[⑮]。故虽无礼义之书，刻骨卷木[⑯]，百官有以相记[⑰]，而君臣上下有以相使。群臣为县官计者，皆言其易，而实难，是以秦欲驱之而反更亡也。故兵者凶器，不可轻用也[⑱]。其以强为弱，以存为亡，一朝尔也[⑲]。"

【注释】

①银：白银。黄：黄金。丝：丝绸包裹。漆：漆刷。

②素成：以朴素本色制成。务坚：务求坚固。

③文：同"纹"，花纹。采：色彩。裙：裙子。袆（huī）：蔽膝。曲襟：交领。

④都成：以整幅布匹做成。务完：力求完好。

⑤刻镂：雕刻。奇巧：奇技巧艺。

⑥绮绣：刺绣花纹图案。淫巧：过于精巧。贡：贡品。

⑦纤绮罗纨：有花纹的丝织品。

⑧事省：事务简单。致用：耐用。

⑨贯弓：即弯弓，拉满弓。

⑩资粮：物资粮食。案首：食案之上。

⑪支：支持。

⑫因：凭借。

⑬指麾（huī）：即指挥。

⑭笃：厚。

⑮文：文书。

⑯刻骨：在兽骨上刻符记事。卷木：编联木简。木，原作"衣"，据卢文弨、张敦仁说校改。

⑰有以相记：有记事的工具，即刻骨卷木。

⑱兵者凶器，不可轻用：《老子》第三十一章："夫兵者，不祥之器，物或恶之，故有道者不处。"《韩非子》、《吕氏春秋》、《淮南子》、《尉缭子》等文献中都有关于"兵者凶器"的论述，说明这是战国秦汉人的共识。

⑲一朝：顷刻之间。

【译文】

文学说："匈奴的车辆、器具没有白银、黄金、丝绸、油漆的装饰，用材料的朴素本色制成，务求坚固，丝绸衣服没有花纹、彩色、裙子、蔽膝、交领之类的制作，用整幅布做成，力求完好。男子汉没有雕刻之类的奇技巧工之事，也没有宫室和内城外郭之类的建筑工程。女子没有刺绣花纹图案之类的过于精巧的贡品，也没有纺织花纹丝绢的劳作。事务简省而耐用，容易做成而难以坏掉。匈奴虽然没有长戟强弩，但他们却有战马良弓；家家有准备，人人有事做，一旦有紧急情况，挟弓上马就可以战斗。物资粮食虽然不见于食案，但可以支持几十日的口粮，他们凭借山谷作为自己的城郭，凭借天然的水草作为自己的仓廪。法令简约，易于辨别，要求很少，易于提供。因此匈奴刑罚减省，人们却不违犯，长官指挥，人们就服从命令。他们慢于礼节，却厚于信用，文书简略，却办事迅速。因此他们虽然没有礼义书籍，只是在兽骨上刻符记事，卷起木简为书，但是百官有记事的工具，君臣上下有互相传达信息的方法。群臣为朝廷出主意，都说讨伐匈奴容易，其实很难，因此秦朝想驱逐匈奴，结果反而自己灭亡。因此战争是凶器，决不可轻易用它。战争使强者变成弱者，使生者变成死者，也就是一个早晨的事情而已。”

大夫曰：“鲁连有言①：‘秦权使其士，虏使其民。’②故政急而不长③。高皇帝受命平暴乱，功德巍巍④，惟天同大焉⑤。而文、景承绪润色之⑥。及先帝征不义⑦，攘无德⑧，以昭仁圣之路⑨，纯至德之基⑩，圣王累年仁义之积也。今文学引亡国失政之治，而况之于今⑪，其谓匈奴难图，宜矣！”

【注释】

①鲁连：战国齐人鲁仲连，以排难解纷不求报偿著称，曾说服赵国平原君不要尊秦国为帝。

②秦权使其士，虏使其民：用权诈之术对待士人，把民众当做奴虏

使用。《史记·鲁仲连邹阳列传》载鲁仲连曰:“彼秦者,弃礼义而上首功之国也,权使其士,虏使其民。”虏,原作“虐”,据卢文弨、孙人和说校改。

③政急:政治苛急。

④巍巍:高大的样子。

⑤惟天同大:只有天与汉高祖的功德同样高大。《论语·泰伯》载孔子曰:“大哉!尧之为君也。巍巍乎!唯天为大,唯尧则之。”大夫此处用孔子语意。

⑥文:汉文帝。景:汉景帝。承绪:继承汉高祖事业。润色:本义是指加工修饰,增添光彩,此处指发扬光大。

⑦先帝:汉武帝。不义:指四夷,与下文“无德”同义。

⑧攘:击退。

⑨昭:彰显。

⑩纯:使动词,使之纯洁。至德:最高道德。

⑪况:比拟,形容。

【译文】

大夫说:“鲁仲连说过:‘秦国用权诈之术对待士人,把民众当做奴虏使用。’因而秦国政治苛急,统治天下的时间不长。高祖皇帝接受天命,平定秦朝暴乱,功德巍巍高耸,只有天与高祖皇帝的功德同样高大。汉文帝、汉景帝继承高祖事业,加以发扬光大。到了已故武帝,征讨不义的夷狄,击退无德蛮夷的骚扰,以彰显仁德圣明的道路,使最高道德基业纯洁,这是圣明的君王年复一年仁义的积累啊。如今文学征引亡国失政的政治,拿当今政治作比,说匈奴难以对付,那是当然的了!”

文学曰:“有虞氏之时[①],三苗不服[②],禹欲伐之,舜曰:‘是吾德未喻也[③]。’退而修政,而三苗服。不牧之地[④],不羁之民[⑤],圣王不加兵,不事力焉,以为不足烦百姓而劳中国也。今明主修圣绪[⑥]，宣德化[⑦]，而朝有权使之谋[⑧]，尚首功之事[⑨]，臣固怪之。夫人臣席天下之势[⑩]，奋国家之用[⑪]，身享其利而不顾其主，此尉佗、章邯所以成王[⑫]，秦失其政也。孙子曰[⑬]：'今夫国家之事，一日更百变[⑭]，然而不亡者，可得而革也[⑮]。逮出兵乎平原广牧[⑯]，鼓鸣矢流[⑰]，虽有尧、舜之知[⑱]，不能更也。'战而胜之，退修礼义，继三代之迹[⑲]，仁义附矣[⑳]。战胜而不休，身死国亡者，吴王是也[㉑]。"

【注释】

①有虞氏：舜的国号。《史记·五帝本纪》载："自黄帝至舜、禹，皆同姓而异其国号。故黄帝为有熊，帝颛顼为高阳，帝喾为高辛，帝尧为陶唐，帝舜为有虞。"

②三苗：古代南方民族，又称"苗民"、"有苗"，分布在洞庭湖和鄱阳湖之间。

③喻：晓喻，引申为感化。

④不牧之地：指未经治理的地方。牧，本指放牧牲畜，古代统治者称治理民众为牧民。

⑤羁：本指马笼头，引申为约束、驯服。

⑥圣绪：圣人事业。

⑦宣：施行。德化：道德教化。

⑧朝：朝廷。权使：权术使用。

⑨尚：崇尚。一说，尚，同"上"。首功：根据杀敌斩首多少来计功。首，头颅。

⑩席：凭借。

⑪奋：发挥。

⑫尉佗：又称赵佗，本为秦朝将领，受命平定南越，秦末趁内地战

乱,建立南越国,自称南越武王。章邯:秦朝将领,被项羽打败后投降,被项羽封为雍王。

⑬孙子曰:以下几句,今本《孙子》无。

⑭更:变化。

⑮革:变革。

⑯逮:及,等到。广牧:广阔的牧野。

⑰鼓鸣:擂响战鼓。矢流:万箭齐发。

⑱知:同"智"。

⑲三代:夏、商、周。

⑳附:归附。

㉑吴王:指夫差。

【译文】

文学说:"有虞氏时期,三苗不驯服,禹想征伐三苗,帝舜说:'这是我的仁德未能感化他们。'帝舜于是退身加强政治教化,结果三苗归服天子。未经治理的地方,未能驯服的民众,圣王不会加兵征讨,不会从事武力,认为这不足以麻烦老百姓而劳顿中国。如今圣明君主继承圣王事业,施行道德教化,而朝廷却有人使用权诈谋略,崇尚斩首计功之事,我对此感到奇怪。身为人臣,凭借天下之势,发挥国家效用,身享国家利益却不顾其君主,这就是尉佗、章邯称王,秦朝失去权柄的原因。孙子说:'现在国家的事务,一日之内有上百种变化,然而不会亡国,这是因为可以得到变革的机会。等到叛军出战平原广野之上,战鼓齐鸣,箭矢如雨,此时即使有尧、舜的智慧,也不能扭转大局了。'战胜之后,就要退下来修治礼义,继承夏、商、周三代王道传统,这样仁义就归附了。战胜之后却不知休止,导致身死国亡,吴王夫差就是这样的人啊。"

大夫曰:"顺风而呼者易为气①,因时而行者易为力。文、武怀余力②,不为后嗣计③,故三世而德衰④,昭王南征,死而不还[5]。凡伯囚执[6]，而使不通，晋取郊、沛[7]，王师败于茅戎[8]。今西南诸夷，楚庄之后[9]；朝鲜之王，燕之亡民也[10]。南越尉佗起中国[11]，自立为王，德至薄，然皆亡天下之大[12]，各自以为一州，倔强倨敖[13]，自称老夫。先帝为万世度[14]，恐有冀州之累[15]，南荆之患[16]，于是遣左将军楼船平之[17]，兵不血刃，咸为县官也[18]。七国之时，皆据万乘，南面称王，提珩为敌国累世[19]，然终不免俛首系虏于秦[20]。今匈奴不当汉家之巨郡[21]，非有六国之用，贤士之谋。由此观难易，察然可见也。"

【注释】

①顺风而呼者易为气：《荀子·劝学》说："顺风而呼，声非加疾也，而闻者彰。"气，声气。

②文、武：周文王、周武王。

③后嗣：后代继承人。计：考虑。

④三世：周成王、周康王、周昭王。

⑤昭王南征，死而不还：《史记·周本纪》载："昭王之时，王道微缺。昭王南巡狩不返，卒于江上。"

⑥凡伯囚执：《春秋公羊传·隐公七年》："戎伐凡伯于楚丘以归。凡伯者何？天子之大夫也。此聘也，其言伐之何？执之也。执之则其言伐之何？大之也。曷为大之？不与夷狄之执中国也。"

⑦晋取郊、沛：晋人围郊在公元前522年。沛，张敦仁说，当为"柳"，晋人侵柳在公元前608年。

⑧王师败于茅戎：《左传·成公元年》："王师败绩于茅戎。"茅戎为戎族一支，活动区域大约在今山西平陆。

⑨今西南诸夷，楚庄之后：《史记·西南夷列传》载："始楚威王时，

使将军庄跻将兵循江上，略巴、蜀、黔中以西。庄跻者，故楚庄王苗裔也。跻至滇池，地方三百里，旁平地，肥饶数千里，以兵威定属楚。欲归报，会秦击夺楚巴、秦中郡，道塞不通，因还，以其众王滇，变服，从其俗，以长之。”

⑩朝鲜之王，燕之亡民：《史记·朝鲜列传》载：“朝鲜王满者，故燕人也。”

⑪南越尉佗起中国：《史记·南越列传》载：“南越王尉佗者，真定人也，姓赵氏。”

⑫亡：通“忘”。

⑬敖：同“傲”。

⑭度：考虑。

⑮冀州之累：指前文所说的“凡伯囚执”。

⑯南荆之患：指前文所说的“昭王南征，死而不还”。

⑰遣左将军楼船平之：《史记·朝鲜列传》载：“其秋，遣楼船将军杨仆从齐浮渤海，兵五万人，左将军荀彘出辽东，讨右渠。”

⑱咸为县官：都归顺朝廷。

⑲提珩(héng)：平衡，相当。珩，通“衡”。累世：很多年代。

⑳俛：通“俯”。此字原无，据郭沫若说校补。

㉑巨郡：大郡。

【译文】

大夫说：“顺风而呼的人容易运用声气，适应时势行动的人容易借力发挥。周文王、周武王怀有余力，可是他们不为后代继承人考虑去征讨四夷，因此到了第三代周王就功德衰败，周昭王南征荆楚，死于江中而不复还。周大夫凡伯出使途中被夷狄抓捕，结果夷夏信使不通。晋国军队夺取了周王室的郊、柳二邑。周王室军队被茅戎打败。如今的西南各夷狄国家，是楚庄王的后裔；朝鲜君王满是燕国的亡民。南越王尉佗来自中国，自立为南越武王，德行最为浅薄。可是他们都忘记天下之大，各自占据一方，态度倔强，倨傲不敬，自称'老夫'。已故武帝为汉家万世着想，怕后代再有"凡伯囚执"的牵累和昭王南征不还之类的祸患，于是派遣左将军、楼船将军等将帅平定四夷，兵不血刃，四夷都归附朝廷。战国七雄并立时期，七国都拥有兵车万乘，七国君主都南面称王，彼此势均力敌，互为敌国，经年累世，然而山东六国君主最终不免俯首做了秦国俘虏。如今匈奴势力抵不上汉家一个大郡，他们没有像六国那样的人力物力，也没有六国贤士为他们谋划。由此来观察孰难孰易，显然易见。"

文学曰："秦灭六国，虏七王①，沛然有余力②，自以为蚩尤不能害，黄帝不能斥。及二世弑死望夷③，子婴系颈降楚④，曾不得七王之俯首⑤。使六国并存，秦尚为战国⑥，固未亡也。何以明之？自孝公以至于始皇，世世为诸侯雄，百有余年。及兼天下，十四岁而亡。何则？外无敌国之忧，而内自纵恣也⑦。自非圣人，得志而不骄佚者⑧，未之有也。"

【注释】

①七王：韩王安、赵王迁、魏王假、楚王负刍、燕王喜、代王嘉、齐王建。

②沛然：充沛强盛的样子。

③望夷：秦朝宫殿名。

④子婴系颈降楚：《史记·秦始皇本纪》载："子婴为秦王四十六日，楚将沛公破秦军入武关，遂至霸上，使人约降子婴。子婴即系颈以组，白马素车，奉天子玺符，降轵道旁。"

⑤曾不得：不曾得到。

⑥秦尚为战国："国"字原无，据赵曦明说校补。

⑦纵恣：恣意放纵。

⑧佚：通“逸”。

【译文】

文学说：“秦国消灭山东六国，俘虏七位君王，有着充沛的余力，自以为连蚩尤也不能加害，黄帝也不能排斥。等到秦二世胡亥被杀死在望夷宫，秦王子婴自套绳索投降楚国，就连当年战国七位君王俯首就擒的境遇也不曾得到。假使山东六国仍然并存，那么秦国今天还是战国七雄之一，本来是不会灭亡的。怎么来证明这一点呢？自从秦孝公一直到秦始皇，世世代代秦君都在诸侯中称雄，时间长达一百多年。等到秦朝兼并天下，十四年就灭亡了。为什么呢？这是因为在外没有敌国的忧患，在内自我恣意放纵。自身不是圣人，得志而不骄奢淫逸的人，人们从来还没有见过。”

论邹第五十三

【题解】

本篇记载大夫与文学围绕如何评价战国阴阳家邹衍“大九州说”而展开的论辩。大夫盛赞邹衍学说境界弘阔，借此批评儒生目光狭隘，拘执一端，不知天下之义。文学贤良则认为邹衍学说实属“匹夫荧惑诸侯”，导致诸侯亡国破家的恶果。文学进一步指出，衡量思想学说的标准，不在于它所说的远近大小，而是要看它是否有利于治理国家。此前汉武帝曾经罢黜百家独尊儒术，身为御史大夫的桑弘羊却在官方场合公开褒扬邹衍贬斥儒学，由此透露出一个信息：即使在经学昌明时代，诸子百家之学也并未完全绝迹。

大夫曰：“邹子疾晚世之儒墨①，不知天地之弘②，昭旷之道[3]，将一曲而欲道九折[4]，守一隅而欲知万方[5]，犹无准平而欲知高下[6]，无规矩而欲知方圆也[7]。于是推大圣终始之运[8]，以喻王公[9]，先列中国名山通谷[10]，以至海外。所谓中国者，天下八十一分之一[11]，名曰赤县神州[12]，而分为九州[13]。绝陵陆不通[14]，乃为一州，有大瀛海圜其外[15]。此所谓八极[16]，而天地际焉[17]。《禹贡》亦著山川高下原隰[18]，而不知大道之径[19]。故秦欲达九州而方瀛海[20]，牧胡而朝万国[21]。诸生守畦亩之虑[22]，闾巷之固[23]，未知天下之义也。"

【注释】

①邹子：邹衍（约前305年—前240），战国阴阳家，提出"大九洲"地理学说和"五德终始"的历史哲学。邹，一作"驺"。疾：痛恨。

②弘：广阔，恢宏。

③昭旷：昭明辽阔。

④曲：隈曲，河湾。道：通。九折：多个曲折河湾。

⑤隅：墙角。万方：所有方向。

⑥准平：古代测平的仪器。

⑦规：校正圆形的工具。矩：校正方形的工具。

⑧推大圣终始之运：指邹衍五德终始的历史哲学。邹衍认为历代王朝的嬗变按照五行相胜（金胜木，木胜土，土胜水，水胜火，火胜金）的模式循环运行。受命帝王得五德中当运的一德，便有资格统治一个朝代。大圣终始，邹衍著作篇名，《史记·孟子荀卿列传》作"终始大圣之篇"。

⑨喻：告知，知晓。

⑩先列：原作"列土"，据张敦仁说校改。通谷：大峡谷，《史记·孟子荀卿列传》作"大川"。

⑪八十一分之一：原作“八十分之一”，据张敦仁说补“一”。

⑫赤县神州：这是邹衍给中国取的名称。

⑬分为九州：《史记·孟子荀卿列传》载：“以为儒者所谓中国者，于天下乃八十一分居其一分耳。中国名曰赤县神州。赤县神州内自有九州，禹之序九州是也，不得为州数。中国外与赤县神州者九，乃所谓九州也。”据此，邹衍“九州”相当于全世界。《尚书·禹贡》称大禹治水，曾将中国划分为九州：冀州、兖州、青州、徐州、扬州、荆州、豫州、梁州、雍州。禹所划分的九州——赤县神州——只占全世界的八十一分之一，与邹衍“九州”内涵不同。

⑭绝：隔绝。陵：丘陵。陆：陆地。

⑮瀛(yíng)海：大海。圜(huán)：环绕。

⑯八极：八方之极。

⑰天地：原作“天下”，据张敦仁说校改。际：交界。

⑱《禹贡》：《尚书》篇名，记载禹划分九州、山川方位走向以及物产贡赋交通情形。著：著录，记载。原隰(xí)：高平曰原，下湿曰隰。

⑲大道：指邹衍九州说。径：道路，路径。

⑳方：航渡。

㉑牧：统治。胡：指匈奴。朝：朝贡。此处用做使动词，使之朝贡。

㉒畦(qí)亩之虑：指境界狭小、不知变通的思维方式。畦亩，有土埂围着的排列整齐的田亩。

㉓闾(lǘ)巷：里弄。固：鄙陋。

【译文】

大夫说：“邹衍痛恨后来的儒、墨之徒，他们不知天地的弘阔，不懂得宇宙广阔的道理，看到一个河湾就想通达所有河湾，守着一个墙角就想知道所有方向，这就如同没有测平仪器却想区分高下，没有圆规方矩却想知道方圆。邹衍于是推论《大圣终始》的气运，以此来晓喻王公大人，他先列举中国名山峡谷，以此推论到海外情形。邹衍认为儒、墨之徒所说的中国，在地理上只占天下八十一分之一，邹衍把中国取名叫赤县神州，中国之内被大禹分为小九州。其实，丘陵陆地隔绝不通，才可称为一州，一州之外有大海环绕着。这就是人们所说的八方之极，九州的边际就与天地接壤了。《尚书·禹贡》虽然也记载了中国山川高低和平原湿地，但《禹贡》却不能像邹衍那样明白天下大道理。因此秦王朝根据邹衍之说，试图通达天下九州，渡过大海，统治殊方异族，而使万国来朝。儒墨之徒只知道拘执于一田一亩的狭小思维方式，困守着一闾一巷的陋见，不知道天下大义。”

文学曰：“尧使禹为司空①，平水土，随山刊木②，定高下而序九州③。邹衍非圣人，作怪误④，荧惑六国之君⑤，以纳其说。此《春秋》所谓‘匹夫荧惑诸侯’者也⑥。孔子曰：‘未能事人，焉能事鬼神？’⑦近者不达⑧，焉能知瀛海？故无补于用者，君子不为；无益于治者，君子不由⑨。三王信经道⑩，而德光于四海⑪；战国信嘉言⑫，而破亡如丘山⑬。昔秦始皇已吞天下，欲并万国，亡其三十六郡⑭；欲达瀛海，而失其州县。知大义如斯⑮，不如守小计也⑯。”

【注释】

①司空：平治水土之官。尧任命禹为司空之事，见于《尚书·尧典》。

②刊：砍削。

③高下：指高山大川。序：次序，此处指划定、安排。

④怪误：奇怪欺骗之说。

⑤荧惑：迷惑，蛊惑。按，“荧”字原无，据王利器说校补。

⑥此《春秋》所谓“匹夫荧惑诸侯”者也：《史记·孔子世家》载：“孔

子趋而进，历阶而登，不尽一等，曰：‘匹夫而荧惑诸侯者，罪当诛！’”事在鲁定公十年。《春秋》及三传均不载孔子此语。

⑦未能事人，焉能事鬼神：孔子此语见于《论语·先进》。今本《论语》无“神”字。

⑧达：通晓。

⑨由：实行。

⑩三王：夏、商、周三代之王。此外还有其他说法。经道：常道。

⑪光：读为“广”，广被。

⑫嘉言：好话，指蛊惑人心的言论。郭沫若说，“嘉”读为“讹”。

⑬破亡如丘山：原作“破亡而泥山”，据王利器说校改。

⑭三十六郡：秦始皇统一中国之后，将天下划分为三十六郡。

⑮大义：指蛊惑人心的言论，此处为反语。如斯：如此。

⑯小计：指“经道”。

【译文】

文学说：“尧任命禹为司空，让他平治水土，随着山林形状，砍削树木作为路标，根据高山大河确定九州分界。邹衍不是圣人，他发表怪诞欺人的奇谈，蛊惑六国君主，以求诸侯采纳他的邪说。这就是《春秋》所说的‘匹夫蛊惑诸侯’的情形。孔子说：‘活人尚且不能服事，怎么能服事鬼神？’附近的事尚且不明白，怎么能知道远方的大海情形？因此对实用无补的事，君子不做；对于治国无益的事，君子不为。夏、商、周三王遵信常道，他们的德惠扩展到四海；战国诸侯听信蛊惑人心的动听言论，而破军亡国如同丘山崩溃。从前秦始皇吞并天下之后，想吞并天下万国，结果丢掉了秦朝的三十六郡；他想到达周边大海，结果失掉了秦朝的州县。像秦始皇这样知道邹衍的‘大义’，还不如恪守儒家的‘小计’。”

论菑第五十四

【题解】

本篇讨论天人感应学说中的灾异问题。春秋公羊学大师董仲舒以阴阳五行学说来解说《春秋》，构建了一套完整的天人感应理论，汉家以这套天人感应学说作为国家意识形态。在本篇中，大夫向文学提出两个关于天人感应学说的尖锐问题：一是按照五行相胜理论，金得火则死；而按照五行与十二地支相配的学说，金生于火。为什么这两种说法相互矛盾？二是按照春生、夏长、秋收、冬藏的理论，春夏为施行德政的季节，秋冬是实施刑罚的季节，这说明德政与刑罚二者不可偏废，为什么文学只片面强调德政而不谈刑罚？文学对第一个问题没有正面回答，采取了虚晃一枪的敷衍方法。关于第二个问题，文学认为根据天人感应学说，德始终占据主导地位，刑罚对德政仅起到辅佐作用。

大夫曰："巫祝不可与并祀①，诸生不可与逐语②，信往疑今，非人自是。夫道古者稽之今③，言远者合之近。日月在天，其征在人，灾异之变，夭寿之期④，阴阳之化，四时之叙⑤，水火金木，妖祥之应⑥，鬼神之灵，祭祀之福，日月之行，星辰之纪⑦，曲言之故⑧，何所本始？不知则默，无苟乱耳。"

【注释】

①巫祝不可与并祀：巫以舞降神，祝向神灵祷告，两者职责不同。

②逐语：相随一起讨论问题。逐，相随。

③稽：考查。

④夭：夭折。寿：长寿。

⑤叙：通"序"，顺序。

⑥妖：凶兆。祥：吉兆。

⑦纪：运行轨道，条理。

⑧曲言：片面言论。故：缘故。

【译文】

大夫说："巫与祝不可以一起参与祭祀，诸位儒生不可以与他们一起讨论问题。他们迷信往古圣王，怀疑当今明君，否定他人，自以为是。其实谈论古代的人应该考察当今，探讨远处的人应该合于近处。日月在天上，但它们的征兆却在人间。灾异的变化，短命长寿的期限，阴阳的变化，春夏秋冬四时的顺序，水火金木土运行的终始，凶兆与吉兆的感应，鬼神的灵异，祭祀的福佑，日月的运行，星辰的轨迹，片面言论的缘故，诸如此类，它们的起始在什么地方？如果不知道答案就保持沉默，不要随便扰乱人们的视听。"

文学曰："始江都相董生推言阴阳[①]，四时相继，父生之，子养之，母成之，子藏之[②]。故春生，仁；夏长，德；秋成，义；冬藏，礼[③]。此四时之序，圣人之所则也[④]。刑不可任以成化[⑤]，故广德教。言远必考之迩[⑥]，故内恕以行[⑦]，是以刑罚若加于己，勤劳若施于身。又安能忍杀其赤子[⑧]，以事无用[⑨]，罢弊所恃[⑩]，而达瀛海乎[⑪]？盖越人美蠃蚌而简太牢[⑫]，鄙夫乐咋唶而怪韶濩[⑬]。故不知味者，以芬香为臭，不知道者，以美言为乱耳。人无夭寿，各以其好恶为命。羿、敖以巧力不得其死[⑭]，智伯以贪狠亡其身[⑮]。天灾之证，祯祥之应[⑯]，犹施与之望报，各以其类及[⑰]。故好行善者，天助以福，符瑞是也。《易》曰：'自天佑之，吉无不利。'[⑱]好行恶者，天报以祸，妖灾是也。《春秋》曰：'应是而有天灾。'[⑲]周文、武尊贤受谏，敬戒不殆[20]，纯德上休[21]，神祇相况[22]。《诗》云：'降福穰穰，降福简简。'[23]日者阳，阳道明；月者阴，阴道冥[24]；君尊臣卑之义。故阳光盛于上[25]，众阴之类消于下[26]；月望于天[27]，蚌蛤盛于渊[28]。故臣不臣，则阴阳不调，日月有变；政教不均[29]，则水旱不时，螟螣生[30]。此灾异之应也。四时代叙[31]，而人则其功[32]，星列于天，而人象其行[33]。常星犹公卿也[34]，众星犹万民也。列星正则众星齐[35]，常星乱则众星坠矣。"

【注释】

①江都相董生推言阴阳：《史记·儒林列传》载："今上即位，为江都相。以《春秋》灾异之变推阴阳所以错行。"江都，即今扬州。董生，董仲舒，为春秋公羊学大师。

②父生之，子养之，母成之，子藏之：《春秋繁露·五行对》载董仲舒曰："是故父之所生，其子成之；父之所长，其子养之；父之所养，其子成之；诸父所为，其子皆奉承而续行之，不敢不致如父之意，尽为人之道也。"

③故春生，仁；夏长，德；秋成，义；冬藏，礼：《春秋繁露·五行对》载董仲舒曰："水为冬，金为秋，土为季夏，火为夏，木为春。春主生，夏主长，季夏主养，秋主收，冬主藏。藏，冬之所成也。"

④则：则法。

⑤任：用。化：教化。

⑥迩：近。

⑦恕：推己及人之谓恕。

⑧赤子：初生的婴儿。

⑨无用：指征服北方荒漠之地。

⑩罢弊：指人困财乏。罢，同“疲”。所恃：所依靠的人力和财力。

⑪瀛（yíng）海：大海。

⑫美：作动词用，以之为美。简：轻视。太牢：古代祭祀宴会时，牛、羊、豕三牲具备为太牢。蠃，通“螺”。原作“羸”，据王利器说校改。

⑬鄙夫：粗鄙的人。乐：喜欢，爱好。咋唶（zé jiè）：大呼小叫。怪：以动词，以之为怪。韶濩（hù）：商汤音乐，此处指代高雅音乐。

⑭羿、敖以巧力不得其死：《论语·宪问》载南宫括曰：“羿善射，奡荡舟，俱不得其死然。”羿，后羿，古代传说中有穷国君，神箭手。《离骚》：“羿淫游以佚畋兮，又好射夫封狐。固乱流其鲜终兮，浞又贪夫厥家。”敖，通“奡（ào）”，古代传说人物，夏代寒浞之子。巧，原作“功”，据张敦仁说校改。

⑮智伯：即荀瑶，春秋末年晋国执政正卿，联合魏、韩二家围攻赵氏。后赵襄子派人策反魏、韩，赵、魏、韩三家联合消灭智伯。贪狠：原作“贪狼”，据王利器说校改。

⑯祯祥：吉兆。

⑰及：赶上，得到，此处指回报。

⑱自天佑之，吉无不利：见于《周易·大有卦》及《系辞上》。

⑲应是而有天灾：《春秋公羊传·宣公十五年》说：“上变古易常，应是而有天灾。”应，感应。是，指人间恶行。

⑳殆：通“怠”，怠慢，懈怠。

㉑纯德上休：纯粹道德，无上美好。

㉒神祇相况：天神地祇赐福。况，通“贶”，赐。

㉓降福穰穰，降福简简：见于《诗经·周颂·执竞》。穰穰，众多的样子。简简，盛大的样子。

㉔冥：昏暗。

㉕光：原作“先”，据卢文弨说校改。

㉖消：消灭，消失。

㉗望：满月，农历每月十五日。

㉘盛：丰实。

㉙均：匀，协调。

㉚螟（míng）：一种食禾心的害虫。螣（tè）：一种食禾叶的害虫。

㉛代叙：按照顺序更替。叙，通“序”。

㉜则：效法。

㉝象：取象，模仿。

㉞常星：恒星。汉文帝名叫刘恒，汉人为避名讳而称“恒”为“常”。

㉟列星：恒星。

【译文】

文学说：“当初江都国相董仲舒推论阴阳之道，认为春夏秋冬四时相继，它们的关系如同父亲创生，儿子养育，母亲收成，儿子收藏。因此春天萌生，为仁；夏天成长，为德；秋天收获，为义；冬天收藏，为礼。这是自然界四时的顺序，为圣人所效法。刑罚不能用来形成教化，因而要推广道德教化。讨论远方的事情一定要考察近处的事，因此要用推己及人的方法，对他人施加刑罚，就如同对自己施加刑罚，看到民众勤劳，就如同自身勤劳。这样的话，又怎么能忍心杀害赤子般的民众，来从事无用的征伐，耗尽国家所依赖的人力和物力，而将朝廷势力推到大海边呢？南方越人认为螺蚌味美而轻视猪牛羊盛宴，粗鄙的人喜欢大呼小叫而以汤乐韶濩为怪音。因此那些不懂得气味的人，会以芬香为臭味，不知大道的人，以美妙言论为扰乱视听的奇谈。一个人无论短命还是长寿，都会根据他是行善还是为恶决定他的寿命。羿和敖都是因为具有巧力而不得好死，智伯因为贪婪凶狠而自取灭亡。天灾在人间的验证，吉兆在世上的感应，如同施恩得到报答一样，各自按照它们的不同类别而得到回报。因此乐于行善的人，上天会以福报来帮助他，这就是吉祥的符瑞。《周易·大有卦》说：‘上天保佑，只有吉祥，没有不利。’喜欢行恶的人，上天用灾祸来回报他，这就是妖灾。《春秋公羊传·宣公十五年》曰：'上天对此产生感应，会有天灾发生。'周文王、周武王尊重贤才，接受劝谏，严肃戒惧，毫不懈怠，他们道德纯粹，无上美好，天神地祇都赐福给他们。《诗经·周颂·执竞》说：'上天降福很多，天帝降福盛大。'太阳为阳，阳道光明；月亮为阴，阴道黑暗；日月象征着君尊臣卑的意义。因此阳光在天上普照，众多阴类的事物就在地上消亡；天上月儿圆，水中的蚌蛤就会受感应而丰实。因此为臣不尽臣道，那么就会阴阳不调，日月运行就会发生变化；政治教化不协调，就会水旱灾害不时发生，螟螣害虫遍地出现。这就是灾异感应啊。春夏秋冬四时按照顺序更替，人类就效法四时之功，星辰列于上天，人类就模仿它的行动。恒星如同朝廷公卿，众星如同万民。恒星端正，众星就会整齐，恒星混乱，众星就会坠落。"

大夫曰："文学言刚柔之类①，五胜相代生②。《易》明于阴阳③，《书》长于五行④。春生夏长，故火生于寅木⑤，阳类也；秋生冬死，故水生于申金⑥，阴物也。四时五行，迭废迭兴⑦，阴阳异类，水火不同器。金得土而成⑧，得火而死⑨，金生于巳⑩，何说何言然乎⑪？"

【注释】

①刚柔：阳刚阴柔。

②五胜相代生：即五行相胜，金胜木，木胜土，土胜水，水胜火，火胜金。胜，克。代，替代。

③《易》明于阴阳：《庄子·天下》说："《易》以道阴阳。"

④《书》长于五行：《尚书·洪范》说："一五行：一曰水，二曰火，三曰木，四曰金，五曰土。"

⑤火生于寅木：寅属阳木，代表春季，木生火，火代表夏季。

⑥水生于申金：申属阳金，代表秋季，金生水，水代表冬季。

⑦迭：轮换。

⑧金得土而成：土生金。

⑨得火而死：火胜金。

⑩金生于巳：代表秋的金生于代表夏的巳。前面说金得土而成，是就五行相生而言；此处说金生于巳，是就五行与十二地支相配而言。按照五行相胜，金得火则死；而按照五行与十二地支相配，金生于巳，巳属于火。前者说火胜金，后者说火生金，这两种说法相互矛盾，故大夫提出疑问。

⑪然：对，正确。

【译文】

大夫说："文学谈到阳刚阴柔之类的事，金木水火土五行相胜相生。《周易》长于阴阳学说，《尚书》长于五行学说。春生夏长，因此代表夏季的火生于代表春季的寅木，火属于阳类；秋生冬死，因此代表冬季的水生于代表秋季的申金，水属于阴类。春夏秋冬四时和金木水火土五行，按照顺序交替兴废，阴阳属于异类，水火属于不同事物。金得到土而生成，得到火而死去，而代表秋季的金又生于代表夏季的巳，何种说法是正确的呢？"

文学曰："兵者，凶器也。甲坚兵利，为天下殃。以母制子[①]，故能久长。圣人法之，厌而不阳[②]。《诗》云：'载戢干戈，载櫜弓矢，我求懿德，肆于时夏。'[③]衰世不然。逆天道以快暴心[④]，僵尸血流，以争壤土。牢人之君[⑤]，灭人之祀，杀人之子，若绝草木，刑者肩靡于道[⑥]。以己之所恶而施于人。是以国家破灭，身受其殃，秦王是也。"

【注释】

①母：比喻火，指德。子：比喻金，指兵。

②厌：通“压”。阳：一本作“扬”，发扬，成长。

③载戢(jí)干戈，载櫜(tuó)弓矢，我求懿德，肆于时夏：见于《诗经·周颂·时迈》。载，则。戢，收藏兵器。干，盾。戈，戟。櫜，弓韬。懿，美。肆，陈布。时，是，这个。夏，华夏。

④快：称快。暴心：残暴之心。

⑤牢：囚禁。

⑥肩靡：形容肩挨肩，一个接一个。靡，通“摩”。

【译文】

文学曰：“兵器是凶器。铠甲坚固，兵器锋利，会成为天下人的祸殃。要用仁德这个根本来抑制兵器，这样政权才能久长。圣人效法这个以母制子的法则，压制兵器而不让它发展。《诗经·周颂·时迈》说：‘把盾戟收藏起来，将弓矢收进弓韬。周王追求的是美德，他要把这美德布于华夏。’衰落世道不是这样。违反天道来使残暴之心快乐，僵尸遍地，血流成河，来争夺土地。囚禁他国的君主，灭绝他人的祭祀，杀死他人的儿子，如同割草伐木一样，受刑的人在路上一个挨一个。将自己所厌恶的事情而施于他人。因此国家破灭，自身遭殃，秦王就是这样的人啊。”

大夫曰：“金生于巳，刑罚小加[①]，故荠麦夏死[②]。《易》曰：‘履霜，坚冰至。’[③]秋始降霜，草木陨零[④]，合冬行诛[⑤]，万物毕藏。春夏生长，利以行仁。秋冬杀藏[⑥]，利以施刑。故非其时而树[⑦]，虽生不成。秋冬行德，是谓逆天道。《月令》[⑧]：‘凉风至，杀气动，蜻蛚鸣[⑨]，衣裘成。天子行微刑[⑩]，始貙蒌[⑪]，以顺天令[⑫]。’文学同四时[⑬]，合阴阳，尚德而除刑。

如此，则鹰隼不鸷[14]，猛兽不攫，秋不搜狝[15]，冬不田狩者也[16]。”

【注释】

①小加：逐渐执行。

②荠麦夏死：《淮南子·地形训》说：“禾春生秋死，菽夏生冬死，麦秋生夏死，荠冬生夏死。”荠，荠菜。麦，麦子。

③履霜，坚冰至：见于《周易·坤卦》。意为踩在霜上，坚冰季节到来。

④陨零：凋落。

⑤合冬行诛：入冬后执行死刑。

⑥杀藏：肃杀收藏。

⑦树：种植。

⑧《月令》：《礼记》中的篇章。今本《礼记·月令》无此文。

⑨蜻蛚（liè）：蟋蟀。《方言》：“蜻蛚，楚谓之蟋蟀。”

⑩微刑：轻微的刑罚。

⑪貙（chū）：虎属猛兽，似狸而大。传说貙常以立秋日杀物祭兽，因此有“貙蒌”之祭。貙蒌，又称“貙刘”、“貙膢”，为立秋祭礼。

⑫天令：自然节令。

⑬文学同四时：“文学”下原有“曰”字，据王利器说校删。同四时，混同四时，指不分季节施行仁德。

⑭鹰隼（sǔn）：猛禽。鸷：凶猛。

⑮搜：本指春天打猎，此处与“狝”构成偏义复词，重点在“狝”上。狝（xiǎn）：秋天打猎。

⑯田：田“畋”。狩：冬天打猎。

【译文】

大夫说：“代表秋季的金生于代表夏季的巳，此时刑罚逐渐增加，因此荠菜、小麦夏天死亡。《周易·坤卦》说：'脚踩在霜上，坚冰季节就要到了。'秋天开始降下霜冻，草木凋零，进入冬季就执行死刑，万物全都收藏。万物在春夏季节生长，此时利于施行仁政。万物在秋冬季节肃杀收藏，此时利于施加刑罚。因此不在适当的季节去种植，即使苗儿生出来也不会成长。在秋冬季节施行德政，这叫做违反天道。《礼记·月令》说：'凉风吹来，杀气萌动，蟋蟀鸣叫，棉衣狐裘制成。天子施行轻微的刑罚，开始秋祭，以此顺应自然节令。'文学混同四时政令，不分阴阳，一味提倡德治而主张废除刑罚。这样的话，鹰隼就变得不凶猛，猛兽不会抓取猎物，秋天不再打猎，冬天不再猎狩。"

文学曰："天道好生恶杀[①]，好赏恶罪[②]。故使阳居于实而宣德施，阴藏于虚而为阳佐辅[③]。阳刚阴柔，季不能加孟[④]。此天贱冬而贵春，申阳屈阴。故王者南面而听天下，背阴向阳，前德而后刑也。霜雪晚至，五谷犹成。雹雾夏陨[⑤]，万物皆伤。由此观之：严刑以治国，犹任秋冬以成谷也[⑥]。故法令者，治恶之具也，而非至治之风也[⑦]。是以古者，明王茂其德教，而缓其刑罚也。网漏吞舟之鱼，而刑审于绳墨之外[⑧]，及臻其末[⑨]，而民莫犯禁也。"

【注释】

①好生：爱好生长。恶杀：厌恶杀人。

②恶罪：厌恶加罪于人。

③故使阳居于实而宣德施，阴藏于虚而为阳佐辅：董仲舒《天人三策》说："天道之大者在阴阳。阳为德，阴为刑。刑主杀而德主生。是故阳常居大夏而以生长养育为事，阴常居大冬而积于空虚不用之处。"《春秋繁露·天道无二》说："阳之出，常县于前而

任岁事；阴之出，常县于后而守空虚。阳之休也，功已成于上，而伏于下。阴之伏也，不得近义而远其处也。天之任阳不任阴，好德而不好刑如是。”实，指春夏季节万物蓬勃生长。虚，指秋冬季节草木凋零百兽躲藏。

④季：排行最后。孟：排行最前。

⑤雾：徐复说，当为“霰”。

⑥任：依靠。

⑦风：风化。

⑧绳墨：法令。

⑨及：原作“反”，据卢文弨说校改。臻：至。

【译文】

文学说：“上天之道爱好生长，厌恶杀人；爱好赏赐，厌恶加罪于人。因而上天让阳居于实处，广宣仁德恩惠；让阴隐藏在虚处，作为阳的辅佐。阳为刚，阴为柔，排序最末的不能居于排序最前的之上。这就是上天以冬为贱，以春为贵，伸阳屈阴的原因。因此君王面向南面治理天下，他的背向着阴，面向着阳，这意味着将德放在前面，把刑放在后面。霜雪如果晚一点到来，五谷仍然能够成熟。而在夏天降下冰雹浓雾，那么万物都会受到伤害。由此看来，用严刑治国，就像依靠在秋冬季节种植庄稼一样。因此法令只是治理邪恶的工具，而不是达到天下大治的风化境界。所以古时候，英明的君王总是加强道德教化，放缓施加刑罚。法网会漏掉吞舟大鱼，判刑时往往要比法律条文宽松，到了后来，民众没有人违犯禁令。”

卷 十

刑德第五十五

【题解】

《论语·为政》载孔子曰:“道之以政,齐之以刑,民免而无耻;道之以德,齐之以礼,有耻且格。”以德治国与以刑治国,历来是治国的两条思路。本篇即围绕究竟是以刑治国还是以德治国展开论辩。大夫倡导以严刑峻法来治国,通过法令的威慑使民众不敢犯罪。文学则主张通过道德教化来实现治国目标,认为当时法令过于繁多,连执法官吏都无法通读,更何况平民阶层?文学进一步以秦朝为例,说明法令愈多国家愈乱,笃于教化是治民唯一可行之道。

大夫曰:“令者所以教民也,法者所以督奸也①。令严而民慎,法设而奸禁。网疏则兽失,法疏则罪漏。罪漏则民放佚而轻犯禁②。故禁不必③,怯夫徼幸④;诛诚⑤,跖、蹻不犯。是以古者作五刑⑥,刻肌肤而民不逾矩⑦。”

【注释】

①督奸:督察奸邪。

②放佚：放纵。

③必：果断。

④怯夫：原作“法夫”，据王利器说校改。儌幸：通“侥幸”。

⑤诚：意同“必”，指坚决执行。原作“诫”，据张敦仁说校改。

⑥五刑：墨、劓（yì）、刖（yuè）、宫、大辟。

⑦刻肌肤：指各种肉刑。

【译文】

大夫说：“禁令是用来教育民众的手段，法律是用来督察奸邪的工具。禁令严格，民众就会谨慎；法律设立，奸邪就会禁止。罗网疏漏，就会失掉野兽；法律空疏，罪犯就会漏网。罪犯如果漏网，民众就会放纵，就容易触犯禁令。因此禁令执行如果不坚决，那么连胆小鬼都会心存侥幸去犯罪；如果诛罚得到坚决执行，那么就连跖、跻那样的大盗也不会轻易犯罪。所以古时候制作墨、劓、刖、宫、大辟五种刑罚，还有各种肉刑，民众因此不敢逾越规矩。”

文学曰：“道径众[①]，人不知所由[②]；法令众，民不知所辟[③]。故王者之制法，昭乎如日月[④]，故民不迷；旷乎若大路[⑤]，故民不惑。幽隐远方[⑥]，折乎知之[⑦]，室女童妇[⑧]，咸知所避。是以法令不犯，而狱犴不用也[⑨]。昔秦法繁于秋荼[⑩]，而网密于凝脂[⑪]。然而上下相遁[⑫]，奸伪萌生，有司治之[⑬]，若救烂扑焦[⑭]，而不能禁；非网疏而罪漏，礼义废而刑罚任也[⑮]。方今律令百有余篇，文章繁[⑯]，罪名重，郡国用之疑惑，或浅或深，自吏明习者[⑰]，不知所处，而况愚民！律令尘蠹于栈阁[⑱]，吏不能遍睹，而况于愚民乎！此断狱所以滋众，而民犯禁滋多也[⑲]。‘宜犴宜狱，握粟出卜，自何能穀？’[⑳]刺刑法繁也。亲服之属甚众[㉑]，上杀下杀[㉒]，而服不过五[㉓]。五刑之属三千[24]，上附下附[25]，而罪不过五。故治民之道[26]，务笃其教而已[27]。”

【注释】

①道径众：道路众多。径，原作“德”，据王先谦说校改。

②人不知所由：人们不知该走哪条路。由，经过。

③辟：通“避”。

④昭：明白。

⑤旷：宽广。

⑥幽隐：昏暗。

⑦折乎知之：原作“折乎知足”，据王利器说校改。折，通“晰”（用王利器说），明。一说，折，通“哲”，亦通。

⑧室女：闺女。童妇：少女。

⑨狱：国家监狱。犴（àn）：古代乡亭一级基层单位监禁囚犯的地方。

⑩秋荼（tú）：秋天开白花的茅草。

⑪凝脂：凝结的油脂。

⑫上下相遁：上下互相欺骗。遁，本文为逃避，引申为隐瞒，欺骗。

⑬治：原作“法”，据王利器说校改。

⑭救烂：补救破烂的衣服。扑焦：扑灭烧焦的东西。

⑮任：用。

⑯文章：法律章程。

⑰自：虽，即使。明习：熟悉。

⑱尘：布满灰尘。蠹：生虫。栈阁：放置图书、文件、档案的阁架。

⑲而民犯禁滋多也：“禁”下原无“滋多”二字，据王利器说校补。

⑳宜犴宜狱，握粟出卜，自何能穀：见于《诗经·小雅·小宛》。岸，《韩诗》作“犴”。握粟，手拿小米。出卜，出去占卜。穀，善。这

三句诗大意是说，要被囚系要入狱，手拿小米去占卜，如何才能得大吉。

㉑亲服之属甚众：古代按照亲疏关系，将丧服分为斩衰、齐衰、大功、小功、缌麻五等。五服亲属，人数众多。

㉒上杀（shài）下杀：《礼记·丧服小记》："上杀，下杀，旁杀，而亲毕矣。"郑玄注："杀，谓亲益疏者，服之则轻。"孔颖达疏："上杀者，据己上服父祖而减杀……下杀者，谓下于子孙而减杀。"以自己为基点，向上推算，血缘关系愈亲近，丧服愈重，血缘关系愈疏远，丧服愈轻，依次减杀，如为父亲服丧三年，为祖父服丧一年等，这叫做上杀。以自己为基点，向下推算，依次减杀丧服，如为子服丧一年，为孙服丧九月等，这叫做下杀。杀，原作"附"，据张敦仁说校改。

㉓服不过五：丧服不过五等。

㉔五刑之属三千：见于《孝经》，意谓五刑的细目有三千条。

㉕上附：向上比附归类。下附：向下比附归类。附，原作"杀"，据张敦仁说校改。

㉖故治民之道："之"字原无，据杨沂孙说校补。

㉗笃：厚。教：教化。

【译文】

文学说："道路众多，人们不知道该走哪条路；法令繁多，民众不知道应该如何去规避。因此君王制定法令，应该像日月一样昭著，这样民众才不至于迷惑；应该像大路一样宽广，才不至于民众困惑。无论是昏暗之处还是远处，都清晰地知道法令，闺妇少女，都知道如何规避。所以法令无人触犯，监狱牢房空虚不用。从前秦朝法令比秋天的枯草还要繁多，法网比凝结的油脂还要细密。但是官民上下欺骗隐瞒，奸诈作伪事件层出不穷，主管官员去治理，如同补救烂衣，扑灭烧焦的东西，根本不能禁止；这不是法网疏漏导致罪人脱逃，而是因为废弃礼义而任用刑罚。如今国家律令有一百多篇,法令条文繁杂,罪名设置很重,各郡和诸侯国适用时感到疑惑,有的律令太浅,有的律令太深,就连那些熟悉法令条文的官吏,也不知如何处理案件,何况那些愚昧的民众呢!法律禁令文件布满灰尘,生出蛀虫,被放在藏书阁架之上,连官吏都不能全部看完,何况是愚昧的民众呢!这就是官员断狱案越多,而民众触犯禁令的人也越多的原因。《诗经·小雅·小宛》说:'要被囚系要入狱,手拿小米去占卜,如何才能得大吉。'这首诗所讽刺的就是刑法繁多。五服亲属人数很多,无论是向上减杀还是向下减杀,丧服都不会超过五等。五刑条目多达三千条,无论是向上比附还是向下比附,治罪都不会超过五刑。因而治民的方法,不过是务求厚于教化而已。"

大夫曰:"文学言王者立法,旷若大路。今驰道不小也①,而民公犯之,以其罚罪之轻也。千仞之高②,人不轻凌③,千钧之重④,人不轻举。商君刑弃灰于道⑤,而秦民治。故盗马者死,盗牛者加⑥,所以重本而绝轻疾之资也⑦。武兵名食⑧,所以佐边而重武备也⑨。盗伤与杀同罪⑩,所以累其心而责其意也⑪。犹鲁以楚师伐齐,而《春秋》恶之⑫。故轻之为重⑬,浅之为深⑭,有缘而然⑮。法之微者⑯,固非众人之所知也。"

【注释】

①驰道:专供为天子出行的大道。《史记·秦始皇本纪》载:"二十七年治驰道。"

②仞:古代以八尺或七尺为一仞。

③凌:凌驾,此处指攀登。

④钧:古代三十斤为一钧。

⑤商君刑弃灰于道:《史记·李斯列传》载:“故商君之法,刑弃灰于道者。”商君,商鞅。刑,施刑。弃灰,倾倒炉灰。

⑥加:通“枷”,枷锁。

⑦重本:重视农业根本。绝:杜绝。轻:轻车。疾:快马。资:泛指车马设备。

⑧武兵:军队。名食:粮草充足。名,大。

⑨佐边:帮助边防。重武备:重视军事装备。

⑩盗伤:偷盗时伤人。

⑪累其心:使犯罪者心里有所顾虑。责其意:谴责犯罪者的犯罪意图。

⑫犹鲁以楚师伐齐,而《春秋》恶之:《春秋公羊传·僖公二十年》:“公以楚师伐齐,取谷。公至自伐齐。此已取谷矣,何以致伐?未得乎取谷也。曷为未得乎取谷?曰:患之起,必自此始也。”恶,厌恶。

⑬轻之为重:轻罪重判。

⑭浅之为深:浅罪深究。

⑮缘:缘故。然:如此。

⑯微:微妙,精微。

【译文】

大夫说:“文学说君王立法,应该像大路一样宽广。如今法令的驰道已经不小了,可是民众公然触犯刑罚,这是因为罚罪太轻。千仞的高山,人们不会轻易攀登,千钧的重鼎,人们不轻易抓举。商鞅当年对在道路上倾倒炉灰的人施刑,结果秦国民众大治。因此偷盗马的人死罪,偷盗牛的人枷锁囚禁,这是用来重视农耕根本、杜绝民众乘轻车快马游冶的手段。军队粮草充足,这是用来帮助边防、重视军事装备的方法。偷盗时伤人与杀人同罪,这是使犯罪者心里有所顾虑、谴责犯罪者的犯罪意图的手段。这就如同鲁国借楚国军队征伐齐国,《春秋》对此表示厌恶。因此轻罪重判，浅罪深究，这是有缘故才这样做的。法令的精微者，本来就不是众人所知道的。”

文学曰：“《诗》云：‘周道如砥，其直如矢。’[1]言其易也[2]。‘君子所履，小人所视。’[3]言其明也[4]。故德明而易从，法约而易行。今驰道经营陵陆[5]，纡周天下[6]，是以万里为民阱也[7]。罻罗张而县其谷[8]，辟陷设而当其蹊[9]，矰弋饰而加其上[10]，能勿离乎[11]？聚其所欲，开其所利，仁义陵迟[12]，能勿逾乎[13]？故其末途[14]，至于攻城入邑，损府库之金[15]，盗宗庙之器[16]，岂特千仞之高、千钧之重哉[17]！管子曰：‘四维不张，虽皋陶不能为士。’[18]故德教废而诈伪行，礼义坏而奸邪兴，言无仁义也。仁者，爱之效也[19]；义者，事之宜也[20]。故君子爱仁以及物，治近以及远。《传》曰[21]：‘凡生之物，莫贵于人；人主之所贵，莫重于人。’故天之生万物以奉人也[22]，主爱人以顺天也。闻以六畜禽兽养人，未闻以所养害人者也。鲁厩焚，孔子罢朝，问人不问马，贱畜而重人也[23]。今盗马者罪死，盗牛者加。乘骑车马行驰道中[24]，吏举苛而不止[25]，以为盗马，而罪亦死。今伤人持其刀剑而亡，亦可谓盗武库兵而杀之乎？人主立法而民犯之，亦可以为逆面轻主约乎[26]？深之可以死[27]，轻之可以免[28]，非法禁之意也。法者，缘人情而制[29]，非设罪以陷人也。故《春秋》之治狱，论心定罪[30]。志善而违于法者免，志恶而合于法者诛。今伤人未有所害[31]，志不甚恶而合于法者，谓盗而伤人者耶？将执法者过耶[32]？何于人心不厌也[33]！古者，伤人有创者刑[34]，盗有臧者罚[35]，杀人者死。今取人兵刃以伤人，罪与杀人同，得无非其至意与[36]？”

大夫俯仰未应对[37]。

【注释】

①周道如砥(dǐ)，其直如矢：见于《诗经·小雅·大东》。周道，大路。砥，磨刀石。古人多以磨刀石形容道路笔直。矢，箭。

②易：平易。

③君子所履，小人所视：见于《诗经·小雅·大东》。君子，指贵族。履，踏，经过。小人，庶民。视，注视。

④明：明显。

⑤经：直行。营：绕行。陵陆：丘陵平地。

⑥纡周：纡回环绕。

⑦阱：陷阱。

⑧罻(wèi)罗张：罗网张开。县：同“悬”。谷：山谷。

⑨辟陷：陷阱。设：设置。蹊(xī)：蹊径，道路。

⑩矰：一种短箭。原作“矫”，据孙诒让说校改。弋：带有绳子的箭。饰：巧饰。

⑪离：通“罹”，遭到。

⑫陵迟：衰落。

⑬逾：越过，此处指越轨。

⑭末途：最后结果。

⑮损：损害，此处指盗窃。

⑯器：祭器。

⑰特：只是。

⑱管子曰：“四维不张，虽皋陶不能为士”：管子，春秋前期齐国政治家管仲。四维不张，见于《管子·牧民》。四维，礼、义、廉、耻。维，大绳。张，展开，张设。虽皋陶不能为士，此句不见于今本

《管子》。皋陶,虞舜时法官。士,主管刑狱的官员。

⑲效:效应,体现。

⑳宜:适宜。

㉑《传》:泛指古书。《孝经》中有“天地之性人为贵”之语,可能是文学用自己的语言概括《孝经》之语。

㉒奉:奉养。

㉓鲁厩焚,孔子罢朝,问人不问马,贱畜而重人也:《论语·乡党》载:“厩焚,子退朝,曰:‘伤人乎?’不问马。”

㉔行驰:原作“驰行”,据张敦仁、杨沂孙说校改。

㉕举:检举。苛:通“呵”,禁止。

㉖逆面:当面。逆,迎。面,原作“而”,据杨沂孙说校改。约:条约,法令。

㉗深:判罪从宽。

㉘轻:判罪从轻。

㉙缘:因,根据。

㉚论心定罪:根据犯罪者心理动机来定罪。董仲舒在《春秋繁露·精华》中说:“《春秋》之听狱也,必本其事而原其志,志邪者不待成,首恶者罪特重,本直者其论轻。”

㉛今伤人未有所害:此句原作“念伤民未有所害”,据王利器说校改。

㉜将:抑或。

㉝厌:满足,此处指心服。

㉞创:重伤。

㉟臧:通“赃”。

㊱至意:本意。

㊲俯:低头。仰:抬头。

【译文】

文学说:“《诗经·小雅·大东》说:‘大路如磨刀石,箭杆一般笔直。’说的是大路平易。《大东》又说：‘大路为君子所走，为小人所注视。’说的是大路明显。因而道德明显就易于随从，法令简约就易于施行。如今天子的驰道穿过丘陵平地，纡回环绕天下，所以万里江山都成为民众的陷阱。罗网张开悬在山谷之口，陷阱设置在大路当中，经过伪饰的短箭安在山上，老百姓能不遭殃吗？聚集人们所想要的，开启人们所贪图的，在仁义衰落的情况下，老百姓能不越轨吗？因而发展到最后，达到攻陷城邑，抢劫国库金钱，盗窃宗庙祭器的程度，岂只千仞之高、千钧之重呢！管子说过：‘礼、义、廉、耻四大纲纪不能施张，即使是皋陶也做不了执法官。’因此，废弃了道德教化就会导致奸诈作伪盛行，礼义崩坏就会导致奸邪兴起，说的是没有仁义的后果。仁是爱的体现，义是事物的适宜。因此君子爱好仁义，推仁及物，治理近处，推治及远。传记上说：‘凡是有生命的事物，没有比人更珍贵；君主所珍视的，没有比人才更贵重。’因此上天创生万物来奉养人，君主爱人来顺从天。我只听说过以六畜禽兽来奉养人，没有听说过以所养的六畜来加害于人。鲁国马厩失火，孔子罢朝回家，只问人是否受伤，不问马的情况，这是孔子贱视畜生而重视人类。如今偷盗马匹的人被判死罪，偷盗牛的人枷锁囚禁。乘车骑马行于驰道，官吏加以呵斥，如果仍不停止，那么罪同盗马，被判死罪。假如有人在伤害他人之后持其刀剑逃亡，也能说盗窃武库兵器而杀死他吗？君主制定法令而民众犯法，也能说他当面轻视君主法令吗？判罪从严可以定死罪，判罪从宽可以赦免，这并非法律禁令的本意。法是根据人情而制定，并非设定罪名来陷害民众的。因此孔子《春秋》断案，根据犯罪者心理动机来定罪。本意善良而违犯法令的人可以免罪，本意邪恶而合于法令规定的人被诛杀。假使伤了人却无大害，本意不太邪恶而合于法令规定的人，能够说他偷盗伤人吗？或者说是不是执法的人太过分了呢？为什么如此让人不能心服口服呢？古时候，伤害他人且致人重伤的要判刑，偷盗有赃物的要处罚，杀人的人判死罪。如今夺取他人兵刃自卫而伤及他人，与杀人同罪，这恐怕不是制定法令的本意吧?”

大夫把头低下,又抬起头来,没有回答。

御史曰①:“执法者国之辔衔②,刑罚者国之维楫也③。故辔衔不饬④,虽王良不能以致远⑤;维楫不设,虽良工不能以绝水⑥。韩子疾有国者不能明其法势⑦,御其臣下,富国强兵,以制敌御难,惑于愚儒之文词,以疑贤士之谋,举浮淫之蠹⑧,加之功实之上⑨,而欲国之治,犹释阶而欲登高⑩,无衔橛而御捍马也⑪。今刑法设备,而民犹犯之,况无法乎?其乱必也!”

【注释】

①御史:原作“御史大夫”,据卢文弨说校删。

②辔:缰绳。衔:马嚼子。

③维:系船的粗绳。楫:船桨。

④饬:整治。

⑤王良:春秋时期晋国的优秀驾车人。

⑥良工:优秀的船工。绝水:渡河。

⑦韩子疾有国者不能明其法势:韩子,战国后期法家代表团人物韩非。国,原作“固”,据王利器说校改。《史记·老子韩非列传》载:“于是韩非疾治国不务修明其法制,执势以御其臣下,富国强兵而以求人任贤,反举浮淫之蠹而加之于功实之上。”此数语为御史所本。疾,痛恨。“韩子”下原有“曰”字,据张敦仁说校删。

⑧浮淫:轻浮,过分。蠹:蛀虫,韩非著有《五蠹》,将儒家、纵横家、侠客、君主近侍、工商业者称为五种蠹虫。

⑨功实:实际功劳。

⑩释：放弃。阶：阶梯。

⑪橛(jué)：马衔。捍：通“悍”，暴烈不驯。

【译文】

御史说：“执法的人是国家的缰绳和马嚼子，刑罚是国家的系船大绳和船桨。因此如果马缰绳和马嚼子得不到整治，即使是优秀车夫王良也不能驾车到达远方；如果不设置系船大绳和船桨，即使是优秀船工也不能驾船渡过河水。当年韩非痛恨拥有国家的诸侯不能明白法令和权势，以此来驾御其臣下，实现富国强兵，抵制敌人，抵御灾难，反而被那些愚昧儒生的文词所迷惑，以此怀疑贤士的谋略，举用轻浮不实的蛀虫，凌驾于有实际功劳的人之上，如此而希望国家得到治理，如同放弃阶梯而想登高，没有马衔而驾驭烈马。如今刑法设置完备，而民众仍然犯法，何况是没有法令呢？必定会导致社会大乱！”

文学曰：“辔衔者，御之具也①，得良工而调②。法势者，治之具也，得贤人而化③。执辔非其人，则马奔驰。执轴非其人④，则船覆伤⑤。昔吴使宰嚭持轴而破其船⑥，秦使赵高执辔而覆其车⑦。今废仁义之术，而任刑名之徒，则复吴、秦之事也。夫为君者法三王⑧，为相者法周公，为术者法孔子⑨，此百世不易之道也。韩非非先王而不遵，舍正令而不从，卒蹈陷阱⑩，身幽囚，客死于秦。夫不通大道而小辩⑪，斯足以害其身而已。”

【注释】

①具：用具，工具。

②良工：驭马高手。调：协调。

③化：神化。

④执轴：掌舵。轴，通“舳(zhú)”，舵。

⑤覆：倾覆。伤：损坏。

⑥宰嚭(pǐ)：吴国太宰伯嚭。他接受越国贿赂，说服吴王释越，谗害忠臣伍子胥。吴灭后被越人杀死。持轴：掌舵。

⑦赵高：秦朝宦官。秦始皇死后，赵高与李斯私改诏书，拥立秦二世胡亥。运用阴谋手法驾空胡亥，谋杀李斯，进而逼胡亥自杀，另立子婴。后被子婴设计杀死。

⑧三王：夏禹，商汤，周文王。

⑨术：思想学术。

⑩卒蹈：原作“举陷”，据王利器说校改。

⑪夫不通大道而小辩：“夫”上原有“秦”字，据王利器说校删。小辩，小的辩术，与“大道”相对。

【译文】

文学说：“缰绳和马嚼子是驾驭的工具，得到优秀车手才会协调。法令和权势是治国的工具，得到贤人才臻于化境。执马缰绳的如果不是优秀车夫，马就不听使唤而奔驰不止。掌舵的如果不是优秀舵手，那么船就会倾覆或损伤。从前吴国让太宰伯嚭掌舵，结果船破人亡，秦国让赵高执掌缰绳，结果车覆国灭。假如废除儒家仁义学说，而任用那些迷信刑名之人，那么就会让吴国、秦国的悲剧重演。做君主的人应该效法夏禹、商汤、周文王，做丞相的人应该效法周公，研究思想学说的人应该效法孔子，这是百世不会改变的道理。韩非诋毁先王，不遵从先王之道，舍弃正确教令而不听从，最终落入陷阱，被囚禁在大牢，客死在他乡秦国。不学习大道，只是掌握小的辩术，这样足致自害其身而已。”

申韩第五十六

【题解】

申不害、韩非是战国法家代表人物，本篇以“申韩”为题，探讨以法治国与以德治国的思想理论问题。御史认为，孔子倡导仁义，伯夷隐遁首阳山，都未能起到感化民众的作用。治国必须设明法，陈严刑，防非矫邪，像吴起、申不害、商鞅那样，依靠法令和权势来威慑民众，使他们不敢犯罪。文学则认为法令不能治本，商鞅变法破坏了秦国的良善风俗而无法恢复，而周国运用德治，不用刑罚达四十年之久。正反例证说明，治国应该从根本清除致乱之源，用道德教化取代严刑峻法。

御史曰："待周公而为相，则世无列国①。待孔子而后学，则世无儒、墨。夫衣小缺，憏裂可以补②，而必待全匹而易之；政小缺，法令可以防，而必待《雅》、《颂》乃治之③；是犹舍邻之医，而求俞跗而后治病④，废污池之水，待江、海而后救火也。迂而不径⑤，阙而无务⑥，是以教令不从而治烦乱。夫善为政者，弊则补之，决则塞之，故吴子以法治楚、魏⑦，申、商以法强秦、韩也⑧。"

【注释】

①列国：诸多国家。

②憏（chì）：原作"襟"，据孙诒让说校改。憏，残帛。裂，缯余。

③《雅》《颂》：《诗经》中的两类诗歌，此处指代礼乐。通过弦歌讽诵来治理天下，是儒家的理想政治境界。

④俞跗（fū）：上古良医。

⑤迂：曲折。径：径直。

⑥阙：通"缺"。务：措施。

⑦吴子：战国前期法家先驱人物吴起。曾受魏文侯重用，担任魏国西河守，屡次破秦。后为楚悼王相，在楚国实施变法。楚悼王死后，吴起被楚国宗室大臣射杀。

⑧申：申不害。《史记·老子韩非列传》载："申不害者，京人也，故郑之贱臣。学术以干韩昭侯，昭侯用为相。内修政教，外应诸侯，十五年。终韩子之身，国治兵强，无侵韩者。"商：商鞅。在秦孝公支持下实施变法，使秦国走上富强道路。《史记》中有《商君列传》。

【译文】

御史说："如果一定要等到周公为丞相，那么世上就没有诸多国家。如果一定要等到孔子为师而后学习，那么世上就没有儒家和墨家。衣上有了小缺口，一小块布就可以把它缝补起来，而一定要等到用整匹布来换；政事上有了小缺陷，用法令就可以弥补，而一定要等到用《诗经》的《雅》、《颂》才去治理；这如同舍弃邻近医生，而一定等到求得名医俞跗之后才去治病；不用身边的污池废水，一定要等到运来长江、大海之水然后再救火。宁绕弯路而不走捷径，有了缺陷而没有补救措施，所以法令无人服从而秩序混乱。善于执政的人，有了弊政就加以弥补，有了决口就予以堵塞，因而吴起用法令治理楚国和魏国，申不害和商鞅用法术使秦国和韩国富强。"

文学曰："有国者选众而任贤①，学者博览而就善②，何必是周公、孔子！故曰法之而已③。今商鞅反圣人之道④，变乱秦俗，其后政耗乱而不能治⑤，流失而不可复⑥，愚人纵火于沛泽⑦，不能复振⑧；蜂虿螫人⑨，放死不能息其毒也⑩。烦而止之，躁而静之，上下劳扰⑪，而乱益滋。故圣人教化，上与日月俱照，下与天地同流⑫，岂曰小补之哉！"

【注释】

①有国者：指君主。选众：从众人之中选拔人才。

②就善：择善而从。

③法：效法。

④今商鞅反圣人之道："商鞅"之下本有"吴起"二字，据郭沫若说校删。

⑤秏乱：混乱。治：原作"理"，据王利器说校改。

⑥流失：指失去良风善俗。复：恢复。

⑦沛泽：沼泽地。

⑧复振：恢复原貌。

⑨蚕(chài)：蝎子一类毒虫。螫(shì)：毒虫刺人，毒蛇咬人。

⑩放死：指将蜂、蚕放跑弄死。

⑪劳扰：辛劳烦扰。

⑫同流：一起运转。

【译文】

文学说："拥有国家的君主都会从众人中选拔贤才而加以任用，学者都会博览群书择善而从，何必一定要等到周公、孔子！不过是效法他们而已。商鞅违反圣人之道，变乱秦国良善风俗，后来秦国政治变得混乱而不能治理，失去良风善俗而不可恢复。这就如同一个愚蠢的人在沼泽地放火，这片土地就再也不能恢复原貌了；蜂蝎咬了人，即使将蜂、蚕放跑弄死，也不能清除它的毒液。烦扰之后加以制止，焦躁之后让其安静，上下辛劳烦扰，混乱越来越厉害。因此圣人的教化，上与日月一起光照宇宙，下与天地一同流转，怎么能说是小的弥补呢！"

御史曰："衣缺不补，则日以甚，防漏不塞[①]，则日益滋[②]。大河之始决于瓠子也[③]，涓涓尔[④]，及其卒[⑤]，泛滥为中国害，灾梁、楚[⑥]，破曹、卫[⑦]，城郭坏沮[⑧]，蓄积漂流[⑨]，百姓木栖[⑩]，千里无庐[⑪]，令孤寡无所依，老弱无所归。故先帝闵悼其灾，亲省河堤[12]，举禹之功，河流以复，曹、卫以宁。百姓戴其功[13]，咏其德，歌'宣房塞，万福来'焉[14]，亦犹是也，如何勿小补哉！”

【注释】

①防漏：堤防漏水。塞：堵塞。

②滋：指漏洞越来越大。

③大河：黄河。瓠(hù)子：地名，在今河南濮阳市南。公元前132年，黄河在瓠子决口。

④涓涓：细小的水流。尔：而已。

⑤卒：后来。

⑥梁、楚：战国时期魏、楚两国，相当于今河南黄河两岸地区和山西西南部及淮河、长江中下游地区。此处是指昔日梁、楚地区。

⑦曹、卫：春秋时期曹、卫两国，相当于今河南东北部与山西西南部地区。此处是指昔日曹、卫地区。

⑧坏沮：毁坏。

⑨蓄积：老百姓家中积蓄的财物。

⑩木栖：爬到树上栖息。

⑪庐：房屋。

⑫省：视察。《史记·孝武本纪》载："还至瓠子，自临塞决河。留二日，沉祠而去。使二卿将卒塞决河。河徙二渠，复禹之故迹焉。"《史记·河渠书》载："天子乃使汲仁、郭昌发卒数万人塞瓠子决。于是天子已用事万里沙，则还亲临决河，沉白马玉璧于河，令群臣从官自将军已下皆负薪填决河。"汉武帝率军民堵塞黄河缺口是在元封二年(前109)。

⑬戴：感谢。

⑭宣房塞，万福来：汉武帝创作《瓠子歌》，其中有"宣房塞兮万福

来”诗句。宣房，宫名，为汉武帝塞瓠子之后所建。

【译文】

御史说：“衣服缺了不补，就会破得一天比一天厉害；堤防漏水不堵塞，漏洞就一天比一天大。黄河当初在瓠子决口，只是涓涓细流而已，到了后来，泛滥成灾，成为中国一大祸害，淹没了梁、楚地区，冲破曹、卫一带，城墙被冲垮，财物在水上漂流，老百姓爬到树上栖息，千里看不到房屋，孤儿寡妇没有依靠，老人弱者无处归依。因此已故武帝同情百姓受灾，亲自视察河堤，像当年大禹治水那样治理黄河，黄河决口因此得以修复，梁、楚、曹、卫一带终于恢复安宁。老百姓感戴武帝治河之功，歌咏他的大恩大德，歌唱‘宣房堵塞，万福来临’。其他政事也像这样，怎么不要在细小之时弥补呢！”

文学曰：“河决若瓮口①，而破千里，况礼决乎？其所害亦多矣！今断狱岁以万计，犯法兹多②，其为灾岂特曹、卫哉③！夫知塞宣房而福来，不知塞乱原而天下治也④。周国用之，刑错不用⑤，黎民若四时各终其序⑥，而天下不孤⑦。《颂》曰：‘绥我眉寿，介以繁祉。’⑧此夫为福，亦不小矣！诚信礼义如宣房，功业已立，垂拱无为⑨，有司何补，法令何塞也？”

【注释】

①瓮：盛物的陶器，口小，肚大。

②兹：同“滋”。

③特：仅仅，只是。

④原：同“源”。

⑤周国用之，刑错不用：《史记·周本纪》：“故成康之际，天下安宁，

刑错四十余年不用。”错，通“措”。

⑥若四时各终其序：像春夏秋冬四时交替那样自然走完生命历程。

⑦不孤：没有孤儿。

⑧绥我眉寿，介以繁祉（zhǐ）：见于《诗经·周颂·雍》。绥，安抚。眉寿，长寿。介，给。繁，多。祉，福。

⑨垂拱：垂衣拱手，比喻无为而治。

【译文】

文学说：“黄河决口最初像瓮口一样细小，最后却冲破千里河堤，何况是礼义决口呢？它的危害也够多了！如今每年断案数以万计，犯法的人越来越多，它所侵害岂止是曹、卫一带呢！你们知道堵塞宣房而幸福来临，却不知道堵塞致乱之源就会天下大治。周国这样做了，结果国家不用刑罚长达四十多年。黎民如果像春夏秋冬四时交替那样自然走完生命历程，那么天下就没有孤儿了。《诗经·周颂·雍》说：‘保佑我长寿，赐给我多福。’这样的赐福，也算不小了！朝廷如果在诚信礼义上做得像塞宣房那样，那么功业早已建立，皇帝垂衣拱手，无为而治，主管官员还有什么需要弥补，法令又有什么需要堵塞的呢？”

御史曰：“犀铫利鉏①，五谷之利而间草之害也②。明理正法，奸邪之所恶而良民之福也。故曲木恶直绳，奸邪恶正法。是以圣人审于是非，察于治乱，故设明法，陈严刑，防非矫邪，若隐括辅檠之正弧剌也③。故水者火之备，法者止奸之禁也。无法势，虽贤人不能以为治；无甲兵，虽孙、吴不能以制敌④。是以孔子倡以仁义而民从风⑤，伯夷遁首阳而民不可化⑥。”

【注释】

①犀铫(yáo):犀利的大锄。钽:同"锄"。

②间草:苗间杂草。

③隐括:矫正曲木的工具。辅檠(qíng):矫正弓的器具。弧刺:弯曲貌。

④孙、吴:春秋末年军事家孙子和战国前期军事家吴起。

⑤是以孔子倡以仁义而民从风:张敦仁说,"民"之下脱一"不"字。结合上下文来看,似以张说为长。从风,听从。

⑥伯夷遁首阳:《史记·伯夷列传》载:"武王已平殷乱,天下宗周,而伯夷、叔齐耻之,义不食周粟,隐于首阳山,采薇而食之。"遁,逃。首阳,山名,所在地说法不一。按,伯夷本为传说人物,其隐居之地难以考实。

【译文】

御史说:"犀利的大锄,锋利的锄头,对于五谷有利,而对苗间杂草有害。明确的审理,公正的法令,为奸邪之人所厌恶,而对于良民百姓来说却是福音。因此弯曲的树木厌恶取直的绳墨,奸邪之人厌恶公正的法律。所以圣人明辨是非,洞察治乱,因而设置明确的法律,发布严厉的刑法,防止为非作歹的现象,矫正奸邪之人,如同隐括、辅檠矫正曲木一样。因此,水是防备火灾的,法是禁止奸邪的。没有法律权势,即使是贤人也不能进行治理;没有坚甲利兵,即使是孙子、吴起也不能克敌制胜。所以孔子倡导仁义,而民众并不听从;伯夷逃隐到首阳山,而民众并没有被感化。"

文学曰:"法能刑人而不能使人廉,能杀人而不能使人仁。所贵良医者,贵其审消息而退邪气也[①],非贵其下针石而钻肌肤也[②]。所贵良吏者,贵其绝恶于未萌,使之不为,非贵其拘之囹圄而刑杀之也[3]。今之所谓良吏者，文察则以祸其民[4]，强力则以厉其下[5]，不本法之所由生[6]，而专己之残心[7]，文诛假法[8]，以陷不辜[9]，累无罪[10]，以子及父，以弟及兄，一人有罪，州里惊骇，十家奔亡，若痈疽之相泞[11]，色淫之相连[12]，一节动而百枝摇。《诗》云：'舍彼有罪，沦胥以铺。'[13]痛伤无罪而累也。非患铫耨之不利，患其舍草而芸苗也[14]。非患无准平[15]，患其舍枉而绳直也[16]。故亲近为过不必诛[17]，是锄不用也；疏远有功不必赏[18]，是苗不养也。故世不患无法，而患无必行之法也。"

【注释】

①审消息：审察脉象阴阳盛衰。

②下针石：运用银针砭石。钻：刺。

③囹圄(líng yǔ)：监狱。

④文察：根据法律条文苛察。

⑤强力：强制性运用权力。厉：残害。

⑥本：根据。法之所由生：立法本意。

⑦专己之残心：专门听凭自己残暴之心。

⑧文诛：深文周纳。假法：假借法令名义。

⑨不辜：无罪。

⑩累：牵连。

⑪痈疽(yōng jū)：毒疮。泞(nìng)：烂泥，此处指毒疮溃烂。

⑫色淫：好色淫乱。

⑬舍彼有罪，沦胥以铺：《诗经·小雅·雨无正》："舍彼有罪，既伏其辜。若此无罪，沦胥以铺。"文学在此截取两句。舍，舍弃。沦，陷。胥，相。铺，遍。

⑭芸：锄。原作“去”，据王利器说校改。

⑮准平：测量水平的仪器。

⑯舍枉：舍弃弯曲。绳直：纠正直木。

⑰亲近：关系亲近的人。为过：犯错。不必诛：不坚决处罚。

⑱疏远：关系疏远的人。不必赏：不坚决给予奖赏。

【译文】

文学说：“法律能够给人判刑，但不能使人廉洁；法律能够判人死罪，但不能使人变得仁义。人们看重良医，是看重他能够准确把握脉象的阴阳盛衰，祛除致病的邪气，而不是看重他运用银针砭石来刺激肌肤穴位。人们看重一个优秀官员，是看重他能够在罪恶尚未萌生之际斩断恶念，使人不去犯罪，而不是看重他将犯人关进大牢而将其定刑杀死。现在人们所说的优秀官员，以法律条文苛察加祸于民，以强权暴力残害下属，不根据立法的本意，而专门听凭自己的残暴之心，深文周纳，假借法令名义，来陷害无罪民众，并牵连诸多无罪亲属，儿子牵连父亲，弟弟牵连兄长，一个人有罪，一州一里都为之惊骇，十个家庭为之逃亡，如同毒疮持续溃烂，好色淫乱互相影响，一个枝节牵动，百根树枝动摇。《诗经·小雅·雨无正》说：‘舍弃那些有罪的人，相互牵连多人陷罪。’诗句伤痛的是无罪而受牵连。不怕锄草工具不锋利，怕的是舍弃杂草而锄掉禾苗。不怕没有测量水平的仪器，怕的是舍弃曲木而纠正直木。因此，关系亲近的人犯错不坚决处罚，相当于有锄头而不用；关系疏远的人有功劳不坚决给予奖赏，相当于禾苗得不到养育。因而世上不怕没有法令，怕的是没有坚决执行的法令。”

周秦第五十七

【题解】

本篇以“周秦”为题，西周是礼治的代表，秦朝是法治的代表，因此本篇所辩论的是礼治与法治问题。御史坚持以严刑峻法治国,他的理由是:“立法制辟,若临百仞之壑,握火蹈刃,则民畏忌,而无敢犯禁矣。”文学认为,治国应该运用礼乐教化的方法,刑罚是礼治失效之后所采取的措施,“周其礼而明其教,礼周教明,不从者然后等之以刑。”御史与文学的观点分歧,实际上是法家与儒家在治国思路上的根本差异。

御史曰:“《春秋》无名号,谓之云盗,所以贱刑人而绝之人伦也①。故君不臣②,士不友③,于闾里无所容④。故民耻犯之⑤。今不轨之民,犯公法以相宠⑥,举弃其亲⑦,不能伏节死理⑧,遁逃相连⑨,自陷于罪,其被刑戮,不亦宜乎?一室之中,父兄之际,若身体相属,一节动而知于心。故今自关内侯以下⑩,比地于伍⑪,居家相察⑫,出入相司⑬,父不教子,兄不正弟,舍是谁责乎?”

【注释】

①《春秋》无名号,谓之云盗,所以贱刑人而绝之人伦也:《春秋穀梁传·昭公二十年》:“秋,盗杀卫侯之兄辄。盗,贱也。”贱,贱视。人伦,人类。

②君不臣:君主不把罪人看做臣子。

③士不友:士不把罪人视为朋友。

④闾里:乡里。容:立足容身。

⑤耻:原作“始”,据郭沫若说校改。

⑥相宠:互相以为光荣。

⑦举:完全。

⑧伏节死理:低头承认死罪。伏节,伏罪。

⑨遁逃相连:不断地逃窜。

⑩关内侯：汉代第十九级爵名，仅有侯爵名号而无封邑，住在关内，故称关内侯。

⑪比地于伍：居地挨近的五家编为一伍。比，比邻。

⑫居家相察：在家时各户相互观察。

⑬出入相司：进出互相监督。司，通“伺”，窥察。

【译文】

御史说：“《春秋》不书写罪人的姓名与位号，称他们为‘盗’，是以此贱视罪人，不把他们视为人类。因此君主不把罪人视为臣民，士不把罪人视为朋友，罪人在乡里无地自容。因此民众耻于犯罪。如今一些不法之民，触犯国法之后，互相以为光荣，完全抛弃亲属，不能低头认罪，不断地逃窜，他自己陷于犯罪，被官府判刑杀头，不是适宜的吗？一家之中，父兄之间的关系，如同身体各个部位相连一样，一个关节触动，心里都会知道。因此现在从关内侯以下，居地挨近的五家被编为一伍，在家时各家各户相互观察，进出互相监督，父亲不教好儿子，兄长不纠正弟弟，除了父兄，还去追究谁的责任呢？”

文学曰：“古者，周其礼而明其教[①]，礼周教明，不从者然后等之以刑[②]，刑罚中[③]，民不怨。故舜施四罪而天下咸服[④]，诛不仁也。轻重各服其诛，刑必加而无赦，赦惟疑者[⑤]。若此，则世安得不轨之人而罪之？今杀人者生，剽攻窃盗者富[⑥]。故良民内解怠[⑦]，辍耕而陨心[⑧]。古者，君子不近刑人，刑人非人也[⑨]，身放殛而辱后世[⑩]，故无贤不肖，莫不耻也。今无行之人，贪利以陷其身，蒙戮辱而捐礼义[⑪]，恒于苟生[⑫]。何者？一日下蚕室[⑬]，创未瘳[⑭]，宿卫人主[⑮]，出入宫殿，由得受奉禄[⑯]，食大官享赐[⑰]，身以尊荣，妻子获其饶[⑱]。故或载卿相之列，就刀锯而不见闵[⑲]，况众庶乎？夫何耻之有！今废其德教[20]，而责之以礼义，是虐民也。

【注释】

①周其礼：周密地规定礼仪。明其教：明确地实施教化。

②等：按不同等级。

③中：适中。

④舜施四罪而天下咸服：《尚书·尧典》载："流共工于幽州，放驩兜于崇山，窜三苗于三危，殛鲧于羽山，四罪而天下咸服。"

⑤赦惟疑者：只赦免那些证据不足的嫌疑犯。

⑥剽攻：抢劫。

⑦解：通"懈"。

⑧陨心：失去信心。

⑨刑人非人也：《春秋公羊传·襄公二十九年》载："刑人则曷谓之阍？刑人非其人也。君子不近刑人，近刑人，轻死之道也。"

⑩放：流放。殛(jí)：诛杀。

⑪捐：抛弃。

⑫恒于苟生：常年苟且偷生。恒，常。

⑬蚕室：古代被施宫刑之后，为防感染发炎，犯人被放在温暖的囚室。这种囚室如同养蚕小屋，故称蚕室。

⑭创：受刑创口。瘳(chōu)：痊愈，愈合。

⑮宿卫：在皇宫值夜班守卫。

⑯由得：原作"得由"，据陈遵默、王利器说校改。由，通"犹"。奉，通"俸"。

⑰食大官：秦汉有大官令丞，主管皇帝膳食。宦官由于宿卫宫廷，故能有机会吃到皇帝赏赐的御厨食物。大，读为"太"。

⑱饶：富饶。

⑲刀锯：刀用于割刑，锯用于刖刑，此处指刑具。闵：同"悯"，怜悯，

引申为伤心。

⑳今废其德教:“今”字原无,据王利器说校补。

【译文】

文学说:“古时候,周密地规定礼仪,明确地实施教化。礼仪周密了,教化明确了,然后对不听从的人按照不同等级施行刑罚,刑罚适中,民众不会怨恨。因此帝舜对共工、驩兜、三苗、鲧四大罪人实施惩罚,天下人都为之信服,这是因为帝舜诛讨的是不仁之人。无论是轻罪还是重罪都各服处罚,坚决实施刑罚而没有赦免,所赦免的只有那些证据不足的嫌疑犯。如果能够做到这样,那么世上哪里会有不法之人而对他们定罪处罚呢?如今杀人的人可以活着,抢劫盗窃的人当富翁。因此良民百姓内心懈怠,放弃耕作而失去信心。古时候,君子不接近受过刑的人,受过刑的人不能算一个人,他们或被流放,或被杀死,给他们的后代带来羞辱,因此无论是贤人还是不肖之人,没有人不感到羞耻的。如今那些品行不端的人,贪得财利以致身陷牢狱之灾,蒙受刑罚耻辱而捐弃礼义,常年苟且偷生。为什么会这样呢?这是因为他们受宫刑进蚕室之后,创伤还没有愈合,就到皇宫值班守卫君主,出入宫殿之中,还能享受朝廷俸禄,吃御厨赐给的饭食,自己安富尊荣,妻子儿女过着富饶的生活。因此有人身居卿相之位,蒙受刀锯之刑却不见伤心,何况是广大庶民呢?这还有什么羞耻!如今废除了道德教化,却以礼义来苛责民众,这是虐待民众啊。

《春秋传》曰:‘子有罪,执其父。臣有罪,执其君,听失之大者也。’① 今以子诛父,以弟诛兄,亲戚相坐②,什伍相连③,若引根本之及华叶④,伤小指之累四体也⑤。如此,则以有罪反诛无罪⑥,无罪者寡矣。臧文仲治鲁⑦,胜其盗而自矜⑧。子贡曰⑨:‘民将欺,而况盗乎⑩!’故吏不以多断为良,医不以多刺为工[11]。子产刑二人[12]，杀一人，道不拾遗，而民无诬心[13]。故为民父母，以养疾子[14]，长恩厚而已[15]。自首匿相坐之法立[16]，骨肉之恩废，而刑罪多矣[17]。父母之于子，虽有罪犹匿之，其不欲服罪尔[18]。闻子为父隐，父为子隐[19]，未闻父子之相坐也。闻兄弟缓追以免贼[20]，未闻兄弟之相坐也。闻恶恶止其人[21]，疾始而诛首恶[22]，未闻什伍而相坐也[23]。《老子》曰：'上无欲而民朴，上无事而民自富。'[24]君君臣臣，父父子子[25]。比地何伍[26]，而执政何责也？"

【注释】

①子有罪，执其父。臣有罪，执其君，听失之大者也：见于《春秋公羊传·成公十六年》。听，听讼断案。失，错误。

②坐：牵连。

③什伍：古代五家为伍，两伍为什。

④引：拉，拔。华：花。

⑤累：拖累。四体：四肢。

⑥反诛：王利器说，当作"诛及"。

⑦臧文仲：春秋时期鲁国大夫，臧氏，名辰，谥文，因排行第二被后人称为臧文仲。

⑧自矜：自我夸耀。

⑨子贡：孔子弟子，善于辞令，擅长外交。

⑩而况盗乎："况"下原有"民"字，据卢文弨、王利器说校删。

⑪刺：针灸。

⑫子产：春秋时期郑国贤相。

⑬诬心：欺骗心理。

⑭疾子：有病的儿子。

⑮长恩厚：多施厚恩。

⑯首匿：首谋藏匿罪人。

⑰而刑罪多矣："矣"字原无，据王利器说校补。

⑱其：原作"岂"，据王利器说校改。

⑲子为父隐，父为子隐：《论语·子路》载孔子曰："父为子隐，子为父隐，直在其中矣。"隐，隐瞒。按，"闻"字原错在"刑罪多矣"之下，据陈遵默说校改。

⑳闻兄弟缓追以免贼：《春秋公羊传·闵公二年》："庆父弑二君，何以不诛？将而不免，遏恶也。既而不可及，缓追逸贼，亲亲之道也。"

㉑恶恶止其人：厌恶恶人，仅止于恶人自身。《春秋公羊传·昭公二十年》："恶恶止其身，善善及子孙。"

㉒疾始而诛首恶：痛恨始作俑者而诛为首作恶者。《春秋公羊传·僖公十七年》："君子恶恶也疾始，善善也乐终。"

㉓未闻什伍而相坐也：而，原作"之"。"也"字原无，据王利器说校改。

㉔上无欲而民朴，上无事而民自富：见于《老子》第五十七章。

㉕君君臣臣，父父子子：见于《论语·颜渊》。

㉖比地何伍：比地而居，何必五家编为一伍。

【译文】

《春秋公羊传·成公十六年》说：'儿子有罪，抓捕他的父亲。臣子有罪，抓捕他的君主，这是听讼断案过程中最大的失误。'如今因为儿子犯罪而处罚父亲，因为弟弟犯罪而处罚兄长，亲戚之间互相牵连，十家五家之间互相连坐，这就如同拔起树木根本累及花朵树叶，伤害小指而拖累四肢。这样的话，就因为一人有罪而诛及那些无罪的亲属和邻居，天下没有罪的人就很少了。春秋时期臧文仲治理鲁国，战胜盗贼之后自我夸耀。孔子弟子子贡说：'民众都要欺骗了，何况是盗贼呢！'因此对执法官员吏来说，不能因为他断案多就称他为好官，对于医生来说，不能因为他针灸多就称他为良医。春秋时期郑国执政大夫子产对两个罪人施刑，杀死一个罪人，结果郑国道不拾遗，民众也没有欺骗之心。因此身为民众父母官，对民众就要像抚养生病的孩子一样，对民众多施厚恩而已。自从汉家设置首谋藏匿罪人互相牵连的法律之后，父子兄弟骨肉的恩情废掉了，受刑定罪的人多了。父母对于子女，即使有罪仍然将他们藏匿起来，不过是不想承担牵连之罪罢了。我只听说过儿子为父亲隐瞒，父亲为儿子隐瞒，没有听说过父子互相牵连。我听说过兄弟之间放缓追究以便让贼人逃脱，没有听说兄弟之间互相牵连。听说过厌恶恶人，仅止其人本身，听说过痛恨始作俑者而诛为首作恶者，没有听说十家五家互相连坐。《老子》第五十七章说：‘在上位者没有过多欲望，民风自然会淳朴；在上位者不要管得太宽，民众自然会富裕。’君像君，臣像臣，父像父，子像子。即使是比邻而居，又何必将五家编为一伍，执政者又何必责令他们互相监督呢？”

御史曰：“夫负千钧之重，以登无极之高①，垂峻崖之峭谷②，下临不测之渊，虽有庆忌之捷③，贲、育之勇④，莫不震慑悼栗者⑤，知坠则身首肝脑涂山石也。故未尝灼而不敢握火者⑥，见其有灼也。未尝伤而不敢握刃者，见其有伤也。彼以知为非⑦，罪之必加，而戮及父兄，必惧而为善。故立法制辟⑧，若临百仞之壑，握火蹈刃，则民畏忌，而无敢犯禁矣。慈母有败子，小不忍也。严家无悍虏⑨，笃责急也⑩。今不立严家之所以制下，而修慈母之所以败子，则惑矣。”

【注释】

①无极：没有极点，看不到山顶。

②垂：接近，靠近。

③庆忌：春秋末年吴国勇士。捷：敏捷。原作“健”，据张敦仁说校改。

④贲、通：孟贲、夏育，为古代著名勇士。

⑤震慑悼栗：心惊胆战。栗，通“慄”。

⑥灼：烧伤。《淮南子·氾论训》：“故未尝灼而不敢握火者，见其有所烧也；未尝伤而不敢握刃者，见其有所害也。”

⑦以：通“已”。

⑧辟：法。

⑨严家：严厉的家庭。悍虏：强悍的家奴。《韩非子·显学》：“夫严家无悍虏，而慈母有败子。”

⑩笃责：督责，管教。

【译文】

御史说：“背负千钧重担，来攀登望不到顶的高峰，接近悬崖峭壁，下临深不可测的深渊，即使有庆忌的敏捷，孟贲、夏育的勇猛，没有人不为之心惊胆战，这是因为他们深知一旦掉下去，就会摔得粉身碎骨，肝脑涂地。因此人们未尝被灼伤而不敢用手握火，是因为他看到有人被灼伤。人们未尝被割伤而不敢用手握刀刃，是因为他看到过有人被割伤。人们已经知道为非作歹，一定要被判罪，而且连累到他的父兄，必定会畏惧而改恶从善。因此制定法律，就如同面临百仞山谷，如同手握碳火，脚踩刀刃，这样民众就会畏惧忌惮，就没有人敢于违犯禁令了。慈母会有败家之子，这是因为她不忍心对孩子的小错误进行惩罚。严厉的家庭没有强悍家奴，这是因为管教严格。如今不制定严厉家庭管教下人的措施，却采取慈母培养败家子的方法，那就十分糊涂了。”

文学曰：“纣为砲烙之刑①，而秦有收帑之法②，赵高以峻文决罪于内③，百官以峭法断割于外④，死者相枕席⑤，刑者相望，百姓侧目重足[6]，不寒而栗。《诗》云：‘谓天盖高，不敢不局。谓地盖厚，不敢不蹐。哀今之人，胡为虺蜥！’[7]方此之时，岂特冒蹈刃哉[8]？然父子相背[9]，兄弟相嫚[10]，至于骨肉相残，上下相杀。非刑轻而罚不必，令太严而仁恩不施也[11]。故政宽则下亲其上[12]，政严则民谋其主[13]，晋厉以幽[14]，二世见杀[15]，恶在峻法之不犯[16]，严家之无悍虏也？圣人知之，是以务和而不务威[17]。故高皇帝约秦苛法[18]，以慰怨毒之民[19]，而长和睦之心，唯恐刑之重而德之薄也。是以恩施无穷[20]，泽流后世。商鞅、吴起以秦、楚之法为轻而累之[21]，上危其主，下没其身，或非特慈母乎！”

【注释】

①纣为砲烙之刑：《史记·殷本纪》载："百姓怨望而诸侯有畔者，于是纣乃重刑辟，有炮格之法。"炮格，通"砲烙"，将犯人绑在烧红的铜柱之上。

②收帑之法：将犯人妻子收录为官府奴婢。帑，通"孥（nú）"，妻子儿女。

③峻文：严峻的法律条文。决罪：定罪。内：朝廷。

④峭法：严刑峻法。断割：指肢体被斩断刺割。

⑤枕席：枕藉，指尸体横七竖八躺在一起。

⑥侧目重足：侧目而视，重足而立，形容畏惧情形。

⑦谓天盖高，不敢不局。谓地盖厚，不敢不蹐（jí）。哀今之人，胡为虺（huǐ）蜥（xī）：见于《诗经·小雅·正月》，但缺"维号斯言，有伦有脊"二句。盖，通"盍"，何。局，一作"跼"，伛偻着身子。蹐，小步走，不敢迈开大步。胡，何。虺，毒蛇。蜥，蜥蜴。

⑧岂特冒蹈刃哉："冒"下脱一"火"字。

⑨背：背弃。

⑩嫚：欺骗。原作“漫”，据王利器说校改。

⑪令太严而仁恩不施也：“也”字原无，据王利器说校补。

⑫故政宽则下亲其上：“其”字原无，据王利器说校补。

⑬政严则民谋其主：“其”字原无，据王利器说校补。

⑭晋厉以幽：晋厉公被晋国大夫栾书、中行偃囚禁而死。幽，囚禁。

⑮二世见杀：秦二世胡亥被赵高所杀。

⑯恶：通“乌”，哪里。

⑰和：原作“知”，据王利器说校改。

⑱高皇帝约秦苛法：《史记·高祖本纪》载刘邦入关之后谕告民众：“与父老约，法三章耳：杀人者死，伤人及盗抵罪。余悉去秦法。”约，简化。

⑲以慰怨毒之民：怨毒，怨恨，憎恶。“以”字原无，据王利器说校补。

⑳恩施：原作“施恩”，据王利器说校补。

㉑累：增加。

【译文】

文学说：“殷纣王创造了炮烙酷刑，秦朝有收录罪人妻子儿女为官府奴婢的法律，赵高在朝廷内按照严峻的法律条文定罪，百官在各郡县以酷法斩断刺割民众的身体，被杀死的人相互枕藉，受刑的人相望于道，老百姓侧目而视，重足而立，不寒而栗。《诗经·小雅·正月》写道：‘天空是何等的高，却不敢不弯下身子。大地是何等的厚，却不敢不小步走路。可哀的是当今之人，为何都成毒蛇蜥蜴！’那个时候，岂止是冒着烈火、踩踏刀刃呢？但是父子互相背弃，兄弟互相欺骗，甚至于骨肉相残，上下相杀。这不是由于刑法太轻而执罚不坚决，而是因为法令太严厉而不施仁义恩德。因此政令宽松就会下亲其上，政令苛严就会导致民众谋害其主，晋厉公被大夫幽囚而死，秦二世胡亥被赵高杀害，这哪里是峻法之下无人犯罪，严厉家庭没有强悍家奴呢？圣人知道这个道理，所以务求和谐而不求威严。因此高祖皇帝简化秦朝苛法，以此安慰对朝廷怨恨、憎恶的民众，培养民众的和睦之心，唯恐刑罚太重而恩德太薄。所以汉家恩德广施无穷无尽，德泽流于后世。商鞅、吴起认为秦国、楚国的法律太轻而增设法令，对上危害君主，对下殃及自身，这或许不是慈母不教育孩子的后果吧！”

诏圣第五十八

【题解】

本篇以“诏圣”为题，“诏”意为“告”，“诏圣”就是告以圣人之道。御史指出，衣服破了要去裁制新衣，法律出了毛病就要重新制定，法令制作随时代变化而变化，因此不能以上古法令简单来否定当代法令繁多。他认为：“礼让不足禁邪，而刑法可以止暴。明君据法，故能长制群下，而久守其国也。”文学描述了成康之治“赏无所施，法无所加”的美好情景，认为“闻礼义行而刑罚中，未闻刑罚行而孝悌兴也”。针对大夫关于殷周为什么出现盛世问题，文学指出：“汤、武经礼义，明好恶，以道其民，刑罪未有所加，而民自行义，殷、周所以治也。”用礼义治民，就是文学所要讲述的圣人之道。

御史曰：“夏后氏不倍言[1]，殷誓，周盟，德信弥衰[2]。无文、武之人，欲修其法，此殷、周之所以失势，而见夺于诸侯也。故衣弊而革才[3]，法弊而更制[4]。高皇帝时，天下初定，发德音，行一切之令[5]，权也，非拨乱反正之常也[6]。其后，法稍犯[7]，不正于理[8]。故奸萌而《甫刑》作[9]，王道衰而《诗》刺彰[10]，诸侯暴而《春秋》讥[11]。夫少目之网不可以得鱼[12]，三章之法不可以为治⑬。故令不得不加，法不得不多。唐、虞画衣冠非阿⑭，汤、武刻肌肤非故⑮，时世不同，轻重之务异也。”

【注释】

①夏后氏：夏朝人。倍：原作“信”，据王利器说校改。

②弥：更加。

③衣弊：衣服破了。革才：重新裁制新衣。才，通“裁”。

④更制：重新制定。

⑤一切：一时权变。原作“一卒”，据王利器说校改。

⑥拨乱反正：《春秋公羊传·哀公十四年》：“拨乱世，反诸正，莫近诸《春秋》。”

⑦稍：逐渐。

⑧不正于理：不能正确处理。

⑨奸萌：作奸犯科之事萌生。《甫刑》：《尚书·周书》中的一篇，相传为周穆王时期吕侯所作，后吕侯子孙改封于甫，故称《甫刑》。

⑩王道衰而《诗》刺彰：《诗经》大小雅及风诗中一批作品作于王道衰微之后，其中不少作品是讽刺诗。彰，显著，彰显。

⑪诸侯暴而《春秋》讥：儒家认为《春秋》是孔子在王道衰微之后讥刺时政的作品。

⑫目：网眼。

⑬三章之法：刘邦灭秦后与民众约法三章——杀人者死，伤人及盗抵罪。

⑭唐、虞画衣冠非阿：传说唐尧、虞舜时期民众犯罪，仅在衣服上画图象征刑罚。阿，徇私，袒护。

⑮刻肌肤：指肉刑。故：主观故意。

【译文】

御史说：“夏朝人不违背诺言，殷朝人立誓，周朝人会盟定约，道德信用越来越衰落。没有周文王、周武王时期的人，却想修订那个时期的法律，这就是殷、周失去权势，而被诸侯夺权的原因。因此衣服破了才去裁制新衣，法律出了毛病就要重新制定。高祖皇帝时期，天下刚刚安定，高祖皇帝发布仁德政策，推行一时的法令，这是权变，而不是拨乱反正的正常法令。后来，汉家法令逐渐被人触犯，不能正确处理。因此作奸奸犯科事件萌生而导致《尚书·甫刑》制作，王道衰微而《诗经》讽刺宗旨彰显，诸侯暴虐而孔子《春秋》讥刺。渔网的网眼少了就不能捕到鱼，高祖临时制定的三章之法不能长期用来治民。因此法令不得不增加，法律条文不得不多。唐尧、虞舜时期在犯人衣冠上画图不是出于袒护，商汤、周武王制定肉刑也不是主观故意，这是因为时世不同，治国任务的轻重也不一样。”

文学曰：“民之仰法①，犹鱼之仰水，水清则静，浊则扰；扰则不安其居，静则乐其业；乐其业则富，富则仁生，赡则争止②。是以成、康之世，赏无所施，法无所加。非可刑而不刑③，民莫犯禁也；非可赏而不赏，民莫不仁也。若斯，则吏何事而理？今之治民者，若拙御之御马也④，行则顿之⑤，止则击之⑥。身创于棰⑦，吻伤于衔⑧，求其无失，何可得乎？乾谿之役土崩⑨，梁氏内溃⑩，严刑不能禁⑪，峻法不能止⑫。故罢马不畏鞭棰⑬，罢民不畏刑法。虽曾而累之⑭，其亡益乎⑮？”

【注释】

①仰：依赖。

②赡：富足。原作“澹”，据王利器说校改。

③可刑而不刑：可以判刑而不判刑。

④若拙御之御马也：原作“若拙御马”，据王利器说校改。拙御，笨拙的车夫。

⑤顿：停顿。

⑥击：鞭打。

⑦创：伤。棰：鞭棰。

⑧吻：嘴角。衔：马嚼子。

⑨乾谿之役：楚灵王为修章华宫而激发民怨，公子弃疾乘机立公子比为楚王，楚灵王饿死于乾谿。土崩：土崩瓦解。

⑩梁氏内溃：《左传·僖公十九年》载：“初，梁伯好土功，亟城而弗处。民罢而弗堪，则曰：‘某寇将至。’乃沟公宫，曰：‘秦将袭我。’民惧而溃，秦遂灭梁。”梁，春秋时期诸侯国，在今陕西韩城市南。

⑪严刑不能禁：“严刑”二字原无，据郭沫若说校补。

⑫峻法不能止：“能”字原无，据卢文弨说校补。

⑬罢：同“疲”。

⑭曾：通“增”。累：累积。

⑮亡：通“无”。

【译文】

文学说：“民众依赖法律，如同鱼依赖水，水清鱼就安静，水浊鱼就烦扰。民众烦扰就不能安居，清静就会乐业；乐业就会富裕，富裕就会仁义产生，丰足就会停止纷争。所以在成、康之世，想奖赏无所施行，法令也无处施加。不是可以判刑而不判刑，而是由于民众没有人犯禁；不是可以奖赏而不赏，而是民众没有人不仁义。像这样，官吏有何事需要处理？当今治民的官员，像笨拙的车夫驾驭马车，马在行走时要它停顿，马停下来又去鞭打它。马的身体被鞭棰抽伤，马的嘴角被马嚼子勒伤，在这种情形下要求马没有失误，怎么可能呢？楚灵王在乾谿土崩瓦解，梁国从内部崩溃，严刑峻法不能禁止。因此疲惫的马不怕鞭棰，疲惫的民众不怕刑法。即使是增加法律，大概是没有益处吧？”

御史曰："严墙三刃[①]，楼季难之[②]；山高干云[③]，牧竖登之[④]。故峻则楼季难三刃，陵夷则牧竖易山巅[⑤]。夫烁金在炉[⑥]，庄跻不顾[⑦]；钱刀在路[⑧]，匹妇掇之[⑨]；非匹妇贪而庄跻廉也，轻重之制异[⑩]，而利害之分明也。故法令可仰而不可逾，可临而不可入[⑪]。《诗》云：'不可暴虎，不敢冯河。'[⑫]为其无益也。鲁好礼而有季、孟之难[⑬]，燕哙好让而有子之之乱[⑭]。礼让不足禁邪，而刑法可以止暴。明君据法，故能长制群下[⑮]，而久守其国也。"

【注释】

①严墙：高墙。严，通"岩"。刃：通"仞"。

②楼季：善于攀登的人。"楼季"之下原无"难"字，据杨沂孙说校补。

③干云：高耸入云。干，触。

④牧竖：牧童。

⑤陵夷：山坡平缓。

⑥烁(shuò)金：熔化的黄金。

⑦庄跻：大盗。顾：看。

⑧钱刀：钱币。古代钱币或铸成刀形，故称钱刀。

⑨掇：拾取。

⑩轻重之制异：法律处置的轻重不同。

⑪临：面对。入：侵入，触犯。

⑫不可暴虎，不敢冯河：见于《诗经·小雅·小旻》。暴虎，空手与虎搏斗。冯河，无舟渡河。冯，通"凭"。

⑬季、孟之难：鲁国三桓季孙氏、叔孙氏、孟孙氏于公元前562年三分公室，又于公元前537年四分公室。

⑭燕哙好让而有子之之乱：燕王哙想模仿尧舜禅让故事，将王位让给丞相子之，结果导致燕国大乱，几乎亡国。

⑮长制群下：长期统治臣下。

【译文】

御史说："高墙三仞，即使是楼季也难以攀登；山脉高耸入云，连牧童也能登上山顶。因为险峻就会使楼季难于登上三仞高墙，因为山坡平缓就使牧童轻易攀登山顶。熔化的黄金在火炉里，连庄跻都不会看一眼；钱币在路上，普通妇女都会去捡它；这并不是普通妇女贪婪而庄跻廉洁，而是由于法律处置的轻重不同，利害分明。因此法令可以信赖而不可逾越，可以面对而不可侵犯。《诗经·小雅·小旻》说：'不可空手搏虎，不敢无舟渡河。'因为这样做没有益处。鲁国崇尚礼义却有季孙氏、孟孙氏的灾难，燕哙迷信禅让却导致子之之乱。礼让不足以禁止奸邪，而刑法可以防止强暴。圣明君主依靠法令，因而能够长期统治臣下，长久守住国家。"

文学曰："古者，明其仁义之誓，使民不逾；不教而杀，是虐民也[①]。与其刑不可逾，不若义之不可逾也。闻礼义行而刑罚中，未闻刑罚行而孝悌兴也。高墙狭基[②]，不可立也[③]。严刑峻法[④]，不可久也。二世信赵高之计，渫笃责而任诛断[⑤]，刑者半道[⑥]，死者日积。杀民多者为忠，厉民悉者为能[⑦]。百姓不胜其求，黔首不胜其刑[⑧]，海内同忧而俱不聊生。故过任之事[⑨]，父不得于子；无已之求[⑩]，君不得于臣。死不再生，穷鼠啮狸[⑪]，匹夫奔万乘[⑫]，舍人折弓[⑬]，陈胜、吴广是也。当此之时，天下俱起[⑭]，四面而攻秦[⑮]，闻不一期而社稷为墟[⑯]，恶在其能长制群下[⑰]，而久守其国也？"

御史默然不对。

【注释】

①使民不逾；不教而杀，是虐民也：原作“使民不逾上乎刑之不教而杀是以虐也”，据王利器说校改。《论语·尧曰》：“不教而杀谓之虐。”虐，残害。

②高墙狭基：意谓在狭窄的地基上建筑高墙。

③也：原作“矣”，据王利器说校改。

④严刑峻法：原作“严法峻刑”，据王利器说校改。

⑤渫(xiè)：繁重。笃：通“督”。任诛断：依靠刑罚。

⑥刑者半道：路上一半行人是受过刑的人。

⑦厉：残害。悉：尽，全部。

⑧黔首：秦始皇称老百姓为黔首。

⑨过任：超过自身能力。任，原作“往”，据王利器说校改。

⑩无已：没有止境。

⑪穷鼠：穷途末路的老鼠。啮(niè)：咬。狸：狸猫。

⑫奔：奔向。

⑬舍人折弓：《吕氏春秋·适威》载：“子阳极也，好严，有过而折弓者，恐必死，遂应猘狗而弑子阳。”舍人，贵族的门客。

⑭天下俱起：原作“天下期俱起”，据王利器说校删“期”字。

⑮四面：原作“方面”，据王利器说校改。

⑯期：一年。墟：废墟。

⑰长制群下：“长”字原脱，据王利器说校补。

【译文】

文学说：“古时候，宣明仁义的誓约，使民众不违反。不经过教育就杀头，这是残害民众。与其让刑法不可违反，不如让仁义不可违反。我听说过礼义施行而刑罚适中，没有听说过刑罚施行而孝悌之风兴起。在狭窄的地基上修筑高墙，这个高墙是修不起来的。运用严刑峻法来治国，是不能长久的。秦二世胡亥听信赵高的计谋，施行繁重的刑罚管教，路上一半行人是受过刑的人，被处死的人日益增多。官吏以多杀民众为忠，以想尽办法残害民众为能。老百姓承受不了官府的苛求，民众忍受不了朝廷的酷刑，国内民众有共同的忧患，都无法生存下去。因此超过能力的事，连父亲也得不到儿子的帮助；无穷无尽的苛求，连君主也得不到臣子的尽忠。死去的不会再生，穷途末路的老鼠也会咬狸猫，匹夫也会奔向万乘君主与他拼命，贵族门下的舍人会因为弓箭折断而杀死主人，陈胜、吴广就是这样的人啊。那个时候，天下共同起义，从四面八方围攻秦朝，听说不到一年，秦朝社稷就成为废墟，哪里能够长期统治臣下，长久守住国家呢？”

御史默不作声。

大夫曰：“瞽师不知白黑而善闻言①，儒者不知治世而善訾议②。夫善言天者合之人，善言古者考之今。令何为施？法何为加？汤、武全肌骨而殷、周治③，秦国用之，法弊而犯④。二尺四寸之律⑤，古今一也，或以治，或以乱。《春秋》原罪⑥，《甫刑》制狱⑦。今愿闻治乱之本，周秦所以然乎？”

【注释】

①瞽师：盲人乐师。

②訾(zī)议：诽谤，批评。

③全肌骨：保全肌肤骨骼，指汤、武以教化为主，少施肉刑。

④法弊：法制败坏。

⑤二尺四寸之律：汉朝法律写在二尺四寸的竹简之上。

⑥《春秋》原罪：《春秋》追究犯罪之源，即原心定罪，追究犯罪动机。

⑦《甫刑》制狱：《甫刑》要求按刑法断案。

⑧周秦所以然：导致周秦一治一乱的原因。

【译文】

大夫说："盲人乐师虽然不知道白黑，但他们善于听别人说话；儒生虽然不知道如何治国，但他们善于批评。善于谈论天道的人应该符合人事，善于讨论古代的人应该考察当今。禁令为什么要施行？刑法为什么要执行？商汤、周武王少用刑罚保全肌骨，殷、周因此得到治理，秦国用刑法治国，法制败坏而受到侵犯。写在二尺四寸竹简之上的法律，古今都是一样，有的因为法律而得到治理，有的因为法律而陷入大乱。《春秋》追究犯罪动机，《甫刑》要求按照刑法断案。现在我想听一听治乱的根本，导致周秦一治一乱的原因是什么？"

文学曰："春夏生长①，圣人象而为令②。秋冬杀藏③，圣人则而为法。故令者教也，所以导民人；法者刑罚也，所以禁强暴也。二者，治乱之具，存亡之效也④，在上所任⑤。汤、武经礼义⑥，明好恶，以道其民⑦，刑罪未有所加，而民自行义，殷、周所以治也。上无德教，下无法则，任刑必诛，劓鼻盈蔂⑧，断足盈车，举河以西，不足以受天下之徒⑨，终而以亡者，秦王也。非二尺四寸之律异，所行反古而悖民心也。"

【注释】

①春夏生长：春生夏长。

②象：取象自然。

③秋冬杀藏：秋天肃杀冬天收藏。

④效：效果。

⑤任：使用。

⑥经礼义：运用礼义。

⑦道：同"導"（导）。

⑧劓(yì)鼻盈蔂(léi):割下的鼻子装满土筐。蔂,盛土的土筐。

⑨受:容纳。徒:刑徒。

【译文】

文学说:"春生夏长,圣人取象而制作政令。秋天肃杀冬天收藏,圣人效法而制定法律。因此令就是教育的意思,是用来教导民众的工具;法意味着施行刑罚,是用来禁止强暴的手段。法令二者,是治乱的工具,都有存国和亡国的不同效果,关键在于君主如何运用。商汤、周武王运用礼义,明辨好坏,来引导民众,刑罪尚未施加,而民众自己遵行礼义,这是殷、周实现大治的原因。上面没有道德教化,下面没有法则,任意施刑,坚决诛杀,割下的鼻子装满土筐,斩断的脚装满了车子,整个黄河以西地区,也不足以容纳天下刑徒,最终因此灭亡,秦王就是这样。并不二尺四寸竹简所记载的法律有什么不同,而是秦朝所做的事情违反古代传统而又违背民心。"

大论第五十九

【题解】

本篇题为"大论",有"总论"之意,双方辩论以礼治国还是以法治国的问题。大夫认为,时世不同,治国方法就要随之而变,不能以虞、夏、商、周的方法来治理当世。文学则认为,民众本性并没有根本改变,变化的是风俗,因此治国要从移风易俗入手,用仁义教化来培养良风善俗,做到防患于未然,这才是治国的根本。辩论到最后,大夫图穷匕首见,将攻击矛头直指儒家祖师孔子,认为孔子具备了强、贪、愚、耻四项恶劣品质。文学则坚决捍卫孔子形象,热烈赞扬孔子拯救乱世的高尚情怀。辩论以双方各执己见而解散。

大夫曰："呻吟槁简[①]，诵死人之语，则有司不以文学[②]。文学知狱之在廷后而不知其事[③]，闻其事而不知其务。夫治民者，若大匠之斫[④]，斧斤而行之，中绳则止[⑤]。杜大夫、王中尉之等[⑥]，绳之以法，断之以刑，然后寇止奸禁。故射者因槷[⑦]，治者因法。虞、夏以文[⑧]，殷、周以武[⑨]，异时各有所施。今欲以敦朴之时，治抏弊之民[⑩]，是犹迁延而拯溺[⑪]，揖让而救火也[⑫]。"

【注释】

①槁简：干枯的竹简。

②以：通"似"，如。

③廷后：朝廷后面。

④斫(zhuó)：砍削。

⑤中(zhòng)绳：符合绳墨。绳，木工取直的墨线。

⑥杜大夫：御史大夫杜周。王中尉：中尉王温舒。

⑦槷(niè)：借为"臬"，箭靶。原作"势"，据陈遵默说校改。

⑧虞、夏以文：虞、夏是以禅让方式实现权力交接。

⑨殷、周以武：商汤、周武王是以武力夺取政权。

⑩抏(wán)弊：巧诈，狡诈。

⑪迁延：拖延时间，慢腾腾。拯溺：拯救落水者。

⑫揖让：拱手谦让。

【译文】

大夫说："吟唱干枯的竹简，诵读死人的语句，主管官员不像文学。文学只知道监狱在朝廷之后，但并不知狱中事情，即使是听说一些牢狱事情，也不知如何处理。治理民众，如同木匠砍削，挥动斧斤，符合绳墨就停止。杜周大夫、王温舒中尉等人，将罪人绳之以法，判刑定罪，然后盗寇止息，奸邪禁止。因此射手要根据箭靶射箭，治国者要根据法令。虞、夏运用文治方法，殷、周则以武力夺取政权，时世不同，所用治国方法也就不一样。如今想用敦朴时代的文教，来治理狡诈的民众，这就如同拖延时间去拯救落水者，打躬作揖去救火一样。”

文学曰：“文王兴而民好善[①]，幽、厉兴而民好暴[②]，非性之殊，风俗使然也。故商、周之所以昌，桀、纣之所以亡也，汤、武非得伯夷之民以治，桀、纣非得跖、跻之民以乱也，故治乱不在于民。孔子曰：‘听讼吾犹人也，必也使无讼乎！’[③]无讼者难[④]，讼而听之易。夫不治其本而事其末[⑤]，古之所谓愚，今之所谓智。以棰楚正乱[⑥]，以刀笔正文[⑦]，古之所谓贼，今之所谓贤也。”

【注释】

①兴：兴起。

②幽、厉：周幽王、周厉王，他们是西周末年两个昏君。

③听讼吾犹人也，必也使无讼乎：见于《论语·颜渊》。听讼，断案。必，一定。无讼，没有诉讼案件。

④无讼者难：“无”字原无，据王利器说校补。

⑤本：仁义。末：刑罚。

⑥棰楚：棰杖、荆条。

⑦刀笔：用刀笔书写判词，此处指刑罚。刀，用来削去竹简上错误的字。

【译文】

文学说：“文王兴起而民众爱好行善，周幽王、周厉王兴起而民众爱好横暴，这不是民众性格发生变化，而是社会风俗使他们变成这样。因此商、周之所以昌盛，夏桀、殷纣王之所以灭亡，并不是商汤、周武王得到伯夷这样的民众才得到治理，也不是夏桀、殷纣王得到跖、蹻这样的民众才导致大乱，所以治和乱不取决于民众。《论语·颜渊》载孔子说：‘对于断案，我与其他人一样。一定要使诉讼的事件完全消灭才好！’没有诉讼很难做到，有诉讼而去断案是容易的事。不治理根本而从事末端，这就是古代人所说的愚，今天人所说的智。用棰杖荆条来纠正混乱，用法吏刀笔判词来纠正文治，这就是古代人所说的贼，今天人所说的贤。”

大夫曰：“俗非唐、虞之时，而世非许由之民①，而欲废法以治，是犹不用隐括斧斤②，欲挠曲直枉也③。故为治者不待自善之民，为轮者不待自曲之木。往者，应少、伯正之属溃梁、楚④，昆卢、徐谷之徒乱齐、赵⑤，山东、关内暴徒，保人阻险⑥。当此之时，不任斤斧⑦，折之以武⑧，而乃始设礼修文，有似穷医⑨，欲以短针而攻疽⑩，孔丘以礼说跖也⑪。”

【注释】

①许由：传说中的上古隐士。《史记·伯夷列传》载：“说者曰，尧让天下于许由，许由不受，耻之，逃隐。”

②隐括：纠正曲木的工具。斧斤：斧头。

③挠曲：将直的弄弯曲。直枉：把弯曲的东西弄直。

④应少：《史记·酷吏列传》作“杜少”。伯正：《史记·酷吏列传》作“伯政”。溃：击溃。

⑤昆卢：《史记·酷吏列传》作“坚卢”。徐谷：《史记·酷吏列传》作“徐勃”。

⑥保人阻险：聚众恃险。保，通“堡”，聚集。阻，恃。

⑦斤斧：比喻刑罚。

⑧折之以武：以武力折服他们。

⑨穷医：无能的医生。

⑩攻疽(jū)：治疗毒疮。

⑪孔丘以礼说跖：《庄子·盗跖》中的寓言，孔子本想以礼义劝说盗跖，结果大败而归。

【译文】

大夫说："现在风俗不是唐尧、虞舜时期的风俗，世上民众也不是许由那样的民众，你们却想废除法律来治民，这就如同不用纠正曲木的工具和斧斤，却想把直的东西弄弯曲、把弯曲的东西弄直一样。因此治国的人不必等待自然善良的民众，制作车轮的工匠不必等待自然弯曲的树木。以前，应少、伯正等人击溃梁、楚官军，昆卢、徐谷等人扰乱齐、赵，关外和关内的暴徒，聚众恃险。在那个时候，不用刑罚，不用武力折服他们，而去设礼节，修文治，这就如同无能的医生，想以短针治疗毒疮，如同孔丘用礼义游说盗跖一样。"

文学曰："残材木以成室屋者[①]，非良匠也。残贼民人而欲治者，非良吏也。故公输子因木之宜[②]，圣人不费民之性[③]。是以斧斤简用，刑罚不任，政立而化成。扁鹊攻于凑理[④]，绝邪气，故痈疽不得成形。圣人从事于未然，故乱原无由生[⑤]。是以砭石藏而不施[⑥]，法令设而不用。断已然[⑦]，凿已发者[⑧]，凡人也。治未形，睹未萌者，君子也。"

【注释】

①残：糟蹋，破坏。成：建成。

②公输子：即鲁班。

③费：通“拂”，违背。

④扁鹊：战国名医。凑理：经络脉理。凑，通“腠”。

⑤原：同“源”。

⑥砭(biān)石：古代治病用的石针。

⑦断已然：给已经发生的案件断案。

⑧凿已发：处理已经发生的事件。凿，凿除。

【译文】

文学说：“糟蹋木材来构建房屋，不算好木匠。残害民众来进行治理，不能算好官。因此鲁班顺应木材所宜，圣人不违背民众天性。所以好木匠少用斧头，好官不用刑罚，政教确立后教化便形成。扁鹊治疗病人经络腠理，断绝致病的邪气，因而毒疮不能形成。圣人在事件未发生之前进行教化，因而动乱根源无由产生。所以治病的砭石收藏起来而不用，法令设置而不用施行。诊断已经明显的病情，处理已经发生的事件，这是平凡的人。治闻未成形的病，看到未发生的事，这是君子。”

大夫曰：“文学所称圣知者①，孔子也，治鲁不遂②，见逐于齐③，不用于卫④，遇围于匡⑤，困于陈、蔡⑥。夫知时不用犹说，强也⑦；知困而不能已⑧，贪也；不知见欺而往⑨，愚也；困辱不能死，耻也。若此四者⑩，庸民之所不为也，而况君子乎！商君以景监见⑪，应侯以王稽进⑫。故士因士⑬，女因媒。至其亲显⑭，非媒士之力。孔子不以因进见而能往者⑮，非贤士才女也。”

【注释】

①知：同“智”。

②遂：成功。据《史记·孔子世家》记载，齐国送女乐给季桓子，季

桓子三日不听政。鲁国郊祭，不赠送祭肉给大夫。孔子因此愤而离开鲁国。

③见逐于齐：孔子适齐，齐景公欲以尼谿田封孔子，受到齐相晏婴的阻挠。其后齐大夫欲害孔子，孔子去齐返鲁。按，孔子适齐在前，孔子去鲁在后。

④不用于卫：孔子在周游列国的十四年中，曾数次出入卫国，均未得到卫君重用。

⑤遇围于匡：孔子由于长相似阳虎，阳虎曾对匡人施暴，因此孔子在自卫至陈、路过匡地时，被匡人误以为是阳虎而将孔子包围。

⑥困于陈、蔡：楚国使人聘孔子，陈蔡害怕孔子在楚国受到重用而对自己不利，因此派兵将孔子困于野地。

⑦知时不用犹说：孔子知道自己不为时人所用，还要游说诸侯。强：顽固，固执。

⑧已：停止，罢休。

⑨见欺：被欺骗。

⑩四者：强、贪、愚、耻。

⑪商君以景监见：商鞅游说秦孝公之前，通过孝公宠臣景监引荐。景监，战国时期秦孝公的宦官。

⑫应侯：范雎。王稽：秦昭王侍者。范雎为魏国大夫须贾舍人，因被疑与齐国私通受笞近死。后更名张禄，通过郑安平结识秦国使者王稽，入秦后拜相，封为应侯。

⑬因：依靠。

⑭亲：得到君主亲近。显：显达。

⑮孔子不以因进见而能往者：此句原作“孔子曰进见而不以能往者”，据王利器说校改。

【译文】

大夫说：“文学所称道的圣人和智者，就是孔子。孔子治理鲁国不成功，被齐国驱逐，在卫国得不到任用，在匡地遭到包围，在陈、蔡野地被围困。孔子明知自己不为时人所用，还要游说诸侯，这是固执；知道自己处境困窘而不肯罢休，这是贪婪；不知道自己会被欺骗而前往，这是愚蠢；受到围困之辱而不能死节，这是耻辱。像固执、贪婪、愚蠢、耻辱四者，连平庸的民众也不会去做，何况君子呢！商君是通过景监引荐而见到秦孝公，应侯范雎是通过王稽而得到进用。因此士要靠士的引荐，女子要靠媒人介绍。至于能不能亲近君主飞黄腾达，那就不是媒人或士人的力量了。孔子不是通过他人引荐去进见诸侯，他却自己周游列国，这说明孔子不是贤士才女那样的人啊。”

文学曰：“孔子生于乱世，思尧、舜之道，东西南北，灼头濡足[①]，庶几世主之悟[②]。悠悠者皆是[③]，君闇[④]，大夫妒，孰合有媒[⑤]？是以嫫母饰姿而矜夸[⑥]，西子彷徨而无家[⑦]。非不知穷厄而不见用[⑧]，悼痛天下之祸[⑨]，犹慈母之伏死子也，知其不可如何，然恶已[⑩]。故适齐，景公欺之，适卫，灵公围[⑪]，阳虎谤之[⑫]，桓魋害之[⑬]。夫欺害圣人者，愚惑也；伤毁圣人者，狂狡也[⑭]。狡惑之人[⑮]，非人也。夫何耻之有！孟子曰：‘观近臣者以所为主，观远臣者以其所主。’[⑯]使圣人伪容苟合[⑰]，不论行择友[⑱]，则何以为孔子也！”

【注释】

①灼头濡(rú)足：烧了头，湿了脚。

②庶几：差不多，表示希望、可能的副词。

③悠悠：众多的样子。

④闇：同“暗”，昏聩。

⑤合：与。

⑥嫫母：丑女。矜夸：炫耀自夸。

⑦西子：西施。彷徨：徘徊。

⑧穷厄：困窘。

⑨悼痛：哀伤悲痛。

⑩恶：通“乌”，哪里。已：止。

⑪灵公围：卫灵公没有围攻孔子，这是文学夸张说法。

⑫阳虎谤之：《论语·阳货》载：“阳货欲见孔子，孔子不见，归孔子豚。孔子时其亡也，而往拜之。遇诸途。谓孔子曰：‘来！予与尔言。’曰：‘怀其宝而迷其邦，可谓仁乎？’曰：‘不可！好从事而亟失时，可谓知乎？’曰：‘不可！日月逝矣，岁不我与。’孔子曰：‘诺，吾将仕矣。’”此为文学所本。阳虎，鲁国大夫季孙氏的家臣，季孙氏专鲁国之政，阳虎又专季孙氏之政，被孔子称之为“陪臣执国命”。

⑬桓魋（tuí）害之：《史记·孔子世家》：“孔子去曹适宋，与弟子习礼大树下。宋司马桓魋欲杀孔子，拔其树。孔子去。弟子曰：‘可以速矣。’孔子曰：‘天生德于予，桓魋其如予何！’”

⑭狂狡：疯狂狡诈的人。

⑮狡惑之人：“惑”上原无“狡”字，据王利器说校补。

⑯观近臣者以所为主，观远臣者以其所主：见于《孟子·万章上》。所为主，所接待的客人。其所主，所寄居的主人。

⑰伪容苟合：伪装欢容，曲意迎合。

⑱论行择友：根据品行选择朋友。

【译文】

文学说：“孔子生在乱世，思慕尧、舜之道，东西南北，头顶如火骄阳，足踏泥泞污水，希望诸侯醒悟。天下普遍的情形是，君主昏暗，大夫嫉妒，谁给孔子做介绍人呢？因此丑女嫫母修饰姿容而矜持自夸，美女西施徘徊而无婆家。孔子并不是不知道自身处境困窘而不被诸侯所用，而是伤痛天下乱祸，就像慈母伏在死去的儿子身上一样，他知道不可能有所作为，但他哪里能够停止救世呢？因此他到了齐国，齐景公欺骗他；到了卫国，卫灵公派人围攻他；阳虎批评他，桓魋危害他。欺骗危害圣人的人，是愚蠢困惑；伤害诋毁圣人的人，是疯狂狡诈。狡诈狂惑的人，不是真正的人。他们哪里有什么羞耻感！孟子说：'观察君主近臣，要看他所接待的人，观察君主的远方之臣，要看他所寄居的主人。'假使圣人伪装欢容曲意迎合，不根据品行选择朋友，那么怎么能成为孔子呢！"

大夫抚然内惭①，四据而不言②。

当此之时，顺风承意之士如编③，口张而不歙④，舌举而不下⑤，暗然而怀重负而见责⑥。

大夫曰："诺，胶车倏逢雨⑦，请与诸生解⑧。"

【注释】

①抚然：失望的样子。抚，通"怃"。

②四据：四肢疲乏。古人席地跪坐，臀部放在足跟之上，两手离席很近，疲乏时以两手触地。

③顺风承意之士：指丞相史和御史。编：编成一排，即依次列坐。

④歙（xī）：通"噏"，合。

⑤舌举：原作"举舌"，据王利器说校改。

⑥暗然：通"黯然"。

⑦胶车倏（shū）风雨：车子用胶粘合，遇到雨水后会散开。这是古代歇后语，意为四散。倏，突然。原作"修"，据张敦仁说校改。

⑧解：解散。

【译文】

大夫感到失望，内心惭愧，四肢疲乏而不再说话。

在那个时候，那些见风使舵、奉承上司的人像编成一排似的，嘴巴张开而合不拢，舌头抬起而放不下，神态黯然，如同怀有重担而被斥责一般。

大夫说："好吧，胶车突然逢雨，请诸位儒生散了吧。"

杂论第六十

【题解】

本篇是《盐铁论》作者桓宽以"客"的名义阐述自己对盐铁会议争辩双方观点的看法。作者首先指出，公卿与文学贤良的学术分歧实质上是义利之辨：文学贤良崇尚仁义，而公卿则致力于权力财利。随后作者对盐铁会议的参加者逐一进行评：他赞美文学贤良高举六经旗帜，探讨天下致太平的根源，文中特别表彰了中山郡儒生刘子雍指斥时政、拨乱反正的风范和九江郡儒生祝先生刺讥公卿、不畏强权的气节。作者肯定御史大夫桑弘羊是博学通才之士，但也严厉地批评他不能坚持仁义准则、不能效法古代圣王以德化民、一味追逐财利的行为，认为这最终会导致他身死族灭的下场。作者不无遗憾地感慨丞相车千秋身为当朝宰相，不能坚持正义，只知明哲保身。至于那些曲意逢上司的一群丞相御史，作者以极其轻蔑的口吻，称他们只是不值得评价的"斗筲之人"。从这篇《杂论》来看，作者桓宽有着鲜明的思想立场，他的学术观点与文中文学贤良完全相同。

客曰①："余睹盐铁之义②，观乎公卿、文学、贤良之论，意指殊路③，各有所出④，或上仁义⑤，或务权利⑥。

【注释】

①客：指作者桓宽。

②义：通“议”，议论，争议。

③意指：宗旨，思想旨趣。殊路：不同路径。

④所出：所本。

⑤上：同“尚”，崇尚。

⑥务：致力。权利：权力财利。

【译文】

客人说：“我看了盐铁官营的争议记录，考察公卿、文学、贤良的辩论，双方思想旨趣完全不同，各有各的理论出处，或者崇尚仁义，或者致力于权力财利。

“异哉吾所闻。周、秦粲然[1]，皆有天下而南面焉[2]，然安危长久殊世[3]。始汝南朱子伯为予言[4]：当此之时，豪俊并进[5]，四方辐凑[6]。贤良茂陵唐生、文学鲁国万生之伦[7]，六十余人，咸聚阙庭[8]，舒六艺之风[9]，论太平之原[10]。智者赞其虑[11]，仁者明其施[12]，勇者见其断[13]，辩者陈其词。訚訚焉[14]，侃侃焉[15]，虽未能详备，斯可略观矣。然蔽于云雾[16]，终废而不行，悲夫！公卿知任武可以辟地[17]，而不知广德可以附远[18]；知权利可以广用[19]，而不知稼穑可以富国也。近者亲附，远者说德[20]，则何为而不成，何求而不得？不出于斯路[21]，而务畜利长威[22]，岂不谬哉！

【注释】

①粲然：明显，显著。

②南面：古代君主理政时皆面向南坐，因此称君主之位为南面。

③安危长久殊世：周王朝统治八百年，秦王朝仅统治十五年。殊世，不同。

④汝南:汉代郡名,郡治位于河南驻马店东部。

⑤豪俊:才智出众的人。

⑥辐凑:车的辐条集凑于车轴心,比喻人或物聚集在一起。

⑦伦:类,辈。

⑧阙庭:朝廷。

⑨舒:发扬。六艺:又称六经,即《诗》、《书》、《礼》、《乐》、《易》、《春秋》。风:原作"讽",据《汉书》校改。

⑩原:同"源",源头,根本。

⑪赞其虑:出谋划策。赞,助。

⑫明:说明。施:施行。

⑬见其断:勇者尚断。见,同"现"。

⑭訚訚(yín):正直而恭敬的样子。

⑮侃侃:温和而快乐的样子。一说,理直气壮的样子。

⑯蔽于云雾:作者在此处委婉地批评朝廷昏暗不明。

⑰公卿:指桑弘羊等朝廷大臣。任武:凭借武力。辟地:开疆拓土。

⑱广德:原作"德广",据王利器说校改。附远:使远方异族归附。

⑲广用:拓展财用。

⑳说:同"悦"。

㉑斯路:这个思路,指上文所说的"广德可以附远"、"稼穑可以富国"。

㉒畜利:聚集财富。长威:助长军威。

【译文】

"我所听到的与此不同。周朝与秦朝就是明显的例子,他们两家都拥有天下而南面称孤,但周秦安危状况与享国长短却完全不同。当初汝南朱子伯曾经对我说过:朝廷召开盐铁会议的时修,豪杰纷纷出席,四方人才荟萃。贤良有茂陵唐先生、文学有鲁国万先生之辈,总共有六十余人,都一齐聚集朝廷,他们推行《诗》、《书》、《礼》、《乐》、《易》、《春秋》六经的风教，讨论天下致太平的根本。智慧的人出谋划策，仁厚的人阐明如何施行，勇敢的人明断是非，善辩的人慷慨陈词。有的儒生发言时正直恭敬，有的儒生说话时温和快乐，虽然不能展现所有儒生风度，但从他们身上已经见出大概了。然而朝政被云雾笼罩，儒生之论最终被废弃而不用，真是可悲啊！朝廷公卿只知道凭借武力可以开疆辟土，而不知道广施仁德可以使远方异族归附；只知道权力财利可以拓展财用，而不知道勤于耕种可以富国。如果邻国亲近归附，远方异族喜欢仁德，那么做什么不能成功，追求什么而得不到呢？可惜的是公卿执政不是按照这个思路，而是致力于聚集财富，炫耀军威，这样做岂不是荒谬吗？

"中山刘子雍言王道①，矫当世②，复诸正③，务在乎反本④。直而不徽⑤，切而不熛⑥，斌斌然斯可谓弘博君子矣⑦。九江祝生奋由路之意⑧，推史鱼之节⑨，发愤懑，刺讥公卿，介然直而不挠⑩，可谓不畏强御矣。桑大夫据当世⑪，合时变⑫，推道术，尚权利，辟略小辩⑬，虽非正法，然巨儒宿学恧然⑭，不能自解⑮，可谓博物通士矣⑯。然摄卿相之位⑰，不引准绳⑱，以道化下，放于利末⑲，不师始古⑳。《易》曰：'焚如弃如。'㉑处非其位㉒，行非其道㉓，果陨其性㉔，以及厥宗㉕。车丞相即周、吕之列㉖，当轴处中㉗，括囊不言㉘，容身而去㉙，彼哉！彼哉㉚！若夫群丞相御史，不能正议，以辅宰相，成同类㉛，长同行㉜，阿意苟合，以说其上㉝，斗筲之人㉞，道谀之徒㉟，何足算哉㊱！"

【注释】

①王道：指以仁德服人，与以武力征服的霸道相对。

②矫：矫正。

③复：回归。诸：之于。正：正道，指王道。

④反本：回归到王道根本。

⑤儌(jiǎo)：抄袭，窃取。

⑥切：切实。𤏲(suǒ)：空洞。

⑦斌斌：通“彬彬”，有文采的样子。弘博：广博。

⑧奋：尽力发扬。由路：孔子弟子，名仲由，字子路，以勇敢正直、敢说敢为著称。

⑨史鱼：春秋卫国大夫史䲡(qiū)，以正直著称。《论语·卫灵公》载孔子曰：“直哉！史鱼。邦有道如矢，邦无道如矢。”节：气节。

⑩介然：耿直的样子。挠：弯曲。

⑪桑大夫：桑弘羊。据当世：凭借当朝执政。

⑫合时变：迎合时世变化。

⑬辟：开辟。略：经略。小辩：小治辩，指小小的辩术。

⑭巨儒：大儒生。宿学：博学之士。恧(nǜ)然：惭愧的样子。原作“恶然”，据明初本校改。

⑮不能自解：原本作“大能自解”，据《汉书》校改。自解，自我解免，指摆脱窘境。

⑯博物通士：博学通才之人。

⑰摄卿相之位：桑弘羊时为御史大夫，为汉朝副丞相。摄，代理。

⑱引：援引。准绳：准则。

⑲放(fàng)：依从。利末：财利末事。

⑳师：效法。始古：上古，指上古三代圣王以仁德化民的风范。

㉑焚如弃如：见于《周易·离卦》九四爻辞。《离卦》离下离上，离为火，九四接近六五尊位，焚炙其上，所以九四爻象呈焚烧之状。因其违背正道，众所不容，因此有为众所弃之象。

㉒处非其位：《离卦》九四之爻处于为众所弃的危险地位。此句借

《周易》暗讽桑弘羊之德与其位不符。

㉓行非其道:《离卦》九四之爻焚炙其上的行为不合正道。此句借《周易》暗讽桑弘羊所作所为不符正道。

㉔果陨其性:《离卦》九四完整的爻辞是:"九四:安突如其来如,焚如,死如,弃如。"九四处非其位,行非其道,因而生命难以保全。此句借《周易》暗讽桑弘羊生命不保。汉昭帝元凤元年(前80),桑弘羊因自恃有功,想为子弟谋官,未能达到目的,由此怨恨主政的霍光,与上官桀谋反,牵连到燕王刘旦案而被杀死。性,通"生",生命。

㉕及:牵连。厥宗:桑氏宗族。

㉖车丞相:田千秋。因年老而乘小车上朝,被人称为车丞相。周:周公。吕:吕望,即姜太公。列:位阶。

㉗当轴处中:处于车轴的中心位置。此句比喻田千秋身居朝廷核心地位。

㉘括囊不言:见于《周易·坤卦》六四爻辞:"括囊,无咎无誉。"孔颖达疏:"括,结也。囊所以贮物,以譬心藏知也。闭其知而不用,故曰'括囊'。功不显物,故曰'无誉'。不与物忤,故曰'无咎'。"此处指田千秋不发言,不表态。

㉙容身:保全自身。

㉚彼哉!彼哉:见于《论语·宪问》,这是孔子对子西的评价,言彼人无足称道。作者借孔子之语,认为田千秋不足称道。

㉛成同类:成全同侪官员,指御史、丞相史帮桑弘羊说话。

㉜长同行:助长同行。

㉝说:同"悦",讨好。

㉞斗筲(shāo)之人:比喻气度见识狭小之人。《论语·子路》载子贡问今之从政者何如,孔子回答说:"噫!斗筲之人,何足算也?"斗,古代量器。筲,古代饭筐。

㉟道谀：阿谀。

㊱算：算数。

【译文】

“中山郡儒生刘子雍宣讲王道，矫正当世弊政，以期复归正途，务求回到王道根本。他说话正直而不蹈袭前人，切实而不空泛，文质彬彬，可以说是一位广博君子。九江郡祝先生发扬子路的精神，继承史鱼的气节，抒发愤懑之情，刺讥公卿之弊，耿直而不屈服，可以说是不畏强权。桑弘羊大夫凭借当朝执政地位，迎合时势变化，推行法家道术，崇尚权力财利，开辟小辩之术，虽然不是王道正确方法，但他让那些大儒博学之士面带惭色，不能自我解免于窘境，他可以说是一个博学通才之士。不过他居于卿相之位，不能援引正确的准则，以王道教化下民，依从末利，不能效法上古。《周易·离卦》九四爻辞说：‘向上焚烧，弃之于道。’桑大夫如同九四爻一样，处于为众所弃的危险地位，其行为不合正道，最终丧失了自己的性命，殃及他的宗族。车千秋丞相居于周公、吕望的地位，像车轴一样处于朝廷的核心，可是他却闭口不说，保全自身而离去，那个人啊！那个人啊！至于那一群丞相御史，他们不能通过发表正确议论来辅佐宰相，只是成全同侪官员，助长同行之人，曲意苟合，以此讨好上级，这些见识狭小的人，这些阿谀逢迎之徒，哪里能把他们算数呢！”

中华经典名著
全本全注全译丛书

（已出书目）

周易
尚书
诗经
周礼
仪礼
礼记
左传
春秋公羊传
春秋穀梁传
孝经·忠经
论语·大学·中庸
尔雅
孟子
春秋繁露
说文解字
释名
国语
晏子春秋
穆天子传
战国策
史记
吴越春秋
越绝书
水经注
洛阳伽蓝记
大唐西域记
史通
贞观政要
东京梦华录
唐才子传
廉吏传
徐霞客游记
读通鉴论
宋论
文史通义
老子

道德经
鹖冠子
黄帝四经·关尹子·尸子
孙子兵法
墨子
管子
孔子家语
吴子·司马法
商君书
慎子·太白阴经
列子
鬼谷子
庄子
公孙龙子(外三种)
荀子
六韬
吕氏春秋
韩非子
山海经
黄帝内经
素书
新书
淮南子
九章算术(附海岛算经)
新序
说苑
列仙传
盐铁论
法言
方言
潜夫论
政论·昌言
风俗通义
申鉴·中论
太平经
伤寒论
周易参同契
人物志
博物志
抱朴子内篇
抱朴子外篇
西京杂记
神仙传
搜神记
拾遗记
世说新语
弘明集
齐民要术
刘子
颜氏家训
中说
帝范·臣轨·庭训格言

坛经
大慈恩寺三藏法师传
茶经·续茶经
玄怪录·续玄怪录
酉阳杂俎
化书·无能子
梦溪笔谈
北山酒经(外二种)
容斋随笔
近思录
传习录
焚书
菜根谭
增广贤文
呻吟语
了凡四训
龙文鞭影
长物志
天工开物
溪山琴况·琴声十六法
温疫论
明夷待访录·破邪论
陶庵梦忆
西湖梦寻
笠翁对韵
声律启蒙
老老恒言
随园食单
阅微草堂笔记
格言联璧
曾国藩家书
曾国藩家训
劝学篇
楚辞
文心雕龙
文选
玉台新咏
词品
闲情偶寄
古文观止
聊斋志异
唐宋八大家文钞
浮生六记
三字经·百家姓·千字文·弟子规·千家诗
经史百家杂钞